成都统计年鉴

CHENGDU STATISTICAL YEARBOOK

2009

成 都 市 统 计 局
国家统计局成都调查队 编
成 都 市 统 计 学 会

COMPILED BY CHENGDU STATISTIC BUREAU
NBS SURVEY OFFICE IN CHENGDU
CHENGDU STATISTICAL ASSOCIATION

（京）新登字041号

图书在版编目（CIP）数据

成都统计年鉴. 2009/
成都市统计局
国家统计局成都调查队 编.
成都市统计学会
—北京：中国统计出版社，2009.7
ISBN 978-7-5037-5712-9
Ⅰ.成… Ⅱ.①成…②国…③成…
Ⅲ.统计资料—成都市—2009—年鉴
Ⅳ.C832.711-54
中国版本图书馆CIP数据核字（2009）第107076号

成都统计年鉴—2009

作　　者/成都市统计局
责任编辑/郑淼淼　魏玉英
E-mail / yearbook@stats.gov.cn
责任校对/魏玉英
封面设计/汪琪
出版发行/中国统计出版社
通信地址/北京市西城区三里河月坛南街57号　中国统计出版社
邮　　编/100826
电　　话/（010）63376907
印　　刷/成都创新包装印刷厂
经　　销/新华书店
开　　本/889×1194毫米　1/16
字　　数/90万
印　　张/35.75
印　　数/1-3000
版　　别/2009年8月第1版
版　　次/2009年8月第1次印刷
书　　号/ISBN 978-7-5037-5712-9/C·2221
定　　价/280元

《成都统计年鉴—2009》编辑委员会

主　　任： 孙　平　成都市人民政府常务副市长

副 主 任： 袁　旭　成都市人民政府副秘书长

蔡亦如　成都市统计局局长

赵太想　国家统计局成都调查队队长

谭平祥　成都市统计学会会长

委　　员：（按姓氏笔划为序）

毛大付　王文全　王文斌　王　进　王　琪　邓工力　付　毅　石恩祥　石　磊
刘玉泉　刘　勇　李永和　李建华　李忠树　李　捷　何　礼　何立祥　张正红
张学爱　张俊国　张　樵　杜开宗　杜　浒　朱树喜　杨　伟　杨祖华　杨朝刚
陈代生　陈晓霖　茆俊强　周光荣　周道富　周　蓉　罗大常　罗元义　胡存忠
胡庆汉　胡旭光　胡建萍　胡昌年　钟维斯　郭启舟　郭金安　郭晓鸣　康银芳
黄　平　龚永杰　曾　敏　程显煜　覃文林　谢述钧　蓝　海　廖仁松　蔡　毅
戴志勇

《成都统计年鉴—2009》编辑部

主　　　编： 李　华

常务副主编： 魏玉英

副　主　编：（按姓氏笔划为序）

王晓初　刘　忠　向　丹　向　平　张　霞　杨小西　林　原　郑明华　南天云
晋　勇　曹昌玉

责 任 编 辑： 郑淼淼　魏玉英

编　　　辑： 万　茜　王红亚　王　炯　王　杨　孙宝东　许开水　刘莉萍　孙　焱　阳云广
汤艳勤　何晓丽　李　丽　李贤波　汪　琪　汪海清　邹　玲　郑晓燕　周晓红
姚茹慧　徐冰梅　敖　利　高　艳　党建军　夏　波　龚蜀冰　彭　骏　魏　无
魏　娜

彩 图 编 辑： 汪　琪　伍鹤皋

文 字 组 稿： 汪　琪　伍鹤皋

英 文 翻 译： 魏玉英

编者说明

一、《成都统计年鉴——2009》是一部全面反映成都市社会经济发展情况的综合性统计资料年刊，本书收录了成都市及区（市）县2008年社会、经济等方面大量的统计数据，以及建国以来，特别是改革开放以来重要年份全市及各区（市）县的主要统计数据。地区生产总值、社会从业人员、固定资产投资和社会消费品零售总额等经济社会指标已根据2004年经济普查结果进行调整。

二、本年鉴共分十七个部分：

成都概况

1、综合部分，包括自然地理、行政区划及社会经济发展的主要指标；

2、人口及劳动力；

3、固定资产投资、建筑业；

4、财政、金融、证券和保险；

5、人民生活；

6、城市公用事业；

7、农业；

8、工业；

9、运输、邮电；

10、能源购进、消费与库存；

11、国内贸易、物价、外经、旅游；

12、科技、教育和文化；

13、体育卫生、福利及其他；

14、企业调查；

15、区（市）县；

附录：全国重点城市统计资料及我国经济、社会统计指标同世界主要国家比较。

三、本年鉴资料编辑顺序、所使用的度量衡单位均采用国际统计标准。

四、本年鉴中统计数据的统计口径及资料来源在各部分都作了较为详细的说明。

五、本年鉴的符号说明：

“…”表示数据不足本表最小单位数；

“空格”表示该统计数据不详或无该项统计数据；

“#”表示其中项；

“①”表示表下方的第一项注解

中国移动通信
CHINA MOBILE
移 动 信 息 专 家

中国移动四川成都分公司领导班子

中国移动通信集团四川有限公司成都分公司（简称中国移动四川成都分公司）成立于**1999**年**9**月**28**日，是中国移动在四川省内最大分支机构。成立以来，中国移动四川成都分公司遵循集团公司“正德厚生，臻于至善”核心价值观和“创无线通信世界，做信息社会栋梁”企业使命，秉承四川公司做“有竞争力、有社会责任和有道德有文化”优秀企业公民的精神，实现了客户规模、网络规模、运营收入的连年持续增长。截至**2008**年底，上网客户数超过**900**万户。建成基站逾**6000**个、交换机容量近2000万户，实现了成都地区**100%**行政村的移动网络覆盖。建成营业厅近**400**个，覆盖城区和**98%**的乡镇，并作为唯一通信企业入选成都市首批大企业、大集团，成为“成都企业改革和经济发展突出贡献企业”、荣获“全国五一劳动奖状”。目前，公司总体规模和运营能力在整个西部地区城市通信运营商中名列第一、全国省会城市中稳居第二、在副省级城市中排名第三。

成都市政协主席刘佩智参观成都分公司无线成都项目

成都市副市长白刚视察中国移动无线音乐基地

近年来，中国移动四川成都分公司在“移动信息专家”强大企业品牌下，塑造了“全球通”、“动感地带”、“神州行”三大客户品牌和“心机”、“飞信”、“无线音乐”等业务品牌，形成了一个完善的品牌体系，满足了不同层次客户的需求。

为应对信息时代的要求，中国移动四川成都分公司充分发挥国民经济先导产业的作用，积极推进移动信息技术在社会各个领域的广泛应用，全力发展具有中国自主知识产权的第三代移动通信**TD－SCDMA**技术，助力国民经济和社会信息化进程，为建设国家级通信枢纽、“无线城市”、“数字成都”提供全方位的信息支撑。

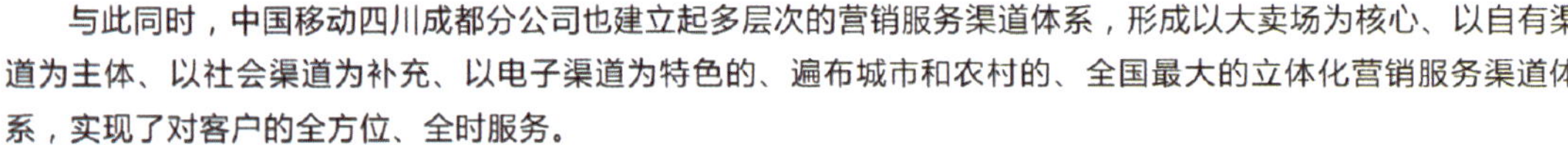
与此同时，中国移动四川成都分公司也建立起多层次的营销服务渠道体系，形成以大卖场为核心、以自有渠道为主体、以社会渠道为补充、以电子渠道为特色的、遍布城市和农村的、全国最大的立体化营销服务渠道体系，实现了对客户的全方位、全时服务。

成都分公司召开科学发展观思想大讨论

各大媒体记者参加成都分公司TD新闻发布会

为进一步提升客户满意度，中国移动四川成都分公司秉承"沟通从心开始"服务理念，以"追求客户满意"为目标，通过开展"诚信服务 满意100"、"金牌服务 满意100"和"便捷服务 满意100"等活动，努力为消费者营造更加诚信、放心、透明、和谐的消费环境，从而在客户心中牢牢树立起了对中国移动的高度认同。

中国移动四川成都分公司在实现自身高速增长的同时，也致力于推动产业升级，带动社会就业。在全市**GDP**中的比重持续保持在**1.7%**以上，对成都国民经济总需求的拉动保持在**2.1%**左右。分公司成立十年来，贡献税收超**10**亿元，创造直接和间接就业岗位逾十万个，有效地发挥了国有资产对宏观经济的推动作用，为社会整体的安定、繁荣与发展做出了积极贡献。

成都分公司总经理蔡毅慰问地震受灾员工

1月4日成都分公司总经理蔡毅（后排右六）出席创业总决赛

中国移动12580助灾区群众重建家园

移动员工抢修通信电缆

近年来，中国移动四川成都分公司在精神文明建设方面捷报频传，先后荣获省级最佳文明单位、全国抗震救灾、重建家园"工人先锋号"、全国国资系统抗震救灾先进基层党组织等光荣称号，并先后有**42**个营业厅分别成为国家级、省级和市级"青年文明号"。

成都分公司获得全国五一劳动奖状

展望未来，在中国移动通信集团的指导下，在四川公司的直接领导下，在成都市委、市政府的关心、支持下，在社会各界的帮助下，中国移动四川成都分公司将继续以永不自满、不断创新超越的进取心态，始终追求企业、社会与环境的和谐发展，努力推进移动信息技术在全社会的广泛应用，积极投身社会公益活动和慈善事业，为实现地区经济的跨越式发展、营造安定和谐的社会局面做出自己应有的贡献。

成都盐业分公司
成都市盐政市场稽查处

成都盐业大楼

成都盐业分公司经理、党委书记
成都市盐政市场稽查处处长 杨朝刚

成都盐业分公司职工代表大会

四川省盐业总公司成都分公司是省属全民所有制企业，受四川省盐业总公司领导。公司下属18个支公司和成都市盐业配送中心，现有职工298人，负责成都地区及什邡、广汉1200万人口的食盐供应和市场所需的工、农、牧、渔业、军工、医药、科研等各类用盐的供应工作，经营盐产品上百种。

2008年度公司总的指导思想是：以党的十七大精神为指导，以贯彻落实省盐局下达的各项任务为前提，以“改革精神为动力、盐政管理为重点、销售质量为目标，经济效益为中心”，实现公司持续、健康、稳定、和谐发展的总体目标。一年来，公司领导班子和全体职工经过辛勤的努力，在面对各种新的困难和巨大自然灾难的情况下，公司经营业绩仍平稳的保持增长，主要经济指标基本达到既定目标，再上一个新台阶。2008年盐产品人均销量、销售收入、创造税利仍保持全国同行先进水平。2008年获得成都市总工会“工会工作先进单位”、“工人先锋号”等荣誉称号。

成都市盐政市场稽查处是四川省盐务管理局根据国务院《盐业管理条例》、《食盐专营办法》以及《四川省盐业管理条例》设立的盐业管理机构，负责成都地区盐业管理工作。2008年，成都市盐政市场稽查处根据市场情况开展了各种市场整治行动，全年查处违法案件375起，查获各种违法盐产品436.7吨，严厉打击了各类私盐违法犯罪活动，有效地维护了全地区1200万人民群众的合法权益和生命健康安全。

5・12特大地震中跨塌的都江堰支公司仓库

5・12特大地震后新建的都江堰支公司职工板房

成都盐业配送中心加工车间

成都盐业迎春联欢会

成都烟草大力推进服务大厅建设，
为零售客户和社会公众打造“一站式”的服务平台

成都市烟草专卖局（公司）

2008年，成都烟草认真贯彻落实党的十七大和十七届三中全会精神，以科学发展观为统领，积极应对“5·12”汶川特大地震灾害和国际金融危机的严峻挑战，按照“规范、服务、效率、素质”的工作思路，深入推进市场经营主体和专卖执法主体建设，不断提升网建水平，强化市场监管，推进文化建设，构建和谐成烟，在大灾之年保持了良好的发展态势，实现了连续八年的跨越式发展。全年销售卷烟48.03万箱，同比增长5.5%，进一步巩固了全国除四个直辖市外销量最大重点城市公司的领军地位。实现销售收入93.92亿元，同比增长18.14%。实现税利21.27亿元，同比增长20.4%；其中上缴各类税金8.24亿元，同比增长17.4%。连续四年进入中国纳税五百强企业，为灾后恢复重建和地方经济发展做出了积极贡献，被国家烟草专卖局评为“第五届全国烟草行业先进集体”。

在抓好生产自救、推进企业发展的同时，成都烟草时刻不忘企业使命，认真履行社会责任，积极支援灾区恢复重建。累计向灾区捐款440余万元。其中，全体员工累计捐款和缴纳特殊党费、团费56.26万元，树立了企业的良好形象。市局（公司）及下属的彭州市局（营销部）、物流中心被评为“全省烟草商业系统抗震救灾先进集体”；物流中心被市总工会评为“工人先锋号”；6人被评为“全省烟草商业系统抗震救灾先进个人”，其中1人还被评为“全国烟草行业抗震救灾先进个人”和“成都市抗震救灾优秀共产党员”。

国家烟草专卖局姜成康局长（右四）在成都烟草呼叫中心视察指导抗震救灾和恢复经营情况

国家烟草专卖局张保振副局长（右一）视察指导成都烟草抗震救灾工作

①国家烟草专卖局张辉副局长（右二）在成都烟草呼叫中心详细询问抗震救灾和恢复经营情况
②四川省烟草专卖局（公司）龚锦华局长（总经理）（左二）视察指导成都烟草抗震救灾工作情况
③市局（公司）向成都市慈善总会捐款100万元支援抗震救灾工作。地震后，成都烟草累计向灾区捐款440余万元
④市局（公司）领导在“5·12”地震后积极捐款、奉献爱心
⑤成都烟草干部职工积极参与灾民救助安置工作
⑥成都烟草物流中心作为成都灾后重建重点工程顺利奠基开工
⑦市局破获“4·08”制售假烟网络案涉案金额3000余万元，是历年来四川省破获的最大一起假烟网络案件，被公安部和国家烟草专卖局列为部督案件
⑧成都烟草与川渝中烟工业公司共建直营店、雪茄吧，大力培育川渝重点卷烟品牌

四川最大的邮政旗舰店—暑袜街邮政营业厅

成都市邮政局

成都邮政创建于1901年，现已发展成为具有综合性邮政通信能力和为全网普遍服务提供能力支撑的大型联合通信企业，是西南地区的重要通信枢纽，直接为10区4市6县1082.03万人口服务。

全市共有邮政局（所）492个，邮政电子化支局联网网点207个，邮政绿卡网点252个，ATM机174台。设有自行车、机车投递段道900余条，建成社区邮政服务站957个。营业、投递服务网络辐射到了全市所有乡镇。随着商业信函、邮政储蓄、电子汇兑、代理保险、电子化支局、报刊发行等一大批应用系统上网运行，信息化已经融入到企业生产、服务各个环节。

多年来，成都市邮政局始终围绕“科学发展、精细管理、和谐共进”的主题，不断创新机制体制，加快了建设现代企业的步伐。加大市场开发力度，积极调整业务结构，实现了邮务类、金融类、速递物流类业务齐头并进，协调发展；加大投入，改善了网点形象和用邮设施；推行标准化服务，增强了服务意识和服务质量，企业用户满意度保持在85分以上。企业形象日益改观,社会地位逐年提高，先后获得“四川省优秀企业”、“成都市用户满意企业”、“全国优质服务月先进单位”称号和“四川省五一劳动奖状”“成都企业改革和经济发展突出贡献奖”、“全国五一劳动奖状”。随着企业经济运行质量的不断提升，成都邮政已经进入了一个全新的发展时期。

抗震救灾不辱使命，都江堰市邮政局被全国总工会授予“全国工人先锋号”

邮政现代化建设取得了长足的进步,企业喜获“成都企业改革和经济发展（1978-2008）”突出贡献奖

在原地拔地而起的邮政大厦—锦城绿洲

武侯工业园入园企业

成都市利君实业有限责任公司

成都市利君实业有限责任公司成立于1999年，是一家从事重型机械设备研发制造的高新技术企业，主导产品为CLF系列辊压机及配套的V型选粉机。公司位于成都市武侯工业园，现有员工420余名。从2001年以来，利君公司就连续获得“成都市高新技术企业”和“武侯区重点优势企业”称号。

自2004年利君公司进入武侯工业园以来，到2008年已经累计实现销售收入14.57亿元，上缴税金1.49亿元。

一、坚持自主创新的发展之路，积极推进科研成果产业化

在成立之初的2000年，利君公司就建立了自己的从事产品研发的专门机构。2005年，公司建立了技术中心，并在2006年被四川省政府命名为“省级企业技术中心”。从2001年以来，公司共计获得国家知识产权局授予的专利授权证书17件，其中：发明专利3件，实用新型专利14件。

8年多来，利君公司坚持以降低能耗为研发的方向和目标，以提高产品的节能性能和自动化控制水平为具体的研发课题，确保公司所取得的每一项技术研发成果（含17件专利）100%地应用于公司的产品生产，提高了公司产品的技术等级和国际竞争能力。2007年，公司的发明专利——“选粉机转子”荣获成都市人民政府颁发的《专利奖》（银奖）证书。2008年，公司自主研发的“辊压机水泥生料终粉磨系统”项目获得成都市政府科技进步奖一等奖。同年12月，经过四川省科技厅的综合评审考核，公司荣获《四川省高新技术企业》证书。是国家重新认定高新企业后四川省第一批高新技术企业。

二、努力发展民族品牌，积极参与国内外市场竞争

利君公司研制的CLF辊压机系列产品，极大地提高了水泥行业的新型先进装备程度，推动了“用新型先进装备淘汰落后工艺”的国家产业政策，在国内外均有显著的市场占有率。

2007年，利君公司生产的水泥辊压机被国家评为“中国名牌产品”。2007年，利君公司荣获国家授予的《中国建材机械20强企业》和《中国水泥机械龙头企业》证书。2008年，利君公司研制的水泥辊压机粉磨系统被国家发改委第36号公告列入《国家重点节能技术推广目录》（第一批）。

从2006年起，利君公司先后成为世界最大水泥制造企业法国Lafarge公司、墨西哥Cemex公司和巴西水泥的设备合格供应商，产品出口到东南亚、中亚、非洲和南美等十多个国家。

龙泉驿区

2008年，在市委、市政府的坚强领导下，龙泉驿区坚持以科学发展观为指导，认真贯彻党的十七大和十七届三中全会精神，深入实施省委总体取向、市委总体战略，努力克服各种困难，扎实推进城乡统筹，区域经济实现平稳较快增长。

一是经济综合实力明显增强。全年实现地区生产总值218.71亿元，同比增长18.3%；全口径财政收入55.36亿元，增长37.8%；地方财政收入39.02亿元，增长44.1%；全社会固定资产投资151.38亿元，增长36.4%；社会消费品零售总额总额29.93亿元，同比增长20.6%；规模以上工业增加值118.27亿元，增长29%；城镇居民人均可支配收入达13627元，增长2458元；农民人均纯收入达7255元，增长1321元。

二是"三个集中"步伐明显加快。经开区规模以上工业企业达185家，工业集中度87%，城镇化率达47.9%。规模流转农用地累计14.08万亩。"龙华实践"率先走上城乡一体化的成功之路，"大兰——银河实践"全面启动，带动极旱极贫山区3709户、1.2万农民进城安居兴业。

三是主优产业支撑明显壮大。经开区主要经济指标在中西部13个国家级开发区中名列第三，其中工业总产值、增加值、税收2008年增幅名列全国54个经开区第1位。一汽大众、一汽丰田、吉利汽车等6家整车龙头企业和近百个配套企业聚集发展，汽车产业列入全省四大千亿产业，实现增加值35亿元，增长49.6%，占规模以上工业增加值的29.2%。

四是城乡基础设施明显改善。近两年，累计投资108亿元，新建成城市干道219公里（经开区81公里）、村道266公里，城镇建成区面积达75平方公里。新建污水处理厂3座、110KV变电站3个，新建学校、医院等城镇基本功能项目82个。

五是城乡公共服务明显扩大。2008年财政投入改善民生资金18.36亿元，占财政支出总量的41.6%。新增农民转移就业1.6万余人、城镇就业4462人，累计就业人数达22.8万余人。4200名山区初中学生全部免费进城读书。6万余名被征地农民参加社保。建成农民安居工程78.88万平方米，2.25万名被征地农民入住新居。全区域实现城乡公交"一元通"。

六是承接产业转移成效显著。全年到位市外内资57.1亿元，增长25.1%；实际利用外资19144万美元，增长65.7%。一汽大众、一汽丰田、奥克斯、普什重机、兵装汽配园、中国博城等120个项目签约落户，协议总投资286亿元。成都·资阳工业发展区承接产业转移取得阶段性成效，拟投资项目12个，协议总投资11亿元。

捷安特装配生产线

一汽生产车间

十陵禽业合作社

客家水龙节

成都经济技术开发区掠影

成都城建投资管理集团有限责任公司

获2008年“天府杯”的双楠立交桥工程

成都城建投资管理集团有限责任公司（简称“城投集团”）是成都市委、市政府顺应国有资产管理体制改革的总体要求，为深化城建投融资体制改革，实施经营城市战略，批准设立的国有独资企业。城投集团于2004年7月注册成立，注册资本金30.8亿元，总资产近500亿元。主要职责为：负责授权范围内城建系统国有资产的管理及保值增值，承担城市基础设施、公共设施等建设项目投融资以及牵头负责所属公司的改革和稳定工作。

2008年，城投集团全面推进东郊惠民工程、城乡一体化新居工程等重大项目，积极推进成金绕城立交、成龙绕城立交、光华村二环路下穿隧道、赖家店场镇、沙河堡、驷马桥等重点市政工程建设和旧城改造项目。同时，全力以赴投入抗震救灾及灾后重建，并承担了城市燃气工程、管线工程建设和房地产开发等项目。全年集团本部实际到位融资金额98亿元，投资85亿元，为成都市城市建设和经济发展、抗震救灾及灾后重建作出了积极的贡献，先后荣获“四川省抗震救灾重建家园工人先锋号”、“成都市抗震救灾先进基层党组织”、“成都市抗震救灾过渡安置房建设先进单位”等称号。

目前，城投集团正按照确定的“2241”发展战略，进一步解放思想，不断深化内部改革，切实抓好市场项目开发，着力提升核心竞争力，努力实现西部一流企业的奋斗目标。

城投集团领导视察施工中的光华村下穿隧道工程

限价商品房北回归线

东郊惠民工程

成都市小城镇投资有限公司

成都市小城镇投资有限公司是市属国有独资公司，注册资金1亿元，总资产13亿，总人数54人，2007年被市委办公厅评为农村扶贫开发工作先进单位。主要成绩有：一是以推动农民集中为核心，在加快试验区及新农村建设中成效显著。启动项目共48个投资66亿元，完成投资12亿元，其中农村新型社区项目36个投资60亿元，完成投资8亿元，涉及25个镇（乡）近50个村。项目实施后，可安置农民约7.3万人。土地综合整理6万亩，已开工项目促进土地规模流转约7.3万亩。二是大幅增加农村建设投入总量，在扩大内需保增长，繁荣农村经济方面贡献突出。以政府财政资6.8亿元，撬动信贷资金逾100亿元，带动区县政府自筹资金约6亿元，引入较大规模农业企业50家以上，带动大量社会资金投入农村。大力推进农村新型社区建设、灾后重建以及场镇改造等项目，2008—2009年可直接完成投资26亿元。三是勇挑重担，在抗震救灾和灾后恢复重建中发挥特殊作用。争取市农信社10亿元和省农行50亿元灾后重建专项贷款授信额度，落实国家开发银行开行44亿元贷款，实施灾后重建项目26个总投资27亿元，可实现安置受灾群众9800户3.3万余人。

2007年7月2日召开第一次项目投审会

崇州桤泉农村新型社区

郫县战旗农村新型社区

新津新平农村新型社区

新津新平农村新型社区

成都工业投资集团有限公司

成都工业投资集团有限公司是经成都市人民政府批准成立，成都市国有资产监督管理委员会管理的国有独资公司。经营范围包括：投资、融资担保、资产经营、管理和资本运营、工业地产、招商、咨询服务和物业管理。公司注册资本30亿元、资产规模230亿元。拥有主要控、参股企业28户。

公司作为政府的投融资平台，具有投资的产业导向功能、融资的综合服务功能、国有企业转制和国有资产战略重组的推进功能。在成都市委、市政府的关心指导下，公司紧紧抓住成都市统筹城乡综合配套改革试验区建设、灾后重建和扩大内需带来的重大历史机遇，以“资源资产化、资产资本化、资本证券化”为经营理念，逐步形成了“工业投资、融资担保、园区建设、土地收储、资本运作和资产经营”六大主业，并与跨国公司和国内大型优秀企业建立了广泛的联系。八年来，公司充分发挥国有资本与社会资本、产业资本与金融资本、国内资本与海外资本的有效结合，成功吸引了国内大型企业如一汽集团、中石油、攀钢集团、中芯国际、中国建材等来蓉投资，并先后参与了80万吨乙烯、1000万吨炼油、石化基地、工业集中发展区、成芯国际和成都京东方等成都市重大产业化项目的建设。

蓬勃发展的工投集团正立足成都，辐射四川，连接中国，矢志成为一个拥有一流管理团队、雄厚资本实力以及卓越业内声望，具有娴熟的资本运作能力、广阔的国际化视野的产业投资与整合的引领者，一个省内一流、国内知名的战略控股型投资集团！

戴晓明董事长在工投集团揭牌仪式上讲话

葛红林市长视察工投集团

美国GROVE基金公司到访工投集团

工投集团与一汽丰田签署土地回收协议

中房集团成都房地产开发总公司

中房集团成都房地产开发总公司成立于1984年，是中国最大的房地产开发企业——中房集团旗下的成员之一，隶属成都城建投资管理集团有限责任公司。是具有房地产开发一级资质、银行信用AAA级的大型房地产综合开发企业，主营房地产开发及商品房销售、租赁，兼营室内装饰及建筑工程咨询等。先后取得了全国首届百强房地产企业、中国房地产开发诚信企业、中房集团双文明企业、四川省文明单位、四川省房地产开发最佳效益十强、成都市模范纳税大户、青羊区纳税大户、成都市开发实力十强、成都市商品房销售十强等数项殊荣。　公司现有员工122人，拥有资产56亿元（不含子公司资产）。二十五年来，公司先后开发了玉林、李家沱、平安苑、战旗、蜀风花园城、东湖花园、蓝水湾、红枫岭、金牛花园等十多个经济适用房住宅小区和中高档商品住宅区，共计建设各类开发房屋近600万平方米。其中，商品房500万平方米，政策房、经济适用房、小区公建配套用房100万平方米。建成商品住宅近4万余套，使近20万市民喜迁新房安居乐业。并以其“造型新颖、环境优美、质量优良、配套齐全、物业管理一流”而广受市民的推崇，使“中国房产”深入人心，成为蓉城楼市的知名畅销品牌。

2008年，面对突如其来的“5·12”大地震，公司一次次向灾区伸出援手，站在了全市抗震救灾的前列，关注灾区群众的安危冷暖，持续帮助灾区群众重建家园，恢复生产，认真践行企业的社会责任。七天建成六所“希望”学校。在彭州市军乐镇、桂花镇援建540套过渡性住房。招聘103名灾区群众等等。同时，在公司班子领导下，积极应对全球性金融风暴，最大限度降低金融风暴给公司带来的不利影响，公司在建项目红枫岭、金牛花园一期进展正常，特别是金牛花园一期，于12月开盘销售，在房地产市场极度疲软情况下销售成绩喜人，再一次证明了“成都中房”品牌的魅力。

中央政治局委员、国务委员刘延东视察我公司援建的彭州市通济中心小学

孩子们在公司援建的学校里上课

公司援建的学校

公司援建的学校

①蜀风花园城·兰苑实景图
②文殊坊一角
③红枫岭一期限价商品房实景图
④金牛花园效果图

成都市兴蓉投资有限公司

成都市兴蓉投资有限公司（以下简称兴蓉公司）是经成都市人民政府批准成立的国有独资公司，于2002年12月9日正式注册成立，注册资本为10亿元人民币。公司主营给、排水基础设施的投融资、建设和运营管理以及其它基础设施建设的投融资和建设管理。

公司日供水能力达138万立方米，承担着中心城区以及郫县、双流、龙泉、新都等周边区县的自来水供应服务；日污水处理能力达138.7万立方米，承担着中心城区以及郫县、大邑、蒲江等郊县地区的污水处理工作。5.12地震发生后，公司充分发挥国有水务企业的主力军作用，在确保全市人民饮水安全及城市污水处理安全的同时，积极参与抢险救灾，帮助灾区人民恢复生活秩序和启动重建工作。

近年来公司圆满完成了中心城水环境整治、大熊猫生态园等多项重大工程，其中农村中小学标准化建设工程和乡镇污水处理厂建设工程是成都市城乡配套改革试验区建设的成功实践，对促进城乡教育均衡发展和改善城乡生态环境具有重要意义。在512地震中，农村中小学标准化建设工程经受住了严峻考验，投入使用的410所农村中小学校舍无一倒塌，保障了50余万师生的生命和财产安全。震后，公司迅速投身到中小学校和公立卫生院的加固维修及灾后重建当中，用建设者的努力实现着灾区人民的愿望。

日供水能力达138万立方米，承担着中心城区以及郫县、双流、龙泉、新都等周边区县的自来水供应服务。图为市水六厂

日污水处理能力达138.7万立方米，承担着中心城区以及郫县、大邑、蒲江等郊县地区的污水处理工作。图为市第一污水处理厂

震后，公司迅速投身到中小学灾后重建当中，用建设者的努力实现着灾区人民的愿望。

在5.12地震中，农村中小学标准化建设工程经受住了严峻考验，投入使用的410所农村中小学校舍无一倒塌，保障了50余万师生的生命和财产安全。图为都江堰大观学校（周边建筑损毁严重）

成都市妇女联合会

2008年，成都市共有市、县、乡三级妇女联合会243个，社区、村级妇代会3444个，民主党派和工商联妇委会8个，团体会员23个。各级妇联深入贯彻落实科学发展观，积极引领广大妇女投身城乡统筹、“四位一体”科学发展战略和试验区建设，各项工作取得了显著成绩。在5·12大地震中充分凝聚广大妇女的力量，共同撑起了抗震救灾“半边天”，获得全国表彰7项，省委、省政府表彰1项，市委、市政府表彰5项。

汶川大地震发生以后，妇联组织迅速行动，最大程度地集结妇联的社会动员力、号召力、组织力、救援力，以最快的速度共向社会募集价值300余万元约150余吨的各类救援物资，分82车次运送灾区。在第一时间组建了第一支心理援助志愿服务队，联合专业机构建立了第一个常驻板房区的心理援助工作站。深入受灾镇村开展“心贴心”思想工作，先后向社会紧急招募了1.2万名志愿者，为灾区群众开展团体心理治疗100余场、心理咨询约4300人次，受灾重点人群家庭走访率90%。着力实施“项目帮扶”、“就业援助”、“结对帮扶”三大工程，帮助群众恢复生产，重建家园，为灾区群众提供就业岗位6802个，办理求职登记1030人。成功引进人民币约1.3亿元资金开展项目资助。

市妇联坚持把促进女性综合素质的提高作为推动妇女发展的重要任务，大力实施“女性素质工程”，借助党校主阵地作用，组织全市优秀女干部参加省委组织部、省妇联和市委组织部举办的各种女干部培训班，提高女干部自身综合能力。全年参加省级以上女干培训40余人次，完成新任女干培训率100%，新增各类女性人才100人。

投入14万启动资金，先后扶持打造了龙泉洛带女红作坊、郫县安靖蜀绣工场、新都棕编和双流草编等四个传统手工项目，共培训4340 人，帮助1950 妇女实现居家灵活就业，创造出一条文化产业与城乡妇女就业相结合的新途径。围绕统筹城乡发展，切实开展妇女创业就业服务，完善和畅通市、县、镇、村（社区）4级女性就业服务网络体系，组织开展了系列在全市较有影响的专场招聘会。全年培训城乡失业妇女2.1万人，提供就业岗位10.5万个，切实帮助了2.3万名城乡失业妇女转移就业和再就业。

在做大做强龙泉黑金果业的基础上，又扶持打造了大邑县上安镇汪安村八妹养猪专业合作社和盐井村姐妹蔬菜专业合作组织等妇女合作经济组织。对农村妇女进行多层次、多门类的科学文化、实用技术、经营观念及现代农业信息网络技术等方面的培训。全年，共培训农村妇女4万人次，巩固发展了科技示范基地12个。

市妇联大力推动文明城市创建活动，展开了声势浩大的宣传攻势，面向家庭发送了数十种年历画、台历、环保袋等300多万份宣传品，与媒体合作，开展大规模集中宣传，在全市掀起家庭文明创建活动新高潮。累计评出区级以上（含区级）“文明家庭”61余万户，占家庭总户数的34.7%，全面完成了文明城市的创建任务。联合市委组织部、市委宣传部和市人事局评选表彰了四年一度的100名三八红旗手、50个三八红旗集体。

定期推出广受家长欢迎的“父母大课堂”固定公益讲坛，出版了凝结“父母大课堂”讲座精华的《如何有效帮助孩子》等3本家庭教育书籍。同时，坚持利用各种家庭教育实践活动免费向家长发放《结路同行》、《护眼爱心手册》、《家庭教育手册》等专业手册5万余册。各级妇联全年共举办家庭教育公益讲座1431场，接听家庭教育咨询热线11580个，为177185名家长提供现场咨询服务，营造有利于未成年人健康成长的良好氛围。

成都市 信息化办公室

Chengdushi xinxihua bangongshi

成都市信息化办公室，是2001年9月17日成都市机构改革中新增设的政府组成部门，主管全市软件产业发展和推进国民经济和社会信息化及无线电管理等政府职能工作。

2008年，全市信息化和信息产业发展，紧紧围绕市委、市政府城乡统筹、“四位一体”科学发展总体战略，认真落实试验区建设、抗震救灾、灾后重建及“两枢纽、三中心、四基地”建设等重大部署，信息化基础设施重点工程全面实施，国家级通信枢纽建设正常启动，基本形成了包括基础设施、枢纽工程、应急专项的三大体系和24个重大项目的成都信息化基础规划体系。国民经济和社会信息化全面推进，电子监察、并联审批、政府门户网站等电子政务应用进一步深入，农业信息化、制造业信息化以及电子商务等示范应用取得成效，交通、城管、教育、卫生、食品、文化和就业等行业信息化加快步伐。抗震救灾全力投入，为救灾救援和灾民安置提供了优质的应急通信和信息化保障服务。灾后重建迅速展开，启动了公众通信保障、信息灾难恢复和政府应急指挥三大通信工程，受灾区域的受损信息化基础设施全部恢复运行。信息产业持续较快发展，产业总收入达到1059.3亿元。其中，电子信息制造业529.01亿元，同比增长29.1%；软件及信息服务业427.36亿元，同比增长37.86%；软件出口3.06亿美元，同比增长92.36%；电信运营商主营业务收入达到102.93亿元。全市“双软”认证软件企业563家，登记软件产品1885个。无线电事业稳步发展，发展规划基本形成，资源、技术、应用、管理、产业、人才等六大体系着手构建，无线电执法和台站管理进一步加强，重大活动无线电通信保障任务顺利完成。

成都市审计局

2008年，成都市审计机关共完成审计（调查）项目2760个，查出问题金额123.6亿元（其中，违规金额16.4亿元，损失浪费金额0.2亿元，管理不规范金额107亿元）。对审计查出的上述问题，分别进行了上交财政、减少财政拨款或补贴、归还原渠道资金以及调账处理。同时，提出审计建议2150条，其中1874条被有关部门和单位采纳，促使被审计单位制定整改措施140项，建立健全规章制度43份。提交审计专题、综合性报告和信息简报1388篇，其中715篇（次）被省市领导和上级审计机关批示采用。移送纪检监察部门、司法机关及有关部门处理的案件9件，涉及人员6人，涉及金额1755万元。移送纪检监察部门处理1人、移送有关部门处理1人。

在计划制定上，围绕市委、市政府中心工作，服务全市经济社会发展大局，抓住重点，选好项目。针对市委、市政府重要决策、政策措施的落实情况、全市重点项目（工程）以及重大事项（任务）制定年度审计项目计划，突出项目计划制定的科学性和计划性。

建立健全了各项制度19项。其中，制订、修改和完善了涉及业务规范方面的制度10项、内部管理方面的制度8项以及干部管理方面的制度1项。《成都市审计局审计项目执行情况通报和督查制度》，对全局的审计项目执行情况实行半月通报制，采取不定时的现场抽查方式对审计小组工作情况进行督查，每月召开审计项目业务协调会，对审计思路的确立，审计方案的制定，审计问题的查证，审计建议的提出等进行业务交流，提高了审计工作的执行力。

刘家义审计长（图前左一）到都江堰市抗震救灾一线查看灾情，慰问审计人员并指导抗震救灾工作。图后左一为成都市审计局局长戴志勇同志。

局领导亲临项目审计现场。图左二为成都市审计局副局长罗济沙同志。

2009年2月23日，成都市召开全市审计工作会议。

成都市投资促进委员会

2008年，在市委、市政府的坚强领导下，成都市投资促进委员会带领全市投资促进系统，认真贯彻落实科学发展观，深入实施城乡统筹、“四位一体”科学发展总体战略，坚持“抓大项目、大抓项目”，攻坚克难，努力克服汶川特大地震灾害和国际金融危机的双重影响，全市投资促进保持了平稳较快增长。2008年，实际到位省外内资突破千亿元，达到1070亿元，占全省35.7%，完成目标任务128.5%，同比增长28.6%。按商务部口径实际利用外资22.5亿美元，占全省72.7%，完成目标任务141%，同比增长97.3%。新引进英国石油(BP)等世界500强企业6家，落户我市的世界500强企业达130家。2008年工作主要呈现以下方面特点:

一、着力推进“三个一批”，重大项目投资促进取得新进展

一是“三个一批”重大项目顺利推进。新引进重大项目213个，总投资1743.94亿元，促进了深天马4.5代TFT-LCD等一批重大项目完成工商注册，促进了一汽大众成都工厂等一批重大项目正式签约。全年市投促委获取有效项目信息75条，成功落户重大项目13个。二是重大投资促进活动取得成效。先后举办了“中国西部光伏产业与新能源发展论坛”等一系列专题投资促进活动，组织参加了“第九届西博会”、“灾后重建大招商”和“港澳投资促进活动”等三大投资促进活动。其中，我市在“西博会”期间签约项目90个，项目总金额约874亿元，签约项目数及投资总额均居全省首位。三是投资促进基础工作不断加强。深入开展产业分析研究，制定并发布了电子信息、汽车、石化、光电光伏等11大重点产业投资指南。

二、着力完善工作机制，统一有序的投资促进格局初步形成

一是投资促进工作机制进一步完善。制定了《关于进一步完善投资促进工作机制的试行意见》，初步形成市投促委牵头统筹协调、市级相关部门合力推进、各区（市）县充分发挥主体作用的投资促进工作体系。二是重大项目统筹流转顺利实施。严格按照“一区一主业”产业定位和《成都市重大工业招商引资项目统筹流转试行办法》的要求，统筹协调了五粮液普什重型工程机械园等14个重大工业项目的流转。

三、着力优化政务服务，投资促进服务水平进一步提高

一是强化对重大项目投资促进的服务。会同市发改委、市政务服务中心等部门组建了成都市重大项目VIP服务室。积极协调解决投资促进重大项目推进中的困难和问题，组织承办重大项目协调会8次。二是加强对外商投资企业的服务。开通外商投资企业24小时服务热线，组织承办外商投资企业座谈会，及时协调解决了香港九龙仓、成都艾特航空制造有限公司等87家企业反映的209个问题，受理率100%，外企满意率达96.5%。

四、着力营造投资环境比较优势，对重大项目的吸引力明显提升

一是政务环境进一步优化。深入推进规范化服务型政府建设，切实加强行政效能建设，开展建设项目并联审批，行政效能有效提升。二是投资环境不断改善。“两枢纽三中心”建设加快推进，物流环境不断改善。城乡基础设施建设稳步推进，水、电、气等要素供应保障不断加强，对重大项目的承载能力不断提升。三是投资促进政策优势进一步凸显。编印了《国家、省、市灾后重建投资促进政策汇编》。积极会同市级相关部门，研究制定了三次产业重大项目投资促进支持政策。

2009年，市投促委将认真贯彻市委十一届六次全会、市委工作会及全市工业和投资促进工作会议精神，深入实践科学发展观，围绕推进城乡统筹、“四位一体”科学发展总体战略，紧紧抓住灾后重建、扩大内需、试验区建设的“三个机遇”，立足“全域成都”的科学规划，突出重点产业、重大项目和重点区域，创新招商方式，完善工作机制，营造比较优势，迎难而上，超常工作，努力保持招商引资平稳增长，推动全市投资促进工作再上新台阶。

2008年全市对外开放工作会

外企接待活动

唐川平副市长、白刚副市长出席投促委干部大会

吸引外来投资对策研讨会

成都市旅游局

2008年，我市旅游业在继2007年成都荣获中国最佳旅游城市的品牌效应和加大旅游营销的宣传效应，开局良好，旅游市场快速发展，经济指标大幅增长，呈快速发展势头。但因接连遭受低温冰雪灾害，特别是西藏“3·14”事件、“5·12”汶川特大地震以及国际金融危机，旅游业遭受重创。

在市委、市政府的坚强领导下，全市旅游行业全力以赴，迎难而上，抗震救灾，实施“万人大营救行动”，创造了在震区1万余名团队游客只死亡51人的奇迹。与此同时，积极制定扶持政策，全力支持旅游企业恢复发展。加大旅游营销，着力塑造“城市安然无恙，成都依然美丽”安全旅游形象。积极推进旅游项目建设，中国花水湾度假小镇等一批重大旅游项目相继开工、宽窄巷子历史文化保护区修复等一批重点旅游项目对外开放、全国首创《乡村旅游度假区管理建设标准（试行）》的发布实施、全国性旅游节会活动的举办，极大地促进了旅游业灾后重建和旅游市场的恢复发展。2008年我市接待国内旅游人数达到4105.4万人次，接待入境旅游人数50.03万人次；实现旅游总收入375.43亿元；旅游重点项目建设完成投资58亿余元。

2009年，力争全市接待国内游客超过5000万人次，入境游客超过50万人次，旅游总收入突破500亿元人民币；启动100个重点项目建设，完成100亿元旅游重点项目投资；新增1万旅游直接就业人员。

①市政府副秘书长、市旅游局局长邓工力向地震灾区学生赠送学习用品
②市政府副秘书长、市旅游局局长邓工力在“感恩社会·体验成都——冬日暖阳·成都年”主题旅游营销活动开幕式上致辞
③2008年6月14日，宽窄巷子在雨中开街
④作为成都旅游灾后重建重大项目，2008年12月成都欢乐谷主体顺利完工

成都市广播电视局

在服务全市城乡统筹、“四位一体”科学发展总体战略的过程中，市广电局紧紧围绕市委、市政府中心工作，坚持以统筹城乡发展的理念、思路和办法，自加压力，转型创新，着力从抓规划、抓覆盖、抓内容、抓机制、抓评价5个方面，全力推动城乡一体的广播电视公共服务体系建设，取得了阶段性成效，并受到广电总局和省广电局的充分肯定。

一、坚持规划先行，制定和实施覆盖城乡的全域成都广播电视科学规划

把科学规划作为重要基础，精心构建了全域成都广播电视公共服务工作框架体系。

一是组织制定全市广播电视公共服务体系建设总体规划。围绕建设“一流体制机制、基础设施、服务内容和监管手段”的目标，于2008年初启动了《成都市广播电视公共服务体系框架方案》的编制工作，提出了五年（2008—2012）主要工作任务和工作规划，目前方案已基本确定。历时三月，组织开展了广播电视公共服务体系建设和基层广播电视管理运营体制重点专题调研，并于2008年3月完成了专题调研报告。

二是研究制定全市广播电视户户通工程总体规划。2008年3月，启动了《成都市广播电视户户通工程总体规划方案》编制工作，经过多次修改完善，已于10月完成方案编制和送审。

三是科学编制全市广播电视灾后恢复重建实施规划。于7月底完成了《成都市广播电视灾后恢复重建实施规划》的编制，紧紧着眼于恢复和提升灾区广播电视公共服务功能及水平，确定了若干重点项目。

四是着力强化干部职工学习培训规划。围绕重点工作组织进行了6次专题培训，并确定了覆盖全系统的五年培训规划和年度培训计划，全年共培训机关干部和专业技术干部达830余人次。

二、以村村通为重要抓手，着力提高全市广播电视覆盖水平

把有效覆盖作为重要目标，精心构建了全域成都广播电视公共服务传输覆盖体系。

一是切实加强无线覆盖网络建设。2008年圆满完成了列为全市民生工程目标任务的“5个村村通发射台建设”，组织推动成都电视台15频道和33频道无线发射台于12月20日在省高塔试播。至此，覆盖全域成都的广播电视无线覆盖网络已基本形成，“5+3”标准无线覆盖率达95%。市委、市政府2008年民生工程目标完成情况考核验收组给予高度评价，认为“思想非常重视，工作非常艰辛，效果非常满意。”

二是加速推进有线电视发展进程。全面完成了已建成农民集中居住区、新农村示范点、城镇新型社区有线电视信号通达率100%建设任务，圆满完成了有线电视进村入户试点工程建设，并在此基础上，提出了《成都市广播电视户户通工程总体规划方案》，此项工程已列入2009年市政府工作安排。工程实施后，将使我市农村地区率先在全国省会城市和副省级城市中实现光纤有线电视“50+10”标准，无线数字电视“25+10”标准的广播电视户户通，提前8年完成国家下达的“8+4”标准目标任务，切实解决广播电视覆盖城乡不均衡的问题。

三、持续加强对农广播电视内容建设，巩固农村思想文化阵地

把对农节目作为重要载体，精心构建了全域成都广播电视公共服务的内容建设体系。

一是认真办好对农专题栏目。全市各级广播电视播出机构在做好对农宣传的同时，按要求专门开设了一批对农专题栏目。成都电台《早起好生活》、成都电视台《新农村全接触》及龙泉驿《本乡本土》、新津《致富经》、金堂《希望的田野上》等对农栏目均产生了较大影响力。

二是全力推动对农节目质量提升。充分发挥文化专项资金作用，在对农广电节（栏）目及相关题材作品的创作等方面给予了有力支持，2008年扶持金额达127万元。认真组织对农节目阅评会，专题阅评区（市）县选送的对农节目，促进了质量提升。

三是精心指导和积极支持基层广电部门的探索实践。双流县实施了集农村数字电视影院、党员远程教育、实用技术培训等于一体“农村互动数字电视影院项目”，有效巩固了农村思想文化阵地。

四、着力加强体制机制建设，推动工作由经验化迈向法制化、规范化

把体制机制作为重要条件，精心构建了全域成都广播电视公共服务政策规范体系。

一是基层广播电视管理体制建设取得新突破。2008年12月，报经十一届市委第65次常委会审议通过后，《中共成都市委办公厅 成都市人民政府办公厅关于进一步加强基层广播电视管理体制建设的意见》（成委办〔2008〕37号）正式下发，就强化管理职能、明确管理机构和人员、加强管理考核、落实管理经费等关键环节确定了可操作的政策性要求，实现了基层广电管理体制和投入保障的新突破。

二是全市广播电视监管法制化程度得到新提高。有线电视系统建设审查验收已于2009年1月1日正式进入全市建设项目并联审批。《成都市有线电视管理条例》、《成都市公共视听业务监督管理办法》已分别纳入市人大和市政府2009年度立法调研计划。

三是广播电视监测网功能得到新拓展。投入500万元，完成了以区（市）县广播电视监测系统、公共信息网传送视听节目监测系统、安全播出指挥调度系统为核心内容的监测网系统二期工程建设，并于2008年12月中旬投入试运行，运转情况良好。至此，我市已基本形成了设备比较完整、功能较为齐全的广播电视监测网络平台。

四是广播电视行政执法工作有了新成效。重点开展了全市广播电视无线频率频道使用、广告播放、互联网等信息网络传播视听节目、地面卫星接收设施、境外卫星节目传输秩序、有线广播电视网络运行等专项检查行动，促进了全市广播电视行业的规范、健康发展。

五是学习型机关和作风、效能、规范化服务型政府建设水平实现新提升。组织开展专题培训，大兴调查研究之风，积极推进调研成果转化。统筹推进作风、效能和规范化服务型政府建设，重点梳理和完善了《关于“三重一大”事项决策程序的暂行规定及配套制度》，制定下发了《关于推进“两个转变”加强干部思想作风建设的意见》等机关建设基础性文件。第一纪工委在年度巡查中对此给予了充分肯定。

五、切实规范和优化广播电视工作评价，努力提高服务群众效果

把效果评价作为重要杠杆，精心构建了全域成都广播电视公共服务评估问效体系。

一是建立健全工作标准体系。制定了针对农村地区的ABC三级广播电视公共服务标准，完善了指标体系。研究制定了《成都市有线电视系统工程建设规范》、《成都市广播电视安全（质量）监测测评办法》、《成都市广播电视广告监测测评办法》和《成都市广播电视村村通发射台运行维护管理办法（试行）》等规则。

二是着力推进工作方式创新。建立健全了专家阅评、社会阅评、人大代表政协委员阅评和各级自评相结合的广播电视节目阅评体系。探索推进了有人大代表、政协委员和社会群众等参与的广播电视播出机构、网络运营机构社会评价体系建设。建立健全了覆盖全市广电系统的目标管理体系和考核机制，改进了机关干部绩效考核方式。

上述工作得到了市委、市政府的充分肯定。省委常委、市委书记李春城同志就全市广播电视工作作出重要批示：“这一段工作不错，特别是注重调研和长远规划，注重干部思想和作风建设的做法很好，望继续扎实推进”。市长葛红林同志在听取广播电视工作汇报时也对此给予了充分肯定。在广电系统内，成都广电工作也得到高度关注和认同。广电总局《决策参考》（2008年第9期）全文刊发了市广电局的专题调研报告《加强领导 周密部署 推进基层广电管理体制建设》。省广电局日前专文刊发了《长远规划 创新思维 成都市广电局全面推进城乡一体的广播电视公共服务体系建设》（省广电局简报2009年第4期），并在全省广播影视工作会上作为先进经验推广和肯定了成都局的做法。

在下阶段工作中，市广电局将紧紧抓住试验区建设、扩大内需、灾后重建机遇，进一步夯实全市广播影视公共服务建设基础，加快实施广播电视户户通工程，全力提升全市广播电视公共服务整体水平，努力把广播电视公共服务城乡均衡配置水平提升到一个新高度，争取用3－5年的时间，形成完备的、具有成都特色的、城乡一体的广播电视公共服务体系。

成都市国土资源局

国土资源部徐绍史部长视察成都市农村土地产权制度改革工作

2008年，成都市国土资源局在市委、市政府的正确领导和上级国土部门的指导帮助下，深入贯彻落实科学发展观，扎实推进城乡统筹、“四位一体”科学发展总体战略，坚持集约节约用地，切实保护耕地，积极推进成都统筹城乡综合配套改革试验区土地管理制度改革创新，为灾后重建和经济社会又好又快发展提供了有力的国土资源保障。

一是全力以赴参加抗震救灾和灾后重建。积极开展次生地质灾害调查、避让搬迁等，切实保障群众生命财产安全。科学编制灾后重建土地利用规划，积极保障灾后重建项目用地，积极探索集体建设用地流转，多渠道筹集灾后重建资金，有力加快了灾后重建步伐。

二是保障发展用地，促进集约节约。改革年度计划分配方式，及时保障了成灌铁路、成都新客站等重点项目和城镇建设用地需求。严格执行工业用地标准，加大旧城（区）镇改造力度，不断挖掘土地利用潜力，提高土地利用效益。

三是创新耕地保护机制，推进综合配套改革。按照市委、市政府试验区改革的总体部署，从2008年开始试点发放耕地保护基金，有力调动了群众保护耕地的积极性，强化了耕地保护。同时，扎实开展集体土地确权登记，积极探索集体建设用地使用权流转、基准地价制定等工作，促成部、省、市签订《共同推进国土资源管理工作促进成都统筹城乡综合配套改革试验区建设的合作协议》，积极争取国土资源部对成都市土地管理制度改革创新进行评估，为深化改革奠定了坚实基础。

四是以“金土地”工程为抓手，推进新农村建设。坚持“四性”原则，科学规划，“1+N”运作，把实施土地整理与推进新农村建设、现代农业发展相结合，统筹实施农田水利设施建设和农业综合整治，因地制宜推动农民适度集中居住，推动土地向规模经营集中，有力促进了城乡统筹发展和社会主义新农村建设。

同时，积极开展耕地动态遥感监测，加强土地执法监督，构建土地监管共同责任体系，初步形成了大家管地、依法用地的良好局面。下一步，成都市国土资源局将进一步开拓创新，深化改革，攻坚克难，扎实工作，为统筹城乡综合配套改革试验区建设、扩大内需促进经济平稳较快发展和灾后重建发挥更多积极作用。

成都市国土资源局干部深入地震灾害第一线

国土资源部汪民副部长到都江堰视察工作

成都市温江区寿安镇东岳社区农村产权颁证暨耕保合同签订仪式

都江堰市向峨乡棋盘村农房重建集中居住点

成都市就业服务管理局

2008年5月，温家宝总理在彭州市检查灾后就业援助点工作并慰问灾区群众

2008年，我市就业工作经历了“5·12”特大地震灾害、国际金融危机双重冲击，面对巨大的困难和挑战，按照市委、市政府的统一部署，在市劳动保障局的坚强领导下，成都市就业服务管理局始终牢牢抓住城乡统筹就业这个中心，大力实施城乡充分就业工程，进一步完善就业扶持政策，健全就业服务、就业培训、就业援助等工作体系，全力推进创业带动就业工作，不断创新工作思路和工作方法，全市就业服务工作取得显著成效，圆满完成了市委、市政府提出“3年内实现比较充分就业城市”的总体目标，为全市经济社会发展和稳定作出了积极贡献。

据统计，全年全市城镇新增就业11.72万人，年末城镇登记失业率为3.1%。农村富余劳动力向非农产业新增转移15万人，持《再就业优惠证》的下岗失业人员和失地农民实现就业6.3万人，其中“4050”等就业援助对象实现就业2.67万人，动态消除“零就业”家庭。共开展再就业培训7.75万人，培训后就业率达69.33%，开展农民工培训27.91万人，其中：在岗培训12.83万人，就业技能培训12.83万人，温暖工程培训6717人，品牌培训1.57万人。

2008年5月，张德江副总理，人力资源和社会保障部尹蔚民部长在都江堰市灾后就业援助招聘会上

2008年1月，市委书记李春城，市长葛红林视察新春惠民行动启动仪式现场

2008年6月，张小建副部长与葛红林市长出席成都市就业与创业促进会

2008年5月，成都市就业局第一时间向极重灾区提供巡回就业援助服务

2008年9月，国际劳工组织灾后重建项目紧急创办和改善你的企业首期培训班

宽敞明亮的服务大厅

成都住房公积金中心

成都住房公积金管理中心成立于2004年8月，设置10个职能处室和新都等14个区（市）县管理部以及省级、铁路、石油3个分中心。成都中心对14个管理部实行垂直管理，对3个分中心实行授权管理，共有职工171人（含聘用人员）。

中心成立之初，为全面开创我市住房公积金业务发展的新局面、创造新业绩，按照市委、市政府的要求和管委会的工作部署，中心党组确定了中心工作目标，即：建立“四个体系”，实施“四条措施”，达到“五个目标”。

“四个体系”：建立目标管理体系、激励约束体系、考核评价体系和风险控制体系。使中心的各项工作做到责任落实，内控健全。

“四条措施”：以决策科学化、服务规范化、管理制度化、手段现代化来保障中心工作目标的实现，各项业务的全面发展和政策措施的贯彻执行。

“五个目标”：把成都住房公积金管理中心建设成具有一流的班子、一流的队伍、一流的管理、一流的业绩、一流的服务的行业先进单位。

为把奋斗目标落实到每年的工作中，中心提出2005年为“宣传年”，工作方针是“宣传、发展、规范、提高”。2006年为“规范年”，工作方针是“打好基础、规范管理、控制风险、搞好服务”。2007年为“服务年”，工作方针是“优质服务、优化流程、提高水平、提升形象”。2008年为“提高年”，工作方针是“提高服务水平、提高管理水平、提高成果运用水平、提高队伍战斗力”。2009年为“创新年”，工作方针是“理念创新、制度创新、管理创新、服务创新”。

通过一系列工作的开展，成都住房公积金制度的建立和发展上了一个新台阶。截止2008年底，我市累计归集住房公积金达279.65亿元，归集余额148.26亿元。累计发放公积金贷款125.41亿元，累计发放贷款户数87135户,支持职工购房面积约900万平方米。2005年至2008年累计实现增值收益6.09亿元，上缴廉租住房资金2.89亿元,为成都市廉租住房建设提供了重要的资金来源。

成都公积金中心咨询服务

耐心细致的服务

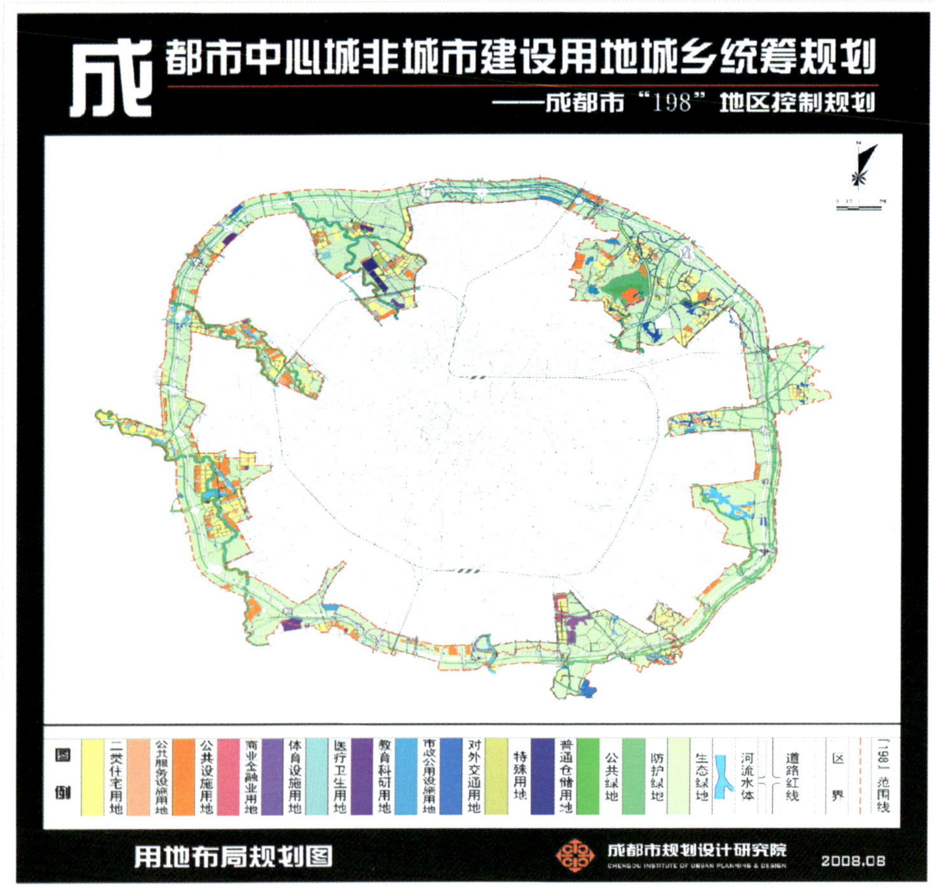

成都市中心城非城市建设用地城乡统筹规划——成都市"198"地区控制规划－用地布局规划图

成都市规划设计研究院

成都市规划设计研究院成立于1983年，是建设部批准的第一批甲级城市规划设计单位，现有资质为城市规划甲级、工程咨询甲级，承担各层次、各类型、各专业的城乡规划及工程咨询等技术服务和技术咨询。同时还承担有关城市建设的国家规范编制，部、省级课题研究，项目策划等工作。2005年我院就已通过了ISO9001质量管理体系认证，并于去年通过复核评审。

我院以"人才为本，科技为先"为理念。我院专业技术人员占总人数的九成以上。拥有众多毕业于清华大学、同济大学、重庆大学、东南大学等国家重点院校的技术人员。建院二十六年来，我院先后完成了城镇体系规划、总体规划、风景区规划、各类专业规划和城市设计等六千多个项目。近几年来共有60多项设计成果荣获部、省级奖励，其中《成都市府南河综合整治》工程在1999年荣获联合国颁发的"联合国人居奖"、"联合国最佳范例奖"等五项国际大奖；《成都市城市总体规划》获建设部2002年度优秀城市规划二等奖、四川省优秀城市规划一等奖；《成都市春熙路城市及环境设计》获建设部2002年度优秀城市规划三等奖；《青城山－都江堰风景名胜区总体规划》、《成都市中心城非城市建设用地规划》获建设部2003年度优秀城市规划三等奖；《沙河综合整治》工程在2006年荣获"国际舍斯河流奖"。此外，我院还完成了城市发展战略、交通发展战略、城市化发展战略等多项重大科研项目，主编了《城市环境卫生设施规划规范》，参与了《历史文化名城保护规划规范》、《城市道路交叉口规划规范》等国家标准的编制。

我院质量管理体系完善，服务热情周到，社会声誉良好，技术力量雄厚，专业配备齐全、合理，办公设备现代、先进。我院将继续"以顾客为关注焦点，以编制优秀城乡规划、工程咨询产品为己任"，按照"城乡规划公共政策研究机构、城乡规划管理的技术支撑、城乡规划建设的人才基地"的战略定位，持续改进，力争早日创建成为西部第一、全国一流的规划强院。

院长、书记、全国建设系统先进工作者胡滨同志

双流县正兴镇城镇风貌规划鸟瞰图

彭州市桂花镇清桥社区灾后重建规划设计效果图

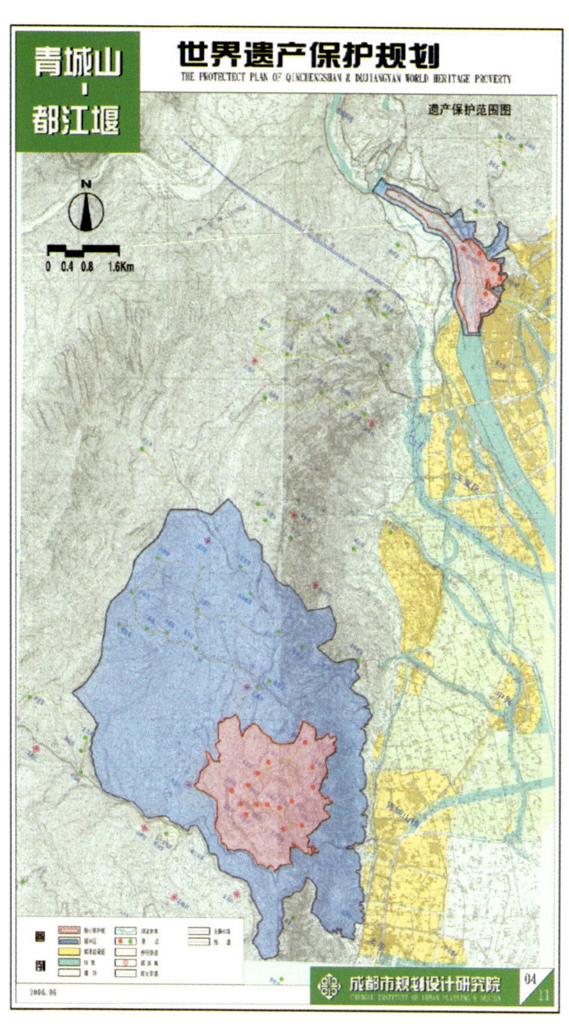

青城山—都江堰世界遗产保护规划遗产保护范围图

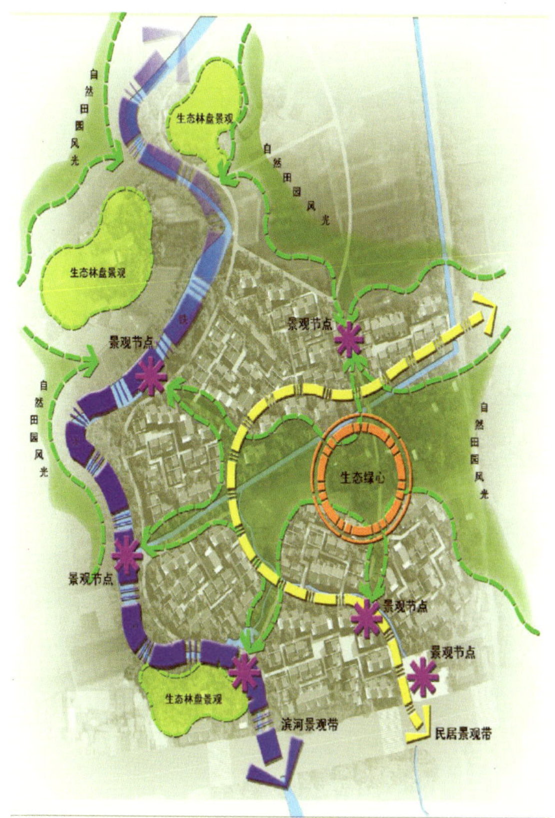

大邑县董场镇铁溪社区灾后重建规划

大邑县董场镇铁溪社区灾后重建规划效果图

彭州市桂花镇清桥社区灾后重建规划设计鸟瞰图

成都信息工程學院

5·12地震期间，温家宝总理和我院学生志愿者亲切交谈

2008年，学校坚持以邓小平理论和“三个代表”重要思想为指导，认真学习贯彻党的十七大精神，始终以科学发展观统领全局，坚持本科教学的中心地位，圆满完成抗震救灾、教学建设、学科建设等各项工作任务，在建设特色鲜明的教学研究型信息工程大学的征途上迈出了坚实的一步。

一、抗震救灾工作

“5·12”汶川特大地震发生后，学校在第一时间成立了党委书记、校长为组长的应急领导小组，全面安排、组织、部署、实施抗震救灾工作。在实现学校顺利复课和学校正常教学工作的同时，不仅积极为灾区捐款，还派出青年志愿者4万多人次，组建40余支抗震救灾服务队，深入重灾区都江堰、青川、彭州、江油、雅安等地开展灾后疾病预防控制、支教、心理健康辅导等服务工作，主动申请在学校龙泉校区建立成都市红十字会成都信息工程学院赈灾物资管理基地。抗震救灾活动中，学校涌现出“全国抗震救灾模范”称号唯一一名大学生获得者蒙祖海，“抗震救灾感动中国师德标兵”廖述兵等。学校还被授予“中国红十字会抗震救灾先进集体”、“四川省教育系统抗震救灾先进集体”、“四川省抗震救灾大学生志愿服务工作先进集体”等荣誉称号。温家宝总理、李克强副总理、回良玉副总理、中国红十字会会长彭佩云，以及国际红十字会与红新月会主席罗格等还亲切看望、慰问了学校抗震救灾志愿者。

二、教学建设

2008年，学校出台了《成都信息工程学院本科专业建设指南》、《成都信息工程学院本科教学质量与教学改革工程建设实施意见》、《成都信息工程学院精品课程网站建设规范》（试行）等文件，起草了《成都信息工程学院专业评估方案（草案）》，促进了学校专业结构进一步优化。新增“应用气象学”、“环境科学”和“信息对抗技术”3个本科专业，本科专业总数增至49个。通信工程、大气科学获批全国第三批高等学校特色专业。成功获得省级实验教学示范中心立项。同时，学校创新教育理念，引入和扎实推进CDIO工程教育模式，并成为教育部全国CDIO工程教育模式首批试点高校20所之一。

三、学科建设

合并调整了电子商务系、经济贸易系、会计系、管理系、社会科学系等专业，成立了管理学院、商学院、文化艺术学院等17个学院。成功获得专业硕士点农业推广硕士学位授予权，实现了学校专业硕士学位授予权零的突破。“气象学”、“信号与信息处理”两个省级重点建设学科顺利通过省级重点学科认定评审，基础数学、环境科学、计算机应用技术3个学科新增为省级重点建设学科。

2008年，学校科研立项198项，发表论文700篇，其中被SCI、EI、ISTP、CSCSI检索、人大复印资料全文转载90篇，核心期刊以上458篇，编著、教材41部。

四、招生就业

全年学校共招生本科本科生4545人，专科350人，一志愿录取率99.09%，其中省内一志愿录取率100%，省外一志愿录取率97.2%。学校加大了毕业生就业工作力度，组织了大中型招聘会多次，走访了18省（直辖市）的37个城市，联系了32家国家级高科技产业园区管理部门和人才服务部门，和21家高新区签定了就业合作协议。

五、队伍建设

2008年，学校引进人才33人，其中博士以上10人，硕士研究生8人，副教授以上11人。完成128人的职称评定，其中41人评为高级职称，87人评为中级职称。完成了新一轮干部岗位聘任工作，试行了干部绩效考核制度。目前学校校级领导9人，处级领导106人，科级干部89人。

六、党的建设

成功召开了第七次党代会，总结了过去六年的工作，提出了坚持改革开放，坚持科学发展，建设特色鲜明的教学研究型信息工程大学的学校发展新思路，选举产生了我校新一届党委、纪委，圆满完成换届任务。

12月19日，中国气象局局长、党组书记郑国光莅临我校检查指导工作

神舟七号发射前,学院党委书记赖廷谦、院长周定文亲自前往酒泉卫星发射中心看望1989届毕业校友、酒泉卫星发射中心气象室主任、担纲神舟飞船发射气象保障任务的刘汉涛大校

1995届毕业校友、山东东营市气象局预报员张洪卫荣获首届全国天气预报员技能竞赛第一名

荣获“全国抗震救灾模范”荣誉称号的电子工程系2005级学生蒙祖海为灾区小朋友讲解防雷知识

成都市工商行政管理局

2008年，全市工商系统在市委、市政府和上级工商部门的领导下，高举中国特色社会主义伟大旗帜，以邓小平理论和“三个代表”重要思想为根本指针，全面落实科学发展观，深入学习贯彻党的十七大精神，积极推进城乡统筹、“四位一体”科学发展总体战略，服务发展大局，在创新、提高和构建长效管理机制上下功夫，努力建设政治、业务、作风“三过硬”的高素质工商干部队伍，各项工作取得了较好成绩。全市新登记注册内资企业（含私营企业）23364户（累计230825户）、个体工商户105100户（累计599311户）。新设立外商投资法人企业249户（累计3652户），投资总额47.44亿美元，注册资本31.79亿美元，外商认缴29.06亿美元。投资总额1000、5000万美元的外资项目59个，5000万美元以上的外资项目29个。

①“3·15”前夕，市局党组书记、局长谢述钧到“四川在线”与网民面对面交流消费者维权工作
②都江堰工商局到灾民食品分发点对食品、饮用水进行检查
③彭州市工商局党员突击队为灾民重建家园

成都投资控股集团有限公司

成都投资控股集团有限公司(以下简称投控集团)于2008年10月31日正式挂牌成立，注册资本30亿元，属国有独资企业。经营范围包括投资金融机构和非金融机构、资本经营、风险投资、资产经营管理、投资及补会经济咨询、金融研究及创新。投资领域涉及银行、证券、保险、信托、担保、金融租赁、小额贷款、产业投资基余、命融地产、PE及VC投资等金融和准金融产业的多个领域。集团目前拥有多个全资和控股广公司，并为成都银行、成都市农村信用社第一大股东。

作为我市经营性资产的管理平台、地方金融产业的投资平台、利用创新金融产品的融资平台，投控集团将在巩固和规范资产管理业务的同时，充分发挥国有资本引导作用，优化我市金融资源配置，盘活分散的地方性金融行业资产，全面提升金融企业的竞争力，建立、完善适应市场经济的地方性金融体系，初步形成优势互补的大金融产业链，为推进西部金融中心和统筹城乡综合配套改革试验区的建设，以及灾后重建提供强有力的金融支撑。

特别鸣谢

成都市房产管理局

成都市统计局

成都市统计局是主管全市统计和国民经济核算工作的市政府工作部门。其主要职责是：

（一）依照国家法律、法规、政策和计划，起草全市地方性统计法规、规章草案，制定统计现代化建设规划和统计调查计划；组织领导和监督检查全市的统计和国民经济核算工作；监督统计法律、法规的实施。

（二）建立健全全市国民经济核算体系和调查制度；对全市有关部门和区（市）县的统计调查计划和调查方案进行行政监督管理；制定全市统计标准，审定部门统计标准；管理全市统计调查项目和全市基本统计报表。

（三）组织实施全市重大的国情国力普查和专项统计调查；组织指导各区（市）县、市级各部门的社会、经济、科技调查。

（四）根据国家统计局委托，领导和管理全市城市、农村和企业调查队；协助地方管理区（市）县统计局正、副局长；统一管理全市及县以上政府统计部门的中央统计事业费；组织管理全市统计专业资格考试和职务评审工作；组织实施统计系统业务培训、统计专业技术人员岗位培训工作。

（五）依法对全市行政区内的机关团体、企业、事业及其他组织和个体工商户实施统计调查登记。

（六）组织实施和统一管理区（市）县统计信息自动化系统和统计数据库体系及网络；制定全市统计数据库网络的基本标准和运行规则；组织指导市级各部门的统计数据库及网络建设。

（七）汇总、整理、提供全市性的基本统计资料；对国民经济运行、科技进步和社会发展情况进行统计分析、监督和综合评价；收集、整理市外社会经济发展情况并进行对比分析研究；向市委、市政府提供决策咨询建议；统一核定、管理、公布出版全市性的基本统计资料，定期向社会公众发布全市国民经济和社会发展情况的统计信息。

局领导带队到地震灾区参加义务劳动

2009年2月25日，成都市召开全市统计调查工作会

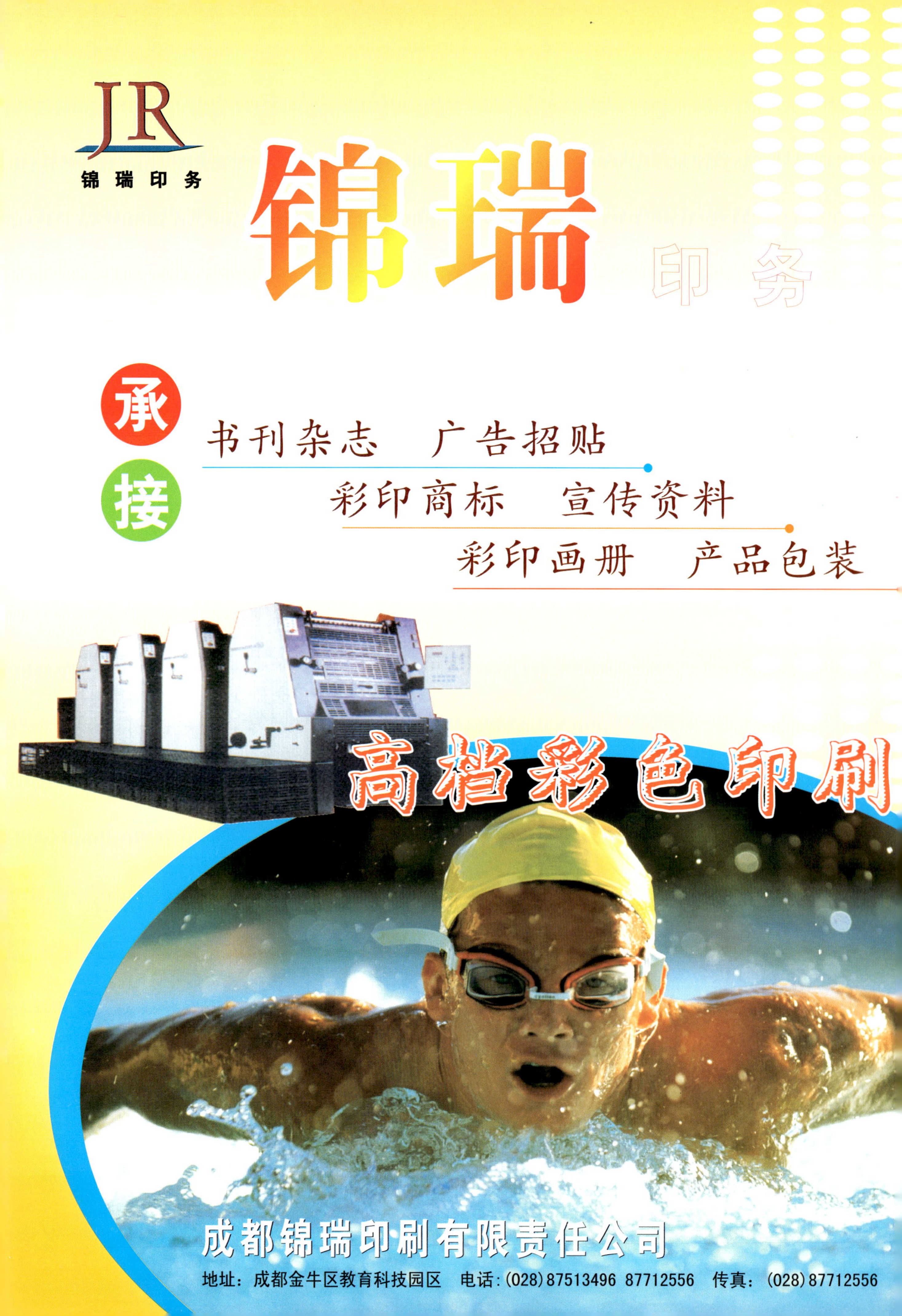
JR
锦瑞印务
锦瑞
印务
承接
书刊杂志　广告招贴
彩印商标　宣传资料
彩印画册　产品包装
高档彩色印刷
成都锦瑞印刷有限责任公司
地址：成都金牛区教育科技园区　电话：(028)87513496 87712556　传真：(028)87712556

目　　录

CONTENTS

二、人口及劳动力
Chapter 2 Population and Labor Force

三、固定资产投资、建筑业
Chapter 3 Investment in Fixed Assets and Construction

四、财政、金融、证券和保险
Chapter 4 Government Finance, Banking, Securities and Insurance

五、人民生活
Chapter 5 People's Livelihood

六、城市公用事业
Chapter 6 Urban Public Utilities

七、农　业
Chapter 7 Agriculture

八、工　业
Chapter 8 Industry

九、运输、邮电
Chapter 9 Transportation, Postal and Telecommunications Services

十、能源购进、消费与库存
Chapter 10 Energy Purchasing, Consumption and Inventory

十一、国内贸易、物价、外经、旅游
Chapter 11 Domestic Trade, Price Indices, Foreign Trade and Economic Cooperation, Tourism

十二、 科技、教育和文化
Chapter 12 Science, Education and Culture

十三、 体育、卫生、福利及其他
Chapter 13 Sports, Public Health, Social Welfare and Others

十四、 企业调查
Chapter 14 Enterprise Survey

十五、区(市)县
Chapter 15 Districts, Cities at County Level and Counties

成 都 概 况

一、 成都历史文化

成都是一座有 2300 多年悠久历史的古城，是国务院首批公布的 24 个历史文化名城之一。公元前四世纪，古蜀国王开明九世于“广都樊乡”（今双流境）“徙治成都”，以“周太王从梁止岐，一年成邑，二年成都”，故名成都，相沿至今。公元前 311 年，秦人按咸阳建制兴筑成都城垣。当时城周 12 里，高 7 丈。成都城市在这一年正式建立。公元前 256 年，蜀郡太守李冰父子率岷江两岸人民兴建的都江堰水利工程，二千多年来一直浇灌着成都平原。由此，成都水旱从人，土地肥沃，气候温和，物产丰富，故世称“天府”。西汉时期，成都织锦业驰名天下，当时，在城西南设立了锦官，专管织锦，并筑有锦官城，故成都又有“锦官城”、“锦城”之称。五代后蜀主孟昶时，在城墙上遍种芙蓉，故成都还有“芙蓉城”、“蓉城”之称。在历史上，成都又是一座水网密布，江桥众多，树木葱笼，繁花似锦的“花城”。19 世纪法国旅行家古德尔孟曾赞叹成都是“东方的巴黎”。

二千多年来，成都一直是祖国西南地区的政治、经济、军事重镇，具有重要战略地位。秦、汉、晋、隋皆因得蜀而统一天下。西汉公孙述、三国刘备、西晋李雄、东晋李寿、五代前蜀王建、后蜀孟知祥等封建王朝均建都成都。成都又一直是各朝代的州、郡、县治所，元、明、清为四川省治所。民国初年，成都是四川省省会。1949 年 12 月 27 日，成都解放，为川西行政公署驻地。1952 年恢复四川省建制，成都为四川省省会至今。

成都是工商繁茂的大都会。秦汉时代，成都是全国有名的商业都市。汉代，又是全国五大都会（洛阳、邯郸、临淄、宛、成都）之一。唐代有“扬(州)一益(成都)二”之称。北宋时期是汴京以外的第二大都会。唐宋时期成都的商业已突破了历史上传统的坊市制的束缚，兴起了临街设店和前店后坊(手工作坊)的格式，进而发展为城内有东市、南市、新南市、西市和北市，城外有草市的格局。一年内，各种专业性市场不断:一月灯市、二月花市、三月蚕市、四月锦市、五月扇市、六月香市、七月宝市、八月桂市、九月药市、十月酒市、十一月梅市、十二月桃符市。城内还兴起了繁华的夜市。现在中共四川省委的所在地“商业街”，成都市委的所在地“羊市街”，这些街名也反映了成都历史上商业的繁荣。

纸币是中国发明的，成都又是中国纸币的发源地。当时，在成都城外西边的“净从寺”(即成都西门万佛寺)有制造纸币(交子)的用纸和印刷纸币的作坊。成都所制交子，是世界货币史上使用最早的纸币，它对贸易往来、金融业的发展和经济繁荣等起了重大作用。

成都是全世界最早开发利用天然气的地方。早在西汉时期，成都人就发现了天然气，并用于制盐。这就是成都临邛地区有名的“火井”。历史上成都还是一座口岸城市。李冰开二江，双过城下，成都成为水陆交汇的口岸城市，又是祖国南方丝绸之路起点的外贸城市。

成都对祖国和世界文化作出了重大贡献。成都的教育事业发达，历史悠久。早在公元前 141 年，蜀郡太守文翁在成都兴学，开学馆，设讲堂，建石室。“文翁倡其教，相如为之师”，于是蜀之人才，辈出于两汉。这是全国地方办学的首创。一直到南宋，发展为规模近千人的地方高等学府。

隋、唐至宋时代，成都的造纸技术为全国的高峰。唐代成都造的“益州麻纸”是官方规定的诏书、册令和中央图书馆的标准用纸。雕版印刷术的发明，是中国对人类文明的又一伟大贡献。而成都是中国雕版印刷术的发源地之一。伦敦博物馆所藏敦煌文书中孟蜀时期成都木刻印刷的“历书”，为世界最早的木刻历书。中国历史博物馆所藏唐代木刻印刷的“陀螺尼经咒”，边款刻有“成都府成都县龙池坊刻”等字样。中国用木刻印刷五经、文选、诗文集，始于唐代的成都。宋代的成都，是全国印刷业三大基地之一，有“宋时蜀刻甲天下”之称。

成都又是一座工艺名城。从战国到汉代，成都的漆器即负盛名，享誉海外。著名的马王堆汉墓出土的精美漆器就有成都制造的。成都又是蜀锦的故乡，它一直是中国丝绸文化重要的发源地和生产地。汉、晋时期，蜀锦风靡天下。六朝以后至隋唐，通往西域的丝绸之路所销蜀锦大都是成都生产的。蜀锦在 1909 年的南洋博览会上获“国际特奖”。成都麻织的“蜀布”，在汉代是名扬天下的高级织物，远销“大夏”（即阿富汗）。

唐宋时期，成都的音乐、歌舞、戏剧已非常繁盛，有“蜀戏冠天下”之称。成都的乐器制造，闻名全国，成都乐器世家雷氏所制“雷琴”，使当时的文化界“叹为观止”，而留存于世者，珍同“国宝”。成都大慈寺的壁画也被称颂为“天下第一”。

饮茶文化始于中国。中国饮茶，源于四川。而四川最早进行茶叶贸易的是成都新津。诗歌中最早饮茶记录亦在成都。唐宋时期，成都是全国茶叶生产的主要地区，也是茶叶贸易的集散中心。清代以来，成都的茶馆文化别具一格，相沿至今。成都茶馆之多，世界第一。

成都是汇百流、善吸收、富创新的开放城市。自古就是一座人才荟萃的名城。汉赋四大家成都有司马相如和杨雄两位。唐代大画家成都有黄筌、黄居采父子。宋代著名史学家成都有范镇、范祖禹。成都还是名流云集之地，大政治家诸葛亮，大诗人李白、杜甫、岑参、薛涛、韦庄、陆游、范成大等都曾寓居这里，有“天下诗人皆入蜀”之说。无产阶级革命家朱德、陈毅都曾就学成都。现代著名文学家郭沫若、巴金、李劼人、李一氓，科学家周太玄等，都曾在成都石室中学受教。成都还具有不排外、汇百流、善吸收、富创新、勇进取的开放性格。开明氏入蜀，带来了荆楚文化;秦定蜀，带来了关中文化，后又把六国工商迁徙入蜀，带来了先进的工商技术;文翁兴学，派蜀人子弟到京师学习中原文化，隋代杨秀作蜀王带来中原高僧，使成都成为佛学中心之一。唐玄宗、僖宗两次“幸蜀”，随行带来了大批大诗人、画家、歌手和百工技艺之才。清代“湖广填四川”，促进了经济、文化、风俗的交流和融会。川剧、曲艺、绘画、川菜、小吃等，都是集各地之精华而形成成都特有文化。抗日战争时期，各种社会团体和名流志士移居成都，27 所大专院校迁来成都，使成都成为大后方文化中心。解放战争时期，随着大西南的解放，人民解放军又带来了晋、绥、秦、鲁、苏大批干部。新中国建立后的三线建设时期，又调进了全国各地的各种人才。成都的经济、政治、文化持久繁荣的重要原因，就在于二千多年来一直不断地吸收引进全国各地的先进文化和人才。

成都是富于革命传统的历史名城。在历史上数次成为革命起义的中心。西晋末年是“成汉”国的都城。北宋初期王小波、李顺起义发动于青城，建政权于成都。明末农民起义领袖张献忠在成都建立了大西国。1911 年辛亥秋成都的保路斗争，引起全川起义，成为 10 月 10 日武昌起义的开路先锋，被孙中山誉为立下了辛亥革命的“第一功”。五四运动以后，成都是发动赴法勤工俭学的重要城市。王右木、赵世炎、吴玉章、杨闇公、车耀先等革命先驱在成都进行过革命斗争。大革命失败后，“二•六”

烈士在下莲池英勇献身。1949 年 12 月，十二桥烈士用鲜血迎来了古城的新生。

在成都市区域内，被列为国家级历史文化名城的有都江堰市，列为省级历史文化名城的有邛崃市、崇州市、彭州市。2000 年 11 月，联合国第 24 届世界遗产委员会将青城山·都江堰列入《世界遗产名录》。2005 年 8 月 16 日，从金沙遗址上出土的“太阳神鸟”金饰图案被国家文物局正式确定为“中国文化遗产标志”。2006 年 7 月 12 日，联合国第 30 届世界遗产委员会将“四川熊猫栖息地”列入《世界遗产名录》，青城山-都江堰、西岭雪山、鸡冠山-九龙沟和天台山被纳入“四川熊猫栖息地”世界自然遗产地范围。

二、 地理位置和自然资源

地理位置 成都市位于四川省中部，四川盆地西部，介于东经 102° 54′ ～104° 53′ 和北纬 30° 05 ′ ～31° 26′ 之间，全市东西长 192 公里，南北宽 166 公里，总面积 12121 平方公里，其中耕地面积 648 万亩。东北与德阳市、东南与资阳市毗邻，南面与眉山市相连，西南与雅安市、西北与阿坝藏族羌族自治州接壤。距东海 1600 公里，南海 1090 公里，属内陆地带。

地形地貌 成都市地质历史悠久，地层出露较全。全市地势差异显著，西北高，东南低，西部属于四川盆地边缘地区，以深丘和山地为主，海拔大多在 1000—3000 米之间，最高处大邑县双河乡海拔为 5364 米，相对高度在 1000 米左右；东部属于四川盆地盆底平原，是成都平原的腹心地带，主要由第四系冲击平原、台地和部分低山丘陵组成，土层深厚，土质肥沃，开发历史悠久，垦殖指数高，地势平坦，海拔一般在 750 米上下，最低处金堂县云台乡仅海拔 387 米。 成都市东、西两个部分之间高差悬殊达 4977 米。由于地表海拔高度差异显著，直接造成水、热等气候要素在空间分布上的不同，不仅西部山地气温、水温、地温大大低于东部平原，而且山地上下之间还呈现出明显的不同热量差异的垂直气候带，因而在成都市域范围内生物资源种类繁多，门类齐全，分布又相对集中，这为成都市发展农业和旅游业带来了极为有利的条件。

土地资源 成都市土地资源有以下特点，一是土地类型多样。按地貌类型可分为平原、丘陵和山地；按土壤类型可分为水稻土、潮土、紫色土、黄壤、黄棕壤等 11 类；按土地利用现状类型可分为耕地、园林地、牧草地等 8 类。二是平原面积比重大，达 4971.4 平方公里，占全市土地总面积的 40.1%，远远高于全国占 12%和四川省占 2.54%的水平；丘陵面积占 27.6%，山地面积占 32.3%。三是土地垦殖指数高。土地肥沃，土层深厚，气候温和，灌溉方便，可利用面积的比重可达 94.2%，全市平均土地垦殖指数达 38.22%，其中平原地区高达 60%以上，远远高于全国 10.4%和四川省 11.5%的水平。

气候资源 成都市位于川西北高原向四川盆地过渡的交接地带，具有自己特有的气候资源：一是东西两部分之间气候不同。由于成都市东、西高低悬殊，热量随海拔高度急增而锐减， 所以出现东暖西凉两种气候类型并存的格局，而且，在西部盆周山地，山上山下同一时间的气温可以相差好几度，甚至由下而上呈现出暖温带、温带、寒温带、亚寒带、寒带等多种气候类型。这种热量的垂直变化，为成都市发展农业特别是多种经营创造了十分有利的条件。二是冬暖、春早、无霜期长，四季分明，热量丰富。年平均气温在 17.5° C 左右，≥10° C 的年平均活动积温为 4700° C～5300° C，全年无霜期大于 337 天，冬季最冷月(1 月)平均气温为 5° C 左右，0° C 以下天气很少，比同纬度的长江中下游地区高 2° ～3° C，提前一个月入春。三是冬春雨少，夏秋多雨，雨量充沛，年平均降水量为 1124.6 毫米，而且降水的年际变化不大，最大年降水量与最小年降水量的比值为 2:1 左右。四是光、热、水基本同季，气候资源的组合合理，很有利于生物繁衍。五是风速小， 广大平原、丘陵地区风速为 1～1.5 米/秒;晴天少，日照率在 24～32%之间，年平均日照时数为 1042～1412 小时，年平均太阳辐射总量为 83.0～94.9 千米/平方厘米。

水资源　成都市降水丰沛，年均水资源总量为 304.72 亿立方米，其中地下水 31.58 亿立方米，过境水 184.17 亿立方米，基本上能满足成都市人民生活和生产建设用水的需要。主要特点:一是河网密度大。成都市有岷江、沱江等 12 条干流及几十条支流，河流纵横，沟渠交错，河网密度高达 1.22 公里/平方公里;加上驰名中外的都江堰水利工程，库、塘、堰、渠星罗棋布。2004 年有效灌溉面积达 34.5 万公顷; 全市水能资源理论蕴藏量为 161.5 万千瓦。二是水质优良。成都地处长江流域上游，河水主要由大气降水、地下潜流和融雪组成，在流入成都平原之前，河道主要在高山峡谷之间，受人为污染极小，因而水质格外优良，绝大部分指标都符合国家地面水二级标准的要求 。

生物资源　成都市地处亚热带湿润地区，地形地貌复杂，自然生态环境多样，生物资源十分丰富。据初步统计，仅动、植物资源就有 11 纲、200 科、764 属、3000 余种。其中，种子植物 2682 种，特有和珍稀植物有银杏、珙桐、黄心树、香果树等;主要脊椎动物 237 种，国家重点保护的珍稀动物有大熊猫、小熊猫、金丝猴、牛羚等;中药材 860 多种，川芎、川郁金、乌梅、黄连等蜚声中外。

矿产资源　成都市矿产资源较为丰富。一是种类繁多，目前已探明的有铁、钛、钒、铜、铅、锌、铝、金、银、锶、稀土等金属矿产以及钙芒销、蛇纹石、石膏、方解石、石灰石、大理石、煤、天然气等非金属矿产资源 60 多种。二是分布相对集中。全市有大小矿产地 400 余处，多属矿产资源分布相对集中。煤炭探明储量 1.46 亿吨，主要集中在西部边沿山区的彭州市、都江堰市、崇州市和大邑县;天然气探明储量 16.77 亿立方米，远景储量为 42.21 亿立方米，主要集中于蒲江、邛崃、大邑、都江堰和金堂一带;钙芒硝储量全国第一，高达 98.62 亿吨，主要集中于新津县和双流县;多种金属矿产资源则相对集中于彭州市。三是共生矿多。

旅游资源　成都市名胜古迹蜚声中外，加上自然风光绮丽多姿，因而旅游资源得天独厚，并具有鲜明的成都特色。一是人文景观多。全市现有人文景观 172 处，具有类型多、规模大、分布广、价值高的特点。全市 19 个区(市)县，都有自己特有的人文景观。其中，尤以二王庙、文君井、武侯祠、杜甫草堂、文殊院、宝光寺、王建墓、蜀僖王陵以及古蜀文化——金沙遗址等最具特色;观音寺的壁画、塑像和花置寺的摩岩造像等也有很高的艺术观赏价值;举世闻名的都江堰水利工程，更是具有极高的科学研究价值。二是自然景观全。成都地形地貌复杂多样，山景、洞景、水景、生景、气景俱全。其中山景具有高、险、奇、秀、幽的特色，如有“天下幽”的青城山、雄奇多姿的九峰山、奇峰挺拔的雾中山、景色秀美的玉垒山等;水景中有汹涌湍急的溪流、清澈明亮的水潭、飞珠溅玉的瀑布、秀美如画的湖泊、千姿百态的泉眼等等。生景中，有少见的桂花林、箭竹林、杜鹃林等植物群落和大熊猫、小熊猫、蝴蝶群等珍稀动物。丰富多彩的成都气景中，有壮观的日出、多变的云海、神奇的佛光、奇特的“神灯”和玄幂的“阴阳界”等等。三是旅游资源分布相对集中。现已形成以成都市区为核心的、组合不同、风格各异的都江堰、青城山、宝光寺等 8 个国家、省、市级风景片区和西岭雪山国家级风景名胜区、龙池国家级森林公园、龙门山国家级地质公园和白水河国家自然保护区等。四是旅游地理位置十分优越。成都正处在由剑门蜀道、九寨沟、成都、峨眉山、长江三峡等旅游胜地组成的四川旅游环和由北京、西安、成都、昆明、桂林、广州等旅游中心组成的全国旅游环的联结点上，还是内地前往西藏的主要通道。

三、 人口和行政区划

人口 2008 年末，成都市总人口为 1124.96 万人，在全国特大城市中，仅次于北京、上海、重庆，居第四位。其中，市区人口 510.16 万人，县(市)人口 614.80 万人;女性人口 558.28 万人，男性人口 566.68 万人。全市共 405.20 万户，其中市区为 183.30 万户，县(市)为 221.90 万户。全市平均每户 2.78 人，其中市区平均每户 2.78 人。全市人口密度为每平方公里 923 人，其中市区人口稠密，每平方公里达 2331 人。

行政区划 新中国建立后，成都市行政辖区几经调整，面积由 29.9 平方公里扩大到 1.23 万平方公里。1952 年撤消成都县，部分划归成都市郊区。1953 年后，相继建立了东城区、西城区、金牛区、青白江区、龙泉驿区和一个区级办事处(黄田坝)。1976 年将温江地区的双流县、金堂县划入成都市管辖。1983 年 5 月，实行市领导县体制，温江地区 10 个县并入成都市。1990 年 10 月，经国务院批准，成都市进行区划调整，五区划为七区。2002 年，经国务院批准，又将原新都县、温江县撤县设区，形成今天 9 区 4 市(县级市)6 县的格局，即:锦江区、青羊区、金牛区、武侯区、成华区、龙泉驿区、青白江区、新都区、温江区,都江堰市、彭州市、邛崃市、崇州市，金堂县、双流县、郫县、大邑县、蒲江县、新津县。

四、 经济社会发展概况

成都市的国民经济和各项社会事业经过解放后 50 多年，特别是改革开放 20 多年的发展，城市综合实力显著增强，社会全面进步，人民生活极大改善，使成都市在全省、西南、全国的地位明显提高。

1984 年 1 月 11 日，国务院批准成都市城市性质为“省会，历史文化名城，重要的科学文化中心”。1993 年 6 月 29 日，国务院进一步要求“充分发挥成都市作为西南地区科技中心、商贸中心、金融中心和交通通信枢纽的作用”，并先后批准成都市实行沿海开放城市政策，列入全国率先建立社会主义市场经济体制试点城市、金融对外开放城市、行政副省级城市。城市综合实力 1992 年进入全国城市 50 强，位居第 11 位，投资硬环境为全国城市 40 优之一，2003 年《中国城市发展报告》成都综合实力位列第九位。 2006 年，荣获“国家园林城市”称号。2007 年 2 月，荣获“中国最佳旅游城市”称号；5 月,荣获“国家森林城市”称号；6 月，成都市全国统筹城乡综合配套改革试验区获国务院批准；2008 年荣获“全国文明城市”称号。

——经济快速发展，综合实力显著增强。2008 年，全市地区生产总值达到 3901.0 亿元，在全国 15 个副省级城市中，居第 7 位，按可比价格计算，增长 12.1%，1994 年实现地区生产总值比 1980 年翻两番，用 14 项小康指标衡量，成都市城市居民于 1993 年、农村于 1997 年基本实现小康，提前实现了 20 世纪末的战略目标。三次产业协调发展，以商品流通、交通运输、邮电通信、金融保险、房地产、技术服务、旅游等为主的第三产业迅速发展，产业结构调整成效明显，2008 年第一、二、三产业在地区生产总值中的比重分别为 6.9%、46.6%、46.5%。

—— 基础设施建设成效显著，城市面貌发生重大变化。近 20 多年来，相继完成了一环路、二环路、三环路、内环路、府南河综合整治和天府广场工程，城市面貌和生态环境明显改善，城市特色更加突出。实施了蜀都大道、羊市街东西延线，东城根街、红星路、新华路和长顺街南北延线、人民北路等多条城区道路的改造建设；城市立体交通发展迅速，兴建立交桥数十座。建成成温邛、成南、成灌、成彭、成绵、成渝、成雅、成乐、成都外环高速公路和机场高速。实现了县县通高速，建成了全市高速公路网。2005 年 12 月 28 日地铁一号线一期工程开工，拉开了成都地铁建设的序幕。完成自来水六厂、西郊天然气储罐站、成都污水处理厂和成都长途电话枢纽工程等若干重点项目，城市供电、供气、供水和通信能力逐步增强，2007 年城市气化率 93.57%。城市管理、城市园林绿化、环境保护、市容环卫等工作成效明显，1993 年 10 月，成都市在全国省会城市中，第一个被命名为国家卫生城市；2000 年获得全国城市环境综合整治“优秀城市”称号；2005 年被授予“国家环境保护模范城市”称号。

——开发区快速发展，建设规模不断扩大。成都的开发区创建于 20 世纪 80 年代末、90 年代初，经过 10 年的发展，现已初具规模。全市主要开发区有：成都高新技术产业开发区 ，始建于 1988 年，1991 年 3 月被国务院批准为国家级高新技术产业开发区。成都经济技术开发区，创建于 1990 年，2000 年 2 月被国务院批准为国家级经济技术开发区。其他主要开发区还有：成都海峡两岸科技产业开发园，西南航空港经济开发区，成都市新都卫星城工业区、都江堰工业开发区、四川中美（外）中小企业发展园区等。

——城乡居民收入快速增长，生活水平不断提高。2008 年，城镇居民人均可支配收入达到 16493 元，农民人均纯收入 6481 元，城乡居民储蓄存款余额达 3265 亿元。城乡居民生活质量明显改善。

一 综 合

简 要 说 明

主要内容

本部分包括成都市的自然地理、行政区划、国民经济和社会发展综合指标，成都与全国、全省对比情况，地区生产总值及其构成等内容。

资料来源

气象资料来源于成都市气象局。

行政区划、乡(镇)名录来源于成都市民政局。

其他资料主要依据成都市统计局综合统计年报和各专业统计年报及相关部门的资料整理而得。

其他需要说明的问题

地区生产总值、工业总产值、农业总产值总量与结构指标按当年价格计算，速度指标按可比价格计算。

本地生产总值（亿元）

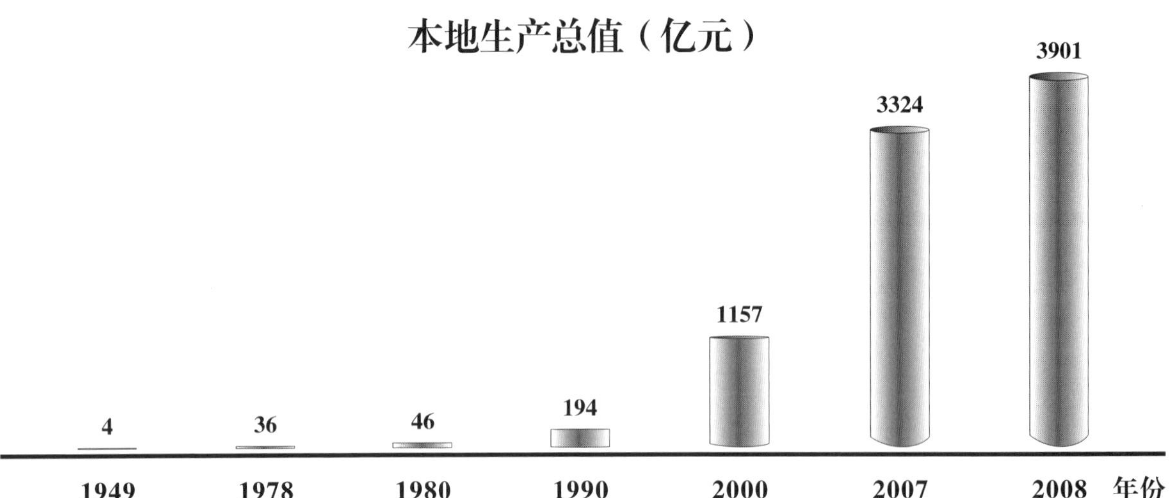

本地生产总值构成（%）

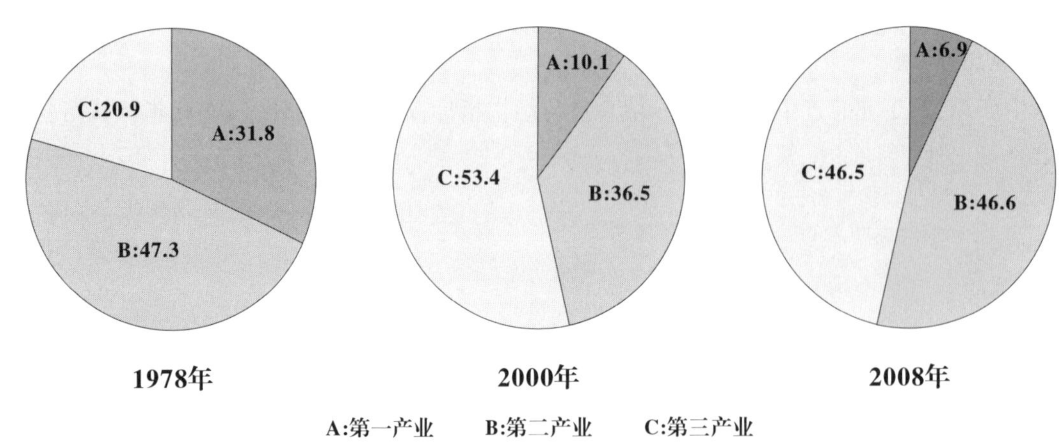

人均本地生产总值（元）

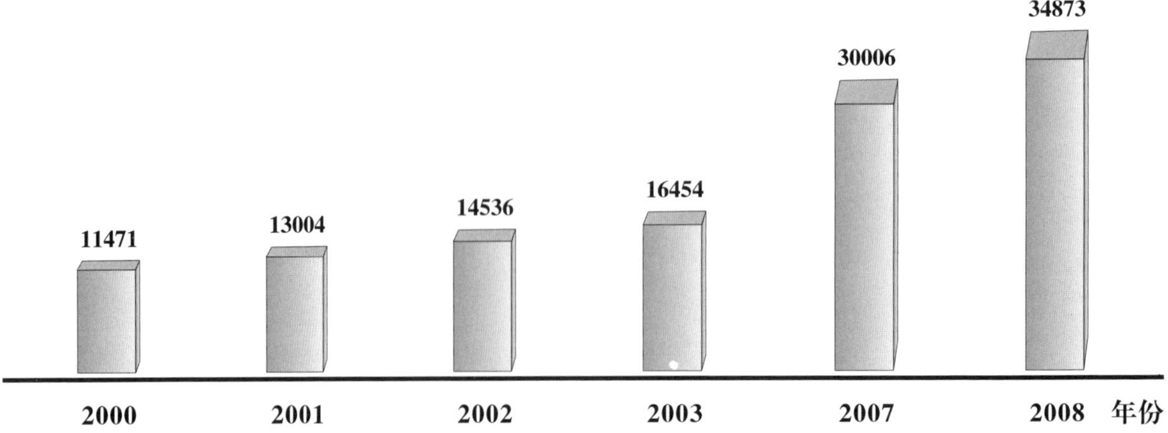

自 然 地 理

位置：

成都，简称蓉。地处东经 102 度 54 分至 104 度 53 分与北纬 30 度 05 分至 31 度 26 分之间，位于四川省中部，东北与德阳市，东南与资阳市毗邻，西南与雅安市，西北与阿坝藏族羌族自治州接壤，南面与眉山市相连。境内海拔最高 5364 米，最低 387 米。

面积：

全市面积 12121 平方公里，东西长 192 公里，南北宽 166 公里，平原面积占 40.1%，丘陵面积占 27.6%，山区面积占 32.3%。

河流：

境内河网稠密，西南部为岷江水系，东北部为沱江水系，全市有大小河流 40 余条，水域面积 700 多平方公里。

气候：

成都属于亚热带湿润季风气候区，热量丰富、雨量充沛、四季分明。年平均气温在 15.2℃～16.6℃左右，全年无霜期大于 300 天，年平均降水量 873 毫米～1265 毫米，年平均日照百分率一般在 23%～30%之间，日照时数为 1017 小时～1345 小时，年平均太阳辐射总量为 80.0 千卡/平方厘米～93.5 千卡/平方厘米。

1-1 成 都 市 气 象 情 况(2008 年)

Meteorological Phenomenon in Chengdu (2008)

	平均气温 (摄氏度)	日照时数 (小时)	雾 日 (天)	降雨日数 (天)	降雨量 (毫米)	平均风速 (米/秒)
全 年	16.3	928.4	22	204	1028.2	1.1
一 月	3.8	23.5	4	10	6.3	1.2
二 月	5.5	59.3	4	20	16.8	1.0
三 月	13.5	86.7	3	17	33.0	1.1
四 月	17.2	110.3		17	47.0	1.3
五 月	22.1	110.5		15	69.7	1.2
六 月	24.5	139.9		17	124.0	1.3
七 月	25.7	137.6		20	235.8	1.2
八 月	24.1	73.0		23	147.2	1.1
九 月	22.2	51.0		19	267.0	1.1
十 月	18.2	45.1	1	27	58.8	1.0
十一月	12.2	62.2	3	13	22.6	0.8
十二月	7.1	29.3	7	6	0.0	0.9

1-2 成都市行政区划(2008年末)

Division of Administrative Areas in Chengdu (End of 2008)

单位：个

	乡政府	镇政府	街道办事处	社区居委会	村民委员会
全　市	27	196	92	1270	2117
锦江区			16	59	
青羊区			14	75	
金牛区			15	113	
武侯区		1	17	80	82
成华区			14	95	
龙泉驿区	1	7	4	53	81
青白江区	2	7	2	26	94
新都区		11	2	124	128
温江区		6	4	75	36
金堂县	2	19		44	186
双流县		21	4	113	154
郫　县		14		40	161
大邑县	3	17		61	157
蒲江县	4	8		23	109
新津县	1	11		25	81
都江堰市	2	17		44	199
彭州市		20		94	261
邛崃市	6	18		61	200
崇州市	6	19		65	188

注：①武侯区含高新区数据；②高新区辖街道办事处4个、镇政府1个。

1-3　成都市乡(镇)名录

Name List of Townships and Villages in Chengdu

区(市)县	政府驻地	乡　　　　(镇)
龙泉驿区	龙泉街办	万兴乡、洛带镇、西河镇、柏合镇、洪安镇、茶店镇、黄土镇、山泉镇
青白江区	红阳街办	福洪乡、人和乡、城厢镇、弥牟镇、清泉镇、大同镇、祥福镇、姚渡镇、龙王镇
新都区	新都镇	新都镇、新民镇、泰兴镇、马家镇、清流镇、新繁镇、龙桥镇、斑竹园镇、石板滩镇、木兰镇、军屯镇
温江区	柳城街办	和盛镇、金马镇、万春镇、永盛镇、永宁镇、寿安镇
金堂县	赵　镇	平桥乡、栖贤乡、赵镇、淮口镇、竹篙镇、土桥镇、五凤镇、云合镇、广兴镇、高板镇、福兴镇、赵家镇、金龙镇、白果镇、三星镇、官仓镇、清江镇、隆盛镇、三溪镇、转龙镇、又新镇
双流县	东升街办	大林镇、煎茶镇、永安镇、九江镇、黄水镇、籍田镇、正兴镇、彭镇、太平镇、永兴镇、金桥镇、黄龙溪镇、公兴镇、黄甲镇、胜利镇、新兴镇、兴隆镇、万安镇、白沙镇、三星镇、合江镇
郫　县	郫筒镇	郫筒镇、安靖镇、红光镇、唐昌镇、安德镇、团结镇、犀浦镇、花园镇、德源镇、新民场镇、友爱镇、三道堰镇、唐元镇、古城镇
大邑县	晋原镇	金星乡、雾山乡、鹤鸣乡、晋原镇、安仁镇、悦来镇、新场镇、西岭镇、斜源镇、青霞镇、沙渠镇、董场镇、韩场镇、王泗镇、三岔镇、花水湾镇、出江镇、上安镇、苏家镇、蔡场镇
蒲江县	鹤山镇	复兴乡、光明乡、白云乡、长秋乡、鹤山镇、寿安镇、大塘镇、西来镇、大兴镇、甘溪镇、朝阳湖镇、成佳镇
新津县	五津镇	文井乡、五津镇、花桥镇、金华镇、兴义镇、安西镇、新平镇、永商镇、邓双镇、普兴镇、花源镇、方兴镇
都江堰市	灌口镇	向峨乡、虹口乡、灌口镇、蒲阳镇、石羊镇、安龙镇、胥家镇、大观镇、紫坪铺镇、玉堂镇、幸福镇、中兴镇、柳街镇、聚源镇、天马镇、崇义镇、龙池镇、青城山镇、翠月湖镇
彭州市	天彭镇	天彭镇、通济镇、丹景山镇、隆丰镇、敖平镇、磁峰镇、桂花镇、红岩镇、升平镇、军乐镇、三界镇、小鱼洞镇、龙门山镇、新兴镇、丽春镇、九尺镇、濛阳镇、白鹿镇、葛仙山镇、致和镇
邛崃市	临邛镇	茶园乡、孔明乡、道佐乡、油榨乡、南宝乡、大同乡、临邛镇、固驿镇、羊安镇、宝林镇、天台山镇、牟礼镇、桑园镇、平乐镇、夹关镇、火井镇、水口镇、冉义镇、回龙镇、高埂镇、前进镇、高何镇、临济镇、卧龙镇
崇州市	崇阳镇	锦江乡、公议乡、济协乡、集贤乡、荀家乡、燎原乡、崇阳镇、怀远镇、元通镇、隆兴镇、羊马镇、三江镇、道明镇、王场镇、三郎镇、江源镇、白头镇、廖家镇、街子镇、万家镇、观胜镇、大划镇、梓潼镇、崇平镇、桤泉镇

1-4 国民经济和社会发

Principal Aggregate Indicators on National Economic

	单　位	1978 年	1980 年	1990 年	2000 年
一、人口与就业					
人　口					
年末总人口	万人	806.06	822.54	919.50	1013.35
#市区人口	万人	228.80	238.31	280.81	335.86
#非农业人口	万人	179.46	192.04	250.99	345.90
就　业					
从业人员数	万人	372.30	393.12	562.67	574.13
#在岗职工人数	万人	109.99	115.90	152.71	124.53
#乡村劳动力	万人	262.11	276.57	382.33	387.92
二、宏观经济					
国民核算					
本地生产总值	亿元	35.94	46.30	194.09	1156.79
第一产业	亿元	11.45	12.60	40.56	116.37
第二产业	亿元	16.97	22.98	77.07	422.13
第三产业	亿元	7.52	10.72	76.46	618.30
公有制经济	亿元				720.27
民营经济	亿元				436.52
第一产业	亿元				23.40
第二产业	亿元				174.71
#工　业	亿元				135.99
建筑业	亿元				38.72
第三产业	亿元				238.41
农　业					
农林牧渔业从业人员	万人	241.36	258.45	305.13	244.09
农林牧渔业总产值	亿元	15.71	17.15	60.19	197.74

注：2003 年以后市区人口含新都区、温江区，下同。

展总量与速度指标

and Social Development and Their Related Indices Growth Rates

2007 年	2008 年	2008 年为下列年度(%)				
		1978 年	1980 年	1990 年	2000 年	2007 年
1112.28	1124.96	139.6	136.8	122.3	111.0	101.1
502.70	510.16	2.2 倍	2.1 倍	181.7	151.9	101.5
595.56	612.08	3.4 倍	3.2 倍	2.4 倍	177.0	102.8
687.13	704.49	189.2	179.2	125.2	122.7	102.5
140.93	149.89	136.3	129.3	98.2	120.4	106.4
326.96	322.26	122.9	116.5	84.3	83.1	98.6
3324.17	3900.99	27.5 倍	25.1 倍	10.4 倍	3. 2 倍	112.1
235.10	270.15	3.7 倍	3.5 倍	2.2 倍	149.6	104.4
1504.02	1816.66	44.9 倍	33.5 倍	12.8 倍	3.5 倍	115.6
1585.05	1814.17	38.6 倍	27.8 倍	9.6 倍	2.4 倍	109.9
1633.83	1859.63					109.1
1690.34	2041.36					115.0
74.09	89.00					103.9
847.88	1072.07					121.0
659.11	874.78					126.2
188.78	197.29					102.5
768.37	880.29					109.5
178.17	171.94	71.2	66.5	56.3	70.4	96.5
402.09	464.59	4.8 倍	4.5 倍	2.6 倍	2.0 倍	104.4

1-4 续表 1

	单 位	1978 年	1980 年	1990 年	2000 年
主要农产品、畜产品产量					
粮 食	万吨	294.85	305.14	381.70	363.71
油菜籽	万吨	10.82	13.70	19.85	18.59
蔬 菜	万吨	87.61	75.09	222.80	409.82
水 果	万吨	2.66	4.21	11.17	52.40
肉 类	万吨	14.16	18.60	38.53	68.62
#猪 肉	万吨	12.95	17.14	33.79	46.52
牛 奶	万吨	1.17	1.30	3.17	4.98
禽 蛋	万吨	1.77	1.87	5.97	14.64
水产品	万吨	0.23	0.27	2.39	4.96
工 业					
主要工业产品产量					
钢 材	万吨	35.55	40.86	86.32	126.21
发电量	亿千瓦小时	10.36	7.06	23.60	53.13
原 煤	万吨	174.72	183.09	310.98	250.17
水 泥	万吨	25.37	37.46	112.87	324.00
化学原料药	吨	544	447	1344	3109
合成氨	万吨	61.44	61.99	55.58	74.4
汽 车	辆	641	966	5230	20124

2007 年	2008 年	2008 年为下列年度(%)				
		1978 年	1980 年	1990 年	2000 年	2007 年
270.11	274.51	93.1	90.0	71.9	75.5	101.6
19.06	20.83	192.5	152.0	104.9	112.0	109.3
456.41	470.64	5.4 倍	6.3 倍	2.1 倍	114.8	103.1
113.76	118.36	44.5 倍	28.1 倍	10.6 倍	2.3 倍	104.0
95.10	97.83	6.9 倍	5.3 倍	2.5 倍	142.6	102.9
67.50	69.38	5.4 倍	4.0 倍	2.1 倍	149.1	102.8
12.25	11.88	10.2 倍	9.1 倍	3.7 倍	2.4 倍	97.0
18.20	19.00	10.7 倍	10.2 倍	3.2 倍	129.8	104.4
12.25	9.41	40.9 倍	34.9 倍	3.9 倍	189.7	76.8
306.96	286.81					93.4
94.46	96.98					102.7
151.60	49.29					32.5
1044.44	444.00					42.5
7299	8012					109.8
73.26	69.71					95.2
69205	71120					102.8

1-4 续表 2

	单 位	1978 年	1980 年	1990 年	2000 年
饮料酒(混合量)	万吨	1.28	2.77	11.00	48.54
卷 烟	万箱	11.19	12.60	22.01	51.10
固定资产投资					
全社会固定资产投资总额	亿元	2.94	5.57	40.12	475.90
#国有单位投资	亿元	2.83	5.20	28.20	227.86
#市及市以下投资	亿元	0.98	2.48	28.92	370.79
#基本建设投资	亿元	2.75	4.67	12.94	228.39
更新改造投资	亿元		0.53	11.77	48.95
房地产投资	亿元			2.99	129.16
运输业					
货物运输量	万吨	2874	4295	10139	21489
货物周转量	亿吨公里	81.29	86.68	147.83	362.65
旅客运输量	万人	2635	4586	12894	46459
客运周转量	亿人公里	27.16	38.43	98.42	288.95
邮电通信业					
邮电业务总量	亿元	0.28	0.31	1.55	71.64
电话交换机总容量	万门	1.74	2.17	8.42	257.42
移动电话	万部				99.10
国内贸易与旅游					
社会消费品零售总额	亿元	13.81	20.51	85.69	554.21
#个体私营经济	亿元	0.02	0.06	21.72	230.21

注：①2004 年起社会消费品零售总额不含制造业和农业生产者零售。

2007 年	2008 年	2008 年为下列年度(%)				
		1978 年	1980 年	1990 年	2000 年	2007 年
9.60	14.09					146.8
484.87	704.70					145.3
2390.05	2993.88	1018.3 倍	537.5 倍	74.6 倍	6.3 倍	125.3
737.86	1018.45	359.9 倍	195.9 倍	36.1 倍	4.5 倍	138.0
2185.74	2716.90	2772.3 倍	1095.5 倍	93.9 倍	7.3 倍	124.3
961.78	1340.03	487.3 倍	286.9 倍	103.6 倍	5.9 倍	139.3
506.53	683.57		1289.8 倍	58.1 倍	14.0 倍	135.0
905.28	912.51			305.2 倍	7.1 倍	100.8
30025	35456					118.1
1325.90	1394.41					105.2
43314	79016					182.4
753.12	810.43					107.6
238.10	279.42	997.9 倍	901.4 倍	180.3 倍	3.9 倍	117.4
760.43	755.98	434.5 倍	348.4 倍	89.8 倍	2.9 倍	99.4
1163.40	1274.12				12.9 倍	109.5
1357.20	1621.85					119.5
655.00	768.88			35.4 倍	3.3 倍	117.4

②从 2003 年起运输量只包括营运性运输，且从 2004 年后为合并后成都铁路局数据。

1-4 续表 3

	单　位	1978 年	1980 年	1990 年	2000 年
旅游总收入	亿元				131.10
#创汇收入	万美元				8108
物价指数(上年=100)					
居民消费价格指数		101.1	106.6	103.5	100.2
#食品类		101.1	110.6	102.5	96.3
服务项目类		100.9	100.7	108.5	115.1
商品零售价格指数		101.1	107.1	102.9	98.2
对外贸易					
进出口总额(海关口径)	亿美元				14.81
#出　口	亿美元				8.18
财政与金融					
财政收入	亿元	7.39	7.57	20.40	118.61
#财政一般预算收入	亿元				54.73
财政支出	亿元	2.96	3.34	11.92	82.94
国家银行存款余额	亿元	23.80	24.88	129.65	1298.25
国家银行贷款余额	亿元	22.53	26.96	137.66	1074.78
国家银行现金收入	亿元	14.40	23.04	175.11	2818.95
国家银行现金支出	亿元	13.90	22.48	161.70	2702.69
城乡居民储蓄余额	亿元	2.40	4.28	79.15	831.00
三、教育文化					
教　育					
专任教师数					
普通高等学校	万人	0.69	0.74	1.07	1.12
普通中等专业学校	万人	0.22	0.26	0.33	0.32
普通中学	万人	2.74	2.56	2.49	3.07

注：从 1999 年起金融数据含省级在蓉机构数据。

2007 年	2008 年	2008 年为下列年度(%)				
		1978 年	1980 年	1990 年	2000 年	2007 年
415.18	375.43				2.9 倍	90.4
26468	17201				2.1 倍	64.9
105.2	104.3					
112.4	112.9					
101.7	100.7					
104.2	104.5					
95.16	153.36				10.4 倍	161.2
57.13	90.61				11.1 倍	158.6
996.61	1132.30	153.2 倍	149.6 倍	55.5 倍	9.5 倍	112.2
286.38	354.69				6.5 倍	123.9
753.62	932.23	314.9 倍	279.1 倍	78.2 倍	11.2 倍	122.8
3326.28	4281.58	179.9 倍	172.1 倍	33.0 倍	3.3 倍	128.7
2129.4	2663.44	118.2 倍	98.8 倍	19.3 倍	2.5 倍	125.1
7084.4	6842.35	475.2 倍	297.0 倍	39.1 倍	2.4 倍	96.6
6840.06	6609.71	475.5 倍	294.0 倍	40.9 倍	2.4 倍	96.6
2466.4	3264.79	1360.3 倍	762.8 倍	41.2 倍	3.9 倍	132.4
3.4	3.58	5.2 倍	4.8 倍	3.3 倍	3.2 倍	105.3
0.51	0.81	3.7 倍	3.1 倍	2.5 倍	2.5 倍	158.8
3.98	4.06	148.2	158.6	163.1	132.2	102.0

注：2004 年起中等专业学校数据含职业高中数，下同。

1-4 续表 4

	单　位	1978年	1980年	1990年	2000年
小　　学	万人	4.10	4.26	4.05	3.76
在校学生数					
普通高等学校	万人	1.96	2.88	5.69	14.07
普通中等专业学校	万人	1.50	1.73	2.80	6.50
普通中学	万人	57.40	43.82	34.70	48.25
小　　学	万人	120.25	123.44	67.07	77.16
文　化					
公共图书馆					
图 书 馆	个			16	17
阅览室席数	个			2375	2200
总 藏 量	万册（件）			643	746
广播节目制作时间	小时			6200	42280
电视节目制作时间	小时			1183	12826
四、人民生活及其他					
家　庭					
总户数	万户	185.56	192.24	262.61	317.2
城镇居民平均每户家庭人口	人	4.19	3.84	3.15	2.88
农村居民平均每户家庭人口	人	5.55	5.17	4.20	3.60
城乡居民最低生活保障人数	人				47962
#城　镇	人				27487
交通事故伤亡人数	人				5582
婚　姻					
结婚数	万对			9.64	7.23
离婚数	万对			1.55	2.01

注：广播、电视节目制作时间1990年及以前年份未含区(市)县级广播、电视节目制作时间。

2007 年	2008 年	2008 年为下列年度(%)				
		1978 年	1980 年	1990 年	2000 年	2007 年
3.78	3.82	93.2	89.5	94.3	101.6	101.1
54.06	56.86	29.0 倍	19.7 倍	10.0 倍	4.0 倍	105.2
15.02	20.32	13.5 倍	11.7 倍	7.3 倍	3.1 倍	135.3
63.74	64.07	111.6	146.2	184.6	132.8	100.5
75.14	71.71	59.6	58.1	106.9	92.9	95.4
21	21			131.3	123.5	100.0
5904	6875			2.9 倍	3.1 倍	116.4
915	1219			189.6	163.4	133.2
28425	26359			4.3 倍	62.3	92.7
19199	21832			18.5 倍	170.2	113.7
391.58	405.20	2.2 倍	2.1 倍	154.3	127.7	103.5
2.90	2.74	65.4	71.4	87.0	95.1	94.5
3.50	3.50	63.1	67.7	83.3	97.2	100.0
265998	267334				5.6 倍	100.5
105959	104949				3.8 倍	99.0
6922	5430				97.3	78.4
10.92	12.16			126.1	168.2	111.4
4.65	4.96			3.2 倍	2.5 倍	106.7

1-4 续表 5

	单 位	1978 年	1980 年	1990 年	2000 年
居 住					
人均住宅建筑面积	平方米				
农村居民人均住房面积	平方米	9.6	10.0	20.6	34.9
居民收支					
城市居民人均可支配收入	元	340	395	1755	7649
城市居民人均消费性支出	元	328	391	1681	6423
农村居民人均纯收入	元	140	223	773	3016
农村居民人均生活消费支出	元	117	186	693	2201
全部在岗职工平均工资	元	584	771	2189	10370
卫 生					
医院、卫生院数	个	556	556	516	568
医生数	万人		1.43	2.32	2.62
医院、卫生院床位数	万张		2.17	3.04	3.41
市政建设					
全市用电量	亿千瓦小时	19.70	23.68	35.61	82.10
自来水供应量	亿吨	0.82	0.97	4.10	4.68
天然气供气量	亿立方米	4.42	4.56	10.40	15.18
公共交通营运车辆	辆	361	476	942	2118
出租汽车	辆		32	1585	7852
铺装道路长度	公里	319	324	423	1058
园林绿地面积	公顷	160	277	1896	4013

注：①城镇居民人均可支配收入1990年前为生活费收入；②人均住宅建筑面积按城区全部人口和常住流动人口计算。

2007 年	2008 年	2008 年为下列年度(%)				
		1978 年	1980 年	1990 年	2000 年	2007 年
27.89	27.82					99.7
42.39	42.82	4.5 倍	4.3 倍	2.1 倍	122.7	101.0
14849	16943	49.8 倍	42.9 倍	9.7 倍	2.2 倍	114.1
11703	12850	39.2 倍	32.9 倍	7.6 倍	2.0 倍	109.8
5642	6481	46.3 倍	29.1 倍	8.4 倍	2.2 倍	114.9
3998	4565	39.0 倍	24.5 倍	6.6 倍	2.1 倍	114.2
26606	30809	52.8 倍	40.0 倍	14.1 倍	3.0 倍	115.8
595	559	100.5	100.5	108.3	98.4	93.9
2.87	3.04		2.1 倍	131.0	116.0	105.9
4.64	5.02		2.3 倍	165.1	147.2	108.2
239.90	261.08	13.3 倍	11.0 倍	7.3 倍	3.2 倍	108.8
5.21	5.95	7.3 倍	6.1 倍	145.1	127.1	114.2
30.84	30.94	7.0 倍	6.8 倍	3.0 倍	2.0 倍	100.3
5547	6825	18.9 倍	14.3 倍	7.2 倍	3.2 倍	123.0
9488	12732		397.9 倍	8.0 倍	162.1	134.2
2278	2418	7.6 倍	7.5 倍	5.7 倍	2.3 倍	106.1
14495	15446	96.5 倍	55.8 倍	8.1 倍	3.8 倍	106.6

1-5 国民经济和社会发展结构指标

Structural Indicators on National Economic and Social Development

单位：%

	1978 年	1980 年	1990 年	2000 年	2007 年	2008 年
一、人口与就业						
人　口						
农业与非农业结构						
农　业	77.7	76.7	72.7	65.9	46.5	45.6
非农业	22.3	23.3	27.3	34.1	53.5	54.4
性别结构						
男　性	50.9	50.9	51.2	50.9	50.5	50.4
女　性	49.1	49.1	48.8	49.1	49.5	49.6
地域结构						
市　区	28.4	29.0	30.5	33.1	45.2	45.3
县(市)	71.6	71.0	69.5	66.9	54.8	54.7
就　业						
从业人员产业结构						
第一产业	63.4	63.3	53.5	44.9	26.1	24.6
第二产业	16.2	16.1	25.9	26.5	30.6	30.5
第三产业	20.4	20.6	20.6	28.6	43.3	44.9
从业人员经济类型结构						
#国有经济	22.3	22.8	21.8	16.9	12.3	12.2
城乡个体及私营				11.8	44.5	44.1
#城镇				20.2	51.6	49.4
#城镇集体				9.2	2.8	2.2
二、宏观经济						
国民经济核算						
国内生产总值结构						
第一产业	31.8	27.2	20.9	10.1	7.1	6.9
第二产业	47.2	49.7	39.7	36.5	45.2	46.6
第三产业	21.0	23.1	39.4	53.4	47.7	46.5

1-5 续表 1

单位：%

	1978 年	1980 年	1990 年	2000 年	2007 年	2008 年
固定资产投资						
投资经济类型结构						
#国有单位	96.4	93.3	70.3	47.9	30.9	34.0
集体单位	3.6	6.7	11.4	7.8	0.3	0.5
私营及个体经济			18.3	8.9	13.8	9.9
投资种类结构						
#基本建设	93.4	83.8	32.3	48.0	40.2	44.8
更新改造		9.6	29.3	10.3	21.2	22.8
房地产			7.4	27.1	37.9	30.5
运输业						
货运量结构						
#铁 路	45.9	32.5	15.7	19.0	48.9	39.8
公 路	53.0	66.9	83.8	80.9	50.9	60.2
客运量结构						
#铁 路	58.5	41.3	13.4	5.8	23.4	13.9
公 路	40.9	58.4	85.7	93.6	74.3	85.0
国内贸易						
社会消费品零售总额						
经济类型结构						
国有经济	72.0	62.8	39.4	9.9	4.5	4.1
集体经济	27.9	36.9	34.2	17.1	6.6	6.0

1-5 续表 2

单位：%

	1978 年	1980 年	1990 年	2000 年	2007 年	2008 年
股份制及其他经济				25.6	29.1	30.4
“三资”经济			1.1	5.9	11.7	12.2
个体私营经济	0.1	0.3	25.3	41.5	48.3	47.4
行业结构						
批发零售贸易业	90.0	85.2	75.4	58.9	81.2	80.9
餐饮业	5.9	5.8	8.2	18.5	18.4	18.7
其　他	0.8	2.0	5.8	17.6	0.4	0.4
隶属关系结构						
市的零售额	47.4	48.0	65.9	64.1	69.5	71.1
县及县以下零售额	52.6	52.0	34.1	35.9	30.5	28.9
财　政						
财政一般预算收入结构						
#增值税					7.9	7.6
营业税					26.3	21.5
企业所得税					9.9	9.7
个人所得税					3.2	3.2
财政一般预算支出结构						
#一般公共服务					22.0	17.0
公共安全					8.6	7.1
教　育					13.9	13.6
社会保障和就业					9.0	11.3
医疗卫生					4.6	5.0

1-5 续表 3

单位：%

	1978 年	1980 年	1990 年	2000 年	2007 年	2008 年
城乡社区事务					14.7	11.2
三、人民生活及其他						
居民生活消费						
城镇居民人均生活消费结构						
#食品类	57.6	57.8	51.4	38.8	39.1	37.4
衣着类	17.1	15.4	14.6	9.0	9.5	9.7
居　住	1.7	1.4	0.8	11.9	8.6	8.2
交通通讯	1.2	1.1	1.3	5.9	14.7	15.1
医疗保健费	0.4	0.4	0.3	6.5	5.9	6.6
农村居民人均生活消费结构						
#食品类		71.1	63.6	51.2	46.3	41.4
衣着类		10.1	6.7	6.7	8.4	9.3
居　住		5.0	16.6	14.6	10.8	11.8
交通及通讯		0.7	1.6	5.5	13.7	14.5
医疗保健费		0.5	2.4	4.5	5.1	5.4
卫　生						
卫生技术人员结构						
#执业（助理）医师					41.9	41.6
注册护士					33.4	33.3
药剂人员					6.7	6.8

1-6　国民经济和社会发展比例和效益指标

Indicators on Proportions and Efficiency in National Economic and Social Development

	单　位	1978 年	1980 年	1990 年	2000 年	2007 年	2008 年
一、人　口							
出生率	‰	10.3	11.2	13.1	9.6	8.4	9.0
死亡率	‰	6.0	6.1	6.4	6.6	8.7	4.7
自然增长率	‰	4.3	5.1	6.7	3.1	-0.3	4.3
二、宏观经济							
全社会劳动生产率	**元/人**	**965**	**1178**	**3553**	**20148**	**48377**	**55373**
第一产业	元/人	485	507	1347	4517	13110	15589
第二产业	元/人	2817	3620	5641	27780	71531	84437
第三产业	元/人	986	1326	7043	37572	53271	57403
农　业							
农业从业者人均提供农产品产量							
粮　食	千克	1222	1181	1251	1463	1516	1597
油菜籽	千克	45	53	65	75	107	121
肉　类	千克	59	72	126	276	534	569
水产品	千克	1.0	1.0	7.8	20.0	68.8	54.7
每公顷播种面积农产品产量							
粮　食	千克	4010	4245	5433	5902	5834	5973
油菜籽	千克	1680	1807	1924	1948	2145	2179
蔬　菜	吨	26	26	28	26	28.4	29.7

1-6 续表 1

	单　位	1978 年	1980 年	1990 年	2000 年	2007 年	2008 年
工　业							
独立核算工业企业效益							
综合经济效益指数	%				103.1	214.8	238.7
#总资产贡献率	%				7.8	11.3	16.1
资本保值率	%				108.5	121.5	125.6
资产负债率	%				62.0	57.8	56.2
流动资产周转次数	次				1.2	2.0	2.1
成本费用利润率	%				4.0	6.8	7.9
劳动生产率	元/人				36454	176925	192527
建筑业							
技术装备率	元/人				5459	7320	7555
产值利税率	%				4.69	5.25	6.51
全员劳动生产率	元/人	3256	3608	12792	59242	143451	143721
固定资产投资							
固定资产投资率	%	8.2	12.0	20.7	41.1	71.9	76.7
房屋建设竣工率	%	52.6	53.9	73.8	56.8	24.9	17.0
基本建设固定资产交付使用率	%	120.0	90.7	78.6	71.5	42.8	28.6
基本建设项目竣工率	%	23.7	33.1	42.5	48.1	56.8	37.7
财　政							
财政收入占国内生产总值比重	%	20.6	16.4	10.5	9.2	30.0	29.0
财政支出占国内生产总值比重	%	8.3	7.2	6.1	6.3	22.7	23.9

1-6 续表 2

	单　位	1978 年	1980 年	1990 年	2000 年	2007 年	2008 年
三、教　育							
学龄儿童入学率	%			99.50	99.95	99.96	100.00
小学升学率	%			68.3	98.3	106.1	104.2
初中升学率	%			51.2	80.8	93.1	93.2
每一教师负担学生数							
普通高等学校	人	2.8	3.9	5.3	12.5	15.9	15.9
普通中等专业学校	人	6.8	6.6	8.6	20.5	29.4	25.2
普通中学	人	20.9	17.1	13.9	15.7	16.0	15.8
小　学	人	29.3	29.0	16.6	20.5	19.9	18.8
四、人民生活及其他							
家　庭							
城市居民家庭							
平均每户就业面	%	41.53	51.30	56.83	50.15	53.10	52.19
每一就业者负担人数	人	2.41	1.95	1.76	1.99	1.88	1.92
农村居民家庭							
平均每一劳动力赡养人口	人	2.2	2.0	1.4	1.4	1.3	1.3
卫　生							
每万人医院、卫生院数	个		0.68	0.56	0.56	0.53	0.50
每万人医生数	人		18	25	26	26	27
每万人医院、卫生院床位数	张		27	33	34	42	45

1-7 社会经济主要指标人均水平

Per Capita Level of Main Indicators in Social and Economic Activities

	单 位	1978 年	1980 年	1990 年	2000 年	2007 年	2008 年
本地生产总值	元	**449**	**565**	**2123**	**11471**	**30006**	**34873**
农业总产值	元	**196**	**209**	**659**	**1961**	**3629**	**4153**
社会消费品零售总额	元	**172**	**250**	**937**	**5496**	**12251**	**14499**
城乡居民储蓄存款余额	元	**30**	**52**	**866**	**8240**	**22263**	**29186**
财政收入	元	**92**	**92**	**223**	**1198**	**8996**	**10122**
主要农产品产量							
粮 食	千克	367	372	418	361	244	245
油菜籽	千克	13.4	16.7	21.7	18.4	17.2	18.6
蔬 菜	千克	109	92	244	406	412	421
水 果	千克	3.3	5.1	12.2	52.0	102.7	105.8
肉 类	千克	17.6	22.7	42.2	68.0	85.8	87.5
#猪 肉	千克	16.1	20.9	37.0	46.1	60.9	62.0
牛 奶	千克	1.5	1.6	3.5	4.9	11.1	10.6
禽 蛋	千克	2.2	2.3	6.5	14.5	16.4	17.0
水产品	千克	0.3	0.3	2.6	4.9	11.1	8.4

注：本表均按户籍人口计算。

1-7 续表

	单　位	1978 年	1980 年	1990 年	2000 年	2007 年	2008 年
主要工业品产量							
钢　材	千克	44	50	94	125	277	256
发电量	千瓦小时	129	86	258	437	853	867
原　煤	千克	218	224	340	248	137	44
水　泥	千克	32	46	123	321	943	397
饮料酒	升					87	126
卷　烟	千支					4.4	6.3
人民生活							
全部在岗职工平均工资	元	584	771	2189	10370	26606	30809
#国有经济	元	648	824	2347	11197	32556	37484
集体经济	元	406	616	1687	6533	15733	20487
城市居民人均可支配收入	元	340	395	1755	7649	14849	16943
城市居民人均消费性支出	元	328	391	1681	6423	11703	12850
农村居民人均纯收入	元	140	223	773	3016	5642	6481
农村居民人均生活消费支出	元	117	186	693	2201	3998	4565

注：①城市居民人均可支配收入 1978 年、1980 年为生活费收入。

1-8 成都主要经济指标与全国、全省对比(2008 年)

Positions of Chengdu in China and Sichuan Province (2008)

	单 位	全 国	全 省	成 都		
				绝对数	占全国比 重(%)	占全省比 重(%)
国内生产总值	亿元	300670	12506.3	3901.0	1.3	31.2
第一产业	亿元	34000	2366.2	270.2	0.8	11.4
第二产业	亿元	146183	5790.1	1816.7	1.2	31.4
#工 业	亿元	129112	4922.8	1479.4	1.1	30.1
第三产业	亿元	120487	4350.0	1814.2	1.5	41.7
全社会固定资产投资	亿元	172291	7581.2	2993.9	1.7	39.5
#房地产	亿元	30580	1430.2	912.5	3.0	63.8
社会消费品零售总额	亿元	108488	4800.8	1621.9	1.5	33.8
进出口总额(海关数)	亿美元	25616	220.4	153.4	0.6	69.6
#出口总额	亿美元	14285	131.1	90.6	0.6	69.1
居民消费品价格指数	%	105.9	105.1	104.3		
商品零售价格指数	%		105.3	104.5		
实际利用外商直接投资	亿美元	924	33.4	22.5	2.4	67.2
旅游创汇收入	亿美元	408		1.7	0.4	
年末金融机构存款余额	亿元	478444	18661	8317.1	1.7	44.6
#城乡居民储蓄存款额	亿元	217885	9647	3264.8	1.5	33.8
年末金融机构贷款余额	亿元	320049	11163	5409.7	1.7	48.5
城市居民人均可支配收入	元	15781	12633	16943		
农村居民人均纯收入	元	4761	4121	6481		
土地面积	万平方公里	960	48.5	1212	0.1	2.5
年末总人口	万人	132802		1125	0.8	

1-9 历年本地生产总值

Gross Domestic Product by Year

年份	本地生产总值(万元)	第一产业	第二产业	第三产业	人均本地生产总值(元)
1949	39953	29315	3867	6771	80
1950	42058	30634	4041	7383	84
1951	45902	32471	5371	8060	91
1952	51090	35388	6510	9192	100
1953	62510	39415	9241	13854	121
1954	66230	41708	9384	15138	125
1955	69748	42413	10646	16689	128
1956	79610	44961	14538	20111	141
1957	90359	48206	19471	22682	154
1958	103925	49357	29659	24909	174
1959	125501	40997	53922	30582	210
1960	128171	30519	67266	30386	220
1961	79866	28874	26435	24557	142
1962	77482	35064	21974	20444	140
1963	84932	42271	23191	19470	151
1964	104283	50382	31250	22651	180
1965	136371	59250	45569	31552	228
1966	167303	63481	65756	38066	271
1967	146728	64966	44858	36904	231
1968	119505	60438	26949	32118	183
1969	151898	62810	53191	35897	227
1970	205059	68416	91279	45364	299
1971	232066	72740	105637	53689	328
1972	223627	72340	95511	55776	307
1973	231546	78786	95797	56963	311
1974	222283	83198	82927	56158	293
1975	248198	83355	110844	53999	321
1976	221926	81344	87763	52819	282
1977	287141	90442	131807	64892	362

注：①本地生产总值的历年数据已经根据 2004 年经济普查数据进行调整。②2008 年数据均为快年报数据。

1-9 续表

年 份	本 地 生产总值 (万元)	第一产业	第二产业	第三产业	人均本地 生产总值 (元)
1978	359356	114449	169748	75159	448
1979	413577	126351	196055	91171	510
1980	462957	126040	229767	107150	565
1981	490129	130146	239291	120692	592
1982	554095	163066	267797	123232	661
1983	627673	173242	315517	138914	742
1984	712035	189588	343487	178960	836
1985	864945	209288	420508	235149	1008
1986	948905	224929	437115	286861	1092
1987	1158644	273588	516883	368173	1315
1988	1464911	322463	687197	455251	1641
1989	1639063	344174	741164	553725	1814
1990	1940857	405650	770657	764550	2123
1991	2327841	413213	880691	1033937	2520
1992	2925556	454357	1089187	1382012	3138
1993	3885838	539474	1500798	1845566	4125
1994	5073962	745596	1987076	2341290	5319
1995	6472632	941089	2462805	3068738	6700
1996	7722699	1051228	2913114	3758357	7911
1997	8754888	1089434	3248582	4416872	8888
1998	9618871	1118116	3549095	4951660	9686
1999	10449059	1121532	3837886	5489641	10446
2000	11567929	1163651	4221275	6183003	11471
2001	13220544	1184869	4902971	7132704	13004
2002	14887638	1254993	5585906	8046739	14536
2003	17052732	1370525	6524538	9157669	16454
2004	20310663	1682481	8055886	10572296	19307
2005	23707644	1820488	10065045	11822111	22139
2006	27504776	1951271	12116139	13437366	25171
2007	33241677	2350971	15040218	15850488	30006
2008	39009857	2701549	18166632	18141676	34873

注：人均本地生产总值按户籍人口计算。

1-10 历年本地生产总值构成及增长速度

Composition and Growth Rate of Gross Domestic Product by Year

年　份	三次产业构成 (%)			增长速度(%)				本地生产总值发展指数以1949年为100
	第一产业	第二产业	第三产业	本地生产总值	第一产业	第二产业	第三产业	
1949	73.4	9.7	16.9					
1950	72.8	9.6	17.6	5.0	4.5	4.5	8.9	105.0
1951	70.7	11.7	17.6	8.0	6.0	32.8	8.9	113.4
1952	69.3	12.7	18.0	10.5	9.0	21.1	13.7	125.4
1953	63.0	14.8	22.2	14.0	4.9	41.9	49.9	142.9
1954	62.9	14.2	22.9	5.5	5.3	1.5	8.7	150.8
1955	60.8	15.3	23.9	4.1	1.7	13.4	8.5	157.0
1956	56.4	18.3	25.3	11.7	5.6	36.6	20.2	175.3
1957	53.4	21.5	25.1	8.5	2.3	33.9	12.6	190.3
1958	47.5	28.5	24	12.0	2.4	52.3	9.8	213.2
1959	32.7	42.9	24.4	11.0	–20.5	81.8	22.5	236.6
1960	23.8	52.5	23.7	–2.6	–26.8	23.8	–0.9	230.4
1961	36.2	33.1	30.7	–38.1	–14.8	–61.0	–23.9	142.6
1962	45.2	28.4	26.4	–2.4	17.2	–16.9	–16.8	139.2
1963	49.8	27.3	22.9	10.4	20.0	5.5	–4.8	153.6
1964	48.3	30.0	21.7	21.6	19.2	34.7	13.5	186.9
1965	43.5	33.4	23.1	29.1	17.6	45.6	38.8	241.2
1966	37.9	39.3	22.8	20.6	7.1	43.3	20.6	290.8
1967	44.2	30.6	25.2	–10.8	2.3	–32.0	–3.1	259.5
1968	50.5	22.6	26.9	–17.5	–7.0	–40.4	–14.0	214.1
1969	41.4	35.0	23.6	23.6	3.9	96.5	11.8	264.6
1970	33.4	44.5	22.1	31.8	8.9	71.4	26.3	348.7
1971	31.3	45.6	23.1	11.6	4.0	15.7	18.3	389.1
1972	32.3	42.8	24.9	–4.1	–2.6	–9.6	3.9	373.3
1973	34.0	41.4	24.6	3.5	8.9	–0.1	1.0	386.4
1974	37.4	37.3	25.3	–4.6	2.1	–13.6	–1.4	368.7
1975	33.6	44.6	21.8	9.7	–1.8	33.5	–3.8	404.5
1976	36.7	39.5	23.8	–10.6	–4.1	–20.8	–2.2	361.7
1977	31.5	45.9	22.6	26.0	8.8	48.8	19.9	455.8
1978	31.8	47.2	21.0	19.2	10.2	28.7	14.6	543.2

注：增长速度以上年为基期，按可比价格计算。

1-10 续表

年　份	三次产业构成(%)			增长速度(%)				本地生产总值发展指数以1949年为100
	第一产业	第二产业	第三产业	本地生产总值	第一产业	第二产业	第三产业	
1979	30.6	47.4	22.0	13.8	8.3	14.6	20.2	618.0
1980	27.2	49.7	23.1	10.9	–1.7	17.1	15.1	685.1
1981	26.6	48.8	24.6	4.1	2.9	3.1	7.7	713.1
1982	29.4	48.4	22.2	10.3	15.4	11.7	2.0	786.8
1983	27.6	50.3	22.1	11.2	6.0	14.5	10.4	875.1
1984	26.6	48.3	25.1	11.4	6.2	8.6	24.3	974.7
1985	24.2	48.6	27.2	18.4	3.0	24.3	22.6	1154.5
1986	23.7	46.1	30.2	5.2	3.7	3.6	9.8	1214.6
1987	23.6	44.6	31.8	12.0	6.2	16.3	8.5	1360.4
1988	22.0	46.9	31.1	12.7	–0.9	20.2	8.2	1533.6
1989	21.0	45.2	33.8	2.7	3.1	0.9	6.5	1574.9
1990	20.9	39.7	39.4	4.8	4.6	0.8	13.9	1651.0
1991	17.8	37.8	44.4	14.1	2.6	10.8	23.4	1883.3
1992	15.5	37.2	47.3	16.2	5.8	15.9	21.1	2188.8
1993	13.9	38.6	47.5	18.4	4.4	25.9	17.2	2590.8
1994	14.7	39.2	46.1	13.5	3.1	14.8	15.8	2939.4
1995	14.5	38.0	47.5	11.8	3.9	13.6	12.5	3285.1
1996	13.6	37.7	48.7	11.3	4.4	12.2	12.3	3655.8
1997	12.4	37.1	50.5	11.2	3.2	12.8	11.9	4066.7
1998	11.6	36.9	51.5	10.0	3.1	10.3	11.4	4474.1
1999	10.7	36.8	52.5	10.1	3.4	10.0	11.7	4927.6
2000	10.1	36.5	53.4	10.7	4.3	11.3	11.5	5455.4
2001	9.0	37.1	53.9	12.8	4.3	14.9	12.9	6151.9
2002	8.4	37.5	54.0	13.1	5.3	15.7	12.6	6955.1
2003	8.0	38.3	53.7	13.0	5.6	15.8	12.3	7861.7
2004	8.3	39.7	52.0	13.6	5.7	17.9	11.6	8928.2
2005	7.7	42.4	49.9	13.5	5.7	20.0	9.6	10133.7
2006	7.1	44.0	48.9	13.8	4.8	18.4	11.2	11532.2
2007	7.1	45.2	47.7	15.3	5.5	18.9	13.6	13296.6
2008	6.9	46.6	46.5	12.1	4.4	15.6	9.9	14905.5
平均增长速度								
1949-2008				8.9	3.5	13.6	10.5	
1978-2008				11.7	4.5	13.5	13.0	

1-11 历年分产业本地生产总值及构成

Gross Domestic Product and Its composition by Industry by Year

	1978 年	1980 年	1985 年	1990 年
绝 对 额 (万 元)				
本地生产总值	**359356**	**462957**	**864945**	**1940857**
第一产业	114449	126040	209288	405650
第二产业	169748	229767	420508	770657
工 业	163508	215974	370931	679216
建筑业	6240	13793	49577	91441
第三产业	75159	107150	235149	764550
交通运输、仓储和邮政业	15280	20028	38538	122114
信息传输、计算机服务和软件业	1978	2656	6800	25514
批发和零售业	19648	28314	57145	165873
住宿和餐饮业	5548	8230	17042	57601
金融业	5602	8072	16853	71529
房地产业	1822	2969	10272	35660
租赁和商务服务业	2125	3181	8102	24652
科学研究、技术服务和地质勘查业	2860	4445	13004	45933
水利、环境和公共设施管理业	1192	1718	4167	14699
居民服务和其他服务业	5329	7881	18372	53175
教育	4516	6773	15977	52747
卫生、社会保障和社会福利业	1666	2444	6188	20498
文化、体育和娱乐业	2564	3536	8115	25754
公共管理和社会组织	5029	6903	14574	48801
构 成 (%)				
本地生产总值	**100.0**	**100.0**	**100.0**	**100.0**
第一产业	31.8	27.2	24.2	20.9
第二产业	47.2	49.7	48.6	39.7
工 业	45.5	46.7	42.9	35.0
建筑业	1.7	3.0	5.7	4.7
第三产业	21.0	23.1	27.2	39.4
交通运输、仓储和邮政业	4.2	4.3	4.5	6.3
信息传输、计算机服务和软件业	0.6	0.6	0.8	1.3
批发和零售业	5.5	6.1	6.6	8.5
住宿和餐饮业	1.5	1.8	2.0	3.0
金融业	1.6	1.7	2.0	3.7
房地产业	0.5	0.6	1.2	1.8
租赁和商务服务业	0.6	0.7	0.9	1.3
科学研究、技术服务和地质勘查业	0.8	0.9	1.5	2.4
水利、环境和公共设施管理业	0.3	0.4	0.5	0.8
居民服务和其他服务业	1.5	1.7	2.1	2.7
教育	1.3	1.5	1.8	2.7
卫生、社会保障和社会福利业	0.5	0.5	0.7	1.1
文化、体育和娱乐业	0.7	0.8	0.9	1.3
公共管理和社会组织	1.4	1.5	1.7	2.5

1995 年	2000 年	2005 年	2006 年	2007 年	2008 年
6472632	**11567929**	**23707644**	**27504776**	**33241677**	**39009857**
941089	1163651	1820488	1951271	2350971	2701549
2462805	4221275	10065045	12116139	15040218	18166632
2063821	3287170	7573472	9236700	11734147	14794142
398984	934105	2491573	2879439	3306071	3372490
3068738	6183003	11822111	13437366	15850488	18141676
390036	712203	1218633	1388943	1564360	1859137
194641	535748	967105	1090894	1261073	1443676
672624	1210087	2173709	2429053	2802231	3290839
221758	527235	1057451	1190267	1399307	1670857
345705	657144	1129037	1308589	1573562	1975866
203601	515438	1274747	1481485	1864165	1610959
92470	167334	362022	424198	500299	574458
153074	316443	630457	746658	909205	1092816
50887	82831	162479	181475	218696	256572
187987	344324	686132	760006	890841	1013904
198265	383268	760936	821822	948383	1078426
74414	167512	307887	357679	413012	489997
91391	175145	352138	407314	478594	555260
191885	388291	739378	848983	1026760	1228909
100.0	**100.0**	**100.0**	**100.0**	**100.0**	**100.0**
14.5	10.1	7.7	7.1	7.1	6.9
38.0	36.5	42.4	44.0	45.2	46.6
31.9	28.4	31.9	33.6	35.3	37.9
6.1	8.1	10.5	10.4	9.9	8.6
47.5	53.4	49.9	48.9	47.7	46.5
6.0	6.1	5.1	5.0	4.7	4.8
3.0	4.6	4.1	4.0	3.8	3.7
10.4	10.5	9.2	8.8	8.4	8.4
3.4	4.6	4.5	4.3	4.2	4.3
5.3	5.7	4.8	4.8	4.7	5.1
3.2	4.5	5.4	5.4	5.6	4.1
1.4	1.4	1.5	1.5	1.5	1.5
2.4	2.7	2.6	2.7	2.7	2.8
0.8	0.7	0.7	0.7	0.7	0.7
2.9	3.0	2.9	2.8	2.7	2.6
3.1	3.3	3.2	3.0	2.9	2.8
1.2	1.4	1.3	1.3	1.2	1.2
1.4	1.5	1.5	1.5	1.5	1.4
3.0	3.4	3.1	3.1	3.1	3.1

1-12 各时期本地生产总值

Gross Domestic Product by Period

单位：万元

时 期	本地生产总值	第一产业	第二产业	第三产业
“一五”时期	368457	216703	63280	88474
“二五”时期	514945	184811	199256	130878
1963–1965年	325586	151903	100010	73673
“三五”时期	790493	320111	282033	188349
“四五”时期	1157720	390419	490716	276585
“五五”时期	1744957	538626	815140	391191
“六五”时期	3248877	865330	1586600	796947
“七五”时期	7152380	1570804	3153016	2428560
“八五”时期	20685829	3093729	7920557	9671543
“九五”时期	48113446	5543961	17769952	24799533
“十五”时期	89179221	7313356	35134346	46731519

注：各计划时期对应年份为：“一五”1953–1957年；“二五”1958–1962年；“三五”1966–1970年；“四五”1971–1975年；“五五”1976–1980年；“六五”1981–1985年；“七五”1986–1990年；“八五”1991–1995年；“九五”1996–2000年；“十五”2001–2005年。

1-13 各时期本地生产总值结构

Structure of Gross Domestic Product by Period

单位：%

时 期	本地生产总值	第一产业	第二产业	第三产业
“一五”时期	100.0	58.8	17.2	24.0
“二五”时期	100.0	35.9	38.7	25.4
1963–1965年	100.0	46.7	30.7	22.6
“三五”时期	100.0	40.5	35.7	23.8
“四五”时期	100.0	33.7	42.4	23.9
“五五”时期	100.0	30.9	46.7	22.4
“六五”时期	100.0	26.6	48.9	24.5
“七五”时期	100.0	22.0	44.1	33.9
“八五”时期	100.0	15.0	38.3	46.7
“九五”时期	100.0	11.5	36.9	51.6
“十五”时期	100.0	8.2	39.4	52.4

1-14 民营经济增加值及构成

Value Added of Private Economy and Its Composition

	增加值(万元)				构成(%)			
	2000年	2001年	2007年	2008年	2000年	2001年	2007年	2008年
本地生产总值	11567929	13220544	33241677	39009857	100.0	100.0	100.0	100.0
公有制经济	7202693	8111824	16338259	18596299	62.3	61.4	49.1	47.7
民营经济	4365236	5108720	16903418	20413558	37.7	38.6	50.9	52.3
个体私营经济	3952563	4625374	14886380	17955748	34.2	34.9	44.8	46.0
外商经济	286358	333368	1408876	1673291	2.4	2.5	4.2	4.3
港澳台经济	126315	149978	608162	784519	1.1	1.2	1.8	2.0
第一产业	234031	247308	740927	890003	2.0	1.9	2.2	2.3
个体私营经济	234031	247308	740927	890003	2.0	1.9	2.2	2.3
第二产业	1747063	2056877	8478837	10720682	15.1	15.6	25.5	27.5
个体私营经济	1444972	1707434	6841178	8660511	12.5	12.9	20.6	22.2
外商经济	223845	259457	1176721	1457636	1.9	2.0	3.5	3.7
港澳台经济	78246	89986	460938	602535	0.7	0.7	1.4	1.5
工　业	1359891	1583758	6591071	8747776	11.8	12.0	19.8	22.4
个体私营经济	1059169	1235854	4960024	6694349	9.2	9.3	14.9	17.2
外商经济	223163	258692	1173415	1454264	1.9	2.0	3.5	3.7
港澳台经济	77559	89212	457632	599163	0.7	0.7	1.4	1.5
建筑业	387172	473119	1887766	1972906	3.3	3.6	5.7	5.1
个体私营经济	385803	471580	1881154	1966162	3.3	3.6	5.7	5.0
外商经济	682	765	3306	3372				
港澳台经济	687	774	3306	3372				
第三产业	2384142	2804535	7683654	8802873	20.6	21.1	23.1	22.5
个体私营经济	2273560	2670632	7304275	8405234	19.7	20.1	22.0	21.5
外商经济	62513	73911	232155	215655	0.5	0.5	0.7	0.5
港澳台经济	48069	59992	147224	181984	0.4	0.5	0.4	0.5
#交通运输、仓储和邮政业	181752	210542	567864	686951	1.6	1.6	1.7	1.8
批发和零售业	756533	860373	2261563	2778455	6.5	6.5	6.8	7.1
住宿和餐饮业	415837	485226	1217269	1405525	3.6	3.7	3.7	3.6
房地产业	368729	479195	1575220	1363677	3.2	3.6	4.7	3.5

1-15 民营经济增长速度和贡献率

Growth Rate and Contribution Rate of Value Added of Private Economy

	比上年增长(%)				对 GDP 增长的贡献率(%)			
	2001 年	2002 年	2007 年	2008 年	2001 年	2002 年	2007 年	2008 年
本地生产总值	12.8	13.1	15.3	12.1	100.0	100.0	100.0	100.0
公有制经济	11.1	11.1	9.8	9.1	54.1	52.2	33.1	36.5
民营经济	15.5	16.2	21.2	15.0	45.9	47.8	66.9	63.5
个体私营经济	15.5	16.2	20.5	14.8	41.4	43.5	57.0	55.2
外商经济	15.4	15.4	29.5	16.0	3.0	2.9	7.3	5.5
港澳台经济	17.3	16.3	22.8	17.0	1.5	1.4	2.6	2.7
第一产业	8.3	14.9	6.5	3.9	1.3	2.2	0.9	0.8
个体私营经济	8.3	14.9	6.5	3.9	1.3	2.2	0.9	0.8
第二产业	16.5	16.3	25.4	21.0	19.5	19.5	39.0	44.5
个体私营经济	16.8	16.5	24.5	21.4	16.4	16.4	30.6	36.4
外商经济	15.3	15.4	28.2	17.8	2.3	2.3	5.9	5.2
港澳台经济	14.4	14.7	31.8	24.3	0.8	0.8	2.5	2.8
工　业	15.9	15.0	29.1	26.2	14.6	13.9	34.1	43.3
个体私营经济	16.1	14.9	29.1	28.3	11.5	10.8	25.6	35.2
外商经济	15.3	15.4	28.3	17.8	2.3	2.3	5.9	5.2
港澳台经济	14.5	14.7	32.0	24.5	0.8	0.8	2.5	2.8
建筑业	18.6	20.9	13.4	2.5	4.9	5.6	5.0	1.2
个体私营经济	18.7	20.9	13.4	2.5	4.9	5.6	4.9	1.2
外商经济	8.9	13.9	8.6					
港澳台经济	9.3	7.5	8.6					
第三产业	15.5	16.2	18.3	9.5	25.1	26.1	27.0	18.2
个体私营经济	15.4	16.2	18.2	9.9	23.7	24.9	25.5	18.0
外商经济	15.6	15.1	36.4	5.6	0.7	0.6	1.4	0.3
港澳台经济	21.9	18.8	0.7	–2.0	0.7	0.6		–0.1
#交通运输、仓储和邮政业	11.6	15.7	20.1	16.5	1.4	1.9	2.1	2.3
批发和零售业	12.8	16.8	16.0	16.5	6.6	8.4	7.1	9.2
住宿和餐饮业	15.8	12.5	17.0	9.4	4.4	3.5	4.0	2.8
房地产业	27.2	24.1	18.9	–15.9	6.8	6.6	5.6	–6.2

1-16　成都高新技术产业开发区主要指标

Main Indicators of Chengdu High-Tech Developing Zone

	单　位	2001 年	2007 年	2008 年
本地生产总值	亿元	55	239.3	317.7
＃第二产业	亿元	30.0	167.6	233.3
＃工　业	亿元	24.7	135.5	200.1
第三产业	亿元	24	71.6	84.4
技工贸总收入	亿元	138	631	735
全部工业总产值	亿元	68	364	577.8
＃支柱产业产值	亿元	37	255	351
＃电　子	亿元	23	163	225
医　药	亿元	13	70	95
工业利税	亿元	7.96	41.50	90.70
社会消费品零售总额	亿元	13.43	57.80	86.70
财政收入	亿元		82.70	104.80
＃地方财政一般预算收入	亿元		20.40	30.27
利用外资项目	个	47	82	70
协议外资金额	万美元	8462	153700	218000
实际到位外资金额	万美元	6630	90830	122900
全社会固定资产投资总额	亿元	33.24	223.03	287.6
年末总人口	万人	13.35	22.94	28.91
从业人员	万人	6.43	16.36	18.01

注：本表数据 2001 年为高新区南区数据，2007 年、2008 年为高新区南、西区数据。

主 要 统 计 指 标 解 释

市 是指经国家批准成立“市”建制的城市。

按城市市区非农业人口规模分：

①超大城市：200 万人以上；

②特大城市：100 至 200 万人口；

③大 城 市：50 至 100 万人口；

④中等城市：20 至 50 万人口；

⑤小 城 市：20 万以下人口。

全市 指 9 区 4 市 6 县和在管理及统计均为单列的成都高新技术产业开发区。即锦江区、青羊区、金牛区、武侯区、成华区、龙泉驿区、青白江区、新都区、温江区、金堂县、双流县、郫县、大邑县、蒲江县、新津县、都江堰市、彭州市、邛崃市、崇州市和高新区。

市区 包括城区和郊区，不包括市辖县（含县级市）。即锦江区、青羊区、金牛区、武侯区、成华区、龙泉驿区、青白江区、新都区、温江区和在管理和统计均为单列的成都高新技术产业开发区。

城区 包括锦江区、青羊区、金牛区、武侯区、成华区和在管理及统计均为单列的成都高新技术产业开发区。

镇 是指经省、自治区、直辖市批准的镇。1963 年以前为常住人口在 2000 人以上，非农业人口占 50%以上的。1964 年起改为常住人口在 3000 人以上，非农业人口占 70%以上，或常住人口在 2500 人以上，不满 3000 人，非农业人口占 85%以上的。1984 年后又调整为：凡县级地方国家机关所在地；或总人口在 20000 人以下的乡，乡政府驻地非农业人口超过 2000 人的；或总人口在 20000 人以上的乡，乡政府驻地非农业人口占全乡人口 10%以上；或少数民族地区、人口稀少的边远地区、山区和小型工矿区、小港口、风景旅游、边境口岸等地，非农业人口虽不足 2000 人，都可建镇。

国内生产总值 是按市场价格计算的国内生产总值的简称。它是一个国家(地区)所有常住单位在一定时期内生产活动的最终成果。国内生产总值有三种表现形态，即价值形态、收入形态和产品形态。从价值形态看，它是所有常住单位在一定时期内所生产的全部货物和服务价值超过同期投入的全部非固定资产货物和服务价值的差额，即所有常住单位的增加值之和；从收入形态看，它是所有常住单位在一定时期内所创造并分配给常住单位和非常住单位的初次分配收入之和；从产品形态看，它是最终使用的货物和服务减去进口货物和服务。在实际核算中，国内生产总值的三种表现形态表现为三种计算方法,即生产法、收入法和支出法。三种方法分别从不同的方面反映国内生产总值及其构成。

根据国家新的国民经济行业分类(GB／T4754—2002)，考虑我国宏观经济管理、社会公众和对外交流工作的需要和统计基础，目前我国国内生产总值的产业部门分类如下：

一、第一产业(农、林、牧、渔及服务业)

二、第二产业

（一）工业

（二）建筑业

三、第三产业

（一）交通运输、仓储和邮政业

（二）信息传输、计算机服务和软件业

（三）批发和零售业

（四）住宿和餐饮业

（五）金融保险业

（六）房地产业

（七）租赁和商务服务业

（八）科学研究、技术服务和地质勘查业

（九）水利、环境和公共设施管理业

（十）居民服务和其他服务业

（十一）教育

（十二）卫生、社会保障和社会福利业

（十三）文化、体育和娱乐业

（十四）公共管理和社会组织

按照国家统计局的统一规定，从 2004 年起省及以下 GDP 的中文称谓改为“地区生产总值”。

支出法国内生产总值 指一个国家(或地区)所有常住单位在一定时期内用于最终消费、资本形成总额，以及货物和服务的净出口总额，它反映本期生产的国内生产总值的使用构成。

最终消费 指常住单位在一定时期内对于货物和服务的全部最终消费支出，也就是常住单位为满足物质、文化和精神生活的需要，从本国经济领土和国外购买的货物和服务的支出。它不包括非常住单位在本国经济领土内的消费支出。最终消费分为居民消费和政府消费。

资本形成总额 指常住单位在一定时期内获得减去处置的固定资产和存货的净额，包括固定资产形成总额和存货增加两项。

国有经济单位 指生产资料归国家所有的各种企业、事业单位，以及各级国家机关、人民团体等单位。

集体经济单位 指生产资料归公民集体所有的各种企业、事业单位。包括农村各种经济组织经营的农、林、牧、渔业、乡、村经营的企业、事业单位;城市、县、镇以及街道举办的集体经济性质的企业、事业单位。

私营经济单位 指生产资料归公民私人所有的单位。包括私营独资企业、私营合伙企业和私营有限责任公司。

联营经济单位 指不同所有制性质的企业之间或者企业、事业单位之间共同投资组成新的经济实体。包括紧密型联营企业，半紧密型联营企业和松散型联营企业。股份制经济单位指全部注册资本由全体股东共同出资，并以股份形成投资举办企业。主要包括股份有限公司和有限责任公司。

外商投资经济单位 指外国投资者根据中华人民共和国有关涉外经济的法律、法规,以合资、合作或独资的形式在中国大陆境内开办企业。包括中外合资经营企业、中外合作经营企业和外资企业。

港、澳、台投资经济单位 指港、澳、台地区投资者参照中华人民共和国有关涉外经济的法律、法规,以合资、合作或独资的形式在大陆举办企业。包括合资经营企业、合作经营企业

二 人口及劳动力

简 要 说 明

主要内容

本部份反映了全市人口总量、构成及变动情况、婚姻状况、计划生育情况、劳动力资源配置、从业人员构成、职工工资总额及平均工资等基本情况。

资料来源

人口资料来源于成都市公安局户籍统计年报资料。

婚姻状况资料来源于成都市民政局、成都市中级人民法院。

计划生育资料来源于成都市人口与计划生育委员会。

城镇登记失业资料及职业介绍机构资料来源于成都市就业服务管理局。

劳动仲裁受理及保险福利费用等资料来源于成都市劳动和社会保障局。

劳动力资源配置、从业人员、职工工资等资料来源于成都市统计局

年末总人口（万人）

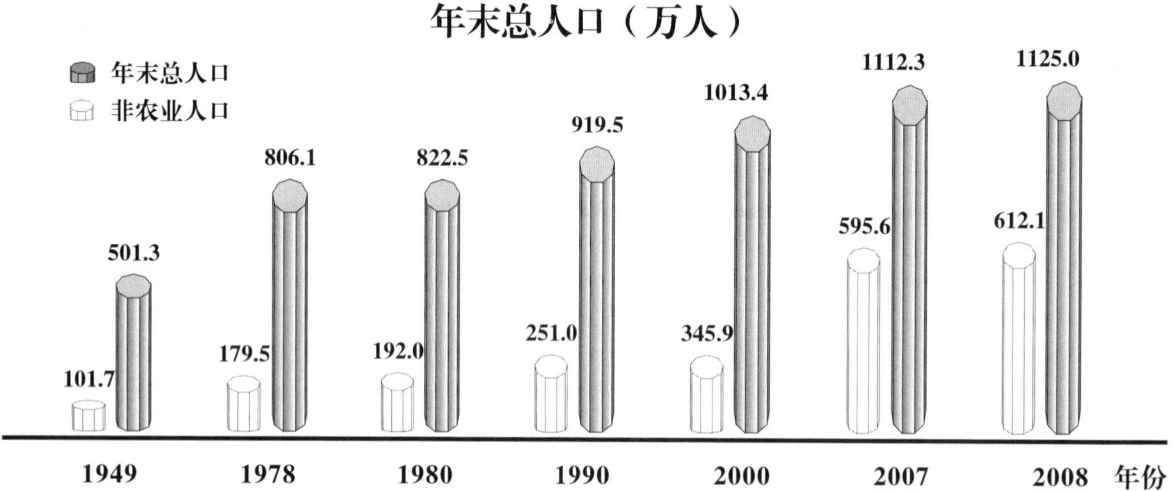

年末从业人员构成（%）

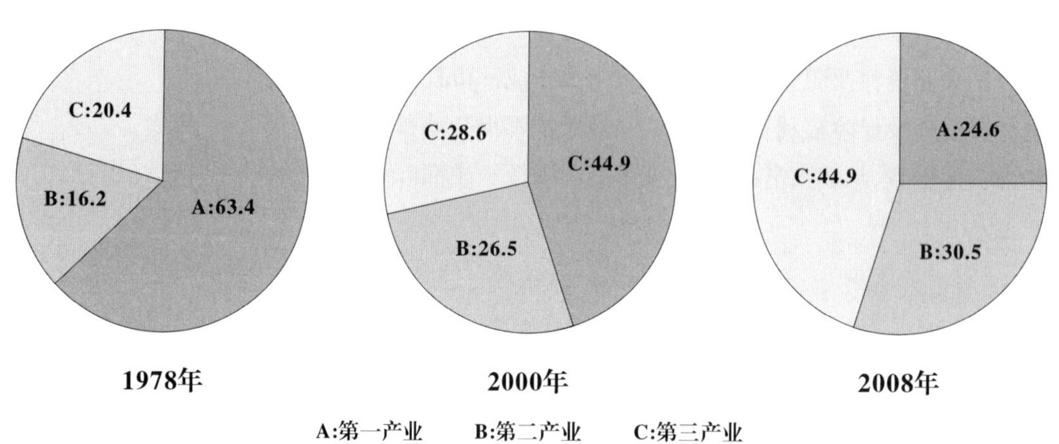

全部在岗职工平均工资（元）

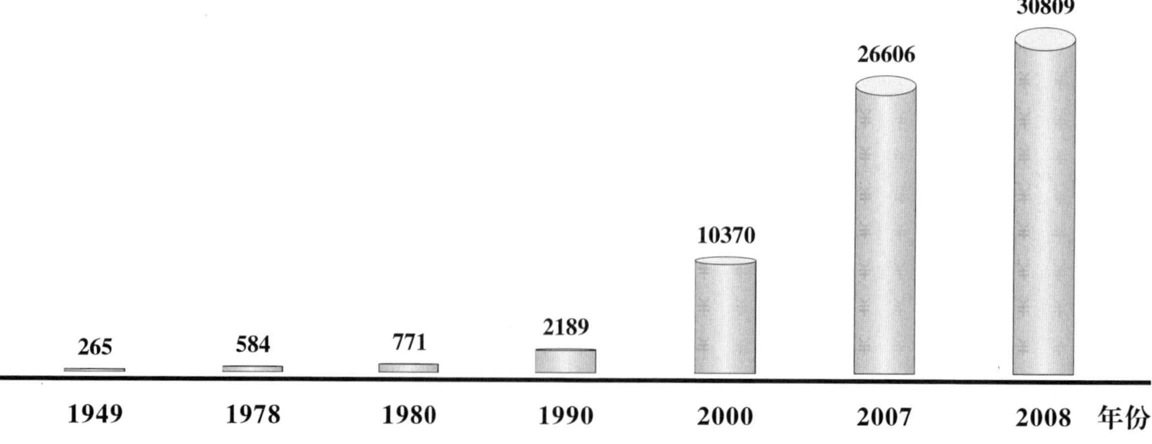

2-1 历年全市年末总户数、总人口

Number of Households and Population by Year (Year-end)

年 份	总户数(万户)			总人口(万人)			在总人口中:	
		市区	县(市)		市区	县(市)	男	女
1949	105.83	24.35	81.48	501.32	112.50	388.82	259.23	242.09
1950	109.24	24.51	84.73	504.80	112.43	392.37	258.71	246.09
1951	111.39	26.10	85.29	507.07	109.67	397.40	258.90	248.17
1952	115.56	27.25	88.31	511.96	113.18	398.78	260.03	251.93
1953	118.02	27.84	90.18	523.51	117.68	405.83	265.89	257.62
1954	124.56	31.11	93.45	535.98	130.23	405.75	274.83	261.15
1955	126.30	32.14	94.16	549.77	136.22	413.55	281.21	268.56
1956	129.59	34.66	94.93	577.00	155.11	421.89	299.38	277.62
1957	132.10	36.41	95.69	594.19	162.69	431.50	305.46	288.73
1958	131.47	35.91	95.56	597.06	167.22	429.84	308.46	288.60
1959	131.51	38.11	93.40	595.79	180.41	415.38	311.51	284.28
1960	127.34	35.30	92.04	570.11	179.94	390.17	297.64	272.47
1961	129.27	36.56	92.71	552.59	174.85	377.74	284.32	268.27
1962	132.84	37.13	95.71	551.34	171.65	379.69	282.06	269.28
1963	134.17	38.07	96.10	572.14	178.56	393.58	292.06	280.08
1964	137.65	39.85	97.80	588.15	181.51	406.64	302.29	285.86
1965	138.74	40.38	98.36	609.38	188.83	420.55	311.45	297.93
1966	140.88	41.50	99.38	626.22	191.54	434.68	320.60	305.62
1967	142.91	42.29	100.62	641.81	195.60	446.21	329.52	312.29
1968	146.05	43.56	102.49	663.32	200.42	462.90	340.07	323.25
1969	151.85	45.10	106.75	676.44	199.14	477.30	344.94	331.50
1970	155.95	46.95	109.00	695.21	202.84	492.37	355.77	339.44
1971	159.29	47.47	111.82	719.81	207.57	512.24	368.47	351.34
1972	161.92	48.37	113.55	735.78	210.69	525.09	375.90	359.88
1973	165.76	49.40	116.36	752.25	214.24	538.01	384.26	367.99
1974	170.24	50.85	119.39	766.04	216.94	549.10	391.14	374.90
1975	175.16	52.03	123.13	781.97	218.71	563.26	398.20	383.77
1976	180.27	53.25	127.02	789.92	220.44	569.48	402.39	387.53
1977	184.15	54.38	129.77	798.60	223.06	575.54	406.66	391.94

2-1 续表 1

年 份	总户数(万户)	市区	县(市)	总人口(万人)	市区	县(市)	在总人口中: 男	女
1978	185.56	55.46	130.10	806.06	228.80	577.26	410.51	395.55
1979	188.15	56.70	131.45	815.81	234.90	580.91	415.43	400.38
1980	192.24	58.01	134.23	822.54	238.31	584.23	418.95	403.59
1981	200.00	61.39	138.61	833.41	242.77	590.64	424.56	408.85
1982	203.94	63.44	140.50	843.25	247.25	596.00	429.91	413.34
1983	208.06	65.02	143.04	848.85	250.54	598.31	432.94	415.91
1984	212.47	67.23	145.24	854.00	253.96	600.04	435.70	418.30
1985	218.24	69.08	149.16	862.68	258.31	604.37	440.43	422.25
1986	224.18	71.15	153.03	874.73	264.24	610.49	447.02	427.71
1987	233.36	73.76	159.60	887.30	269.43	617.87	453.80	433.50
1988	244.41	76.25	168.16	898.57	273.65	624.92	459.70	438.87
1989	254.37	79.20	175.17	908.59	277.62	630.97	465.21	443.38
1990	262.61	81.12	181.49	919.50	280.81	638.69	471.00	448.50
1991	268.15	82.69	185.46	927.73	284.18	643.55	475.11	452.62
1992	274.56	84.93	189.63	936.86	288.28	648.58	479.67	457.19
1993	278.42	86.55	191.87	947.30	293.35	653.95	485.09	462.21
1994	285.05	89.83	195.22	960.39	301.47	658.92	491.01	469.38
1995	289.51	92.62	196.89	971.60	307.86	663.74	496.78	474.82
1996	295.50	96.95	198.55	980.74	317.12	663.62	501.16	479.58
1997	300.08	99.93	200.15	989.19	321.92	667.27	505.50	483.69
1998	304.29	102.16	202.13	997.00	325.98	671.02	508.64	488.36
1999	309.93	106.95	202.98	1003.56	330.29	673.27	511.54	492.02
2000	317.20	110.84	206.36	1013.35	335.86	677.49	515.80	497.55
2001	320.63	112.08	208.55	1019.90	341.52	678.38	518.89	501.01
2002	325.35	145.33	180.02	1028.48	439.79	588.69	523.61	504.87
2003	336.12	152.60	183.52	1044.31	452.57	591.74	531.77	512.54
2004	350.53	159.69	190.84	1059.69	464.54	595.15	538.17	521.52
2005	366.72	168.31	198.41	1082.03	482.07	599.96	548.40	533.63
2006	382.22	174.54	207.68	1103.40	497.15	606.25	558.28	545.12
2007	391.58	178.26	213.32	1112.28	502.70	609.58	561.37	550.91
2008	405.20	183.30	221.90	1124.96	510.16	614.80	566.68	558.28

2-1 续表 2

年　份	在总人口：		出　　生		死　　亡		自然增长	
	农业人口(万人)	非农业人口(万人)	人　数(人)	出生率(‰)	人　数(人)	死亡率(‰)	人　数(人)	增长率(‰)
1949	399.6	101.7	133811		64491		69320	
1950	404.1	100.7	136426	27.1	65826	13.1	70600	14.0
1951	410.7	96.4	149622	29.6	77248	15.3	72374	14.3
1952	417.7	94.2	153469	30.1	73919	14.5	79550	15.6
1953	427.8	95.7	164276	31.7	67181	13.0	97095	18.7
1954	428.5	107.5	169748	32.1	58411	11.1	111337	21.0
1955	436.7	113.1	164417	30.3	62931	11.6	101486	18.7
1956	447.9	129.1	167416	29.7	58275	10.3	109141	19.4
1957	455.8	138.4	184963	31.6	74356	12.8	110607	18.8
1958	445.4	151.7	168719	28.3	115344	19.5	53375	8.8
1959	424.8	171.0	104306	17.5	230527	38.7	–126221	–21.2
1960	398.6	171.5	73974	12.7	307248	52.7	–233274	–40.0
1961	391.6	161.0	71568	12.8	151448	27.0	–79880	–14.2
1962	402.6	148.7	155735	28.2	76576	13.9	79159	14.3
1963	418.1	154.1	285634	50.9	57550	10.3	228084	40.6
1964	433.7	154.5	225550	38.9	52393	9.0	173157	29.9
1965	446.2	163.2	220307	36.8	52840	8.8	167467	28.0
1966	462.8	163.4	217252	35.3	45189	7.3	172063	27.9
1967	476.2	165.6	201477	31.8	42980	6.8	158497	25.0
1968	492.8	170.5	236703	36.3	46239	7.1	190464	29.2
1969	512.0	164.4	239366	35.8	46560	7.0	192806	28.8
1970	530.1	165.1	245224	35.9	45844	6.7	199380	29.2
1971	553.7	166.1	251582	35.7	57740	8.2	193842	27.5
1972	567.2	168.6	214835	29.5	58511	8.0	156324	21.5
1973	581.7	170.5	190465	25.6	51523	6.9	138942	18.7
1974	595.0	171.1	183811	24.2	55921	7.3	128240	16.9
1975	611.0	170.9	175745	22.7	54341	7.0	121404	15.7
1976	619.3	170.6	143973	18.3	53190	6.8	90783	11.5
1977	625.4	173.2	114031	14.4	54087	6.8	59944	7.6

2-1 续表 3

年 份	在总人口:		出 生		死 亡		自然增长	
	农业人口 (万人)	非农业人口 (万人)	人 数 (人)	出生率 (‰)	人 数 (人)	死亡率 (‰)	人 数 (人)	增长率 (‰)
1978	626.60	179.46	82372	10.3	48141	6.0	34231	4.3
1979	627.99	187.82	94811	11.7	49048	6.1	45763	5.6
1980	630.50	192.04	91450	11.2	49604	6.1	41846	5.1
1981	635.67	197.74	99299	12.0	40714	4.9	58585	7.1
1982	639.51	203.74	102489	12.2	41856	5.0	60633	7.2
1983	639.99	208.86	88709	10.5	51015	6.0	37694	4.5
1984	628.50	225.50	81265	9.5	51675	6.1	29590	3.4
1985	627.75	234.93	102427	11.9	51485	6.0	50942	5.9
1986	647.49	227.25	138763	15.9	51408	5.9	87355	10.0
1987	654.09	233.21	139874	15.9	52454	6.0	87420	9.9
1988	658.41	240.16	120285	13.5	57256	6.4	63029	7.1
1989	663.26	245.34	110200	13.2	56848	6.3	62352	6.9
1990	668.51	250.99	119446	13.1	58223	6.4	61223	6.7
1991	671.69	256.04	110067	11.9	58447	6.3	51620	5.6
1992	670.12	266.74	107086	11.5	61394	6.6	45692	4.9
1993	671.16	276.14	109881	11.7	58918	6.3	50963	5.4
1994	669.41	290.98	106333	11.2	58300	6.1	48033	5.1
1995	670.74	300.86	104362	10.8	61084	6.3	43278	4.5
1996	670.59	310.15	99279	10.2	60043	6.2	39236	4.0
1997	670.69	318.50	88460	9.0	57551	5.8	30909	3.1
1998	669.71	327.29	91112	9.2	61019	6.1	30093	3.0
1999	667.41	336.15	81729	8.2	59435	5.9	22294	2.2
2000	667.45	345.90	97092	9.6	66354	6.6	30738	3.1
2001	665.12	354.78	72504	7.1	56381	5.6	16123	1.6
2002	662.76	365.72	68338	6.6	65941	6.4	2397	0.2
2003	658.08	386.23	67966	6.6	62638	6.0	5328	0.5
2004	605.96	453.73	71601	6.8	62426	5.9	9175	0.9
2005	538.10	543.93	74638	7.0	56843	5.3	17795	1.7
2006	531.90	571.50	74226	6.8	50839	4.7	23387	2.1
2007	516.73	595.56	92522	8.4	96046	8.7	–3524	–0.3
2008	512.88	612.08	100976	9.0	52889	4.7	48087	4.3

注：由于 2007 年全市集中开展户口应注销未注销人员清理与注销专项工作，全年死亡注销户口人数较往年大幅增加。

2-2 人口构成及变动(2008年)

Composition of Population and Its Variations (2008)

	单位	全市	市区	县(市)
总人口	人	**11249606**	**5101634**	**6147972**
人口构成				
按性别分				
男性	人	5666768	2560396	3106372
女性	人	5582838	2541238	3041600
性别比例(以女性为100)		101.50	100.75	102.13
按农业、非农业人口分				
农业人口	人	5128850	1055210	4073640
非农业人口	人	6120756	4046424	2074332
人口自然变动				
出生人口	人	100976	43408	57568
死亡人口	人	52889	19729	33160
出生率	‰	9.03	8.57	9.40
死亡率	‰	4.73	3.90	5.42
自然增长率	‰	4.30	4.67	3.98
人口机械变动				
迁入人口	人	229644	165450	64194
迁出人口	人	150966	114557	36409
迁入率	‰	20.53	32.67	10.49
迁出率	‰	13.50	22.62	5.95
机械变动增长率	‰	7.03	10.05	4.54
附:总户数	户	**4051994**	**1833016**	**2218978**

2-3 婚姻登记和离婚情况

Number of Marriages and Divorces

	单 位	1990 年	2000 年	2007 年	2008 年
准予登记结婚	对	96368	72339	109155	121598
#初 婚	人	179959	128342	160775	182020
再 婚	人	12777	16336	57535	61176
#华侨、港澳台居民登记结婚	对	125	431	120	27
结婚率	%	2.11	1.43	1.97	2.17
离 婚	对	15461	20069	46458	49633
离婚率	%	0.34	0.40	0.84	0.68

2-4 计 划 生 育 情 况(2008 年)

Conditions of Family Planning (2008)

	单 位	全 市	市 区	县 (市)
计划生育率	%	94.45	96.99	92.62
一孩率	%	86.89	89.90	84.72
已婚育龄妇女人数	人	2118770	808147	1310623
综合避孕率	%	90.41	89.14	91.19

2-5　城乡劳动力资源配置情况(2008 年末)

Distribution on Source of Urban and Rural Labor Force (End of 2008)

单位：万人

	城乡合计	城　镇	乡　村
年末劳动力资源总数	1095.18	595.43	499.75
#当年新增加的劳动力资源	17.32	8.89	8.43
经济活动人口	738.31	408.80	329.51
从业人员	704.49	382.23	322.26
按就业身份分组			
在岗职工	149.89	149.89	
私营业主及雇工人数	121.79	96.49	25.30
个体户主及从业人员	188.59	92.45	96.14
农村从业人员	200.82		200.82
其　他	42.48	42.48	
按国民经济行业分组			
农、林、牧、渔业	173.30	1.36	171.94
采矿业	2.56	0.47	2.09
制造业	112.57	65.55	47.02
电力、燃气及水的生产和供应业	2.34	2.34	
建筑业	97.68	55.42	42.26
交通运输、仓储和邮政业	26.50	19.80	6.70
信息传输、计算机服务和软件业	8.12	6.15	1.97
批发和零售业	96.88	71.45	25.43
住宿和餐饮业	52.66	41.00	11.66
金融业	4.50	4.50	
房地产业	12.12	11.85	0.27
租赁和商务服务业	24.94	23.25	1.69
科学研究、技术服务和地质勘查业	6.33	6.33	
水利、环境和公共设施管理业	2.33	2.33	
居民服务和其他服务业	37.91	28.53	9.38
教育	15.81	15.81	
卫生、社会保障和社会福利业	8.39	8.39	
文化、体育和娱乐业	4.21	4.21	
公共管理和社会组织	15.34	13.49	1.85
城镇登记失业人员	6.95	6.95	
其他经济活动人口	26.87	19.62	7.25
非经济活动人口	356.87	186.63	170.24
#16 岁以上在校学生	109.63	80.84	28.79

注：根据国家统计制度，从 2007 年起劳动力资源为 16 岁及以上全部人口。

2-6 历年全市年末从业人员情况(按产业分)

Number of Persons Employed by Industry (Year-end)

年 份	从业人员(人)				从业人员构成(%)		
		第一产业	第二产业	第三产业	第一产业	第二产业	第三产业
1978	3722994	2358518	602615	761861	63.4	16.2	20.4
1979	3764661	2383030	609875	771756	63.3	16.2	20.5
1980	3931217	2488349	634664	808204	63.3	16.1	20.6
1981	4118652	2607106	679578	831968	63.3	16.5	20.2
1982	4276459	2732657	731275	812527	63.9	17.1	19.0
1983	4465414	2866943	785303	813168	64.2	17.6	18.2
1984	4728724	2796695	1061878	870151	59.1	22.5	18.4
1985	4933036	2736616	1315398	881022	55.5	26.7	17.8
1986	5085687	2780993	1348568	956126	54.7	26.5	18.8
1987	5268072	2884365	1353518	1030189	54.8	25.7	19.5
1988	5389769	2877430	1409976	1102363	53.4	26.2	20.4
1989	5511830	2966603	1436504	1108723	53.8	26.1	20.1
1990	5626680	3010955	1457603	1158122	53.5	25.9	20.6
1991	5809154	3046286	1531561	1231307	52.4	26.4	21.2
1992	5941185	3039578	1587082	1314525	51.2	26.7	22.1
1993	5959391	3019385	1514713	1425293	50.7	25.4	23.9
1994	6029501	2878742	1720745	1430014	47.8	28.5	23.7
1995	6037492	2835200	1806794	1395498	47.0	29.9	23.1
1996	6045850	2732497	1774346	1539007	45.2	29.3	25.5
1997	6064707	2691771	1764825	1608111	44.4	29.1	26.5
1998	5948366	2680317	1646067	1621982	45.0	27.7	27.3
1999	5829821	2538904	1529615	1761302	43.6	26.2	30.2
2000	5741347	2576208	1519515	1645624	44.9	26.5	28.6
2001	5758033	2410214	1481423	1866396	41.9	25.7	32.4
2002	5844215	2315113	1583001	1946101	39.6	27.1	33.3
2003	5932727	2209537	1666227	2056963	37.2	28.1	34.7
2004	6039731	2107853	1808403	2123475	34.9	29.9	35.2
2005	6190374	2001677	1905898	2282799	32.3	30.8	36.9
2006	6401398	1887612	1966586	2547200	29.5	30.7	39.8
2007	6871337	1793309	2102606	2975422	26.1	30.6	43.3
2008	7044940	1733032	2151504	3160404	24.6	30.5	44.9

注：本表数据已根据 2004 年经济普查数据进行了调整。

2-7 历年全市年末从业人员情况(按经济类型分)

Number of Persons Employed by Ownership (Year-end)

单位：人

年份	从业人员合计	城镇	国有经济	集体经济	其他经济	私营与个体	农村
1978	3722994	1101925	832123	267769		2033	2621069
1979	3764661	1126661	862966	261680		2015	2638000
1980	3931217	1165499	896191	262787		6521	2765718
1981	4118652	1224652	934221	277176		13255	2894000
1982	4276459	1273459	971687	284267		17505	3003000
1983	4465414	1292205	982389	284893		24923	3173209
1984	4728724	1470071	981600	319406	129084	39981	3258653
1985	4933036	1538595	1017857	328212	146153	46373	3394441
1986	5085687	1594578	1056750	330413	154719	52696	3491109
1987	5268072	1659937	1099618	329053	160442	70824	3608135
1988	5389769	1715929	1133013	327634	169043	86239	3673840
1989	5511830	1738376	1157857	315211	175880	89428	3773454
1990	5626680	1803394	1188123	334923	183003	97345	3823286
1991	5809154	1887157	1240718	339265	196276	110898	3921997
1992	5941185	1938010	1268306	340176	207887	121641	4003175
1993	5959391	1974864	1245842	334379	259041	135602	3984527
1994	6029501	2027232	1246100	309200	278232	193700	4002269
1995	6037492	2060424	1246900	305100	290389	218035	3977068
1996	6045850	2106542	1239409	301505	301971	263657	3939308
1997	6064707	2115747	1234089	282361	307860	291437	3948960
1998	5948366	2058912	1101636	237310	358713	361253	3889454
1999	5829821	1902480	988500	185650	361577	366753	3927341
2000	5741347	1862139	934427	171193	380722	375797	3879208
2001	5758033	1868360	884121	118072	421546	444621	3889673
2002	5844215	1980767	818698	124313	494919	542837	3863448
2003	5932727	2127096	826105	126804	507949	666238	3805631
2004	6039731	2382938	790021	121984	466426	1004507	3656793
2005	6190374	2765412	789867	108614	624188	1242743	3424962
2006	6401398	3100921	807318	101998	762300	1429305	3300477
2007	6871337	3601730	842776	99528	800211	1859215	3269607
2008	7044940	3822301	857658	83319	991910	1889414	3222639

2-8 历年全市年末在岗职工人数及构成(按经济类型分)

Number of Fully Employed Staff and Workers and Their Compositions by Ownership (Year-end)

年份	在岗职工人数(人)	国有经济单位	城镇集体经济单位	其他经济单位	构成(%) 国有经济单位	城镇集体经济单位	其他经济单位
1978	1099892	832123	267769		75.7	24.3	
1979	1124646	862966	261680		76.7	23.3	
1980	1158978	896191	262787		77.3	22.7	
1981	1211397	934221	277176		77.1	22.9	
1982	1255954	971687	284267		77.4	22.6	
1983	1267282	982389	284893		77.5	22.5	
1984	1302262	981600	319406	1256	75.4	24.5	0.1
1985	1347588	1017858	328212	1518	75.5	24.4	0.1
1986	1388267	1056750	330413	1104	76.1	23.8	0.1
1987	1430713	1099618	329053	2042	76.9	23.0	0.1
1988	1463385	1133013	327634	2738	77.4	22.4	0.2
1989	1476727	1157857	315211	3659	78.4	21.3	0.3
1990	1527114	1188123	334923	4068	77.8	21.9	0.3
1991	1588060	1240718	339265	8077	78.1	21.4	0.5
1992	1618676	1268306	340172	10198	78.4	21.0	0.6
1993	1610430	1225842	334379	50209	76.1	20.8	3.1
1994	1594135	1217480	302369	74286	76.4	19.0	4.6
1995	1615166	1230768	300071	84327	76.2	18.6	5.2
1996	1540594	1148671	268049	123874	74.6	17.4	8.0
1997	1450610	1103500	248945	98165	76.0	17.2	6.8
1998	1340520	994736	198221	147563	74.2	14.8	11.0
1999	1299774	953582	182005	164187	73.4	14.0	12.6
2000	1245294	896721	166909	181664	72.0	13.4	14.6
2001	1173195	841870	115574	215751	71.8	9.8	18.4
2002	1213477	791372	119343	302762	65.2	9.8	25.0
2003	1216720	786691	119736	310293	64.7	9.8	25.5
2004	1232511	757038	117561	357912	61.4	9.5	29.1
2005	1295541	755951	105167	434423	58.4	8.1	33.5
2006	1349987	779719	98073	472195	57.8	7.3	34.9
2007	1409270	807239	97299	504732	57.3	6.9	35.8
2008	1498938	818230	80700	600008	54.6	5.4	40.0

2-9 企业、事业、机关单位数(2008 年末)

Number of Enterprises, Institutions and Agencies Organizations (End of 2008)

单位：个

	合　计	国有经济	集体经济	其他经济
总　　计	10347	5948	1182	3217
按企业、事业、机关分组				
企　业	5189	1222	765	3202
事　业	3351	2919	417	15
机　关	1807	1807		
按三次产业分组				
第一产业	176	132	41	3
第二产业	2924	443	288	2193
第三产业	7247	5373	853	1021
按国民经济行业分组				
农、林、牧、渔业	176	132	41	3
采矿业	11	3	2	6
制造业	2009	200	178	1631
电力、燃气及水的生产和供应业	131	57	6	68
建筑业	773	183	102	488
交通运输、仓储和邮政业	199	133	12	54
信息传输、计算机服务和软件业	60	34		26
批发和零售业	768	231	253	284
住宿和餐饮业	218	69	28	121
金融业	373	208	107	58
房地产业	453	90	10	353
租赁和商务服务业	259	146	59	54
科学研究、技术服务和地质勘查业	415	385	12	18
水利、环境和公共设施管理业	161	136	9	16
居民服务和其他服务业	120	22	81	17
教育	1266	1254		12
卫生、社会保障和社会福利业	553	272	277	4
文化、体育和娱乐业	292	283	5	4
公共管理和社会组织	2110	2110		

2-10 分行业在岗职工人数(2008年末)

Number of Fully Employed Staff and Workers by Sector (End of 2008)

单位：人

	总　计	国有经济	集体经济	其他经济
总　　计	1498938	818230	80700	600008
按企事业和机关分组				
企　业	1052479	393802	62200	596477
事　业	332303	310272	18500	3531
机　关	114156	114156		
按三次产业分组				
第一产业	3161	2783	281	97
第二产业	779747	253395	51760	474592
第三产业	716030	562052	28659	125319
按国民经济行业分组				
农、林、牧、渔业	3161	2783	281	97
采矿业	3711	2530	111	1070
制造业	405324	94584	15612	295128
电力、燃气及水的生产和供应业	19386	10272	724	8390
建筑业	351326	146009	35313	170004
交通运输、仓储和邮政业	83165	57876	823	24466
信息传输、计算机服务和软件业	12512	8168		4344
批发和零售业	67851	22142	2952	42757
住宿和餐饮业	26866	9729	1077	16060
金融业	32709	21700	3964	7045
房地产业	18269	3726	247	14296
租赁和商务服务业	32110	25920	685	5505
科学研究、技术服务和地质勘查业	58381	54123	368	3890
水利、环境和公共设施管理业	19952	15117	3461	1374
居民服务和其他服务业	5144	1498	1441	2205
教育	148969	146739		2230
卫生、社会保障和社会福利业	68863	54596	13359	908
文化、体育和娱乐业	15592	15071	282	239
公共管理和社会组织	125647	125647		

2-11 单位女性从业人员数(2008 年末)

Number of Employed Female Staff and Workers (End of 2008)

单位：人

	总　计	国有经济	集体经济	其他经济
总　　计	548030	314865	27775	205390
按企事业和机关分组				
企　业	341189	119630	17833	203726
事　业	168444	156838	9942	1664
机　关	38397	38397		
按三次产业分组				
第一产业	1069	974	71	24
第二产业	217518	62526	12968	142024
第三产业	329443	251365	14736	63342
按国民经济行业分组				
农、林、牧、渔业	1069	974	71	24
采矿业	924	641	26	257
制造业	146808	31343	6646	108819
电力、燃气及水的生产和供应业	6913	3503	201	3209
建筑业	62873	27039	6095	29739
交通运输、仓储和邮政业	28575	18895	333	9347
信息传输、计算机服务和软件业	4838	2955		1883
批发和零售业	33728	9837	1411	22480
住宿和餐饮业	14767	5269	686	8812
金融业	24890	14705	1917	8268
房地产业	6745	1482	65	5198
租赁和商务服务业	9725	7255	323	2147
科学研究、技术服务和地质勘查业	20653	19079	70	1504
水利、环境和公共设施管理业	8190	6381	1026	783
居民服务和其他服务业	2058	497	566	995
教育	79531	78324		1207
卫生、社会保障和社会福利业	45329	36491	8235	603
文化、体育和娱乐业	7148	6929	104	115
公共管理和社会组织	43266	43266		

2-12 城镇登记失业人员基本情况

Basic Conditions on Registered Urban Unemployed Persons

单位：人

	2007年		2008年			2007年		2008年	
	合计	#女性	合计	#女性		合计	#女性	合计	#女性
总　计	**63388**	**29300**	**69453**	**34807**	6个月以上	35609	17711	35548	18388
按年龄分					**按文化程度分**				
16—25岁	19582	7893	21794	12178	大专及以上	8181	3679	8189	4193
26岁及以上	43806	21407	47659	22629	中专和高中	27569	13233	30090	15516
按失业时间分					初中及以下	27638	12388	31174	15098
6个月以下	27779	11589	33905	16419					

2-13 职业介绍机构及工作情况

Basic Conditions of Employment Services

	单　位	2007年	2008年		单　位	2007年	2008年
年末职业介绍机构	个	**184**	**160**	**求职登记总数**	**人次**	**867535**	**820317**
#劳动部门办	个	21	21	#介绍成功人数	人次	259064	440478
非劳动部门办	个	163	139	用人登记总数	人次	616189	774329
#地市级	个	28	22	#失业人员	人次	65172	94105
县、区级	个	156	138				

2-14 历年在岗职工工资总额及平均工资

Total Wages and Average Wage of Fully Employed Staff and Workers by Year

年份	在岗职工工资总额(万元)	国有经济单位	城镇集体经济单位	其他经济单位	在岗职工平均工资(元)	国有经济单位	城镇集体经济单位	其他经济单位
1978	61400	50584	10816		584	648	406	
1979	71984	59031	12953		652	706	494	
1980	88395	72170	16225		771	824	616	
1981	92129	74542	17587		772	819	640	
1982	97816	79145	18671		789	831	668	
1983	103159	83740	19419		817	888	626	
1984	127873	101440	26345	88	993	1049	849	727
1985	149045	119033	29892	120	1092	1161	908	821
1986	177609	144392	33108	109	1297	1395	1025	1041
1987	201047	164701	36130	216	1435	1536	1140	1143
1988	243740	201446	41842	452	1696	1821	1321	1589
1989	284793	238527	45556	710	1949	2097	1476	1191
1990	328585	273879	53891	815	2189	2347	1687	2037
1991	359676	295343	62559	1774	2412	2571	1909	2594
1992	439675	367603	69359	2713	2752	2943	2123	2953
1993	549777	449782	80444	19551	3451	3684	2434	4583
1994	780236	618509	120742	40985	4821	5103	3412	6147
1995	893039	724678	115025	53336	5592	5926	3835	6313
1996	1005061	812199	126252	66610	6258	6666	4316	7001
1997	1082417	884054	124669	73694	7420	7911	5019	7944
1998	1119941	888237	106567	125137	8248	8822	5310	8328
1999	1200690	950075	100949	149666	9035	9763	5462	8753
2000	1332340	1042404	111302	178634	10370	11197	6533	9738
2001	1489823	1171993	90628	227202	12493	13613	7753	10585
2002	1672484	1247596	99681	325207	13712	15581	8404	10828
2003	1873261	1405355	108225	359681	15275	17704	9098	11591
2004	2156401	1570673	118798	466930	17556	20785	10297	13071
2005	2572464	1820795	117452	634217	19962	23987	11431	14857
2006	3008605	2090253	128170	790182	22564	27064	13425	16972
2007	3646445	2574964	149308	922173	26606	32556	15733	19027
2008	4563567	3065601	161700	1336266	30809	37484	20487	22863

2-15 在岗职工工资总额(2008年)

Total Wages of Fully Employed Staff and Workers (2008)

单位：万元

	在岗职工工资总额	国有经济	集体经济	其他经济
总　　计	4563567	3065601	161700	1336266
按企业、事业、机关分				
企　业	2868629	1422149	119925	1326555
事　业	1169007	1117521	41775	9711
机　关	525931	525931		
按三次产业分				
第一产业	7593	6900	542	151
第二产业	1839541	771362	93041	975138
第三产业	2716433	2287339	68117	360977
按国民经济行业分				
农、林、牧、渔业	7593	6900	542	151
采矿业	9064	6591	549	1924
制造业	1004309	332116	30022	642171
电力、燃气及水的生产和供应业	79494	49421	1869	28204
建筑业	746674	383234	60601	302839
交通运输、仓储和邮政业	327710	252424	1126	74160
信息传输、计算机服务和软件业	63523	45112		18411
批发和零售业	173849	82604	4917	86328
住宿和餐饮业	51942	22004	1427	28511
金融业	237328	149619	16581	71128
房地产业	51917	14397	370	37150
租赁和商务服务业	127564	114404	1606	11554
科学研究、技术服务和地质勘查业	288396	270561	744	17091
水利、环境和公共设施管理业	43578	37330	4647	1601
居民服务和其他服务业	9040	3642	1778	3620
教育	454809	446589		8220
卫生、社会保障和社会福利业	269676	233048	34016	2612
文化、体育和娱乐业	51415	49919	905	591
公共管理和社会组织	565686	565686		

2-16 在岗职工平均工资(2008 年)

Average Wages of Fully Employed Staff and workers (2008)

单位：元

	总　计	国有经济	集体经济	其他经济
总　　计	30809	37484	20487	22863
按企业、事业、机关分				
企　业	27625	35850	19695	22839
事　业	35448	36272	23162	26636
机　关	46519	46519		
按三次产业分				
第一产业	23704	24406	19346	15729
第二产业	23935	29938	18436	21179
第三产业	38287	41039	24172	29124
按国民经济行业分				
农、林、牧、渔业	23704	24406	19346	15729
采矿业	21529	23572	14077	18787
制造业	24917	35029	19762	21912
电力、燃气及水的生产和供应业	41707	50153	26066	33224
建筑业	21819	25516	17736	19185
交通运输、仓储和邮政业	39806	43783	14306	31046
信息传输、计算机服务和软件业	51527	55914		43219
批发和零售业	25967	38040	16535	20427
住宿和餐饮业	19373	22812	12547	17788
金融业	72436	68917	42211	99815
房地产业	28454	38209	14923	26107
租赁和商务服务业	40591	45162	23143	21392
科学研究、技术服务和地质勘查业	49540	50061	21637	44682
水利、环境和公共设施管理业	22361	25089	14193	11985
居民服务和其他服务业	17418	23947	12295	16284
教育	30711	30614		37130
卫生、社会保障和社会福利业	39944	43524	26036	28920
文化、体育和娱乐业	32759	32928	31982	23433
公共管理和社会组织	45458	45458		

2-17 离开本单位仍保留劳动关系的职工基本情况

Basic Conditions of Staff and Workers Who Have Left Their Working Units While Keeping Their Labor Employment Relation Unchanged

	离开本单位仍保留劳动关系的职工人数（人）		离开本单位仍保留劳动关系的职工生活费(万元)	
	2007 年	2008 年	2007 年	2008 年
总　　计	82897	74279	80745	86726
按企业、事业、机关分				
企　业	66565	58300	59081	65059
事　业	14217	13796	17928	17294
机　关	2115	2183	3736	4373
按三次产业分				
第一产业	240	193	324	188
第二产业	43698	36666	34726	40076
第三产业	38959	37420	45695	46462
按国民经济行业分				
农、林、牧、渔业	240	193	324	188
采矿业	660	430	133	69
制造业	21941	19525	20911	27659
电力、燃气及水的生产和供应业	1516	844	2201	1892
建筑业	19581	15867	11480	10456
交通运输、仓储和邮政业	8763	6851	9530	10009
信息传输、计算机服务和软件业	582	477	839	680
批发和零售业	5993	4945	4649	5150
住宿和餐饮业	1986	1742	1217	1094
金融业	2508	5109	5233	4676
房地产业	349	183	427	230
租赁和商务服务业	2755	2087	2504	2499
科学研究、技术服务和地质勘查业	5737	5718	6476	6938
水利、环境和公共设施管理业	584	580	823	872
居民服务和其他服务业	147	71	42	69
教育	3723	4420	5203	5194
卫生、社会保障和社会福利业	2652	2064	3250	2831
文化、体育和娱乐业	1039	896	1414	1412
公共管理和社会组织	2141	2277	4089	4808

主 要 统 计 指 标 解 释

总人口 指一定时点、一定地区范围内的有生命的个人的总和。

年度统计的年末总人口是指每年 12 月 31 日 24 时的人口数。

出生率 指在一定时期内(通常为一年)平均每千人所出生的人数的比率，一般用千分率表示。计算公式：

$$出生率=\frac{年出生人数}{年平均人数}\times 1000‰$$

死亡率 指在一定时期内(通常为一年)一定地区的死亡人数与同期平均人数(或期中人数)之比，一般用千分率表示。计算公式：

$$死亡率=\frac{年死亡人数}{年平均人数}\times 1000‰$$

人口自然增长率 指在一定时期内(通常为一年)人口自然增加数(出生人数减死亡人数)与该时期内平均人数(或期中人数)之比，一般用千分率表示。计算公式：

$$人口自然增长率=\frac{本年出生人数-本年死亡人数}{年平均人数}\times 1000‰$$

$$人口自然增长率=人口出生率-人口死亡率$$

从业人员 指从事一定社会劳动并取得劳动报酬或经营收入的人员。包括：

(1)全部职工

(2)再就业的离退休人员

(3)私营业主

(4)个体户主

(5)私营和个体从业人员

(6)乡镇企业从业人员

(7)农村从业人员

(8)其他从业人员（包括民办教师、宗教职业者、现役军人等）

这一指标反映了一定时期内全部劳动力资源的实际利用情况，是研究我国基本国情国力的重要指标。

各单位的从业人员是指在各级国家机关、政党机关、社会团体及企业、事业单位中工作，并取得劳动报酬的全部人员。包括在岗职工、再就业的离退休人员、民办教师以及在各单位中工作的外方人员和港、澳、台方人员。

各单位的从业人员反映了各单位实际参加生产或工作的全部劳动力。因此,从 1998 年开始,各单位的从业人员不包括离开本单位仍保留劳动关系的职工。

经济活动人口 指在 16 岁以上，有劳动能力，参加或要求参加社会经济活动的人口。包括：从业人员和失业人员。

城镇私营和个体从业人员 城镇私营从业人员指在工商管理部门注册登记，其经营地址设在县城关镇（含城关镇）以上的私营企业从业人员。包括：私营企业投资者和雇工。城镇个体从业人员指在工商管理部门注册登记，并持有城镇户口或在城镇长期居住，经批准从事个体工商经营的从业人员。包括：个体经营者和在个体工商户劳动的家庭帮工和雇工。

城镇登记失业人员及失业率 指有非农业户口，在一定的劳动年龄内，有劳动能力，无业而要求就业，并在当地就业服务机构进行求职登记的人员。城镇登记失业率，指城镇登记失业人数同城镇从业人数与城镇登记失业人数之和的比。计算公式为：

$$城镇登记失业率=\frac{城镇登记失业人数}{城镇从业人数+城镇登记失业人数}\times 100\%$$

在岗职工 指调查时期（点）在国有经济、城镇集体经济、联营经济、股份制经济、外商和港、澳、台投资经济、其他经济单位及其附属机构工作并领取工资的职工。

在岗职工工资总额 指各单位在一定时期内直接支付给本单位全部在岗职工的劳动报酬总额。

在岗职工工资总额的计算原则应以直接支付给在岗职工的全部劳动报酬为根据。各单位支付给在岗职工的劳动报酬以及其他根据有关规定支付的工资，不论是计入成本的还是不计入成本的，不论是按国家规定列入计征奖金税项目的，还是未列入计征奖金税项目的，不论是以货币形式支付的还是以实物形式支付的，均包括在工资总额内。

在岗职工平均工资 指企业、事业、机关单位的在岗职工在一定时期内平均每人所得的货币工资额。它表明一定时期在岗职工工资收入的高低程度，是反映在岗职工工资水平的主要指标。计算公式为：

$$在岗职工平均工资=\frac{报告期实际支付的在岗职工工资总额}{报告期在岗职工平均人数}$$

在岗职工平均实际工资 指扣除物价变动因素后的在岗职工平均工资。计算公式为：

$$在岗职工平均实际工资=\frac{报告期在岗职工平均工资}{报告期城镇居民消费价格指数}$$

三　固定资产投资、建筑业

简 要 说 明

主要内容

固定资产投资包括:全社会范围内的固定资产投资总额、发展速度及构成;基本建设、更新改造投资额及构成情况、资金状况;房地产开发投资情况等。

建筑业包括:全市建筑施工企业生产情况、财务状况及其他主要指标。

资料来源

固定资产投资和建筑业资料来源于成都市统计局。

其他需要说明的问题

建筑业统计范围:1995 年以前为城镇集体及国有建筑企业;1996 年起为具有建筑业资质等级四级及四级以上的各种经济类型的建筑企业。

建筑业统计原则:凡公司所在地在成都的建筑企业(含本公司在外地的生产活动)均纳入统计范围。

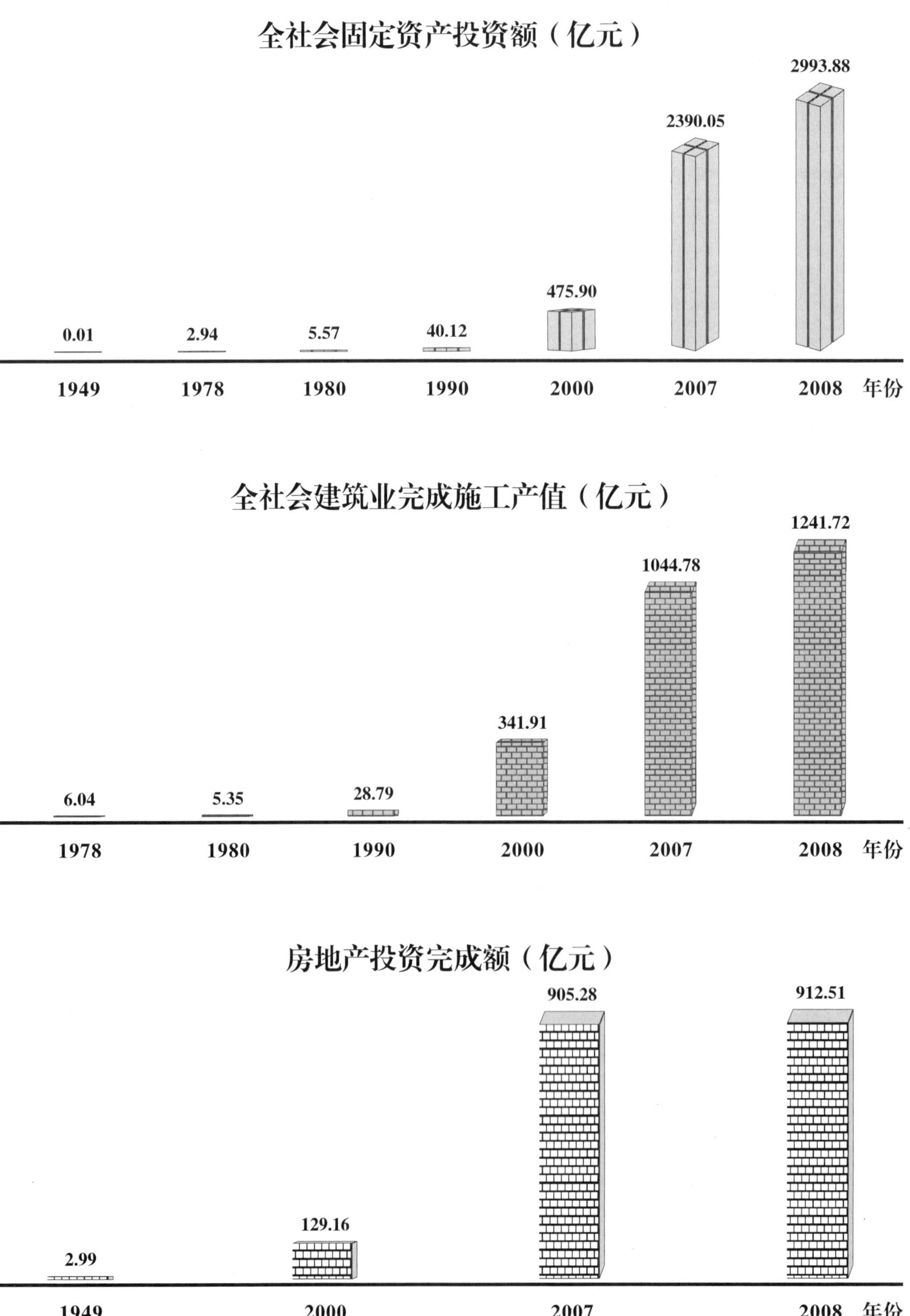
全社会固定资产投资额（亿元）
0.01
2.94
5.57
40.12
475.90
2390.05
2993.88
1949
1978
1980
1990
2000
2007
2008
年份
全社会建筑业完成施工产值（亿元）
6.04
5.35
28.79
341.91
1044.78
1241.72
1978
1980
1990
2000
2007
2008
年份
房地产投资完成额（亿元）
2.99
129.16
905.28
912.51
1949
2000
2007
2008
年份

3-1 历年全社会固定资产投资(按经济类型分)

Total Investment in Fixed Assets by Ownership

单位：万元

年　份	总　计	# 国有经济	# 集体经济	# 私营及 个体经济	在总计中: 住　宅
1950	58	58			5
1951	440	440			57
1952	1303	1303			157
1953	3913	3913			512
1954	4395	4395			691
1955	4308	4308			903
1956	11275	11275			2724
1957	16124	16124			2180
1958	22197	22197			1003
1959	47190	47190			2207
1960	62127	62127			2124
1961	18784	18784			1050
1962	10653	10653			604
1963	13547	13547			1276
1964	20305	20305			2161
1965	32112	32112			1731
1966	31220	31220			1036
1967	14482	14482			794
1968	11917	11917			479
1969	14293	14293			827
1970	18540	18540			970
1971	19306	19306			1158
1972	23895	23895			1620
1973	20349	20349			1741
1974	13692	13692			1433
1975	17301	17196	105		1474
1976	16504	16403	101		1180
1977	19668	19468	200		2938

注：根据 2004 年国家投资口径变动和房地产普查结果，调整了 2004 年投资总量。

3-1 续表

单位：万元

年　份	总　计	# 国有经济	# 集体经济	# 私营及个体经济	在总计中：住　宅
1978	29391	28334	1057		4738
1979	50706	48851	1855		13022
1980	55744	52022	3722		18516
1981	73229	61295	6800	5134	27456
1982	95271	81874	7100	6297	32273
1983	107318	89160	7723	10435	38566
1984	146399	103594	16667	26138	40609
1985	241874	173565	44316	23993	62835
1986	248741	185426	29631	33684	60259
1987	286695	199733	38558	48404	80648
1988	364892	241474	46717	76701	103857
1989	356684	243455	44230	68999	105130
1990	401156	282024	45853	73279	120688
1991	485147	349698	56475	78794	131234
1992	788038	523473	150423	114142	225462
1993	1413826	757296	340030	126496	380789
1994	1797908	910033	406660	188132	511760
1995	2156272	1081961	550455	217100	672640
1996	2588457	1192478	568105	308000	832200
1997	3100791	1480027	627493	332443	821886
1998	3718700	2101225	526100	364500	951400
1999	4190983	2339883	453457	365256	1064080
2000	4759020	2278569	372682	422201	1386892
2001	5822157	2869402	420045	661221	1810758
2002	7021455	3322330	479117	812526	2074475
2003	8629700	4014537	404889	1054117	2487521
2004	10574474	4417333	500981	1398723	2849689
2005	14586741	5773710	106657	1791346	3989685
2006	18979098	6829070	123274	2174166	5994888
2007	23900461	7378639	76198	3310197	7442067
2008	29938844	10184473	142602	2956647	7796308

3-2 历年全社会固定资产投资构成(按经济类型分)

Composition of Total Investment in Fixed Assets by Ownership

单位：%

年　份	总　计	# 国有经济	# 集体经济	# 私营及个体经济	在总计中：住　宅
1978	100	96.4	3.6		16.1
1979	100	96.3	3.7		25.7
1980	100	93.3	6.7		33.2
1981	100	83.7	9.3	7.0	37.5
1982	100	85.9	7.5	6.6	33.9
1983	100	83.1	7.2	9.7	35.9
1984	100	70.8	11.4	17.8	27.7
1985	100	71.8	18.3	9.9	26.0
1986	100	74.5	11.9	13.6	24.2
1987	100	69.7	13.4	16.9	28.1
1988	100	66.2	12.8	21.0	28.5
1989	100	68.3	12.4	19.3	29.5
1990	100	70.3	11.4	18.3	30.1
1991	100	72.1	11.6	16.3	27.1
1992	100	66.4	19.1	14.5	28.6
1993	100	53.6	24.0	8.9	27.0
1994	100	50.6	22.6	10.5	28.5
1995	100	50.2	25.5	10.1	31.2
1996	100	46.1	21.9	11.9	32.2
1997	100	47.7	20.2	10.7	26.5
1998	100	56.5	14.1	9.8	25.6
1999	100	55.8	10.8	8.7	25.3
2000	100	47.9	7.8	8.9	29.1
2001	100	49.3	7.2	11.4	31.1
2002	100	47.3	6.8	11.6	29.5
2003	100	46.5	4.7	12.2	28.8
2004	100	41.8	4.7	13.2	26.9
2005	100	39.6	0.7	12.3	27.4
2006	100	36.0	0.6	11.5	31.6
2007	100	30.9	0.3	13.8	31.1
2008	100	34.0	0.5	9.9	26.0

3-3 历年全社会固定资产投资发展速度(按经济类型分)

Development Rates of Total Investment in Fixed Assets by Ownership

单位：%

年　　份	总　　计	# 国有经济	# 集体经济	# 私营及个体经济	在总计中：住　　宅
1978	149.4	145.5	528.5		161.3
1979	172.5	172.4	175.5		274.8
1980	109.9	106.5	200.0		142.2
1981	131.4	117.8	182.7		148.3
1982	130.1	133.6	104.4	122.7	117.5
1983	112.6	108.9	108.8	165.7	119.5
1984	136.4	116.2	215.8	250.5	105.3
1985	165.2	167.5	265.9	91.8	154.7
1986	102.8	106.8	66.9	140.4	95.9
1987	115.3	107.7	130.1	143.7	133.8
1988	127.3	120.9	121.2	158.5	128.8
1989	97.8	100.8	94.7	110.0	101.2
1990	112.5	115.8	103.7	106.2	114.8
1991	120.9	124.0	123.2	107.5	108.7
1992	162.4	149.7	266.3	144.9	171.8
1993	179.4	144.7	226.0	110.8	168.9
1994	127.2	120.2	119.6	148.7	134.4
1995	119.9	118.9	135.4	115.4	131.4
1996	120.0	110.2	103.2	141.9	123.7
1997	119.8	124.1	110.5	107.9	101.2
1998	119.9	142.0	83.8	109.6	115.8
1999	112.7	111.4	86.2	100.2	111.8
2000	113.6	97.4	82.2	115.6	130.3
2001	122.3	125.9	112.7	156.6	130.6
2002	120.6	115.8	114.1	122.9	114.6
2003	122.9	120.8	84.5	129.7	119.9
2004	122.5	110.0	123.7	132.7	114.6
2005	137.9	130.7	122.3	128.1	140.0
2006	130.1	118.3	115.6	121.4	150.3
2007	125.9	108.0	61.8	152.3	124.1
2008	125.3	138.0	187.1	89.3	104.8
平均发展速度					
1949-2008	126.0	123.6	125.3②	127.7③	128.4
1978-2008	126.7	122.5	118.4	127.7③	129.1

注：①发展速度以上年为基期；②为 1975–2008 年平均发展速度；③为 1981–2008 年平均发展速度。

3-4 历年全社会固定资产投资(按种类和构成分)

Total Investment in Fixed Assets by Channel of Management and Use of Funds

单位：万元

年　份	总　计	按管理渠道分			按构成分		
		#基建投资	#更改投资	#房地产投资	建筑安装工程	设备工器具购　置	其他费用
1978	29391	27461			16670	10602	2119
1979	50706	44684	4167		31002	15770	3934
1980	55744	46686	5336		39649	12617	3478
1981	73229	35295	26000		52427	15634	5168
1982	95271	51874	30000		63219	22659	9393
1983	107318	61509	27651		75420	21700	10198
1984	146399	63838	35723		96268	35330	14801
1985	241874	114097	56004		149299	67021	25554
1986	248741	113860	67889		149833	69875	29033
1987	286695	113392	85352		185231	72314	29150
1988	364892	128933	107003		225847	101739	37306
1989	356684	129297	109019		212140	102570	41974
1990	401156	129438	117733	29883	253113	109338	38705
1991	485147	210967	95843	31021	305714	126972	52461
1992	788038	269816	151885	94446	545039	182227	60772
1993	1413826	440521	202886	207310	939120	281104	193602
1994	1797908	614111	308087	337506	1184909	409941	203058
1995	2156272	754208	224222	545376	1482024	369660	304588
1996	2588457	908735	254270	684379	1950825	304328	333304
1997	3100791	1199554	347932	730147	2074831	635973	389987
1998	3718700	1693757	469391	799675	2194308	885732	638660
1999	4190983	2013052	450020	998565	2613297	923373	654313
2000	4759020	2283936	489530	1291611	3129144	803781	826095
2001	5822157	2815371	649091	1707554	3998475	868248	955434
2002	7021455	3356275	906388	2033104	4163072	1292108	1566275
2003	8629700	4014091	1306440	2453991	4779214	1351187	2499299
2004	10574474	5029585	1847735	3089697	6280177	1522686	2771611
2005	14586741	6448805	2957605	4518628	8189462	2045539	4351740
2006	18979098	9007689	3618208	6136351	10720823	2668806	5589469
2007	23900461	9617790	5065250	9052800	13107861	3381497	7411103
2008	29938844	13400284	6835674	9125057	17268656	4223919	8446269

3-5 历年全社会固定资产投资比重(按种类和构成分)

Proportion of Total Investment in Fixed Assets by Channel of Management and Use of Funds

单位：%

年　份	按管理渠道分			按构成分		
	#基建投资	#更改投资	#房地产投资	建筑安装工程	设备工器具购　置	其他费用
1978	93.4			56.7	36.1	7.2
1979	88.1	8.2		61.1	31.1	7.8
1980	83.8	9.6		71.1	22.6	6.3
1981	48.2	35.5		71.6	21.3	7.1
1982	54.4	31.5		66.4	23.8	9.8
1983	57.3	25.8		70.3	20.2	9.5
1984	43.6	24.4		65.8	24.1	10.1
1985	47.2	23.2		61.7	27.7	10.6
1986	45.8	27.3		60.2	28.1	11.7
1987	39.6	29.8		64.6	25.2	10.2
1988	35.3	29.3		61.9	27.9	10.2
1989	36.2	30.6		59.5	28.8	11.7
1990	32.3	29.3	7.4	63.1	27.3	9.6
1991	43.5	19.8	6.4	63.0	26.2	10.8
1992	34.2	19.3	12.0	69.2	23.1	7.7
1993	31.2	14.4	14.7	66.4	19.9	13.7
1994	34.2	17.1	18.8	65.9	22.8	11.3
1995	35.0	10.4	25.3	68.7	17.1	14.2
1996	35.1	9.8	26.4	75.4	11.8	12.8
1997	38.7	11.2	23.5	67.3	20.1	12.6
1998	45.5	12.6	21.5	59.0	23.8	17.2
1999	48.0	10.7	23.8	62.4	22.0	15.6
2000	48.0	10.3	27.1	65.8	16.9	17.3
2001	48.4	11.1	29.3	68.7	14.9	16.4
2002	47.8	12.9	29.0	59.3	18.4	22.3
2003	46.5	15.1	28.4	55.4	15.6	29.0
2004	47.6	17.5	29.2	59.4	14.4	26.2
2005	44.2	20.3	31.0	56.2	14.0	29.8
2006	47.5	19.1	32.3	56.5	14.1	29.4
2007	40.2	21.2	37.9	54.8	14.1	31.1
2008	44.8	22.8	30.5	57.7	14.1	28.2

3-6 历年全社会固定资产投资发展速度(按种类分)

Development Rates of Total Investment In Fixed Assets by Channel of Management

单位：%

年 份	总 计	# 基建投资	# 更改投资	# 房地产投资
1978	149.4	141.1		
1979	172.5	162.7		
1980	109.9	104.5	128.1	
1981	131.4	75.6	487.3	
1982	130.1	147.0	115.4	
1983	112.6	118.6	92.0	
1984	136.4	103.9	129.2	
1985	165.2	178.7	156.8	
1986	102.8	99.8	121.2	
1987	115.3	99.6	125.7	
1988	127.3	113.7	125.4	
1989	97.7	100.3	101.9	
1990	112.5	100.1	108.0	
1991	120.9	163.0	118.6	103.8
1992	162.4	127.9	158.5	304.5
1993	179.4	163.3	133.6	219.5
1994	127.2	139.4	151.8	162.8
1995	119.9	122.8	72.8	161.6
1996	120.0	120.5	113.4	125.5
1997	119.8	132.0	136.8	106.7
1998	119.9	141.2	134.9	109.5
1999	112.7	118.8	95.9	124.9
2000	113.6	113.5	108.8	129.3
2001	122.3	123.3	132.6	132.2
2002	120.6	119.2	139.6	119.1
2003	122.9	119.6	144.1	120.7
2004	122.5	125.3	141.4	110.9
2005	137.9	128.2	160.1	157.0
2006	130.1	139.7	122.3	135.8
2007	125.9	106.8	140.0	147.5
2008	125.3	139.3	135.0	100.8
平均发展速度 1978-2008	126.7	123.5	130.8②	137.0③

注：①发展速度以上年为基期；②为 1980–2008 年平均发展速度；③为 1991–2008 年平均发展速度。

3-7 历年全社会固定资产投资效果主要指标

Main Indicators of Total Investment Results in Fixed Assets by Year

年　份	施工项目（个）	全部建成投产项目（个）	建设项目投产率（%）	新增固定资　产（万元）	固定资产交付使用率（%）	房屋面积竣工率（%）	住宅面积竣工率（%）
1978	693	171	24.6	29345	99.8	52.6	56.9
1979	1067	323	30.3	38966	76.8	49.4	50.7
1980	1228	535	43.6	49430	88.7	53.9	53.0
1981	1289	548	42.5	64474	87.8	68.1	70.1
1982	1633	750	45.9	71030	74.6	66.4	69.3
1983	2427	1482	61.1	82754	77.1	76.2	83.5
1984	1708	863	50.5	116641	79.7	76.7	86.8
1985	2386	1290	54.1	170909	70.7	72.1	79.7
1986	1861	929	49.9	201450	80.9	74.2	82.9
1987	1940	788	40.6	217055	75.7	71.8	80.9
1988	1855	881	47.5	271395	74.4	74.7	85.6
1989	1328	640	48.2	268313	75.2	76.2	86.8
1990	1654	736	44.5	330572	82.4	73.8	78.3
1991	2476	1431	57.8	383200	78.9	73.9	79.3
1992	3822	2089	54.7	519400	65.9	58.8	66.7
1993	4493	2639	58.7	836800	59.2	57.5	63.8
1994	3516	2305	65.6	1230700	68.5	58.1	67.2
1995	3553	2438	68.6	1379900	63.9	52.8	63.5
1996	3161	2156	68.2	1768600	68.3	59.1	68.9
1997	2948	1937	65.7	2289851	73.8	60.9	72.2
1998	4106	2826	68.8	2572400	69.1	53.2	61.9
1999	3190	2068	64.8	3180245	75.8	57.8	61.2
2000	2992	1988	66.4	3237100	68.0	56.8	61.8
2001	2145	1266	59.0	4101094	70.4	53.6	59.9
2002	2137	1251	58.5	4542637	64.7	57.5	63.6
2003	1774	668	37.7	4498586	52.1	52.6	59.2
2004	2126	1132	53.2	5704363	52.6	47.3	48.2
2005	3697	1451	39.2	5254965	36.0	30.1	29.2
2006	3820	1984	51.9	8375907	44.1	30.2	26.6
2007	4952	2746	55.5	9527738	39.9	24.9	20.3
2008	4682	2007	42.9	9960505	33.3	17.0	15.0

3-8 历年国有经济单位固定资产投资

Total Investment in Fixed Assets of State–owned Units by Year

单位：万元

年　份	总　计	#基建投资	#更改投资	#房地产投资	在总计中：住　宅
1978	28334	27461			4706
1979	48851	44684	4167		12895
1980	52022	46686	5336		18198
1981	61295	35295	26000		21722
1982	81874	51874	30000		26020
1983	89160	61509	27651		28034
1984	103594	63838	35723		22963
1985	173565	114097	56004		38995
1986	185426	113860	67889		32100
1987	199733	113392	85352		36557
1988	241474	128933	107003		35276
1989	243455	129297	109019		42230
1990	282024	129438	117733	29883	52012
1991	349698	210967	95843	31021	60897
1992	523473	269816	151885	94446	128486
1993	757296	440521	202886	106647	195111
1994	910033	507497	270687	125555	209795
1995	1081961	673204	211501	191869	304617
1996	1192478	764703	189582	231519	324655
1997	1480027	1043977	273403	162647	253833
1998	2101225	1487162	379701	234362	356386
1999	2339883	1683602	319915	336366	447865
2000	2278569	1745390	192205	340974	441863
2001	2869402	2180143	242981	437594	577866
2002	3322330	2625351	265369	423496	566357
2003	4014537	3217917	395262	380273	513320
2004	4417333	3900470	387299	126432	646390
2005	5773710	4560259	563727	240896	772045
2006	6829070	5920456	623377	273939	1316574
2007	7378639	6021462	922934	375647	1291316
2008	10184473	8449141	1000913	410405	1699619

3-9 历年国有经济单位固定资产投资效果主要指标

Main Indicators of Total Investment Results in Fixed Assets of State–owned Units by Year

年 份	施工项目（个）	全部建成投产项目（个）	建设项目投产率（%）	新 增 固定资产（万元）	固定资产交付使用率（%）	房屋面积竣工率（%）	住宅面积竣工率（%）
1978	667	158	23.7	28365	100.1	49.0	53.2
1979	1026	314	30.6	37637	77.0	48.9	50.6
1980	1135	484	42.6	45634	87.7	50.2	52.2
1981	1202	513	42.7	51242	83.6	53.6	50.8
1982	1541	710	46.1	57503	70.2	49.0	49.7
1983	2234	1356	60.7	65508	73.5	57.1	66.5
1984	1405	671	47.8	78120	75.4	49.2	60.7
1985	1969	1009	51.2	108007	62.2	46.9	52.8
1986	1532	792	51.7	141620	76.4	48.1	56.5
1987	1647	742	45.1	137999	69.1	43.1	44.4
1988	1855	881	47.5	157657	65.3	41.6	69.4
1989	1328	640	48.2	173883	71.4	46.2	54.2
1990	1488	685	46.0	202219	80.2	43.5	46.6
1991	1553	723	46.6	226324	71.0	44.8	47.1
1992	1397	542	38.8	331491	63.3	31.0	30.2
1993	1672	477	28.5	416878	55.0	39.1	40.7
1994	1070	424	39.6	656545	72.1	40.1	43.2
1995	990	437	49.1	714788	66.1	41.0	45.8
1996	1057	533	50.4	894062	75.0	44.4	54.8
1997	940	393	41.8	1147845	77.6	45.5	54.3
1998	1258	595	47.3	1307070	62.2	36.3	33.3
1999	1009	531	52.6	1752261	74.8	43.4	46.3
2000	962	470	48.9	1450128	63.6	49.9	54.5
2001	830	322	38.8	2126044	74.1	45.6	53.2
2002	794	301	37.9	1884759	56.7	41.1	47.1
2003	734	251	34.2	1766630	44.0	31.5	39.9
2004	662	282	42.6	2044878	46.3	30.6	26.1
2005	1081	294	27.2	1854286	32.1	18.8	9.9
2006	1296	625	48.2	2711640	39.7	25.1	21.3
2007	1437	798	55.5	3053096	41.4	25.1	25.5
2008	1451	541	37.3	2642377	25.9	52.7	35.9

3-10　历年基本建设投资效果主要指标

Main Indicators of Investment Results in Capital Construction by Year

年　份	项　目 竣工率 (%)	施　工 项　目 (个)	固定资产 交付使用率 (%)	新　增 固定资产 (万元)	房　屋 竣工率 (%)	竣工房屋 面　积 (万平方米)	住　宅 竣工率 (%)	住宅竣工 房屋面积 (万平方米)
1978	23.7	667	120.0	28011	48.5	89.21	52.5	43.03
1979	26.2	736	79.7	35616	49.4	167.41	50.6	103.76
1980	33.1	845	90.7	42357	49.9	211.69	51.8	136.38
1981	38.0	923	88.5	31242	54.1	191.81	51.9	132.61
1982	42.3	1025	72.3	37503	47.4	212.00	48.1	156.72
1983	66.4	1033	74.9	46080	58.9	250.47	67.4	184.28
1984	44.3	774	69.5	44383	49.5	196.00	59.1	127.00
1985	48.5	968	58.8	67123	42.1	242.00	49.9	160.31
1986	57.8	809	74.2	84432	47.4	244.81	57.2	148.07
1987	46.2	741	68.2	77360	41.8	226.24	43.6	102.07
1988	44.1	743	65.3	84223	39.5	197.10	49.8	99.28
1989	50.7	745	81.9	105947	44.0	182.50	55.1	97.30
1990	42.5	857	78.6	101676	41.0	184.32	44.7	86.69
1991	47.7	938	69.4	146446	42.8	184.72	46.8	90.58
1992	36.5	792	78.9	212823	32.7	198.65	34.4	93.22
1993	40.6	793	53.1	233711	38.5	263.61	43.1	143.32
1994	39.3	781	68.6	421005	38.5	314.20	44.6	164.64
1995	39.8	788	61.9	466833	39.1	339.37	48.0	196.21
1996	44.1	833	68.3	620177	41.1	362.72	55.8	206.82
1997	36.6	747	75.4	904700	39.0	315.04	52.5	174.36
1998	36.6	993	64.2	1086984	37.2	352.16	41.0	187.89
1999	46.6	935	72.6	1460846	43.2	402.09	52.1	234.98
2000	48.1	1042	71.5	1632976	50.8	490.55	62.6	273.51
2001	43.4	1005	79.0	2225093	36.9	371.37	42.7	179.68
2002	39.6	970	55.6	1865408	33.6	355.17	33.4	113.14
2003	34.2	1014	40.8	1632512	25.8	309.83	27.0	93.00
2004	50.0	1108	50.0	2516435	30.1	524.89	22.0	158.77
2005	34.1	1795	31.1	1968084	19.0	420.81	9.1	80.58
2006	50.7	2258	43.2	3890792	27.3	1137.44	20.8	413.08
2007	56.8	2415	42.8	4121107	29.9	1363.26	26.5	562.20
2008	37.7	2247	28.6	3833988	16.0	882.64	11.2	262.14

3-11 历年基本

Investment in Capital

年　份	总　计	按隶属关系分		按建设性质分	
		中央、省	市及市以下	#新　建	#改扩建
1978	27461	19578	7883	4744	21546
1979	44684	28383	16301	12481	31208
1980	46686	30983	15703	11444	34763
1981	35295	23534	11761	4306	28059
1982	51874	31635	20239	6329	41229
1983	61509	42623	18886	8657	41697
1984	63838	47704	16134	15820	37500
1985	114097	82087	32010	35112	60392
1986	113860	79102	34758	45402	51887
1987	113392	81138	32254	37546	65670
1988	128933	84121	44812	45711	76120
1989	129297	85020	44277	33879	72925
1990	129438	76721	52717	38398	71553
1991	210967	130035	80932	60168	120590
1992	269816	127368	142448	58383	159132
1993	440521	184218	256303	112791	254247
1994	614111	290406	323705	210700	288804
1995	754208	337648	416560	249075	372410
1996	908735	332456	576279	290734	509662
1997	1199554	517783	681771	309353	723236
1998	1693757	631755	1062002	462547	1023206
1999	2013052	738199	1274853	599024	1016971
2000	2283936	816508	1467428	899973	947529
2001	2815371	873320	1942051	1014528	1481105
2002	3356275	854092	2502183	1171334	1577386
2003	4014091	883774	3130317	1894660	1676503
2004	5029585	1171567	3858018	2717527	1889046
2005	6448805	1209322	5239483	4108461	1744590
2006	9007689	1422219	7585470	6144410	2169880
2007	9617790	929675	8688115	7759586	1470664
2008	13400284	1395838	12004446	11151893	1866378

建设投资情况

Construction by Year

单位：万元

	按构成分			在总计中:
#单纯购置	建筑安装工程	设备工器具购置	其他费用	住　　宅
1171	15089	10326	2046	4351
995	29169	12064	3451	12660
479	35929	7897	2860	17939
2930	30432	2544	2319	17722
4316	37923	7841	6110	22020
2182	46179	8333	6997	24348
2147	42251	10889	10698	18773
2562	75473	21366	17258	34064
2780	72608	19429	21823	26042
164	82642	14692	16058	27668
1199	83886	26583	18464	25357
14785	77562	22858	28877	35172
455	90306	21836	17296	22748
132	127167	58328	25472	28875
351	177072	45527	47217	46936
256	339660	48538	52323	89869
180	454877	97128	62106	102803
409	568007	77349	108852	172543
2360	649348	113503	145884	148599
80149	843668	205701	150185	143795
97263	1036438	348353	308966	186683
278778	1272504	441684	298864	223373
277202	1611785	420404	251747	260052
176349	1933642	487865	393864	231518
349010	1934605	707003	714667	205211
428531	1865843	668665	1479583	166881
277208	2809872	661696	1558017	599796
465754	3698489	664264	2086052	586463
402311	5477081	939080	2591528	1411659
156041	6081569	900487	2635734	1390032
185397	8073394	1201479	4125411	1593992

3-12 历年基本建

Composition of Capital

年份	总计	按隶属关系分		按建设性质分	
		中央、省	市及市以下	#新建	#改扩建
1978	100	71.3	28.7	17.3	78.5
1979	100	63.5	36.5	27.9	69.8
1980	100	66.4	33.6	24.5	74.5
1981	100	66.7	33.3	12.2	79.5
1982	100	61.0	39.0	12.2	79.5
1983	100	69.3	30.7	14.1	67.8
1984	100	74.7	25.3	24.8	58.7
1985	100	71.9	28.1	30.8	52.9
1986	100	69.5	30.5	39.9	45.6
1987	100	71.6	28.4	33.1	57.9
1988	100	65.2	34.8	35.5	59.0
1989	100	65.8	34.2	26.2	56.4
1990	100	59.3	40.7	29.7	54.8
1991	100	61.6	38.4	28.5	57.2
1992	100	47.2	52.8	21.6	59.0
1993	100	41.8	58.2	25.6	57.7
1994	100	47.3	52.7	34.3	47.0
1995	100	44.8	55.2	33.0	49.4
1996	100	36.6	63.4	32.0	56.1
1997	100	43.2	56.8	25.8	60.3
1998	100	37.3	62.7	27.3	60.4
1999	100	36.7	63.3	29.7	50.5
2000	100	35.8	64.2	39.4	41.5
2001	100	31.0	69.0	36.0	52.6
2002	100	25.4	74.6	34.9	47.0
2003	100	22.0	78.0	47.2	41.8
2004	100	23.3	76.7	54.0	37.6
2005	100	18.8	81.2	63.7	27.1
2006	100	15.8	84.2	68.2	24.1
2007	100	9.7	90.3	80.7	15.3
2008	100	10.4	89.6	83.2	13.9

设投资构成

Construction by Year

单位：%

	按构成分			在总计中:
#单纯购置	建筑安装工程	设备工器具购置	其他费用	住　宅
4.2	54.9	37.6	7.5	15.8
2.3	65.3	27.0	7.7	28.3
1.0	77.0	16.9	6.1	38.4
8.3	86.2	7.2	6.6	50.2
8.3	73.1	15.1	11.8	42.4
3.5	75.1	13.5	11.4	39.6
3.4	66.2	17.0	16.8	29.4
2.2	66.1	18.7	15.2	29.9
2.4	63.8	17.0	19.2	22.9
0.1	72.9	13.0	14.1	24.4
0.9	65.1	20.6	14.3	19.7
11.4	60.0	17.7	22.3	27.2
0.3	69.8	16.9	13.3	17.6
0.1	60.3	27.6	12.1	13.7
0.1	65.6	16.9	17.5	17.4
0.1	77.1	11.0	11.9	20.4
	74.1	15.8	10.1	16.7
0.5	75.3	10.3	14.4	22.9
0.3	71.5	12.5	16.0	16.4
6.7	70.3	17.2	12.5	12.0
5.7	61.2	20.6	18.2	11.0
13.8	63.2	21.9	14.9	11.1
12.1	70.6	18.4	11.0	11.4
6.3	68.7	17.3	14.0	8.2
10.4	57.6	21.1	21.3	6.1
10.7	46.5	16.7	36.8	4.2
5.5	55.9	13.1	31.0	11.9
7.2	57.3	10.3	32.4	9.1
4.5	60.8	10.4	28.8	15.7
1.6	63.2	9.4	27.4	14.5
1.4	60.2	9.0	30.8	11.9

3-13 历年基本建设投资资金来源

Capital Construction by Source of Funds by Year

单位：万元

年份	总计	#国家预算内资金	#国内贷款	#利用外资	#自筹资金	#其他资金
1978	27461	20572			6889	
1979	44684	29140	46		15498	
1980	46686	22743	1464	32	22447	
1981	35295	14847	2116	28	18304	
1982	51874	16927	1741	4801	25729	2676
1983	61509	24587	2365	4036	29509	1012
1984	63838	29975	4678	283	25146	3736
1985	114097	49848	13065		44623	6561
1986	113860	42582	17577		42039	11497
1987	114213	45279	13916		47469	7549
1988	131160	35119	25348	177	56852	6264
1989	141196	29352	23931	11743	60482	12163
1990	153562	28054	25080	30233	60674	4519
1991	284734	42430	48183	26860	95996	5710
1992	274872	48738	86710	1993	128219	9212
1993	443309	54743	112848	2190	227407	31194
1994	572310	55648	132642	24528	298296	52548
1995	749469	52162	164330	52768	370592	100367
1996	904586	47601	113683	45759	582707	102652
1997	1027699	50663	141203	34899	676260	119272
1998	1727367	130821	332852	134347	904951	138107
1999	2153283	133684	391282	134786	1187582	130037
2000	2430402	112098	528789	291572	1139342	201677
2001	2975173	152543	551451	242192	1588114	287703
2002	3467694	172506	765695	202394	1973426	172902
2003	4227149	122237	1416414	174279	2046469	319621
2004	5302645	201418	1409990	224757	2918829	196397
2005	6703345	133313	1501204	161095	4270249	336800
2006	9485780	216955	1702965	145607	6622692	550755
2007	9909745	313942	1848274	127731	6394114	1038636
2008	14034896	462045	2394097	87542	9105662	1455042

3-14 历年基本建设投资资金来源构成

Composition for Capital Construction by Source of Funds by Year

单位：%

年 份	总 计	#国 家 预算内资金	# 国内贷款	# 利用外资	# 自筹资金	# 其他资金
1978	100	74.9			25.1	
1979	100	65.2			34.7	
1980	100	48.7	3.1		48.1	
1981	100	42.1	6.0		51.9	
1982	100	32.6	3.4	9.3	49.6	5.1
1983	100	40.0	3.8	6.5	48.0	1.6
1984	100	47.0	7.3	0.4	39.4	5.9
1985	100	43.7	11.5		39.0	5.8
1986	100	37.4	15.4		36.9	10.1
1987	100	39.6	12.2		41.6	6.6
1988	100	26.8	19.3	0.1	43.3	4.8
1989	100	20.8	16.9	8.3	42.8	8.6
1990	100	18.3	16.3	19.7	39.5	2.9
1991	100	14.9	16.9	9.4	33.7	2.0
1992	100	17.7	31.5	0.7	46.6	3.4
1993	100	12.3	25.5	0.5	51.3	7.0
1994	100	9.7	23.3	4.3	52.1	9.2
1995	100	7.0	21.9	7.0	49.4	13.4
1996	100	5.3	12.6	5.1	64.4	11.3
1997	100	4.9	13.7	3.4	65.8	11.6
1998	100	7.6	19.3	7.8	52.4	8.0
1999	100	6.2	18.2	6.3	55.2	6.0
2000	100	4.6	21.8	12.0	46.9	8.3
2001	100	5.1	18.5	8.1	53.4	9.7
2002	100	5.0	22.1	5.8	56.9	5.0
2003	100	2.9	33.5	4.1	48.4	7.6
2004	100	3.8	26.6	4.2	55.0	3.7
2005	100	2.0	22.4	2.4	63.7	5.0
2006	100	2.3	18.0	1.5	69.8	5.8
2007	100	3.2	18.7	1.3	64.5	10.5
2008	100	3.3	17.1	0.6	64.9	10.4

3-15 历年更新改造投资资金来源情况

Investment in Innovation by Source of Funds

单位：万元

年份	总计	#国家预算内资金	#国内贷款	#利用外资	#自筹资金	#其他资金
1979	4167	612	624		2733	198
1980	5336	500	2000		2836	
1981	26000	2000	5000		17480	1520
1982	30000	2000	7000	300	18837	1863
1983	27651	1890	6495		18946	320
1984	35723	3016	10076	410	20833	1388
1985	56004	4003	15939	177	32655	3230
1986	67889	4073	24448	234	35282	3852
1987	87950	5271	29923	1601	44498	5228
1988	109334	3812	32137	3236	58954	11195
1989	98853	1085	30569	12716	50475	4008
1990	132356	841	54677	12023	61650	3165
1991	130875	678	59296	9620	57847	3434
1992	159697	2769	76969	3571	72176	4212
1993	206824	663	75125	589	112834	16129
1994	295427	2943	93976	25927	153916	18315
1995	224227	980	57365	18437	127089	20356
1996	282475	408	71125	19158	175668	16116
1997	363442	290	80797	26166	236442	17191
1998	455994		34298	9513	408991	3192
1999	479459	3979	118405	38740	278121	40214
2000	521816	12001	118679	13857	302408	30041
2001	659214	38523	106580	20562	421719	71830
2002	1008256	22133	179011	34290	650067	43426
2003	1410116	32175	276903	20533	979744	32839
2004	1961679	3438	388709	87319	1368631	31035
2005	2938958	14487	426747	150695	2160724	106094
2006	3961313	70390	455457	300963	2899398	116881
2007	5270855	32189	822019	283921	3721032	212644
2008	6981849	53456	727513	56998	5703363	219153

3-16 历年更新改造投资资金来源构成

Composition of Investment in Innovation by Source of Funds

单位：%

年　份	总　计	#国家预算内资金	#国内贷款	#利用外资	#自筹资金	#其他资金
1979	100	14.7	14.9		65.6	4.8
1980	100	9.4	37.5		53.1	
1981	100	7.7	19.2		67.3	5.8
1982	100	6.7	23.3	1.0	62.8	6.2
1983	100	6.8	23.5		68.5	1.2
1984	100	8.4	28.2	1.1	58.4	3.9
1985	100	7.1	28.5	0.3	58.3	5.8
1986	100	6.0	36.0	0.3	51.9	5.7
1987	100	6.0	34.0	1.8	50.6	6.0
1988	100	3.5	29.4	3.0	53.9	10.2
1989	100	1.1	30.9	12.8	51.1	4.1
1990	100	0.6	41.3	9.1	46.6	2.4
1991	100	0.5	45.3	7.4	44.2	2.6
1992	100	1.7	48.2	2.2	45.3	2.6
1993	100	0.3	36.3	0.3	54.6	7.8
1994	100	1.0	31.8	8.8	52.1	6.3
1995	100	0.4	25.6	8.2	56.7	9.1
1996	100	0.1	25.2	6.8	62.2	5.7
1997	100	0.1	22.2	7.2	65.1	4.7
1998	100		7.5	2.1	89.7	0.7
1999	100	0.8	24.7	7.0	58.0	8.5
2000	100	2.3	22.7	2.7	58.0	5.8
2001	100	5.8	16.2	3.1	64.0	10.9
2002	100	2.2	17.8	3.4	64.5	4.3
2003	100	2.3	19.6	1.5	69.5	2.3
2004	100	0.2	19.8	4.5	69.8	1.6
2005	100	0.5	14.5	5.1	73.5	3.6
2006	100	1.8	11.5	7.6	73.2	3.0
2007	100	0.6	15.6	5.4	70.6	4.0
2008	100	0.8	10.4	0.8	81.7	3.1

3-17 分行业固定资产投资完成情况

Total Investment in Fixed Assets by Sector

单位：万元

	2007年			2008年		
	固定资产投资	#基本建设	#更新改造	固定资产投资	#基本建设	#更新改造
总计	**14788993**	**9617790**	**5065250**	**20640325**	**13400284**	**6835674**
农、林、牧、渔业	303654	289312		333558	286501	14010
采掘业	15245	5804	9441	17137	5231	11906
制造业	6799435	2138780	4646854	9187188	3143632	6022495
电力、煤气及自来水生产和供应业	461433	207451	252689	232573	118392	114181
#电　力	315093	100722	214371	119363	37042	82321
#燃气生产和供应	26157	8807	17350	35616	19538	16078
#水的生产和供应	120183	97922	20968	77594	61812	15782
建筑业	154186	29319	123944	198318	73002	125316
交通运输、仓储及邮政业	661337	630573	23807	1388492	1144295	240618
#交通运输业	552515	530697	20861	1228481	991431	234081
#仓储业	99799	91821	1978	159404	152864	5930
#邮政业				607		607
信息传输、计算机服务软件业	74331	70165	2890	312960	229921	83039
#电信和其他信息传输服务业	74120	70165	2890	301433	229921	71512
批发和零售贸易业	173196	163012	5625	320239	268065	50574
住宿和餐饮业	152800	150774		202713	183220	14393
金融、保险业	14241	13745		27150		17080
房地产业	133264	133264		546819	530828	6524
租赁和商务服务业	105564	105564		203099	168623	26646
科学研究、技术服务、地质查业	72720	64315		83595	70223	13372
水利、环境公共设施管理业	4492525	4454617		6348426	6030126	35226
#水利管理业	103269	103269		65900	62681	3219
#环境管理业	13812	13812		34768	34768	
#公共设施管理业	4375444	4337536		6247758	5932677	32007
居民服务和其他服务业	21592	20292		13680	9980	3700
教育	608079	607504		678552	664733	10897
卫生、社会保障和其他服务业	164552	158241		173078	152203	17574
文化、体育和娱乐业	180766	176566		200957	193741	4193
公共管理和社会组织	200073	198492		171791	127568	23930

注：固定资产投资不含房地产开发投资和农户投资。

3-18 历年市及市以下固定资产投资情况

Investment in Fixed Assets belong to Municipal & Below by Year

单位：万元

年　份	总　计	在总计中:			在总计中:			在总计中:
		#国有经济	#集体经济	#私营及个体经济	#基建投资	#更改投资	#房地产投资	住　宅
1978	9813	8756	1057		7883			1600
1979	22323	20468	1855		16301	4167		6455
1980	24761	21039	3722		15703	5336		6895
1981	38746	24761	6800	5134	11761	13000		8179
1982	50100	35539	7100	6297	20239	15300		12635
1983	51823	32414	7723	10435	18886	13528		10933
1984	82830	40025	16667	26138	16134	19858		10124
1985	142377	70672	44316	23993	32010	35218		19843
1986	154182	82849	29631	33684	34758	44414		16141
1987	181954	84177	38558	48404	32254	50934		16504
1988	263637	131235	46286	76701	44812	82042		18059
1989	247025	120828	44230	68999	44277	74868		22365
1990	289200	170113	45767	73279	52717	92138	24403	37041
1991	320729	185609	56326	78794	80932	68595	25272	42781
1992	637847	340589	150223	114142	142448	108665	84830	194332
1993	1017088	542521	325551	126496	284568	160845	107523	260734
1994	1240816	507611	399651	188132	305543	136031	268622	408201
1995	1680532	643704	542426	217100	416560	122801	509766	584518
1996	1943400	747600	545813	308000	576300	183200	649700	765500
1997	2424949	852287	592978	324055	681771	252409	683755	712747
1998	2897000	1451349	514500	358869	1062002	365366	720000	812675
1999	3212600	1458975	450457	365256	1274800	351443	861888	854463
2000	3707885	1443782	365419	369997	1467428	414750	1134904	942477
2001	4598998	3076144	409415	618949	1942051	478493	1533082	1616888
2002	5091006	2450773	476841	812526	2502183	721808	1842127	1915622
2003	7241321	3025894	394281	1054117	3130317	1014286	2255542	2256700
2004	9151191	3099998	500981	1346427	3858018	1560198	2672341	2625044
2005	12689408	4125996	105657	1777804	5239483	2476698	4346824	3857221
2006	16771098	5287883	114598	2287029	7585470	3125596	5843999	5683626
2007	21857418	5876360	71499	3136082	8688115	4434612	8584797	5633792
2008	27168971	8464394	142602	2863249	12004446	5999274	8610311	7358756

3-19 历年全社会房屋建筑情况

Total Construction of Buildings by Year

单位：万平方米

年　份	施工面积	#住　宅	竣工面积	#住　宅
1978	192.6		101.35	47.54
1979	86.61		179.27	107.54
1980	448.85	275.03	242.15	145.77
1981	647.35	498.82	440.98	349.49
1982	827.20	607.12	548.85	421.02
1983	982.43	649.33	748.67	542.22
1984	1143.56	730.29	877.53	634.37
1985	1375.25	860.68	990.97	686.02
1986	1331.19	800.09	988.15	663.62
1987	1490.86	911.27	1070.43	737.40
1988	1503.38	998.10	1123.70	846.20
1989	1305.19	870.37	994.42	755.68
1990	1430.50	1031.50	1056.22	807.44
1991	1436.46	993.20	1061.68	788.02
1992	1717.90	1180.60	1010.14	787.97
1993	2348.62	1262.79	1350.48	806.04
1994	2936.40	1572.49	1706.14	1056.89
1995	3177.41	1682.58	1677.18	1068.87
1996	3274.28	1916.11	1936.29	1320.17
1997	3177.66	1950.47	1937.89	1408.19
1998	3180.07	1991.26	1690.54	1232.48
1999	3462.30	2203.34	2000.57	1348.21
2000	3627.93	2502.18	2062.11	1545.80
2001	4147.85	2833.15	2223.60	1696.85
2002	5011.98	3425.59	2881.39	2176.93
2003	5808.96	3960.84	3052.94	2344.61
2004	6624.12	4096.87	3133.47	1975.64
2005	7271.86	4306.92	2188.60	1257.50
2006	10491.10	6238.64	3172.77	1659.36
2007	12629.09	7565.93	3148.19	1534.11
2008	15417.99	8642.48	2616.89	1294.56

3-20 全社会固定资产投资主要指标(2008 年)

Main Indicators of Total Investment in Fixed Assets (2008)

	单 位	合 计	# 基本建设	# 更新改造	# 房地产开发
建设项目个数					
施工项目	个	4682	2247	1505	869
全部建成投产项目	个	2007	847	932	177
建成项目投产率	%	42.9	37.7	61.9	20.4
投资完成额	**万元**	**29938844**	**13400284**	**6835674**	**9125057**
按构成分					
建筑工程	万元	16541696	7833901	2933919	5335111
安装工程	万元	726960	239493	272382	213722
设备、工具、器具购置	万元	4223919	1201479	2810208	129783
其他费用	万元	8446269	4125411	819165	3446441
本年新增固定资产	**万元**	**9960505**	**3833988**	**3190628**	**2635238**
固定资产交付使用率	%	33.3	28.6	46.7	28.9
房屋建筑面积					
施工面积	万平方米	15417.99	5530.73	2235.87	7391.80
#住宅	万平方米	8642.48	2343.37	7.69	6064.84
竣工面积	万平方米	2616.89	882.64	543.35	964.75
#住宅	万平方米	1294.56	262.14	2.32	817.90
房屋竣工率	%	17.0	16.0	24.3	13.1
#住宅	%	15.0	11.2	30.2	13.5

3-21 房地产开发投资情况

Real Estate Development

单位：万元

年　　份	本年投资完成额	按构成分				＃住宅投资	本年新增固定资产
		建筑安装工程	设备工具器具购置	其他费用	土地购置费		
1990	29883	20726	18	9139		23374	16543
1991	31021	19406	302	11313		25863	26278
1992	94446	47386	80	46980		74207	29717
1993	207310	123726	63	83521	67759	172211	59411
1994	337506	227361	2250	107895	53932	226016	69206
1995	545376	375634	8660	161082	73045	319019	212255
1996	684379	497252	36277	150850	65116	372952	451813
1997	730147	511129	36188	182830	57437	349139	540428
1998	799675	525943	19554	254178	172775	455224	441452
1999	998565	649077	33270	316218	257849	554029	791459
2000	1291611	842613	16968	432030	333655	867561	617708
2001	1707554	1247879	40810	418865	260481	1228045	954046
2002	2033104	1298970	33977	700157	445444	1488834	1428225
2003	2453991	1604109	24344	825538	579929	1890935	1249370
2004	3089697	1778861	45143	1265693	923860	1899704	1081187
2005	4518628	2524226	136904	1857498	1376528	2953364	1351383
2006	6136351	3495221	83366	2557764	1630964	4419478	2251461
2007	9052800	4752560	134529	4165711	2920798	5989351	2557663
2008	9125057	5548833	129783	3446441	2290995	6021184	2635238

3-21 续表

年　　份	本年资金来源合计	＃资金来源小计						
		预算内资金	国内贷款	债券	利用外资	自筹资金	其他资金	定金及预收款
1991	59299	462	9969			18605	13987	
1992	207851	1000	46276		1437	71642	7391	
1993	329465		72470	6783	5265	128268	68004	
1994	472142		77716	13538	20100	138614	139987	
1995	923929	1630	176119	5726	32625	203744	357226	233879
1996	1018722	200	187832	4961	46143	276698	335559	202868
1997	1152949		255653	8278	41694	264529	403460	299650
1998	1205556		256554	533	34733	296355	413933	293054
1999	1406368		270707	5000	6164	455686	451019	363095
2000	1889031		307800	3020	19996	525043	757371	521799
2001	2408900		398929		15980	444538	1142603	770449
2002	2923740		632302		17263	693930	1181835	990684
2003	3832082		682418		5857	901263	1706931	1477360
2004	4606693		555037		16910	1028008	2364846	1929043
2005	6113568		592766		140601	2139824	2479102	1804209
2006	9759911		1086355		261226	3632142	3915844	2963387
2007	15091650		2279336		575108	4727057	5977707	3810750
2008	13610612		1945289		901289	4300534	4023316	2080414

3-22 房地产开发投资(按资金来源分、2008 年)

Real Estate Development by Source of Funds (2008)

单位：万元

	按资质等级分				
	一级	二级	三级	四级	其他
本年资金来源合计	529745	3876056	5217723	463507	3523581
上年末结余资金	106667	1017167	967313	83376	265661
本年资金来源小计	423078	2858889	4250410	380131	3257920
国内贷款	76150	610854	897154	49816	311315
利用外资		209514	27350		664425
#外商直接投资		196471	27350		645331
自筹资金	138730	719154	1713567	193602	1535481
#自有资金	125737	387947	1065939	146893	753210
其他资金来源	208198	1319367	1612339	136713	746699
#定金及预收款	151958	667157	900695	72676	287928
本年各项应付款合计	21482	385105	632593	46668	319998
#工程款	16100	296365	332565	19019	75194

3-23 房地产投资(按工程用途分、2008 年)

Investment in Real Estate by Use (2008)

单位：万元

按经济类型分	本年完成投资	按工程用途分			
		住 宅	办公楼	商业营业用房	其 他
合 计	9125057	6021184	174608	574800	2354465
#国 有	410405	283242	14582	19248	93333
集 体	60227	16120		150	43957
股份制经济	593335	420250	5405	76294	91386
私营个体经济	1953492	1547142	50946	123056	232348
港澳台投资	1826954	990767	457	37682	798048
外商投资	1017749	545500	6746	117622	347881

3-24 房地产开发主要指标(按资质等级分、2008 年)

Main Indicators of Real Estate Development by Qualification Grades (2008)

按资质等级分	本年完成投资(万元)	#住 宅	施工面积(万平方米)	#住 宅	竣工面积(万平方米)	#住 宅	销售面积(万平方米)	#住 宅
一 级	367778	291527	436.31	374.94	150.73	128.67	93.75	89.28
二 级	2249195	1596911	2180.12	1899.10	272.46	231.40	309.60	286.83
三 级	3265691	2392684	3226.82	2606.24	351.37	303.86	600.16	563.58
四 级	378510	283205	302.34	237.69	62.11	56.75	36.92	34.52
其 他	2863883	1456857	1246.21	946.88	128.08	97.22	233.11	217.14

3-25 房地产开发面积情况

Floor Space of Buildings of Real Estate Development

单位：万平方米

	1995 年	1996 年	2000 年	2007 年	2008 年
施工房屋面积	**881.50**	**1046.52**	**1553.51**	**6472.53**	**7391.80**
按用途分					
住 宅	630.20	730.13	1244.38	5343.16	6064.84
办公楼	83.76	112.90	65.76	149.52	173.11
商业营业用房	134.08	164.94	183.89	468.35	491.53
其 他	33.46	38.55	59.48	511.51	662.32
房屋新开工面积	**382.32**	**336.94**	**769.46**	**2001.30**	**1784.37**
按用途分					
住 宅	298.81	277.20	667.00	1687.68	1466.63
办公楼	26.28	15.92	15.99	27.11	30.71
商业营业用房	40.95	28.82	62.49	96.65	107.43
其 他	16.28	15.00	23.98	189.87	179.60
房屋竣工面积	**288.26**	**372.10**	**541.81**	**1087.17**	**964.75**
按用途分					
住 宅	235.40	314.45	464.77	885.29	817.90
办公楼	16.08	26.20	15.07	16.72	13.28
商业营业用房	30.99	25.04	48.32	107.28	55.59
其 他	5.79	6.41	13.65	77.87	77.98

3-26 房地产开发销售情况

Selling of Real Estate Development

	单　　位	1996 年	1997 年	2000 年	2007 年	2008 年
商品房实际销售面积	**万平方米**	**231.09**	**292.42**	**433.62**	**2225.50**	**1273.54**
按用途分						
住　宅	万平方米	208.43	262.65	400.12	2084.80	1191.36
办公楼	万平方米	5.78	10.95	8.85	36.79	24.49
商业营业用房	万平方米	16.26	17.12	22.09	77.23	38.36
其　他	万平方米	0.62	1.80	2.56	26.68	19.33
商品房实际销售额	**万元**	**324788**	**441953**	**782108**	**9516438**	**6267070**
按用途分						
住　宅	万元	272554	352990	643201	8752568	5801169
办公楼	万元	20962	33114	36522	214766	140702
商业营业用房	万元	30139	54367	95659	483102	261283
其　他	万元	1133	1482	6726	66002	63916
商品房空置面积	**万平方米**	**105.36**	**170.87**	**152.30**	**171.80**	**228.42**
按用途分						
住　宅	万平方米	82.42	122.37	100.75	54.71	121.47
办公楼	万平方米	12.14	24.94	20.95	10.44	6.47
商业营业用房	万平方米	8.70	17.81	22.78	68.19	58.30
其　他	万平方米	2.10	5.75	7.82	38.45	42.18

注：自 2004 年起，商品房销售为新口径：预售+现房销售

3-27 历年全社会建筑企业基本情况

Basic Conditions of Construction Enterprises by Year

年 份	企业数 (个)	建筑业总产值 (万元)	计算全员劳动生产率平均人数 (人)	全员劳动生产率 (元/人)	房屋建筑施工面积 (万平方米)	房屋建筑竣工面积 (万平方米)
1978	44	60412	185515	3256		287.55
1979	50	47391	136867	3463		150.18
1980	53	53531	148347	3608		165.39
1981	100	61993	157881	3926	416.18	212.61
1982	103	76414	172985	4417	642.27	246.19
1983	106	88100	178687	4930	500.82	247.33
1984	110	124050	183170	6772	557.91	292.13
1985	111	142044	192228	7389	656.88	266.83
1986	117	174456	212918	8194	784.67	324.43
1987	118	208230	226041	9212	830.09	355.96
1988	112	230928	228992	10085	833.64	325.93
1989	112	252416	215544	11711	764.69	299.21
1990	121	287922	225079	12792	771.76	348.72
1991	137	290981	210500	13823	805.84	334.78
1992	148	379295	229000	16563	995.60	376.70
1993	164	643554	240481	26761	1323.50	548.40
1994	168	834061	248604	33549	1652.50	608.00
1995	166	1080921	257069	42048	2120.20	571.20
1996	600	1963802	524996	37406	3413.10	1409.90
1997	669	2299019	505480	45482	3369.39	1458.69
1998	715	2554229	528796	48302	3347.05	1456.40
1999	879	2970103	586161	50670	3296.47	1644.62
2000	1017	3419146	577153	59242	3794.68	1860.41
2001	1001	3822085	659773	57930	4447.66	2246.85
2002	1005	4639105	718981	64523	5044.39	2542.58
2003	1112	5709221	832419	68586	5590.85	2801.74
2004	1522	6376470	654709	97394	5918.69	2821.62
2005	1461	7211773	617644	116762	7287.73	2618.62
2006	1343	8677195	620056	139942	9353.15	2748.42
2007	1347	10447809	728320	143451	9918.17	3055.10
2008	1364	12417244	863981	143721	10994.54	4681.56

主 要 统 计 指 标 解 释

全社会固定资产投资 固定资产投资额是以货币表现的建造和购置固定资产活动的工作量，它是反映固定资产投资规模、速度、比例关系和使用方向的综合性指标。全社会固定资产投资按经济类型分，包括国有经济单位投资、城乡集体经济单位投资、其他各种经济类型的单位投资和城乡居民个人投资。按照我国现行计划管理体制，全社会固定资产投资总额分为基本建设、更新改造、房地产开发投资和其他固定资产投资四个部分；城乡集体经济单位投资包括城镇集体所有制单位投资和农村集体所有制单位投资；其他各种经济类型单位投资包括联营经济、股份制经济、中外合资经营、中外合作经营、外资、与大陆合资经营、与大陆合作经营、港澳台独资及其他经济的单位投资。城乡居民个人投资包括城市、县城、镇、工矿区所辖范围内的个人建房和农村个人建房及购买生产性固定资产的投资。

基本建设投资 基本建设是企业、事业、行政单位以扩大生产能力或工程效益为主要目的的新建、扩建工程及有关工作。包括(1)列入中央和各级地方本年基本建设计划的建设项目，以及虽未列入本年基本建设计划，但使用以前年度基建计划内结转投资（包括利用基建设备材料）在本年继续施工的建设项目；(2)本年基本建设计划内投资与更新改造计划内投资结合安排的新建项目和新增生产能力（或工程效益）达到大中型项目标准的扩建项目，以及为发展生产力布局而进行的全厂性迁建项目；(3)国有单位既未列入基建计划，也未列入更新改造计划的总投资在50万元以上的新建、扩建、恢复项目和为发展生产力布局而进行的全厂性迁建项目，以及行政、事业单位增建业务用房和行政单位增建生活福利设施的项目。

更新改造投资 更新改造是指企业、事业单位对原有设施进行固定资产更新和技术改造，以及相应配套的工程和有关工作（不包括大修理和维护工程）。包括：(1)列入中央和各级地方本年更新改造计划的项目和虽未列入本年更新改造计划，但使用上年更新改造计划内结转的投资在本年继续施工的项目；(2)本年更新改造计划内投资与基本建设计划内投资结合安排的对企、事业单位原有设施进行技术改造或更新的项目和增建主要生产车间、分厂等其新增生产能力（或工程效益）未达到大中型项目标准的项目，以及由于城市环境保护和安全生产的需要而进行的迁建工作；(3)国有企、事业单位既未列入基建计划也未列入更新改造计划，总投资在50万元以上的属于改建或更新改造性质的项目，以及由于城市环境保护和安全生产的需要而进行的迁建工程。

房地产开发投资 包括各种经济类型的房地产开发公司、商品房建设公司及其他房地产开发单位统一开发的包括统代建、拆迁还建的住宅、厂房、仓库、饭店、宾馆、度假村、写字楼、办公楼等房屋建筑物和配套的服务设施、土地开发工程，如道路、给水、排水、供电、供热、通讯、平整场地等基础设施工程的投资。包括非房地产企业实际从事房地产开发或经营活动，不包括单纯的土地交易活动。

其他固定资产投资 全社会固定资产投资中未列入基本建设、更新改造和房地产开发投资的建造和购置固定资产的活动。包括：(1)国有单位按规定不纳入基本建设计划和更新改造计划管理，计划总投资或实际需要总投资在50万元以上的工程。(2)集体经济单位固定资产投资。(3)联营经济、股份制经济、外商投资经济、港澳台投资经济及其经济类型的企、事业单位建造和购置固定资产其计划总投资在50万元以上的、未列入基本建设计划和更新改造计划的项目。(4)城镇工矿区私人建房投资和农村个人投资。农村个人固定资产投资为根据抽样调查资料推算。

施工和竣工房屋建筑面积 房屋建筑面积是从房屋外墙线算起的各层平面面积的总和，包括房屋结构（如柱、墙）占用的面积和地下室面积。多层建筑按各自然层面积总和计算，包括房屋内的楼隔层，突出墙面的眺望间、门斗、有柱雨罩的面积。不包括突出墙面结构的构件、艺术装饰等所占的面积，如台阶等。凹阳台、挑阳台按其水平投影面积一半计算建筑面积。

新增固定资产 指通过投资活动所形成的新的固定资产价值。包括已经建成投入生产或交付使用的工程价值和达到固定资产标准的设备、工具、器具的价值及有关应摊入的费用。它是以价值形式表示的固定资产投资成果的综合性指标，可以综合反映不同时期、不同部门、不同地区的固定资产投资成果。

建设项目投产率 指一定时期内全部建成投入生产项目个数占同期正式施工项目个数的比率。它是从项目建设速度的角度反映投资效果的指标。

固定资产交付使用率 指一定时期新增固定资产与同期完成投资额的比率。它是反映各个时期固定资产动用速度，衡量建设过程中投资效果的一个综合性指标。

未完工程占用率 指年末未完工程累计完成投资额占全年实际完成投资额的比率。它反映未完工程的相对规模，并可从资金占用的角度反映固定资产投资效果。由于未完工程是指已经开工，但尚未建成交付使用的工程，有个跨年度问题，因此未完工程占用率会出现大于 1 的情况。

建筑业总产值（即自行完成施工产值） 指建筑业企业或附营建筑施工单位自行完成的按工程进度计算的建筑安装生产总值。建筑业产值包括：①建筑工程产值；②设备安装工程产值；③房屋、构筑物修理产值；④非标准设备制造产值。

建筑业增加值 指建筑业企业在报告期内以货币表示的建筑业生产经营活动的最终成果。目前建筑业增加值采用分配法计算，即从收入的角度出发，根据生产要素在生产过程中应得的收入份额计算。具体计算公式为：

$$\text{建筑业增加值} = \text{本年提取的固定资产折旧} + \text{主营业务应付工资} + \text{主营业务应付福利费} + \text{管理费用中的工会经费} + \text{管理费用中的税金} + \text{工程结算税金及附加} + \text{营业利润} + \text{劳动失业保险费} + \text{住房公积金及住房补贴}$$

$$\text{利税总额} = \text{工程结算税金及附加} + \text{管理费用中的税金} + \text{利润总额}$$

房屋建筑施工面积 指在报告期内施工的全部房屋建筑面积。包括本期内新开工的、上期施工跨入本期继续施工、上期停建本期复工的房屋建筑面积；不包括上期开工后又停工，本期未施工的房屋建筑面积。

房屋建筑竣工面积 指在报告期内，按照设计所规定的工程内容全部完成，达到了设计规定的交工条件，经有关部门检查验收鉴定合格的房屋建筑面积。

四 财政、金融、证券和保险

简 要 说 明

主要内容

本部分包括全市财政收支情况；全市税收情况、金融机构及国家银行信贷收支、现金收支情况；全市保险机构在本市的保险业务开办情况。

资料来源

财政资料来源于成都市财政局。

税收资料来源于成都市国家税务局和成都市地方税务局。

金融资料来源于中国人民银行成都分行营业管理部。

保险资料来源于四川省保险行业协会。

证券资料来源于中国证券监督管理委员会成都证券监管办公室。

其他需要说明的问题

金融机构及国家银行信贷收支、现金收支统计数含省级在蓉金融机构和国家银行在本市发生的信贷收支、现金收支数。

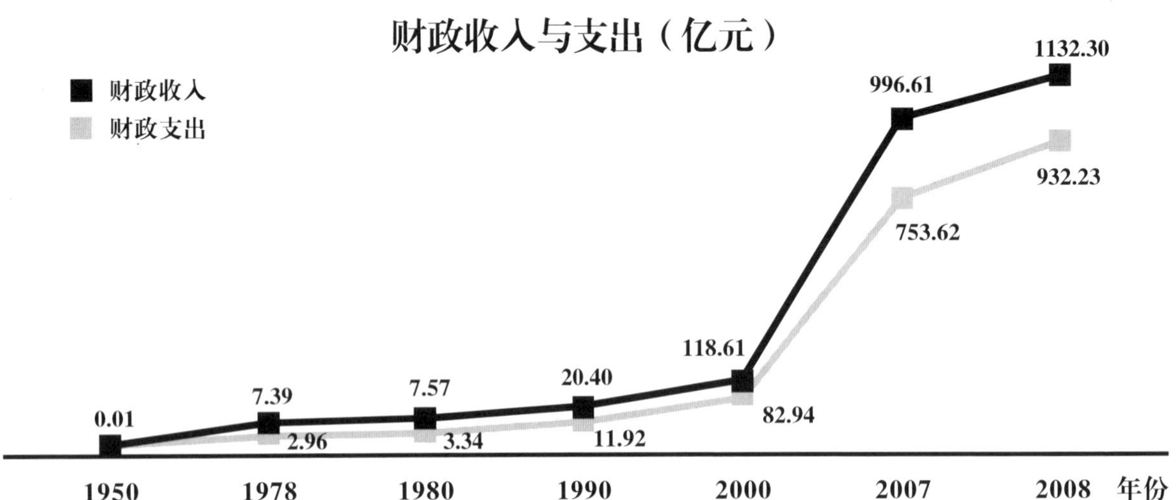

财政收入与支出（亿元）
财政收入
财政支出
0.01
7.39
2.96
7.57
3.34
20.40
11.92
118.61
82.94
996.61
753.62
1132.30
932.23
1950
1978
1980
1990
2000
2007
2008
年份

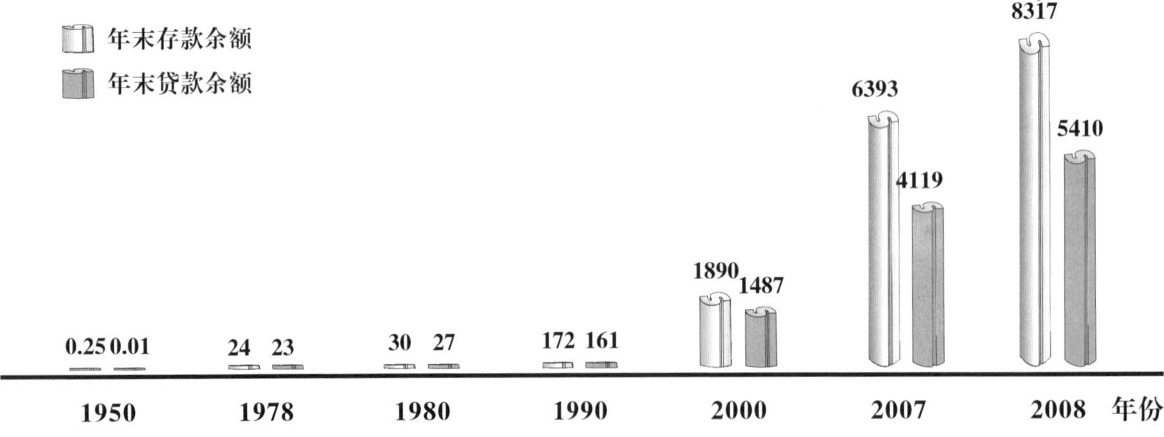

金融机构年末存款余额（亿元）
年末存款余额
年末贷款余额
0.25
0.01
24
23
30
27
172
161
1890
1487
6393
4119
8317
5410
1950
1978
1980
1990
2000
2007
2008
年份

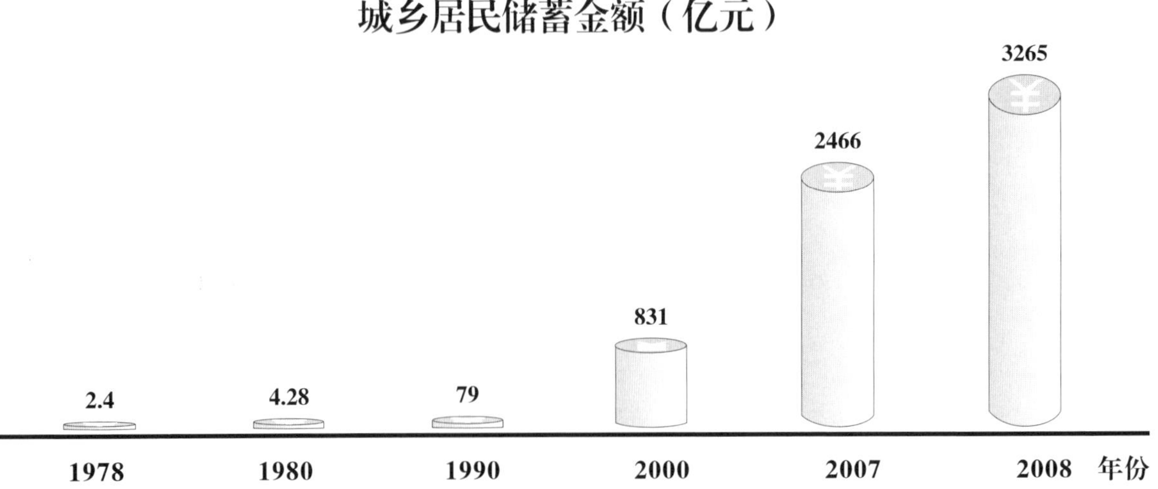

城乡居民储蓄金额（亿元）
2.4
4.28
79
831
2466
3265
1978
1980
1990
2000
2007
2008
年份

4-1 历年财政收入与财政支出

Government Financial Revenue and Expenditures by Year

年　份	财政收入(万元)	财政支出(万元)	财政收支差　额(万元)	增长速度(%)		相当于本地生产总值比例(%)	
				财政收入	财政支出	财政收入	财政支出
1950	52	83	–31			0.1	0.2
1951	282	463	–181	4.4 倍	4.6 倍	0.6	1
1952	794	1407	–613	1.8 倍	2.0 倍	1.6	2.8
1953	9409	2723	6686	10 倍	93.5	15.1	4.4
1954	9614	2887	6727	2.2	6.0	14.5	4.4
1955	10520	3188	7332	9.4	10.4	15.1	4.6
1956	12141	4635	7506	15.4	45.4	15.3	5.8
1957	15334	4923	10411	26.3	6.2	17.0	5.5
1958	25431	12174	13257	65.8	1.5 倍	24.5	11.7
1959	40407	17679	22728	58.9	45.2	32.2	14.1
1960	60046	26489	33557	48.6	49.8	46.9	20.7
1961	21690	8613	13077	–63.9	–67.5	27.2	10.8
1962	14346	4997	9349	–33.9	–42.0	18.5	6.5
1963	20010	5996	14014	39.5	20.0	23.6	7.1
1964	19321	10375	8946	–3.4	73.0	18.5	10.0
1965	21776	11314	10462	12.7	9.1	16.0	8.3
1966	25184	11583	13601	15.7	2.4	15.1	6.9
1967	18501	9730	8771	–26.5	–16.0	12.6	6.6
1968	9991	7327	2664	–46.0	–24.7	8.4	6.1
1969	18803	12430	6373	88.2	69.6	12.4	8.2
1970	27519	13991	13528	46.4	12.6	13.4	6.8
1971	33571	17326	16245	22.0	23.8	14.5	7.5
1972	35024	18636	16388	4.3	7.6	15.7	8.3
1973	33229	17077	16152	–5.1	–8.4	14.4	7.4
1974	29519	15734	13785	–11.2	–7.9	13.3	7.1
1975	40904	18989	21915	38.6	20.7	16.5	7.7
1976	39098	20009	19089	–4.4	5.4	17.6	9.0
1977	50167	21368	28799	28.3	6.8	17.5	7.5

注：①增长速度以上年为基期；②1950–1952 年属新中国建立初期经济恢复时期，我市尚未建立地方级财政，该时期主要税收均由国家、省直接征收，地方仅有极少部份税收项目收入，故数字偏小。

4-1 续表

年　　份	财政收入(万元)	财政支出(万元)	财政收支差　额(万元)	增长速度(%)		相当于本地生产总值比例(%)	
				财政收入	财政支出	财政收入	财政支出
1978	73882	29626	44256	47.3	38.7	20.6	8.3
1979	74864	34597	40267	1.3	16.8	18.1	8.4
1980	75687	33359	42328	1.1	-3.6	16.4	7.2
1981	70933	30410	40523	-6.3	-8.8	14.5	6.2
1982	73839	30466	43373	4.2	0.2	13.3	5.5
1983	86090	35018	51072	16.6	15.0	13.7	5.6
1984	95642	45790	49852	11.1	30.8	13.4	6.4
1985	116497	59707	56790	21.8	30.4	13.5	6.9
1986	133535	68105	65430	14.6	14.1	14.1	7.2
1987	138508	72036	66472	3.7	5.8	12.0	6.2
1988	163280	81158	82122	17.9	12.7	11.2	5.6
1989	195905	105061	90844	20.0	29.2	12.0	6.4
1990	203981	119179	84802	4.1	13.4	10.5	6.1
1991	224354	144965	79389	10.0	21.6	9.5	6.1
1992	249041	167589	81452	11.0	15.6	8.3	5.6
1993	337751	244909	92842	35.6	46.1	8.1	5.9
1994	458905	284996	173909	35.9	16.4	8.2	5.1
1995	528933	352085	176848	15.3	23.5	7.4	4.9
1996	654185	444024	210161	23.7	26.1	7.5	5.1
1997	772534	528323	244211	18.1	19.0	7.7	5.2
1998	894140	600676	293464	15.7	13.7	8.1	5.4
1999	1047867	722136	325731	17.2	20.2	8.8	6.1
2000	1186106	829432	356674	15.3	14.9	9.2	6.3
2001	1453175	1056589	396586	22.5	27.4	9.7	7.1
2002	1819760	1296823	522937	22.8	22.7	10.9	7.7
2003	2161256	1545576	615680	15.1	19.5	11.6	8.3
2004	2751491	1875653	875838	27.1	21.4	12.6	8.6
2005	3657817	2417938	1239879	28.8	27.2	15.4	10.2
2006	4890756	3369189	1521567	30.0	37.3	17.8	12.2
2007	9966100	7536223	2429877	36.0	38.7	30.0	22.7
2008	11322983	9322280	2000703	12.2	22.8	29.0	23.9
平均增长速度							
1950-2008				22.3	21.1		
1978-2008				17.2	19.7		

4-2 分级一般预算内财政收支情况(2008 年)

Financial Revenue and Expenditures in Current Budget by Grade and Source (2008)

单位：万元

	全 市	分级收支		占全市比重(%)	
		市本级	区县级	市本级	区县级
财政一般预算收入	3546938	1123736	2423202	31.68	68.32
增值税	269706	85509	184197	31.70	68.30
营业税	760876	174820	586056	22.98	77.02
企业所得税	344350	82686	261664	24.01	75.99
个人所得税	113949	29991	83958	26.32	73.68
其他收入	2058057	750730	1307327	36.48	63.52
财政一般预算支出	5064309	1166031	3898278	23.02	76.98
#一般公共服务	862995	257154	605841	29.80	70.20
公共安全	360529	113291	247238	31.42	68.58
教育	686802	58997	540805	9.84	90.16
社会保障和就业	572221	247042	325179	43.17	56.83
医疗卫生	254312	73382	180930	28.86	71.14
城乡社区事务	566494	104492	462002	18.45	81.55
工业商业金融等事务	626738	98480	528258	15.71	84.29

4-3 城市维护费及建设资金支出

Expenditures for Municipal Maintenance and Construction

单位：万元

	1990 年	2000 年	2007 年	2008 年
总　　计	**29883**	**242181**	**2110926**	**2398750**
城市公共设施及维护费	16486	143531	1800594	1900904
#道 路	5736	59712	1441157	1657810
排 水	444	4175	43885	18673
环境卫生	1817	29605	240966	138967
园林绿化	2921	21335	74586	85454
城市公用事业建设及维护费	2939	30614	49314	34762
#自来水	904	16806	15488	7132
城市住宅建设及维护费	4761	26727	94730	67939
#公共住宅建设及维护费	3355	23156	86738	61130
环境保护补助资金	1238	6424	13300	189702
城市水源建设资金	188	921	1966	2681
其他支出	4271	33964	151022	202762

4-4 各 项 税 收

Taxes of All Kinds

单位：亿元

指　　标	2004 年		2005 年		2007 年		2008 年	
	数值	增长%	数值	增长%	数值	增长%	数值	增长%
产业税收	2544423	22.5	3202493	25.9	5497957	35.9	6825662	24.1
#农　业	27770	-7.2	22667	-18.4	21479	-20.9	27033	25.9
工　业	1126319	17.3	1369882	21.6	1877281	25.9	2200695	17.2
交通运输、仓储及邮政业	48884	88.2	58621	19.9	105951	36.4	116618	10.1
批发和零售业	346152	18.0	395339	14.2	653021	26.6	880186	34.8
金融业	73331	20.5	88310	20.4	262150	115.0	368098	40.4
信息传输、计算机服务和软件业	88324	107.0	35249	-60.1	46651	-1.6	76843	64.7
房地产业	266590	53.8	520798	95.4	1414223	67.2	1475036	4.3

4-5 全市税收情况(2008年)

Main Indicators of Taxes Revenue (2008)

单位：万元

	合 计	内资企业			
		小 计	#国有企业	#集体企业	#联营企业
总 计	6825662	5210827	812535	121394	2389
增值税	1839578	1461063	417743	33921	1307
消费税	441663	331159	312	421	
营业税	1338315	1124243	101645	36067	190
企业所得税	1215451	891425	95988	18052	411
个人所得税	438265	286507	55519	6617	75
资源税	2945	2044	159	257	7
城市维护建设税	209673	202967	24757	5418	88
房产税	96134	77339	11119	4495	56
印花税	58465	48559	7507	1184	7
城镇土地使用税	169733	140127	11667	5274	139
土地增值税	175853	144884	5390	1992	1
车船使用税	23752	19189	4550		
车船购置税	207376				

4-5 续表

	内 资 企 业		港澳台外商投资企业	个体经营	在合计中：乡镇企业
	#股份公司	#私营企业			
总 计	3672995	249871	1051497	563338	88707
增值税	825518	179489	327215	51300	70927
消费税	329576	850	110398	106	756
营业税	892560	12387	146428	67644	2222
企业所得税	723608	41817	324026		
个人所得税	161264	4460	60221	91537	1196
资源税	1418	187	738	163	95
城市维护建设税	146098	2411		6706	703
房产税	53656	1015	13886	4909	411
印花税	33969	534	7178	2728	222
镇土地使用税	113026	2278	26032	3574	708
土地增值税	131633	729	24872	6097	339
车船使用税	6531		3	4560	
车船购置税				207376	

4-6 历年信贷及现金收支情况

Income and Expenditures on Credit and Cash by Year

单位：万元

年份	金融机构信贷收支		国家银行现金收支		净投放(+) 净回笼(−)
	年末存款余额	年末贷款余额	现金收入	现金支出	
1950	2510	51	3361	4082	721
1951	4641	404	8338	10083	1745
1952	11245	716	13534	15058	1524
1953	8843	6958	18325	20657	2332
1954	18101	40420	30256	29425	–831
1955	22201	23503	34121	33743	–378
1956	14481	18563	45538	47125	1587
1957	20936	21878	55374	54497	–877
1958	38853	37297	63388	63251	–137
1959	103889	79316	70858	67662	–3196
1960	77298	143748	75006	73085	–1921
1961	101189	130652	73303	71947	–1356
1962	70450	90614	60100	55569	–4531
1963	74314	61371	64128	60651	–3477
1964	69339	68163	70908	69027	–1881
1965	88541	90464	78669	77925	–744
1966	112231	126901	84284	82863	–1421
1967	103697	125694	89287	85540	–3747
1968	102058	145786	78624	79804	1180
1969	106782	159196	87936	84430	–3506
1970	143296	169548	89822	82611	–7211
1971	161042	182252	95408	89627	–5781
1972	168218	178822	106045	101187	–4858
1973	158311	187762	114147	108213	–5934
1974	164467	186970	115292	110170	–5122
1975	158736	195459	118666	111249	–7417
1976	156813	183154	114897	111929	–2968
1977	223387	193600	122723	116698	–6025

4-6 续表

单位：万元

年份	金融机构信贷收支		国家银行现金收支		净投放(+) 净回笼(-)
	年末存款余额	年末贷款余额	现金收入	现金支出	
1978	237967	225304	144048	139022	-5026
1979	281399	250258	184524	180083	-4441
1980	303681	274013	230362	224825	-5537
1981	324079	294740	257694	247998	-9696
1982	375890	297258	285665	274832	-10833
1983	414984	301860	336814	324651	-12163
1984	561629	631535	419970	416516	-3454
1985	590613	539559	591895	575088	-16807
1986	814434	797886	673159	654730	-18429
1987	1000047	942447	913920	887621	-26299
1988	1121097	1139779	1358685	1388848	30163
1989	1327700	1322547	1545823	1467073	-78750
1990	1723157	1605300	1751065	1616964	-134101
1991	2227217	1996183	2256416	2046852	-209564
1992	2975379	2485056	3356674	3199444	-157230
1993	3494672	3091224	5237439	5097752	-139687
1994	4522346	3880226	7241492	6982354	-259138
1995	6019448	4978719	10189352	9467860	-721492
1996	7596120	5990567	12919604	11849209	-1070395
1997	9068225	7022430	15063348	13661810	-1401538
1998	10870715	8160632	16789857	15762008	-1027849
1999	16364174	13742177	24126046	22950528	-1175518
2000	18904394	14871362	28189459	27026857	-1162602
2001	22571432	17622699	33919325	33100139	-819186
2002	26356135	21817846	41130487	40728767	-401720
2003	32407873	25879425	48819720	48347133	-472587
2004	37715442	28598705	53991306	52923407	-1067899
2005	44774948	30187025	58027002	57195480	-831522
2006	54853432	36313698	68830779	66898658	-1932121
2007	63932505	41192044	70844015	68400632	-2443383
2008	83170849	54097178	68423488	66097068	-2326420

4-7 金融机构信贷收入与支出

Credit Income and Expenditures of Financial Institutions

单位：万元

	1990 年	2000 年	2007 年	2008 年
年末存款余额	**1723157**	**18904394**	**63932505**	**83170849**
#企业存款	558479	8195081	24519199	30420316
城乡居民储蓄存款	791512	8310016	24663956	32647872
#城镇居民储蓄存款	621117	7012579	21151816	27776352
年末贷款余额	**1605300**	**14871362**	**41192044**	**54097178**
#短期贷款	1239333	8971201	14949129	17593958
#工　业	586388	2301405	4083097	4874755
商　业	446325	2059152	2257000	2489671
农　业	23738	363771	574652	658017
中长期贷款	198217	3298020	24020156	33056700
#技术改造	130857	820163	297143	323750
基本建设	51409	1930634	8902306	12669523

4-8 国家银行信贷收入与支出

Credit Income and Expenditures of State Banks

单位：万元

	1978 年	1980 年	1990 年	2000 年	2007 年	2008 年
年末存款余额	**237967**	**248848**	**1296489**	**12982498**	**33262803**	**42815837**
#企业存款		90831	523869	6086016	12197876	15228393
城镇居民储蓄存款	19449	34252	599216	5915423	15989486	20807486
年末贷款余额	**225304**	**269629**	**1376560**	**10747811**	**21294016**	**26634403**
#短期贷款			1122828	6325305	4544144	4242129
#工　业	50153	126696	579349	1995384	1960831	1931499
商　业	102012	125748	434906	1767336	362234	177012
农　业			20257	147192	32246	8835
中长期贷款			189325	3149853	16274802	21416339
#技术改造			130857	812770	235335	218570
基本建设			51409	1880237	7416799	10455721

注：2000 年以后的信贷数据为国有独资商业银行剥离不良资产后的统计数据。

4-9 国家银行现金收入

Cash Income of State Banks

单位：万元

	1978 年	1980 年	1990 年	2000 年	2007 年	2008 年
现金收入	**144048**	**230362**	**1751065**	**28189459**	**70844015**	**68423488**
#商品销售收入	97951	152552	615750	4677847	5646195	4659568
服务事业收入	14708	21067	152126	1813574	2279363	2287018
城乡个体经营收入			5963	750874	456185	638317
储蓄存款收入	21026	40312	666919	16876666	55550881	54102501
汇兑收入			22102	833516	192941	141524
有价证券收入			16077	461618	37756	79850

4-10 国家银行现金支出

Cash Expenditures of State Banks

单位：万元

	1978 年	1980 年	1990 年	2000 年	2007 年	2008 年
现金支出	**139022**	**224825**	**1616964**	**27026857**	**68400632**	**66097068**
#工资性支出			461644	2532132	3496699	3361942
行政企事业管理费支出	10504	17174	144238	2257913	3032214	2913939
城乡个体经营支出			11341	762128	594201	562991
储蓄存款支出			520893	17010071	53861040	51871626
汇兑支出			28807	345780	142291	49446
有价证券支出			26249	400933	95554	72034

4-11 国家银行分机构信贷收入与支出(2008 年)

Credit Income and Expenditures of State Banks by Institutions (2008)

单位：万元

	合　计	# 工商银行	# 农业银行	# 中国银行	# 建设银行
年末各项存款	**42815837**	**12776731**	**6416587**	**6452166**	**17170353**
#企业存款	15228393	4151404	1740128	2635609	6701252
城镇储蓄存款	20807486	5839074	4403139	3299713	7265560
农业存款	7250				7250
年末各项贷款	**26634403**	**7884492**	**2366165**	**5550064**	**10833683**
#短期贷款	4242129	1275110	546120	1548423	872475
#工　业	1931499	928463	218600	555266	229170
商　业	177012	14169	28199	102625	32020
建筑业	266476		19080	170500	76896
农　业	8835		7835		1000
三资企业	38020			38020	
中长期贷款	21416339	6290461	1813541	3559861	9752476
#基本建设	10455721	3442644	847346	1075602	5090129
技术改造	218570			69493	149077

4-12 全市金融机构外汇信贷收支情况

Foreign exchange credit revenue & disbursement of Financial Institutions

单位：万美元

	2007 年	2008 年		2007 年	2008 年
年末存款余额	**139526**	**131572**	**年末贷款余额**	**154941**	**148341**
单位活期存款	73357	50795	短期贷款	16299	14059
单位定期存款	7931	21776	境内短期贷款	16299	14059
储蓄存款	51698	53522	境外短期贷款		
信托存款	968	968	中长期贷款	97516	99285
委托存款	31	50	境内中长期贷款	97516	99285
其他类存款	5396	4444	境外中长期贷款		
境外存款	144	17			

4-13 保 险 业 务

Economic and Technical Indicators of Insurance Companies

单位：万元

	保 费		赔付支出	
	2007 年	2008 年	2007 年	2008 年
总 计	**1375192**	**1842097**	**352756**	**474455**
财产保险	419508	507983	183114	270482
#企业财产险	20683	25706	7855	10959
机动车辆险	330182	381616	145765	208096
货物运输险	5195	6035	1279	1114
人寿保险	955684	1334114	169642	203973
#意外伤害险	24945	29892		
健康险	82117	96007		
寿 险	138526	151574		
#满期给付			103254	122790
死伤医疗给付			10814	16903

主 要 统 计 指 标 解 释

财政收入 包括：(1)各项税收包括增值税、营业税、消费税、土地增值税、城市维护建设税、资源税、城市土地使用税、印花税、固定资产投资方向调节税、个人所得税、企业所得税、关税、农牧业税和耕地占用税等。(2)专项收入包括征收排污费、征收城市水资源费收入，教育费附加收入等。(3)其他收入包括基本建设贷款归还收入、国家能源交通重点建设基金收入、国家预算调节基金等。(4)国有企业计划亏损补贴这项为负收入，冲减财政收入。

财政支出 主要包括：基本建设支出、企业挖潜改造资金、地质勘探费用、科技三项费用、支援农村生产支出、农林水利气象等部门的事业费用、工业交通商业等部门的事业费用、文教科学卫生事业费、抚恤和社会福利救济费、国际支出、行政管理费、价格补贴支出等。

属于地方财政的收入包括营业税、地方企业所得税、个人所得税、城镇土地使用税、固定资产投资方向调节税、城镇维护建设税、房产税、车船使用税、印花税、屠宰税、农牧业税、农业特产税、耕地占用税、契税、增值税25%部分，证券交易税（印花税）的50%部分和除海洋石油资源税以外的其他资源税。

地方财政支出 地方财政支出主要包括地方行政管理和各项事业费，地方统筹的基本建设、技术改造支出，支援农村生产支出，城市维护和建设经费，价格补贴支出等。

预算外资金收支 预算外资金是有关单位凭借国家权力或由国家授权而取得的没有纳入国家预算管理的财政性资金。其收入包括地方财政部门的各项附加收入，集中事业收入，专项收入等，事业行政单位的专用基金，经营性服务纯收入，行政事业性收费，专项资金，中小学勤工俭学收入，税收分成等。其支出包括固定资产投资支出，城市维护支出，福利奖励支出，行政事业支出等。

信贷资金 国家银行用于发放贷款的资金叫信贷资金。中国人民银行信贷资金的来源有各项存款、对国际金融机构负债、流通中货币、银行自有资金及当年结益等。信贷资金的运用有各项贷款、黄金占款、外汇占款、财政借款及在国际金融机构中的资产等。

存款 企业、机关、团体或居民根据可以收回的原则，把货币资金存入银行或其他信用机构保管并取得一定利息的一种信用活动形式。根据存款对象的不同可划分为企业存款、财政存款、机关团体存款、基本建设存款、城镇储蓄存款、农村存款等科目。它是银行信贷资金的主要来源。

贷款 银行或其他信用机构根据必须归还的原则，按一定利率，为企业、个人等提供资金的一种信用活动形式。我国银行贷款分为流动资金贷款、固定资产贷款、城乡个体工商户贷款以及农业贷款等科目。

保费 又叫保险费。是保险人根据保险合同的有关规定，为被保险人取得因约定危险事故发生所造成的经济损失补偿（或给付）权利，付给保险人的代价。包括财产险和人身险储金收入。

赔款支出 事故发生后，经查证确属保险责任范围以内的保险标的损失，保险人根据保险合同的规定履行赔偿义务，给予被保险人的款项叫做赔款。赔款可分为已决赔款和未决赔款两种。

五　人民生活

简　要　说　明

主要内容

本部份反映人民生活状况，主要包括：市区居民家庭抽样调查的人口、收入、支出总量与结构指标；城市居民家庭人均食物消费量、穿用商品及耐用消费品拥有量情况。农村居民家庭的人口、文化程度、收支、居住情况以及农村居民家庭消费结构、消费量和耐用消费品拥有量等。

资料来源

城市居民家庭生活状况统计资料来源于国家统计局成都调查队。

农村居民家庭生活状况统计资料来源于成都市统计局。

城乡居民收入（元）

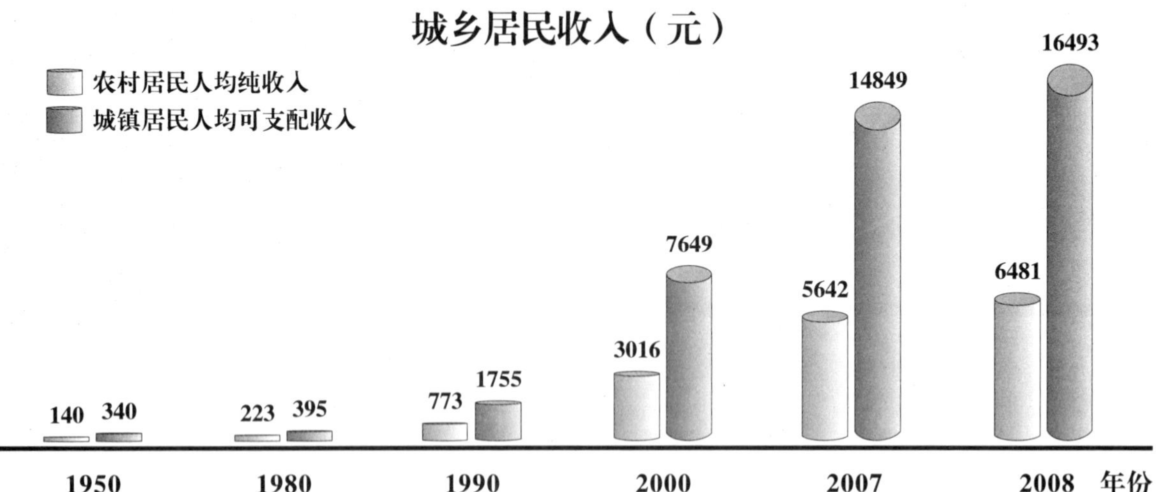

城乡居民人均生活消费支出构成（%）

城镇居民

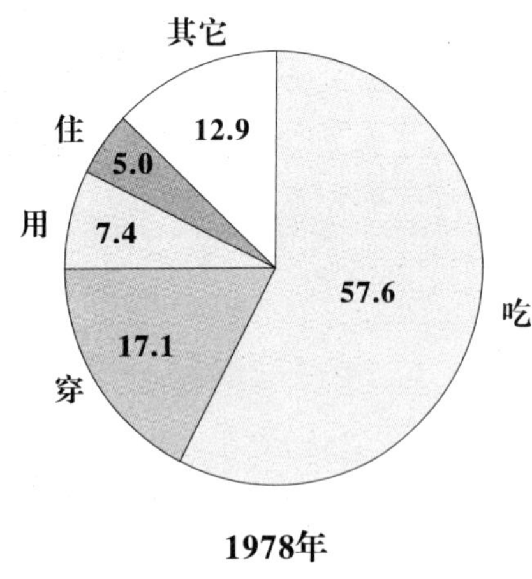

1978年

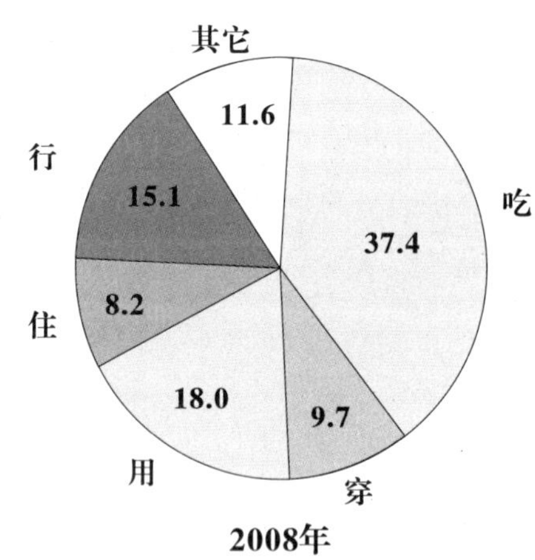

2008年

农村居民

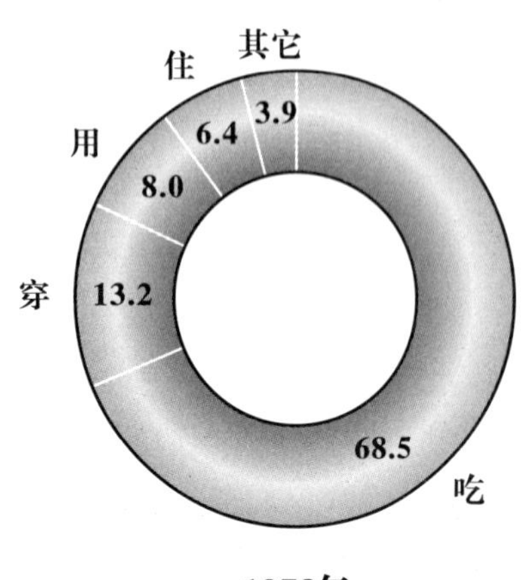

1978年

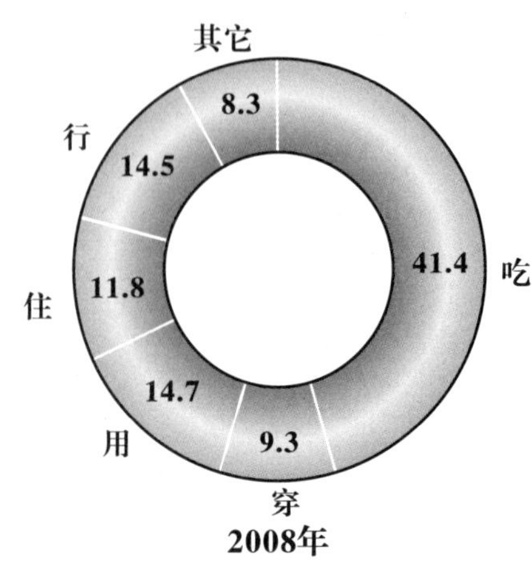

2008年

5-1 历年城镇居民家庭基本情况

Basic Conditions of Urban Households by Year

年 份	调查户数 (户)	户均家庭人口 (人)	户均就业人口 (人)	每一就业者负担人数 (人)	平均每户就业面 (%)
1954	300	3.91	1.21	3.23	30.95
1955	300	3.90	1.24	3.15	31.79
1956	300	3.72	1.25	2.98	33.60
1957	300	3.62	1.35	2.68	37.29
1958	300	3.64	1.31	2.78	35.99
1959	300	3.80	1.42	2.68	37.37
1960	300	3.31	1.42	2.33	42.90
1961	300	3.61	1.40	2.58	38.78
1962	300	4.34	1.40	3.10	32.26
1963	300	5.88	1.37	4.29	23.3
1964	300	5.18	1.52	3.41	29.34
1965	300	5.25	1.53	3.43	29.14
1966	300	5.10	1.57	3.25	30.78
1967	300	5.00	1.35	3.70	27.00
1968	300	5.01	1.31	3.82	26.15
1969	300	4.66	1.20	3.88	25.75
1970	300	4.52	1.15	3.93	25.44
1971	300	4.54	1.28	3.55	28.19
1972	300	4.50	1.28	3.52	28.44
1973	300	4.44	1.35	3.29	30.41
1974	300	4.37	1.49	2.93	34.10
1975	300	4.29	1.59	2.70	37.06
1976	300	4.12	1.60	2.58	38.83
1977	300	4.09	1.67	2.45	40.83
1978	300	4.19	1.74	2.41	41.53
1979	300	4.10	1.86	2.20	45.37
1980	300	3.84	1.97	1.95	51.30

5-1 续表

年　份	调查户数 (户)	户均家庭 人　口 (人)	户均就业 人　口 (人)	每一就业者 负担人数 (人)	平均每户 就业面 (%)
1981	300	4.00	2.09	1.91	52.25
1982	300	3.82	2.07	1.85	54.19
1983	300	3.80	2.11	1.80	55.53
1984	300	3.75	2.10	1.79	56.00
1985	300	3.40	2.05	1.66	60.29
1986	300	3.32	1.98	1.68	59.64
1987	300	3.42	2.10	1.63	61.40
1988	300	3.28	1.87	1.75	57.01
1989	300	3.17	1.78	1.78	56.15
1990	300	3.15	1.79	1.76	56.83
1991	300	3.05	1.72	1.77	56.39
1992	300	3.03	1.66	1.83	54.79
1993	300	2.90	1.51	1.92	52.07
1994	300	2.88	1.56	1.85	54.17
1995	300	2.96	1.71	1.73	57.77
1996	300	2.97	1.76	1.69	59.26
1997	300	2.99	1.77	1.69	59.20
1998	300	2.97	1.72	1.73	57.86
1999	300	2.92	1.72	1.7	58.88
2000	300	2.88	1.44	1.99	50.15
2001	300	2.98	1.39	2.14	46.81
2002	300	2.92	1.33	2.21	45.55
2003	400	2.89	1.35	2.14	46.71
2004	400	2.89	1.48	1.95	51.21
2005	400	2.87	1.39	2.06	48.43
2006	400	2.98	1.56	1.91	52.70
2007	400	2.90	1.54	1.88	53.10
2008	396	2.74	1.43	1.92	52.19

注：在“5.12”地震期间，个别调查户无法正常记账，故年平均户数为 396 户。

5-2 历年城镇居民家庭就业人口情况

The Number of Employee of Urban Households by Year

单位：人

年　　份	调查户家庭人口	就业人口	国有经济单位职工	集体经济单位职工	个体劳动者	其他劳动者
1978	1257	522				
1979	1318	558				
1980	1152	591				
1981	1200	626	479	144		3
1982	1147	621	488	128		5
1983	1141	632	497	132		3
1984	1125	630	507	113	5	5
1985	1019	614	456	143	12	3
1986	997	595	447	135	5	8
1987	1027	629	467	145	6	11
1988	985	561	428	105	8	20
1989	951	533	432	76	7	18
1990	945	538	454	59	4	21
1991	916	517	398	87	12	20
1992	909	498	383	90	11	14
1993	870	454	339	87	14	14
1994	864	468	365	56	20	27
1995	887	514	426	59	11	18
1996	891	528	437	68	8	15
1997	896	531	431	69	17	14
1998	891	516	423	60	21	12
1999	877	516	416	60	20	20
2000	864	433	320	35	37	41
2001	893	418	238	49	72	20
2002	876	399	240	27	75	57
2003	1156	540	328	28	68	116
2004	1156	592	356	20	80	136
2005	1148	556	292	16	84	164
2006	1184	624	296	24	24	280
2007	1160	616	224	20	40	332
2008	1086	567	158	12	52	345

注：1980 年以前就业人口未分经济类型；1997 年以前的国有经济单位职工为全民职工。

5-3 历年城镇居民家庭人均现金收入情况

Households by Year Per Capita Cash Income of Urban

单位：元

年份	期初手存现金	家庭总收入	#可支配收入	储蓄借贷收入	家庭总支出	#消费性支出	存入银行及储金会款	期末手存现金
1954		159.78	153.85	20.35	157.38	138.48	11.13	
1955		178.66	167.40	31.21	175.44	152.16	14.68	
1956		186.48	173.16	37.80	179.64	166.32	18.60	
1957		250.68	224.40	56.16	243.84	217.44	31.32	
1958		228.36	202.20	40.56	215.04	188.88	27.00	
1959		212.18	209.99	42.33	223.49	197.79	26.54	
1960		217.68	196.92	31.08	193.68	179.64	12.12	
1961		208.44	190.80	34.09	204.27	190.32	6.42	
1962		199.20	187.56	31.44	210.48	198.84	3.00	
1963		203.24	188.04	24.96	207.72	192.72	2.40	
1964		214.80	201.48	24.72	210.84	197.52	4.44	
1965		208.08	194.52	25.20	211.80	198.24	3.48	
1966		223.79	208.12	26.34	219.48	204.12	5.33	
1967		208.77	194.57	24.69	204.35	189.85	4.94	
1968		201.23	186.94	30.30	197.82	186.23	12.37	
1969		207.88	193.54	28.79	208.76	195.36	9.67	
1970		204.10	183.69	33.21	199.87	181.49	8.24	
1971		208.64	193.82	37.69	201.22	183.12	6.36	
1972		229.35	213.75	32.03	213.45	190.69	12.87	
1973		241.11	224.59	28.79	237.56	218.61	10.88	
1974		284.04	264.64	35.74	279.89	261.13	9.24	
1975		291.86	272.89	37.23	281.24	254.79	32.30	
1976		314.03	293.30	32.66	311.03	286.42	12.09	
1977		342.77	327.08	38.77	341.67	329.13	9.64	
1978		364.55	340.25	39.88	347.83	328.32	12.64	
1979		389.60	352.44	42.73	366.92	341.67	17.87	
1980	9.66	420.92	395.04	60.48	415.29	391.26	23.87	12.59

注：1980 年以前生活费收入未按经济类型和构成分组；1992 年以前的可支配收入为生活费收入。1992 年以前家庭总收入为家庭实际收入；1992 年以前家庭总支出为家庭实际支出。

5-3 续表

年　　份	期　　初 手存现金	家庭总 收入	#可支配 收　入	储蓄借贷 收　　入	家庭总支出	#消费性 支　出	存　入 储蓄款	期　　末 手存现金
1981	10.41	484.62	457.68	58.56	479.48	451.98	38.15	12.63
1982	11.40	516.04	485.74	53.20	490.39	459.64	58.14	15.02
1983	15.47	567.11	520.59	64.22	545.11	513.60	57.21	22.55
1984	20.73	657.09	603.06	66.49	627.57	591.13	69.63	29.98
1985	23.95	852.91	786.74	143.43	851.67	810.26	93.58	36.69
1986	37.51	991.39	913.19	166.26	999.65	946.17	109.47	50.23
1987	48.73	1101.07	1015.64	151.64	1072.05	1006.60	132.61	59.08
1988	48.12	1340.35	1243.12	266.10	1400.45	1318.01	144.44	70.68
1989	54.22	1661.91	1564.62	256.91	1607.25	1511.89	167.03	108.18
1990	73.79	1870.91	1755.37	246.34	1767.28	1680.77	195.49	164.90
1991	66.25	2062.98	1924.71	262.35	1941.01	1845.11	214.37	151.84
1992	94.25	2254.44	2101.87	443.38	2217.68	1988.08	258.13	149.14
1993	92.09	2807.35	2624.20	532.88	2745.09	2428.32	286.48	192.84
1994	117.64	4239.48	3940.47	682.96	3907.62	3641.19	574.77	307.18
1995	204.82	5075.82	4708.99	676.28	4857.78	4502.46	541.43	411.23
1996	229.43	5700.71	5265.64	808.60	5432.62	4925.45	644.04	476.43
1997	264.36	6046.84	6018.74	1204.41	6083.39	4959.48	493.43	526.87
1998	302.01	6490.18	6446.44	1529.18	6458.53	5482.28	768.57	663.46
1999	345.02	7140.96	7098.01	1321.76	6639.39	5797.97	846.41	887.97
2000	227.23	7694.95	7649.09	1527.74	7174.33	6423.48	922.94	961.31
2001	340.29	8181.60	8128.39	1624.51	7672.85	6801.19	1083.36	873.89
2002	349.03	9026.38	8971.91	2616.02	9373.40	6874.17	1359.31	910.84
2003	457.06	10177.34	9641.00	2261.10	9582.58	7057.68	1800.11	661.51
2004	489.98	11057.90	10394.10	4052.10	12876.30	8996.97	1595.73	927.41
2005	479.85	12039.21	11358.81	3275.11	12921.01	9642.45	2223.34	815.48
2006	403.92	13646.97	12789.44	3866.76	14263.24	10302.37	2422.93	720.58
2007	542.60	15939.29	14849.23	2971.12	14165.27	11702.77	3668.62	1178.46
2008	301.06	18320.39	16942.62	3421.98	16244.74	12849.93	3552.67	1452.83

注："存入储蓄款"在 2002 年以前为"存入银行与储金会款"。

5-4 城镇居民家

Basic Conditions of

	单 位	合 计	最 低 收入户	#更 低 收入户	低 收 入 户
调查户数	户	396.17	43	21.33	38.33
比 重	%	100	10.86	5.39	9.68
平均每户家庭人口	人	2.74	3.18	3.18	3.18
平均每户就业人口	人	1.43	1.58	1.31	1.46
平均每户就业面	%	52.19	49.69	41.19	45.91
平均每一就业者负担人数	人	1.92	2.01	2.43	2.18
平均每人可支配收入	元	16942.62	6133.66	5252.27	8668.32
平均每人消费性支出	元	12849.93	5615.85	5711.66	7406.48

5-5 城镇居民家庭人均

Per Capita Annual Living Expenditures of

	总平均	最 低 收入户	#更 低 收入户	低 收 入 户
消费性支出	**12849.93**	**5615.85**	**5711.66**	**7406.48**
1. 食 品	4803.12	3287.93	3320.84	3609
#粮油类	601.82	485.7	485.07	505.7
肉、禽蛋水产品类	1501.54	1175.44	1135.27	1227.56
#肉 类	934.93	773.03	745.5	792.83
禽 类	306.82	226.97	208.13	241.92
蛋 类	99.98	71	73.51	77.34
水产品类	159.81	104.45	108.14	115.48
2. 衣 着	1247.05	318.55	270.02	515.5
#服 装	906.36	222.38	175.45	368.2
3. 家庭设备及服务	782.7	236.33	226.99	483.6
#耐用消费品	305.87	59.1	42.9	176.97
4. 医疗保健	846.67	308.35	436.16	542.52
5. 交通通讯	1935.1	432.83	469.3	748.27
6. 娱乐教育文化服务	1461.67	468.39	480.64	760.6
7. 居 住	1057.06	471.42	442.17	596.9
#住 房	276.87	10.38	10.92	60.37
8. 其它商品和服务	716.56	92.05	65.54	150.1

庭 基 本 情 况 (2008 年)

Urban Households (2008)

中 等 偏下户	中 等 收入户	中 等 偏上户	高 收 入 户	最 高 收入户	#更 高 收入户
80.25	83.58	78.92	36.5	35.58	18.33
20.26	21.10	19.92	9.21	8.98	4.63
2.78	2.79	2.55	2.4	2.33	2.19
1.35	1.39	1.38	1.42	1.63	1.58
48.56	49.82	54.12	59.17	69.96	72.15
2.06	2.01	1.85	1.69	1.43	1.39
11631.03	15276.05	21123.38	27143.81	44980.06	54981.57
10324.20	11443.59	16767.36	18139.94	28426.70	32672.84

消 费 性 支 出 情 况 (2008 年)

Urban Households (2008)

单位：元

中 等 偏下户	中 等 收入户	中 等 偏上户	高 收 入 户	最 高 收入户	#更 高 收入户
10324.2	**11443.59**	**16767.36**	**18139.94**	**28426.7**	**32672.84**
4749.24	4971.73	6309.64	6144.95	7875.34	8302.06
624.45	654.87	752.92	750.02	800.26	853.64
1590.14	1583.16	1932.74	1810.75	1906.72	1998.68
996.42	992.17	1201.14	1120.13	1204.19	1238.41
335.76	326.87	395.27	379.14	378.33	403.5
95.54	98.01	119.25	115.69	125.15	133.03
162.42	166.11	217.07	195.8	199.05	223.73
840.95	1147.11	1793.65	1958.24	3148.69	3040.02
591.93	817.39	1322.02	1467.24	2319.76	2272.6
723.19	730.04	807.65	1396.7	1722.44	2233.35
271.23	294.12	200.78	765.61	798.4	1337.43
562.58	682.83	1053.14	1413.54	2306.36	2422.36
880.47	1309.79	3351.51	2805.36	6392.45	8830.89
999.27	1273.59	1970.79	2566.24	3500.21	3354.27
1270.04	982.48	1051.82	1268.05	2124.59	2802.18
570.38	194.14	138.2	235.59	856.55	1554.98
298.46	346.03	429.16	586.86	1356.61	1687.71

5-6 城镇居民家庭人均消费性支出情况

Per Capita Annual Living Expenditures of Urban Households

单位：元

	1978年	1980年	1990年	2000年	2007年	2008年
消费性支出	**328.32**	**391.26**	**1680.77**	**6423.48**	**11702.77**	**12849.93**
食　品	189.11	226.15	863.63	2491.43	4571.65	4803.12
#粮　食	42.62	45.02	70.15	160.36	281.83	310.15
油脂类			25.80	90.41	161.28	225.31
#食用植物油			25.80	72.25	154.89	218.29
肉禽及制品			225.33	599.14	1087.64	1241.75
蛋　类			34.06	61.82	96.07	99.98
水产品类			22.39	71.58	148.69	159.81
蔬菜类			102.22	240.15	491.11	504.76
#鲜　菜			94.14	227.44	450.22	471.72
糖　类			13.51	35.58	53.17	53.96
烟草类			61.73	112.05	240.5	315.68
酒和饮料			28.34	106.30	210.06	217.44
干鲜瓜果类			54.93	127.83	268.45	268.99
奶及奶制品			19.84	137.00	243.55	263.41
衣　着	56.14	60.21	246.07	580.47	1112.53	1247.05
#服　装			104.02	417.10	765.31	906.36
衣着材料			62.38	14.26	6.72	11.91
鞋袜帽及其它			43.12	146.56	335.02	321.92
家庭设备用品及服务	24.27	34.74	200.00	565.00	750.69	782.7
#耐用消费品			73.83	306.02	314.69	305.87
#洗衣机			31.92	9.71	8.49	37.99
电冰箱			75.01	34.60	51.68	40.08
医疗保健	4.11	5.11	25.24	417.32	686.83	846.67
交通和通讯	4.08	4.23	22.31	378.95	1724.55	1935.1
#交　通	3.72	3.84	20.67	156.16	1022.53	1146.7
通　信	0.36	0.39	1.64	222.8	702.02	788.4
教育文化娱乐服务	23.23	27.94	176.05	828.75	1443.13	1461.67
#文化娱乐用品			98.64	211.67	230.31	331.42
教　育	4.68	5.88	28.54	440.23	696.95	619.97
文化娱乐服务	11.76	12.46	29.86	176.85	515.88	510.29
居　住	16.49	17.88	81.91	764.31	1009.27	1057.06
其它商品和服务	10.89	15.00	65.56	397.26	404.14	716.56
#金银珠宝饰品				21.97	6.78	17.47
理发、美容用品				44.70	99.43	95.08

注：1990年以前蛋类为鲜蛋；"家庭设备用品及服务"指日用品；"教育"未含教材及参考书；"交通"未含交通工具。

5-7 城镇居民家庭人均食品消费量

Per Capita Foods Consumption of Urban Households

单位：千克

	1980 年	1990 年	2000 年	2007 年	2008 年
食用植物油			10.58	13.46	14.16
猪　肉	28.20	34.80	29.81	31.09	29.13
牛羊肉	2.90	1.90	2.95	3.83	3.05
#鲜　蛋			11.80	10.84	10.90
鲜　菜	140.20	153.91	145.82	146.25	135.16
白　酒	1.70	2.84	2.16	1.63	1.53
果　酒		0.07	0.23	0.30	0.05
啤　酒	0.30	2.45	3.24	4.35	3.67
碳酸饮料				1.81	1.45
茶　叶	0.30	0.44	0.28	0.66	0.50
糕　点	2.00	3.71	3.44	6.18	7.40
鲜乳品	9.80	17.25	21.83	34.15	26.03
奶　粉		0.39	0.74	0.51	0.53

注：鲜蛋包括鸡蛋、鸭蛋和鹅蛋等。

5-8 城镇居民家庭人均食品消费额

Per Capita funds Consumption of Urban Households

单位：元

	2006 年	2007 年	2008 年
粮　食	210.54	281.83	310.15
油脂类	101.65	161.28	225.31
#食用植物油	96.86	154.89	218.29
猪　肉	339.75	544.68	693.85
家禽及制品	650.85	314.94	306.82
蛋　类	65.11	96.07	99.98
#鲜　蛋	57.65	85.89	88.98
鲜　菜	298.29	491.11	471.72
干　菜	29.99	28.07	19.75
菜制品	6.51	12.82	13.31
酒　类	79.51	117.36	127.80
#白　酒	57.77	71.82	97.65
果　酒	5.99	20.63	3.74
啤　酒	15.13	23.93	21.35
茶　叶	19.90	36.78	32.13
鲜乳品	148.86	178.57	175.41
奶　类	199.92	243.55	263.41

注：2006 年家禽及制品含猪肉。

5-9 历年城镇居民家庭每百人购买穿用商品情况

Consumption of Clothing and Using Per 100 Citizens by Year

年 份	服 装 (件)	煤 炭 (公斤)	液 化 石油气 (公斤)	金银珠宝 饰 品 (元)	美 容 化妆品 (元)
1980	235.2	16974	51.6		
1981	242.0	16800	32.6		
1982	251.1	14400	22.8		
1983	275.4	16400	30.6		
1984	330.6	14251	62.6		
1985	423.3	18600	46.4	154.4	
1986	448.2	17242	51.7	149.7	
1987	441.4	16675	29.2	120.2	
1988	424.6	19454	36.6	702.1	
1989	244.2	18060	106.0	1613.8	
1990	309.2	13939	122.2	1360.9	
1991	314.7	21121	90.1	1967.4	
1992	591.1	20973	181.5	858.4	904.2
1993	557.9	19972	440.6	1422.5	1340.9
1994	595.1	11874	319.5	3174.7	1828.1
1995	661.1	6528	222.3	2958.0	2967.9
1996	639.6	5279	242.3	1663.9	3646.6
1997	594.2	4087	262.3	536.2	3430.6
1998	658.1	2989	264.5	672.2	4800.4
1999	741.3	2663	239.0	1648.9	5174.7
2000	681.1	3715	305.1	2197.2	4436.0
2001	721.3	4007	279.7	1298.6	4526.3
2002	731.7	5036	345.9	2428.3	5116.2
2003	651.0	3972	350.0	793.0	5070.0
2004	648.0	1235	237.0	1355.0	7286.0
2005	723.0	1059	174.0	700.0	8637.0
2006	756.0	1296	185.0	1775.0	9919.0
2007	665.0	1025	228.0	678.0	9247.0
2008	516.0	35.0	48.0	1747.0	8974.0

5-10 历年城镇居民家庭平均每百户年末耐用消费品拥有量

The Number of Major Durable Consumer Goods Owned Per 100 Urban Households by Year

年份	洗衣机（台）	电冰箱（台）	彩电（台）	摩托车（辆）	照相机（架）	电话（部）	电脑（台）	汽车（辆）
1978								
1979			0.3		2.7			
1980			0.7		3.0			
1981			0.7		3.7			
1982			1.3		5.0			
1983			3.0		10.7			
1984			8.7		11.7			
1985	63.7	8.7	26.7	0.7	18.3			
1986	25.3	7.8	42.3	0.7	26.7			
1987	80.3	33.3	49.3	0.7	29.0			
1988	82.0	45.7	65.3	0.3	32.0			
1989	85.7	60.3	79.3		38.7			
1990	93.0	76.0	92.0	0.7	43.3			
1991	87.0	72.3	88.0	0.7	42.3			
1992	86.7	70.7	92.3		40.7	4.7		
1993	86.0	72.3	89.0	0.3	36.0	5.3		
1994	92.0	83.7	100.0	0.3	40.7	15.3		
1995	95.7	89.0	111.3	1.7	49.0	25.3		
1996	95.7	88.7	114.0	2.0	51.0	35.3		
1997	99.0	91.3	117.7	4.0	50.0	57.0	2.7	
1998	97.3	93.0	119.3	7.3	53.7	65.3	9.0	
1999	99.7	93.7	124.0	6.7	56.0	70.7	9.3	0.7
2000	96.0	94.0	141.0	5.0	64.3	81.0	17.7	1.3
2001	99.3	94.0	145.0	4.7	63.3	91.3	25.0	3.3
2002	98.5	96.6	140.4	4.3	54.2	93.8	26.4	3.4
2003	98.3	96.1	143.4	4.1	46.7	92.1	30.2	3.1
2004	99.3	98.5	147.1	5.5	56.1	94.5	42.1	8.5
2005	98.3	96.5	145.8	5.3	60.0	95.0	50.5	8.8
2006	99.0	98.0	151.3	2.8	58.5	93.8	58.5	9.3
2007	100.7	99.0	148.0	1.0	50.5	92.6	65.1	9.9
2008	96.3	94.8	133.8	2.2	42.7	76.9	65.7	18.1

5-10 续表

年　份	钢　琴 (架)	组合音响 (套)	空调器 (台)	中高档 乐　器 (件)	淋　浴 热水器 (台)	抽　排 油烟机 (台)	健身器材 (件)	移动电话 (部)
1978								
1979								
1980								
1981								
1982								
1983								
1984								
1985				4.3				
1986				6.3				
1987				7.7				
1988				13.0				
1989		1.3		11.0				
1990		3.0		13.0				
1991		1.0		7.3				
1992	0.3	6.0		8.0	41.7	19.0		
1993	0.3	7.3		9.3	44.3	18.7		
1994	1.0	14.0	1.3	9.0	72.7	28.7		
1995	1.0	18.3	3.0	8.7	78.0	33.7		
1996	0.7	21.0	6.0	9.0	76.0	33.3		
1997	1.3	25.7	8.7	8.0	83.0	47.7	2.0	0.7
1998	1.3	32.3	13.7	9.7	80.0	42.7	3.3	3.7
1999	2.7	40.0	25.7	10.3	87.0	48.0	5.6	8.3
2000	2.3	33.7	34.3	8.7	87.0	45.0	6.0	25.7
2001	1.7	42.3	47.7	11.0	90.3	51.7	8.0	54.7
2002	0.7	40.3	44.9	7.1	89.4	55.8	3.3	68.3
2003	0.8	38.5	55.2	6.1	89.2	45.6	2.9	94.9
2004	2.0	46.9	90.2	7.3	94.5	48.9	4.5	137.3
2005	2.8	45.5	103.8	5.5	96.5	54.5	4.3	165.3
2006	2.5	43.0	114.3	5.0	97.5	57.0	3.0	185.0
2007	2.5	41.6	108.9	3.2	98.3		4.0	186.4
2008	4.6	34.6	111.9	2.6	98.9		4.2	175.3

5-11 农村居民家庭基本情况

Basic Conditions of Rural Households

	单 位	1978 年	1980 年	1990 年	2000 年	2007 年	2008 年
调查户数	**户**	**85**	**162**	**1380**	**2240**	**2115**	**5000**
人口状况							
平均每户人口	人	5.5	5.2	4.2	3.6	3.5	3.5
平均每一劳动力赡养人口	人	2.2	2.0	1.4	1.4	1.3	1.3
劳动者文化程度构成							
文盲或半文盲	%			11.6	2.4	2.3	2.0
小学程度	%			45.4	33.7	22.7	21.6
初中程度	%			35.5	51.2	56.9	56.6
高中程度	%			7.0	10.2	12.4	14.1
中专程度	%			0.4	1.8	3.8	3.6
大专程度	%			0.1	0.6	1.9	2.1
人均收入状况							
可支配收入	元				2961	5348	6083
纯收入	元	140	223	773	3016	5642	6481
现金收入	元	87	161	996	3302	6996	7927
人均储蓄存款与手存现金							
年末存款余额	元			140	1453	5610	6332
年末手存现金	元	12	18	189	666	1255	1734
人均居住情况							
年末住房面积	平方米	9.58	10.04	20.61	34.85	42.39	42.82
#砖木结构面积	平方米			11.43	17.08	18.96	17.04
钢筋混凝土结构面积	平方米			2.26	15.29	22.50	24.61
年末住房价值	元		156	917	4835	13731	15129
人均生产性固定资产情况							
年末生产性固定资产原值	元			214.80	1404.80	2686.11	2940.80
#役畜、产品畜	元			26.65	66.80	182.08	191.84
大中型铁木农具	元			29.68	89.80	54.29	51.24

5-12 农村居民家庭人均总收入

Per Capita Annual Gross Income of Rural Households

单位：元

	1978年	1980年	1990年	2000年	2007年	2008年
全年总收入	**168.56**	**262.06**	**1195.27**	**4298.28**	**7752.80**	**8810.39**
工资性收入	28.12	42.41	130.20	1006.78	2380.65	2751.74
家庭经营收入	117.83	190.57	1003.28	2911.70	4554.44	4957.25
#农业收入	66.88	111.16	491.52	1210.01	1778.35	1882.76
林业收入	0.38	0.67	7.74	40.83	67.85	88.28
牧业收入	46.69	71.88	355.61	895.43	1406.83	1576.47
渔业收入	0.08	0.22	4.26	60.59	60.86	93.17
工业收入			24.72	88.06	141.27	146.99
建筑业收入			21.82	80.90	147.17	174.89
交通、运输和邮电业收入	0.53	3.33	18.04	97.25	281.34	277.30
批发零售贸易餐饮业收入			20.53	153.12	376.58	376.85
社会服务业收入			19.61	92.68	162.79	180.51
转移性和财产性收入	22.61	29.08	61.79	379.80	817.71	1101.39

注：①从2003年起转移性和财产性收入不含“调查补贴”等项。

5-13 农村居民家庭人均现金收支情况

Per Capita Cash Income and Expenditure of Rural Households

单位：元

	1978 年	1980 年	1990 年	2000 年	2007 年	2008 年
年初手存现金	**11.98**	**11.98**	**142.43**	**1295.30**	**1072.87**	**1386.03**
年初存款余额			**118.12**	**701.66**	**3959.16**	**4650.87**
全年现金收入	**87.07**	**160.79**	**995.95**	**3302.32**	**6996.07**	**7926.54**
工资性收入	21.12	42.41	130.20	1006.48	2378.79	2743.00
家庭经营收入	55.10	98.34	668.39	1922.96	3810.70	4064.91
＃农业	53.88	90.90	210.60	479.54	1143.38	1179.86
牧业			309.07	679.12	1296.45	1404.24
建筑业现金收入			21.82	80.90	147.17	174.89
交通、运输和邮电业现金收入	0.53	3.33	18.04	97.25	281.34	277.30
转移性和财产性收入	8.86	9.62	76.14	372.89	806.59	1118.62
非收入所得	**1.99**	**10.42**	**121.22**	**326.27**	**658.36**	**771.61**
全年现金支出	**86.68**	**154.45**	**949.23**	**2922.27**	**5829.82**	**6607.62**
＃生产费用支出	20.35	29.29	286.07	915.30	1933.26	2040.90
生活消费支出	62.52	103.31	459.39	1769.71	3514.63	4077.60
非消费性现金支出	**2.32**	**13.91**	**114.04**	**339.44**	**971.78**	**1043.81**
年末手存现金	**12.37**	**18.32**	**189.15**	**666.33**	**1254.50**	**1734.13**
年末存款余额			**140.19**	**1453.47**	**5610.43**	**6332.35**

注：①2007 年末与 2008 年初数据不一致的原因为增加样本量。

5-14 农村居民家庭人均支出情况

Per Capita Expenditure of Rural Households

单位：元

	1978 年	1980 年	1990 年	2000 年	2007 年	2008 年
全年总支出	**146.72**	**234.84**	**1124.89**	**3495.51**	**6400.38**	**7191.25**
家庭经营费用支出			354.23	999.79	1842.75	2042.16
#农业支出			86.96	240.59	446.54	470.58
牧业支出			229.36	618.72	956.93	1076.90
购置生产性固定资产			16.40	46.14	172.75	91.22
税费支出	0.02	0.04	46.37	77.06	12.78	7.00
生活消费支出	116.94	185.70	692.92	2200.74	3997.83	4565.06
食　品	80.12	132.04	440.96	1126.03	1851.62	1889.59
#主　食	49.15	70.69	154.57	228.57	307.00	299.48
副　食	22.68	56.87	217.18	616.53	857.93	851.83
衣　着	15.43	18.69	46.12	146.76	336.74	426.80
居　住	7.53	16.56	114.68	320.79	432.76	540.16
家庭设备、用品及服务	9.36	13.31	28.19	113.72	229.97	280.30
医疗保健		0.93	16.43	99.72	203.85	244.57
交通和通讯		1.21	10.91	120.10	547.06	660.25
文化教育娱乐用品及服务	4.50	5.10	31.67	209.37	317.51	427.40
其他商品和服务			3.96	64.25	78.31	96.00
财产转移性支出			14.97	169.46	370.03	482.57
附：生产性固定资产折旧			14.32	93.65	267.62	226.38

5-15 农村居民家庭人均纯收入

Per Capita Net Income of Rural Households

单位：元

	2003 年	2004 年	2007 年	2008 年
全年纯收入	**3656**	**4072**	**5642**	**6481**
工资性收入	1387	1582	2381	2752
家庭经营收入	1893	2069	2520	2712
#农业收入	959	1064	1259	1322
林业收入	25	17	50	68
牧业收入	287	333	399	450
渔业收入	27	18	31	51
工业收入	46	56	68	57
建筑业收入	75	86	115	129
交通、运输和邮电业收入	125	144	167	164
批发零售贸易餐饮业收入	161	165	213	224
社会服务业收入	90	91	109	123
转移性收入	208	234	295	509
财产性收入	168	187	447	509

注：按住户调查统计制度，2003 年开始计算分项纯收入。

5-16 农村居民家庭人均主要实物消费量

Major Foods Consumption Per Capita of Rural Households

	单　位	1978年	1980年	1990年	2000年	2007年	2008年
粮　食	千克			301.81	230.77	190.27	170.34
蔬　菜	千克	140.61	122.63	203.51	117.63	92.78	78.68
植物油	千克	2.27	3.14	4.07	7.90	5.36	5.06
动物油	千克	0.39	0.65	1.29	1.69	1.15	1.14
猪　肉	千克	7.45	12.20	22.55	30.10	26.04	28.08
蛋　类	千克	0.95	1.23	2.95	5.67	4.81	5.52
家　禽	千克	0.43	1.40	1.82	5.09	7.56	9.33
鱼　虾	千克	0.11	0.11	0.59	2.83	3.82	3.72
糖　类	千克	0.60	1.12	1.62	1.63	0.97	1.12
酒	千克	1.46	2.04	5.29	8.19	11.48	10.80
水　果	千克			4.40	18.07	18.90	18.54

5-17 农村居民家庭每百户耐用物品拥有量

The Number of Durable Consumer Goods Owned Per 100 Rural Households

	单　位	1978年	1980年	1990年	2000年	2007年	2008年
自行车	辆	46	68	161	149	108.7	107.7
热水器	台					35.9	39.0
洗衣机	台			8.3	50.1	83.8	87.9
电冰箱	台			0.3	16.9	50.8	62.5
摩托车	辆			0.7	39.9	67.8	67.6
微波炉	台					6.6	8.9
抽油烟机	台				1.6	7.8	7.0
黑白电视机	台	8.2	31.5	59.2	57.6	8.8	5.7
彩色电视机	台			4.0	69.1	116.5	120.9
摄像机	台					1.5	0.6
照像机	架			0.4	5.0	8.8	8.7
空调机	台				1.2	13.0	14.2
电话机	部				29.8	67.3	57.9
移动电话	部				9.2	139.7	166.8
家用计算机	台				3.0	7.0	8.6

5-18 历年农村居民家庭每百人购买穿用商品

The Purchase of Clothing and Using Per 100 Rural Residents by Year

年 份	服 装 (件)	电 话 (部)	电视机 (部)	#彩 电	收录机 (部)
1978					
1979					
1980					
1981					
1982					
1983			1.09		0.13
1984			1.75		0.31
1985			1.28	0.07	0.21
1986			1.58	0.07	0.51
1987			2.20	0.02	0.53
1988			2.14	0.15	0.65
1989			1.09	0.10	0.77
1990			1.19	0.21	0.36
1991			1.38	0.11	0.55
1992			1.46	0.47	0.47
1993			2.17	0.68	0.52
1994			1.11	0.42	0.50
1995			1.18	0.62	0.62
1996			1.16	0.69	0.38
1997			1.24	1.01	0.36
1998			1.53	1.27	0.26
1999			2.05	1.81	0.21
2000	121.79	2.47	1.70	1.60	0.24
2001	141.58	1.97	1.70	1.65	0.31
2002	148.03	2.23	1.66	1.65	0.60
2003	243.68	1.94	1.93	1.87	0.13
2004	251.09	1.85	1.53	1.49	0.24
2005	259.63	2.66	1.39	1.36	0.13
2006	295.54	1.63	1.46	1.42	0.13
2007	297.38	1.91	1.43	1.43	0.18
2008	295.74	1.32	1.65	1.61	0.15

注：从 2000 年起购买棉布和化纤布中不再包括购买的棉布和化纤布服装的折合量。

5-18 续表

年 份	自行车 (辆)	洗衣机 (台)	电风扇 (台)	电冰箱 (台)	摩托车 （辆）	手 机 (部)
1978						
1979						
1980						
1981						
1982						
1983	3.03		0.20			
1984	3.65	0.03	0.12			
1985	3.29	0.09	0.31			
1986	3.33	0.10	0.58			
1987	3.62	0.24	0.98			
1988	4.14	0.42	1.44			
1989	2.29	0.33	0.82			
1990	2.49	0.14	0.79			
1991	3.50	0.28	1.71			
1992	3.46	0.47	1.42			
1993	4.46	0.71	2.72			
1994	3.21	0.50	2.55			
1995	2.72	0.45	3.43			
1996	1.74	0.45	2.70			
1997	1.97	0.66	1.71			
1998	1.68	0.55	2.46			
1999	2.07	0.58	1.86	0.35	1.25	
2000	2.98	0.66	2.37	0.23	0.94	0.30
2001	2.72	0.93	2.81	0.46	1.21	0.71
2002	2.82	0.94	2.55	0.37	1.52	2.12
2003	3.25	1.11	2.22	0.55	1.38	3.27
2004	2.49	1.21	1.98	0.64	1.43	3.31
2005	2.21	1.50	1.76	0.60	1.12	3.67
2006	2.15	1.42	3.59	0.92	1.11	4.39
2007	1.54	1.24	2.47	1.90	1.60	7.11
2008	1.80	1.38	2.14	2.27	1.40	8.30

主 要 统 计 指 标 解 释

城镇居民家庭实际收入 指被调查城镇居民家庭全部的实际现金收入，包括经常或固定得到的收入和一次性收入。不包括周转性收入，如提取银行存款、向亲友借入款、收回借出款以及其他各种暂收款。

城镇居民家庭总收入 指调查户中生活在一起的所有家庭成员在调查期得到的工薪收入、经营净收入，财产性收入、转移性收入的总和，不包括出售财物收入和借贷收入。

城镇居民家庭可支配收入 指调查户可用于最终消费支出和其它非义务性支出及储蓄的总和，即居民家庭可以用来自由支配的收入。它是家庭总收入扣除交纳的所得税、个人交纳的社会保障费以及调查户的记账补贴后的收入。计算公式：可支配收入=家庭总收入-交纳所得税-个人交纳的社会保障支出-记账补贴。

城镇居民家庭消费支出 指调查户用于本家庭日常生活的全部支出，包括食品、衣着、家庭设备用品及服务、医疗保健、交通和通讯、娱乐教育文化服务、居住、杂项商品和服务八大类。包括用于赠送的商品或服务。

农村居民可支配收入 指农村居民获得的经过初次分配与再分配后的收入。可支配收入可用于农村居民的最终消费、非义务性支出以及储蓄。其计算方法是：

农村居民可支配收入=全年总收入-家庭经营费用支出-税费支出-生产性固定资产折旧-调查补贴-财产性支出-转移性支出中除赠送农村内部亲友支出外的所有支出-亲友赠送收入+农村外部亲友赠送收入

农村居民家庭纯收入 指农村常住居民家庭总收入中，扣除相应的各项费用支出后，归农民所有的收入。它可以用于生产、非生产投资，改善物质和文化生活，以及用于再分配的支出和结余的收入。它是反映农民家庭实际收入水平的综合性的主要指标。农民家庭纯收入，既包括从事生产性和非生产性的经营收入，又包括取自在外人口寄回带回和国家财政救济、各种补贴等非经营性收入；既包括货币收入，又包括自产自用的实物收入。但不包括向银行、信用社和向亲友借款等属于借贷性的收入。其计算方法是：

纯收入＝全年总收入-家庭经营费用-税费支出-固定资产折旧-亲友赠送收入＋城市亲友赠送收入＋一次性工伤补贴＋保险公司赔付

农村居民生活消费支出 指农村常住居民家庭年内用于物质生活和精神生活方面的实际支出,直接反映农民的生活水平,是研究农民消费结构变化的基本指标。农民家庭生活消费支出,包括食品、衣着、居住、家庭设备、用品及服务、医疗保健、交通和通讯、文化教育娱乐用品及服务、其他商品和服务等消费支出。

城乡居民储蓄存款余额 城乡居民储蓄存款，包括城镇居民储蓄存款和农民个人储蓄存款两部分。不包括居民的手存现金和工矿企业、部队、机关团体等集团存款。储蓄存款余额，是指城乡居民存入银行及农村信用社储蓄的时点数（存入数扣除取出数的余额），如月末、季末或年末数额。

六　城市公用事业

简　要　说　明

主要内容

本部分资料反映城市基本情况，主要包括：城市规模、建设用地，城市绿化、环境卫生、道路、桥梁、自来水、天然气等城市基础设施情况；全市及分行业用电量情况，工业企业主要污染物排放及处理利用情况。

资料来源

城市基础设施建设资料来源于成都市建设委员会。

用电量资料来源于成都电业局。

环保资料来源于成都市环境保护局。

其他需要说明的问题

城市基础设施建设资料为市区范围内全社会统计口径，即包括建设系统内外两部分。

用电量资料仅为成都电业局售给成都地区的售电量，不含各县（市）未入网的自行发电量。

环保资料为全社会统计口径。

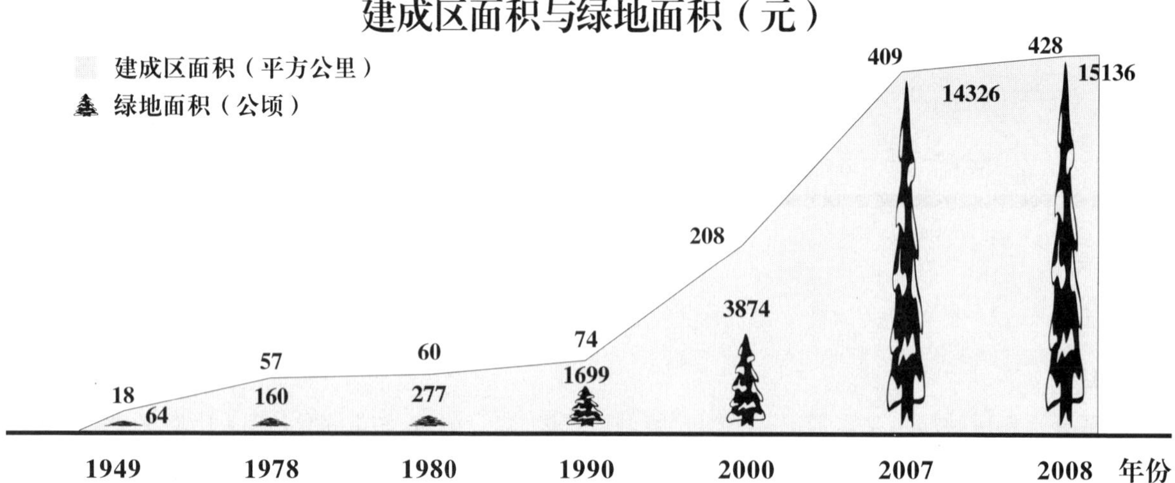

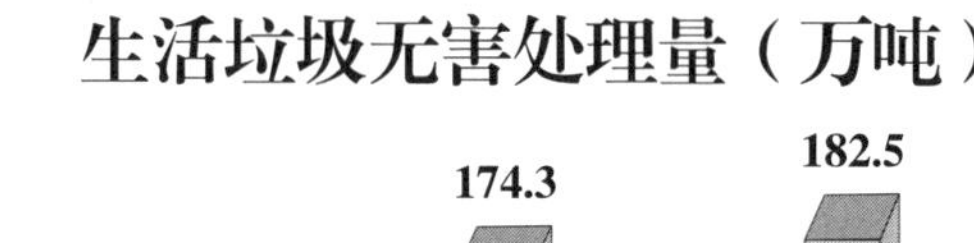

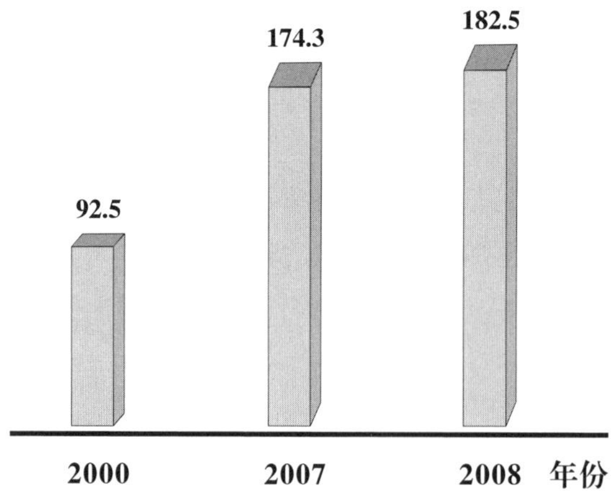

全市用电量（亿千瓦小时）

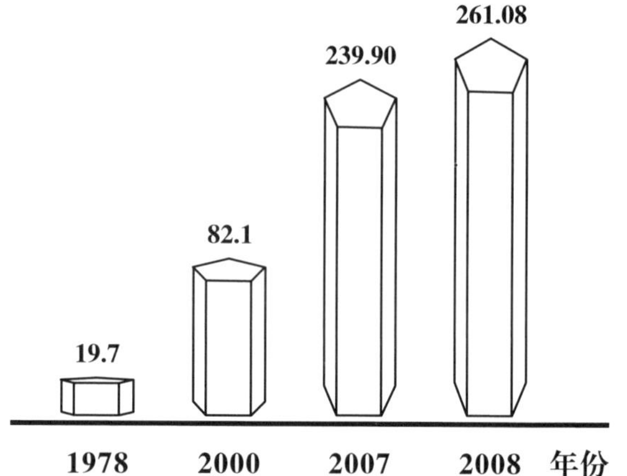

城市供水量（万吨）

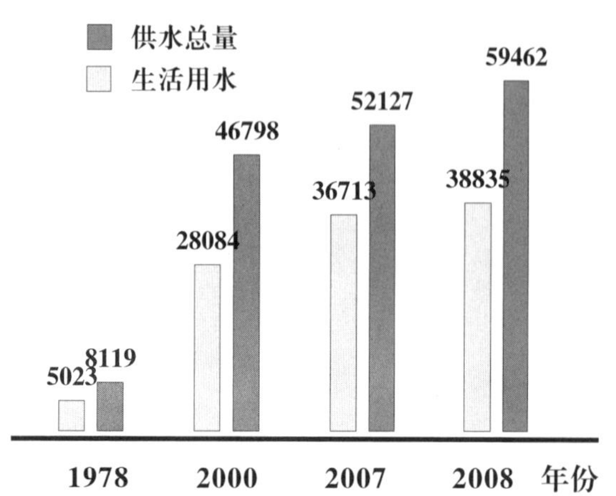

城市供天然气量（亿立方米）

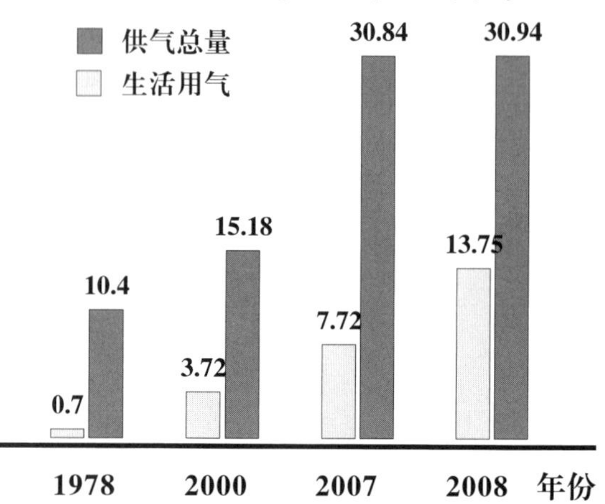

6-1 城市规模和建设用地情况

Urban Scale and Construction Land

	单 位	2007 年	2008 年		单 位	2007 年	2008 年
市区人口	万人	502.70	510.17	#生活居住用地	平方公里	135.48	156.79
市区面积	平方公里	2182	2176	公共设施用地	平方公里	54.97	57.91
建成区面积	平方公里	408.66	427.65	工业用地	平方公里	84.90	88.79
#城区	平方公里	309.02	318.65	对外交通用地	平方公里	5.21	10.39
城市建设用地面积	平方公里	401.61	436.40	仓储用地	平方公里	7.42	6.53

6-2 市 政 设 施 水 平

Level of Urban Public Facilities

	单 位	2007 年	2008 年		单 位	2007 年	2008 年
用水普及率	%	93.0	94.1	人均公园绿地面积	平方米	10.4	11.4
用气普及率	%	91.5	93.6	建成区绿地率	%	35.1	35.4
每万人拥有公共交通车辆	标台	17.7	21.1	建成区绿化覆盖率	%	38.0	38.6
人均拥有道路面积	平方米	12.5	13.6				

注：人均市政设施水平按市区人口和暂住人口计算。

6-3 市政工程设施情况
Municipal Engineering Facilities

	单　位	2007年	2008年		单　位	2007年	2008年
年末实有铺装道路长度	公里	2278	2418	污水排放量	万立方米	39962	47448
年末实有铺装道路面积	万平方米	4919	5509	污水处理厂座数	座	4	6
#人行道面积	万平方米	942	986	污水处理厂处理能力	万立方米/日	110.5	149.0
路灯盏数	千盏	116	125	#二、三级处理	万立方米/日	104.5	149.0
桥梁数	座	448	497	污水处理总量	万立方米	32764	40419
#立交桥	座	71	102	污水再生利用总量	万立方米	1532	1538
排水管道长度	公里	3949	4366	防洪堤长度	公里	463	482
#污水管道	公里	1739	1771				

6-4 自来水供应情况
Basic Statistics of Tap Water Supply

	单　位	2007年	2008年		单　位	2007年	2008年
年末供水综合生产能力	万吨/日	181	176	全年供水量	万吨	52127	59462
#地下水	万吨/日	19.0	14.0	#生活用水	万吨	36713	38835
年末自来水管长度	公里	4339	4611	用水人口	万人	367.3	382.1

6-5　天然气、液化石油气情况

Basic Statistics of Urban Supply for Natural Gas and Liquefied Petroleum Gas

	单　　位	2007 年	2008 年		单　　位	2007 年	2008 年
天然气				**液化石油气**			
输气管道长度	公里	6069	6608	供气量	吨	110912	87499
供气总量	万立方米	308353	309353	＃家庭用量	吨	41130	34824
＃家庭用量	万立方米	77228	83844	用气人口	万人	20.2	16.5
用气人口	万人	341.2	363.6				

6-6　公共汽车、出租车情况

Basic Statistics of Buses, Trolley Buses and Taxies

	单　　位	1990 年	2000 年	2007 年	2008 年
年末营运汽车	辆	942	2118	5547	6825
年末运营线路网长度	公里	628	919	804	1413
全年客运总量	万人次	37039	45164	106417	108271
年末出租汽车	辆	1885	7852	9488	12732

6-7 园 林 绿 化 情 况

Basic Statistics of Parks, Gardens and Green Areas

	单　位	1990 年	2000 年	2007 年	2008 年
年末园林绿地面积	公顷	1896	4013	14495	15446
#建成区	公顷	1699	3874	14326	15136
#城区	公顷		3553	11009	11285
年末公园绿地面积	公顷	436	901	4111	4642
绿化覆盖面积	公顷	2466	4873	15837	16821
#建成区	公顷	2206	4696	15540	16499
#城区	公顷		4305	11890	12181

6-8 城市维护建设资金收支情况

Revenue and Expenditures of urban Maintenance and Construction Funds

单位：万元

	2007 年	2008 年		2007 年	2008 年
一、城市维护建设资金收入	**1001482**	**910748**	#固定资产支出	520548	490073
#城市维护建设税	**107034**	**131437**	维护支出	208599	226844
公用事业附加	24967	15617	**按行业分**		
地方财政拨款	212527	251977	#供　水	9244	17023
水资源费	729	1461	燃　气	68	70
市政公用设施配套费	95780	171218	公共交通	59195	42053
市政公用设施有偿使用费	90279	87120	道路桥梁	352192	384849
土地出让转让金	410704	207270	排水工程	154861	175466
二、城市维护建设资金支出	**982118**	**907796**	园林绿化	123525	115871
按用途分			环境卫生	54241	64693

6-9 历 年 全 市 用 电 量

Urban Electricity Consumption by Year

单位：万千瓦小时

年　份	用电量	# 工业用电	# 交通运输用电	# 城乡居民生活用电
1950	770	377		
1951	1019	591		
1952	1141	722		
1953	1540	909		
1954	1929	1206		
1955	2331	1457		
1956	3426	2209		
1957	4276	2777		
1958	8386	6559		
1959	21717	18984		
1960	47508	43455		
1961	42103	38514		
1962	35633	30704		
1963	37319	32107		
1964	46417	42619		
1965	70084	62821	25	
1966	96492	86855	63	
1967	77595	68445	147	
1968	44587	35257	123	
1969	85931	72706	267	
1970	147391	127357	3637	
1971	163559	137687	6098	
1972	165761	140600	6093	
1973	173619	147826	5389	
1974	181273	152666	6457	
1975	138626	112246	1100	
1976	135847	115992	1765	
1977	162564	140421	2125	

6-9 续表

单位：万千瓦小时

年　　份	用电量	# 工业用电	# 交通运输用电	# 城乡居民生活用电
1978	197000	171281	2268	
1979	219477	188343	2174	
1980	236796	200477	2160	
1981	232955	192777	1879	
1982	242919	199843	2032	
1983	262682	217953	2206	
1984	269408	220028	4625	
1985	273763	218888	5771	
1986	283501	233569	8362	
1987	297163	237476	8862	
1988	302933	236183	7353	
1989	337198	263915	6964	
1990	356117	269271	7112	
1991	405748	310748	7139	
1992	446621	335390	9110	
1993	511759	374196	9526	
1994	555674	391665	10206	
1995	594427	410396	10415	
1996	647423	424693	11740	
1997	678070	425725	14004	
1998	699964	427596	11861	
1999	734982	431075	13570	
2000	821001	453625	15699	191046
2001	903557	476157	23247	209509
2002	1115973	625479	27461	236596
2003	1181635	632120	47087	256962
2004	1318347	691741	37818	292576
2005	1465839	760470	24318	334690
2006	1671532	867800	34905	382409
2007	2399000	1311200	29277	502204
2008	2610793	1351903	37628	586859

注：用电量2007年及以后为全口径，2007年以前为直供口径。

6-10 分 行 业 用 电 量

Electricity Consumption by Sector

单位：万千瓦小时

	1990 年	2000 年	2007 年	2008 年
总　　计	**356117**	**821001**	**2399000**	**2610793**
农、林、牧、渔、水利业	9447	17278	36920	29800
工　业	269271	453625	1311200	1351903
建筑业	1212	7112	64669	93025
交通运输、仓储和邮政业	7784	15699	37613	49734
商业、住宿和餐饮业	3694	62921	158918	175219
城乡居民生活用电	41195	191046	502204	586859
城　市	34353	144338	327660	384896
乡　村	6842	46708	174544	201963

6-11 工业主要污染物排放及处理利用情况

Discharge, Treatment and Utilization of Industrial Pollutants

	单　位	2007 年	2008 年		单　位	2007 年	2008 年
工业废水				排放量	万吨	3.80	3.59
排放总量	万吨	24247	20698	**工业粉尘**			
排放达标量	万吨	23376	20421	排放量	万吨	1.96	0.43
工业废气				**工业固体废物**			
排放总量	亿标立方米	2840	1968	产生量	万吨	634	725
燃烧过程排放量	亿标立方米	768	976	综合利用量	万吨	622	713
生产工艺过程排放量	亿标立方米	2072	993	贮存量	万吨	6.48	3.64
工业烟尘				处置量	万吨	6.95	8.44

主 要 统 计 指 标 解 释

自来水生产能力 指城建部门管理的自来水厂和自备水源的社会单位取水、净化、送水、出厂输水干管等环节的实际生产能力。

城市人口用水普及率 指城市用水的人口数（不包括临时人口和流动人口）与城市总人口数之比。计算公式：

用水普及率＝（城市用水的人口数÷城市总人口数）×100%

城市用气普及率 指使用煤气（包括人工煤气、液化石油气、天然气）的城市总人口数（不包括临时人口和流动人口）与城市人口总数之比。计算公式：

$$城市煤气普及率=\frac{城市用气的人口数}{城市总人口数}\times 100\%$$

城市污水日处理能力 指污水处理厂每昼夜处理污水量的设计能力。

营运线路长度 指设置的固定营运线路长度，包括郊区营运线路长度。不包括临时行驶的线路长度。

城市园林绿地面积 指城市公共绿地、专用绿地、生产绿地、防护绿地、郊区风景名胜区的全部面积。

公共绿地 指供游览休息的各种公园、动物园、植物园、陵园以及花园、游园和供游览休息用的林荫道绿地、广场绿地。不包括一般栽植的行道村及林荫道的面积。

工业废水排放量 指经过企业厂区所有排放口排到企业外部的工业废水量。包括生产废水、外排的直接冷却水、超标排放的矿井地下水和与工业废水混排的厂区生活污水，不包括外排的间接冷却水（清污不分流的间接冷却水应计算在内）。

工业废水排放达标量 指各项指标都达到国家或地方排放标准的外排工业废水量，包括未经处理外排达标的和经过处理后外排达标的两部分。国家排放标准见GB8978-88。

工业废气排放量 指企业厂区内燃料燃烧和生产工艺过程中产生的各种排入空气的含有污染物的气体的总量，以标准状态［273K,101325Pa］计。

工业粉尘排放量 指企业在生产工艺过程中排放的颗粒物重量。如钢铁企业的耐火材料粉尘、焦化企业的筛焦系统粉尘、烧结机的粉尘、石灰窑的粉尘、建材企业的水泥粉尘等。不包括电厂排入大气的烟尘。

工业固体废物产生量 指企业在生产过程中产生的固体状、半固体状和高浓度液体状废弃物的总量，包括危险废物、冶炼废渣、粉煤灰、炉渣、煤矸石、尾矿、放射性废物和其他废物等；不包括矿山开采的剥离废石和掘进废石（煤矸石和呈酸性或碱性的废石除外）。酸性或碱性废石是指采掘的废石其流经水、雨淋水的pH值小于4或pH值大于10.5者。

工业固体废物综合利用量 指通过回收、加工、循环、交换等方式，从固体废物中提取或者使其转化为可以利用的资源、能源和其他原材料的固体废物量（包括当年利用往年的工业固体废物累计贮存量）。如用作农业肥料、生产建筑材料、筑路等。综合利用量由原产生固体废物的单位统计。

工业固体废物贮存量 指以综合利用或处置为目的，将固体废物暂时贮存或堆存在专设的贮存设施或专设的集中堆存场所内的量。专设的固体废物贮存场所或贮存设施必须有防扩散、防流失、防渗漏、防止污染大气、水体的措施。，工业固体废物处置量指将固体废物焚烧或者最终置于符合环境保护规定要求的场所并不再回取的工业固体废物量（包括当年处置往年的工业固体废物累计贮存量）。处置方法如：填埋（其中危险废物应安全填埋）、焚烧、专业贮存场（库）封场处理、深层灌注、回填矿井等。

七 农 业

简 要 说 明

主要内容

本部份资料反映全市农业生产和农村经济的基本情况,主要包括农村基层组织、乡村从业人员和农、林、牧、渔业产值及其主要产品产量、农业机械拥有量、水利设施、林业生产和乡镇企业等方面的统计资料。

资料来源

农林牧渔业产值、产量及有关资料来源于成都市统计局。

农业机械资料来源于成都市农业委员会。

林业生产资源来源于成都市林业和园林局。

乡镇企业资料来源于成都市经济委员会成都市中小企业局。

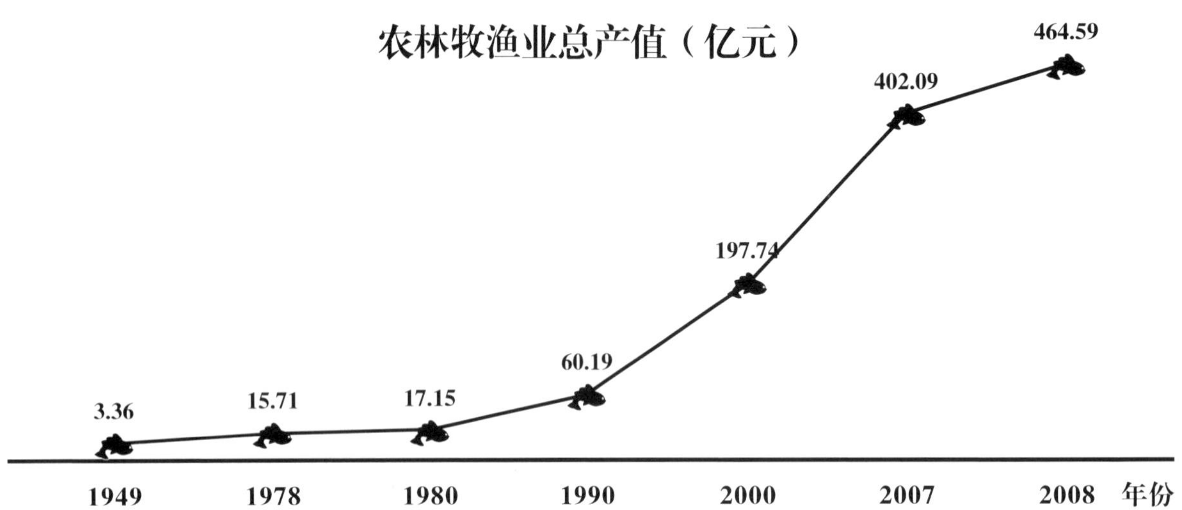

农林牧渔业总产值（亿元）
3.36
15.71
17.15
60.19
197.74
402.09
464.59
1949
1978
1980
1990
2000
2007
2008
年份

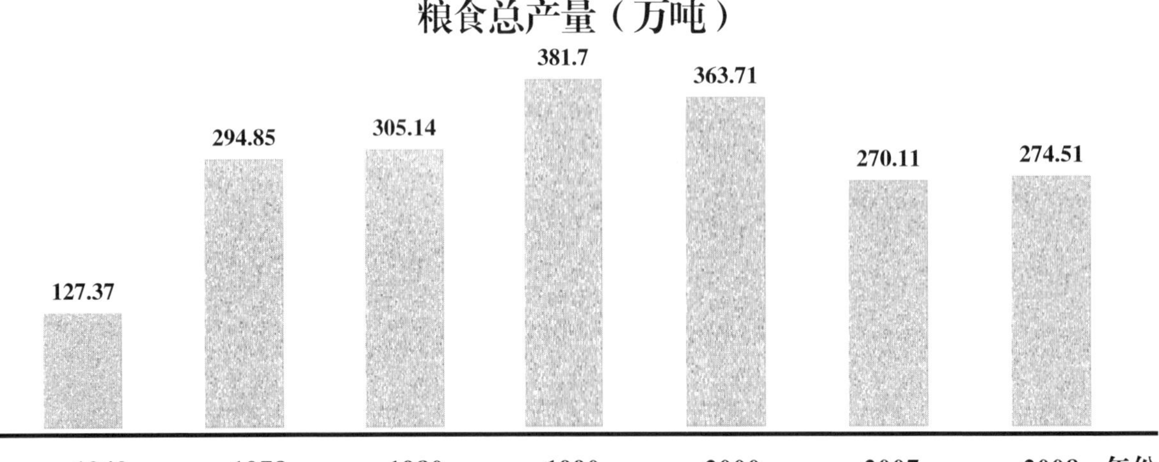

粮食总产量（万吨）
127.37
294.85
305.14
381.7
363.71
270.11
274.51
1949
1978
1980
1990
2000
2007
2008
年份

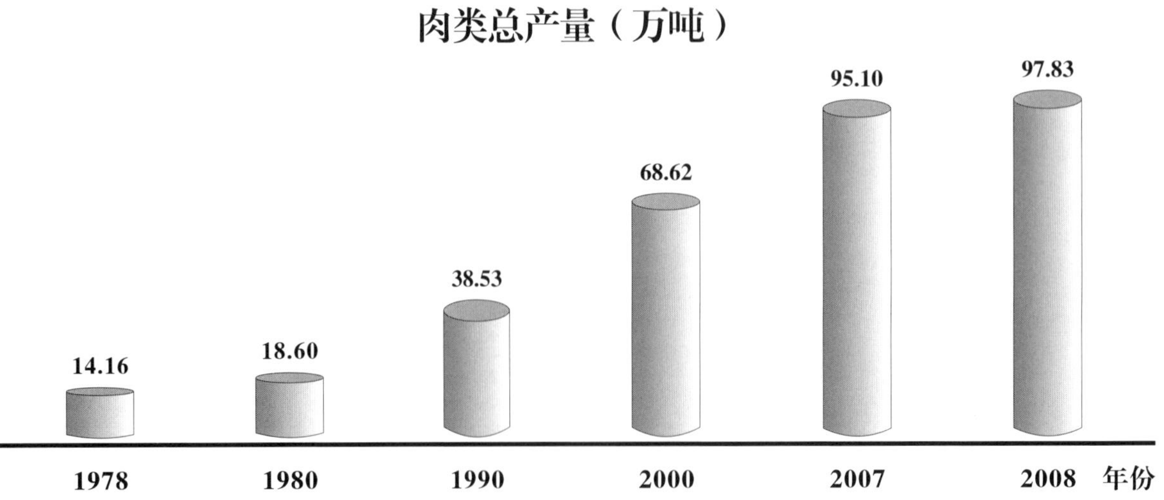

肉类总产量（万吨）
14.16
18.60
38.53
68.62
95.10
97.83
1978
1980
1990
2000
2007
2008
年份

7-1　农村基层组织及农业生产条件

Basic Conditions of Rural Grassroots Units and Agriculture

	单　位	1978 年	1980 年	1990 年	2000 年	2007 年	2008 年
农村基层组织							
乡镇个数	个	394	395	408	338	220	219
#镇个数	个			78	208	193	192
村委会个数	个	4575	4639	4651	4582	2732	2664
乡村户数、人口与从业人员							
乡村户数	户	1445797	1473951	1977835	2081843	2091846	2136213
乡村人口数	人	6348345	6376564	6918256	6841033	6598548	6593493
#乡村从业人员	人	2635876	2774188	3916699	4088305	4040805	4020763
#转移出省的从业人员	人			13904	126959	267628	268196
按性别分							
男	人	1342399	1388855	2028586	2113385	2125399	2127878
女	人	1293477	1385333	1888113	1974920	1915406	1892885
按行业分							
农、林、牧、渔业	人	2413646	2584538	3051316	2440924	1781721	1719432
工　业	人	87706	105547	348459	412239	585619	588402
建筑业	人	40133		158749	351166	545690	566619
交通运输仓储业及邮电通讯业	人	6126		52632	101882	142565	138755
批发、零售贸易业	人	9452		110166	258698	229278	236383
其他行业	人	78813		195377	523396	755932	771172

注：①其他行业：2007、2008 年包含住宿和餐饮业。2007、2008 年交通运输仓储业及邮电通讯业包含计算机服务和软件业。② 2007 年以来乡镇、村委会个数仅为涉农乡镇、村委会。

7-1 续表

	单 位	1978 年	1980 年	1990 年	2000 年	2007 年	2008 年
农村社会基础设施							
自来水受益村数	个				1897	1463	1533
通汽车村数	个				4577	2732	2664
通电话村数	个				4548	2732	2664
农业主要能源及物质消耗							
乡、村办水电站数	个	810	691	345	316	280	279
发电能力	千瓦	31353	50863	122062	211318	238830	240261
农村用电量	万千瓦小时	12033	17173	77482	222405	294031	295403
农用化肥施用量(折纯)	万吨	15.59	13.22	15.78	21.42	19.93	19.79
#氮　肥	万吨	11.50	9.24	11.67	9.42	8.45	8.25
磷　肥	万吨	4.09	3.88	2.99	4.58	4.00	4.18
钾　肥	万吨		0.06	0.38	1.73	2.20	2.29
复合肥	万吨		0.04	0.74	5.69	5.28	5.07
农用塑料薄膜使用量	吨			1131	7331	9507	9505
#地膜使用量	吨				4449	6589	6352
地膜覆盖面积	万公顷				4.67	5.44	5.44
农用柴油	万吨				2.42	2.49	2.38
农药使用量	吨			4080	7146	6380	6145
机耕作业面积	公顷					875720	838393
机播面积	公顷					38496	35645

7-2 历年农林牧渔业总产值

Gross Output Value of Farming, Forestry, Animal Husbandry and Fishery by Year

单位：万元

年份	农林牧渔业总产值	其中：			
		农业	林业	牧业	渔业
1950	35140	30850	1070	3192	28
1951	37231	32527	1116	3557	31
1952	40583	35315	1269	3967	32
1953	46049	39992	1526	4489	42
1954	49264	41788	2105	5327	44
1955	50101	42344	2249	5458	50
1956	53498	44926	2428	6089	55
1957	57859	48160	2681	6950	68
1958	67215	54521	5265	7338	91
1959	52465	42641	4281	5471	72
1960	42184	35224	3340	3546	74
1961	36998	31938	1997	2971	92
1962	45840	39385	2041	4345	69
1963	55284	45216	2336	7642	90
1964	65290	51599	3026	10573	92
1965	76227	60247	3053	12829	98
1966	83034	65507	3151	14293	83
1967	84823	66425	3038	15264	96
1968	77963	60731	2856	14293	83
1969	81898	64835	2868	14111	84
1970	90799	73016	2893	14792	98
1971	97206	77463	2989	16658	96
1972	97890	75476	3211	19096	107
1973	105872	81759	3636	20366	111
1974	110799	86075	3801	20795	128
1975	113923	88472	3807	21503	141
1976	113083	87941	3887	21064	191
1977	124834	98381	4059	22121	273

7-2 续表

单位：万元

年　份	农林牧渔业总产值	其中：农　业	林　业	牧　业	渔　业
1978	157073	122713	4725	29349	286
1979	173161	132675	5308	34852	326
1980	171518	126158	5175	39849	336
1981	177416	128085	4975	43949	407
1982	219738	166598	5527	47001	612
1983	237768	176620	5983	54107	1058
1984	262666	193216	8339	59181	1930
1985	291302	203470	8756	75682	3394
1986	324607	219259	8041	92244	5063
1987	395987	255562	7935	125554	6936
1988	479787	284690	9386	176896	8815
1989	520868	312455	9886	188248	10279
1990	601911	375241	11248	204964	10458
1991	639111	401953	11361	214000	11797
1992	739631	462607	14415	249449	13160
1993	884061	544490	14837	307831	16903
1994	1279351	750677	16651	491217	20806
1995	1504482	899164	18877	562630	23811
1996	1683751	1020560	21279	612394	29518
1997	1812981	1073548	20612	685333	33488
1998	1919066	1187104	28482	667369	36111
1999	1935590	1207099	28117	666298	34076
2000	1977360	1210837	28556	700601	37366
2001	2121433	1238181	33819	810704	38729
2002	2256349	1227188	29649	909268	42981
2003	2438091	1303164	33584	990880	51820
2004	2832163	1418945	30644	1258726	59444
2005	3077972	1513190	36452	1391177	69542
2006	3279600	1594729	42177	1489285	78951
2007	4020885	1859410	48855	1937296	92113
2008	4645906	2109760	49909	2294692	99747

注：从 2002 年起农林牧渔业总产值中增加农林牧渔服务业产值；农民家庭兼营性商品工业产值从农业产值中扣除；林业产值改为全社会口径。

7-3 历年农林牧渔业总产值发展速度

Development Rates of Gross Output Value of Farming, Forestry, Animal Husbandry and Fishery by Year

单位：%

年　份	农林牧渔业总产值	其中：农　业	林　业	牧　业	渔　业
1950	100.0	100.0	100.0	100.0	100.0
1951	106.0	105.3	104.2	111.4	109.8
1952	109.0	108.5	113.7	111.5	105.1
1953	106.9	106.0	112.6	111.7	121.8
1954	106.4	104.4	137.8	112.5	104.0
1955	101.7	101.3	106.8	102.5	114.4
1956	106.4	105.6	107.4	111.0	107.9
1957	103.2	102.1	105.1	108.7	118.6
1958	105.8	103.6	178.7	96.6	122.9
1959	82.1	82.3	85.6	78.5	83.5
1960	79.0	81.7	76.1	64.0	101.3
1961	79.0	81.7	53.8	75.4	111.3
1962	119.5	118.4	98.2	140.4	72.3
1963	120.6	113.3	113.0	174.0	129.7
1964	118.1	113.4	128.7	137.6	100.9
1965	116.2	115.9	100.2	120.5	105.4
1966	108.8	108.6	103.0	110.8	101.4
1967	102.2	101.1	96.2	106.9	96.1
1968	91.9	91.3	93.9	93.5	86.6
1969	105.0	107.1	100.7	99.0	102.0
1970	110.9	112.9	101.1	105.1	116.4
1971	104.7	103.5	100.8	109.9	95.8
1972	98.6	94.8	104.5	111.5	108.0
1973	108.1	108.4	113.3	106.7	104.6
1974	101.8	102.6	101.8	99.5	112.0
1975	100.2	100.1	97.6	100.7	107.5
1976	97.6	97.8	100.5	96.4	133.2
1977	108.1	109.8	102.5	103.1	139.6

注：发展速度以上年为基数，按可比价格计算。

7-3 续表

单位：%

年 份	农林牧渔业总产值	其中：农业	林业	牧业	渔业
1978	109.6	108.3	101.1	115.2	91.2
1979	108.2	105.6	109.8	116.1	111.3
1980	100.2	95.9	87.0	114.0	98.9
1981	100.4	97.2	104.9	107.6	124.0
1982	112.7	119.4	102.6	98.4	133.9
1983	110.9	109.3	105.5	115.2	145.3
1984	105.3	103.0	121.3	108.8	166.6
1985	105.1	101.2	105.7	113.3	149.0
1986	105.7	103.5	90.2	110.5	144.1
1987	106.5	105.0	95.7	110.3	108.3
1988	100.6	96.1	103.6	108.6	113.2
1989	105.4	109.1	97.3	99.2	111.6
1990	103.0	103.0	97.9	103.3	99.3
1991	104.8	104.0	95.9	106.6	107.2
1992	105.1	103.5	118.8	107.5	105.5
1993	104.8	103.8	98.8	106.5	116.1
1994	105.5	103.5	99.2	109.1	107.2
1995	105.5	105.1	97.0	106.4	110.2
1996	104.6	103.7	106.7	105.2	116.8
1997	104.7	103.5	93.0	106.7	110.0
1998	104.3	105.1	105.0	102.9	107.5
1999	104.1	104.8	112.4	102.9	99.5
2000	105.0	103.3	97.6	107.4	114.3
2001	105.5	101.9	106.0	110.9	105.0
2002	106.6	103.1	119.7	111.0	107.9
2003	106.2	101.5	115.7	110.2	117.8
2004	107.4	99.4	92.6	116.8	105.1
2005	106.7	104.9	117.7	108.3	111.7
2006	105.4	104.1	113.8	106.1	112.9
2007	105.8	105.9	111.2	105.3	111.8
2008	104.4	105.4	97.4	103.4	98.9
平均发展速度					
1949-2008	104.2	103.2	103.2	106.8	110.3
1978-2008	105.6	104.0	103.4	108.5	114.5

7-4 农林牧渔业总产值

Gross Output Value of Farming, Forestry, Animal Husbandry and Fishery

	绝对额(万元)		构　成(%)	
	2007 年	2008 年	2007 年	2008 年
农林牧渔业总产值	**4020885**	**4645906**	**100**	**100**
一、农业产值	1859410	2109760	46.24	45.41
（一）谷物及其它作物	525013	653586	13.06	14.07
谷　物	382840	435567	9.52	9.38
薯　类	38028	47874	0.95	1.03
油　料	69997	101406	1.74	2.18
豆　类	16639	18376	0.41	0.40
（二）蔬菜园艺作物	971255	1088587	24.16	23.43
蔬　菜（含菜用瓜）	818177	931274	20.35	20.05
花　卉	41085	58486	1.02	1.25
其他园艺作物	111993	98827	2.79	2.13
（三）水果、坚果、饮料和香料	318653	325843	7.92	7.01
水果、坚果（含果用瓜）	306113	311915	7.61	6.71
茶及其他饮料	12438	13928	0.31	0.30
香料作物	102			
（四）中药材	44489	41744	1.10	0.90
二、林业产值	48855	49909	1.22	1.07
（一）林木的培育和种植	17537	15664	0.44	0.34
（二）林产品	10981	13549	0.27	0.29
（三）竹木采运	20337	20696	0.51	0.44
三、牧业产值	1937296	2294692	48.18	49.39
（一）牲畜饲养	142719	151817	3.55	3.27
（二）猪的饲养	1042085	1316379	25.92	28.33
（三）家禽饲养	681223	737844	16.94	15.88
（四）狩猎和捕捉动物				
（五）其它畜牧业	71269	88652	1.77	1.91
四、渔业产值	92113	99747	2.29	2.15
#养　殖	90897	88558	2.26	1.91
五、农林牧渔服务业产值	83211	91798	2.07	1.98

7-5 历年农业机械拥有量
Agricultural Machinery by Year

年 份	农业机械总动力（千瓦）	农用大中型拖拉机		农用排灌动力机械		农用载重汽车（辆）
		台	千瓦	台	千瓦	
1978	401045	3130	86634	9437	90139	150
1979	547861	3830	108568	11903	115810	355
1980	668943	4132	117947	12096	110984	663
1981	751754	4323	144493	12261	120805	864
1982	810771	4337	125921	13921	136008	944
1983	880933	4307	125918	13266	131190	1359
1984	916337	4033	118510	12364	125120	2177
1985	1001914	4162	123521	12091	124118	2821
1986	1060317	4209	125978	12651	122034	3288
1987	1103871	4196	127139	13885	133852	3346
1988	1221017	4115	126475	13397	130678	3925
1989	1251611	3790	117789	13464	133430	4265
1990	1348769	3376	106235	14990	157097	4329
1991	1394756	2730	86817	14090	153435	4517
1992	1451580	2334	74572	14414	156764	4829
1993	1557072	2153	69849	14672	160099	4942
1994	1623060	2100	68988	16234	167906	5459
1995	1759407	1912	63316	16445	174122	6018
1996	1803993	1773	58770	16329	168709	6292
1997	1856009	1831	59375	17003	173272	6485
1998	1920602	2118	65814	17013	177142	6367
1999	2024727	3307	98472	19718	186752	6822
2000	2052884	6415	223449	20173	193664	7056
2001	2113830	7061	240621	20911	185356	6956
2002	2279774	7725	296129	20912	204102	6831
2003	2352992	8396	313535	22528	211477	6819
2004	2359000	9058	327840	22873	215661	6905
2005	2408373	9108	312182	21803	199653	6027
2006	2473248	9119	312041	23078	225018	6267
2007	2555461	9506	324920	30632	227560	5548
2008	2634140	9145	315074	35455	246379	5815

7-6 历年农村小水电、用电量、有效灌溉面积及化肥施用量情况

The Number of Small Hydropower Stations, Electricity Consumption, Effective Irrigated Area and Consumption of Chemical Fertilizers in Rural Areas by Year

	农村小型水电站		农村用电量（万千瓦小时）	化肥施用量（折纯：吨）
	个数(个)	发电能力(千瓦)		
1978	810	31353	12033	155921
1979	759	39689	21018	149627
1980	691	50863	17173	132170
1981	642	55287	22619	145630
1982	522	58658	25529	145480
1983	455	60827	28262	147081
1984	444	70526	34179	132185
1985	375	73949	38963	119625
1986	370	84002	50939	143128
1987	374	92351	55167	134453
1988	385	95334	59329	136772
1989	386	110390	68113	152904
1990	345	122062	77482	157815
1991	333	125445	79777	176083
1992	339	140066	91325	168497
1993	354	182809	104562	165078
1994	355	193921	117276	172344
1995	366	217489	148686	184865
1996	357	216609	161258	191553
1997	356	223084	180553	191557
1998	336	198461	195302	199910
1999	312	200422	206600	216103
2000	316	211318	222405	214166
2001	312	217818	240596	214635
2002	324	241339	253682	207116
2003	319	240020	261202	195859
2004	290	227168	280271	200261
2005	291	247683	292141	197055
2006	283	236676	290845	192601
2007	280	238830	294031	199310
2008	279	240261	295403	197939

7-7 农　业　机　械

Main Indicators of Agricultural Machinery

	单　位	1978年	1980年	1990年	2000年	2007年	2008年
农业机械总动力	万千瓦	40.10	66.89	134.88	205.29	255.55	263.41
农用大中型拖拉机	台	3130	4132	3376	6415	9506	9145
	万千瓦	8.66	11.79	10.62	22.34	32.49	31.51
小型(手扶)拖拉机	台	8183	19547	42563	33878	26014	24316
	万千瓦	7.12	17.40	43.58	36.83	29.02	28.20
农用排灌动力机械	台	9437	12096	14990	20173	30632	35455
	万千瓦	9.01	11.10	15.71	19.37	22.76	24.64
农用载重汽车	辆	150	663	4329	7056	5548	5815
	万千瓦	0.91	4.44	31.08	53.13	44.31	45.85
大中型拖拉机配套农具	部	6522	8376	3228	1994	2556	3650
小型拖拉机配套农具	部	15859	34711	56787	44854	30662	28352
农用水泵	台	8522	11366	14701	19950	45473	51922
节水灌溉机械	套	3033	4643	596	1765	2896	3436
机动喷雾机	台	1176	4244	7672	7693	19428	22883
机动脱粒机	台	6065	15738	6243	49617	64028	77152
粮食加工机械	台	18323	23944	24871	24905	42767	46445
油料加工机械	台	662	792	588	1528	1396	1660

7-8 农 作 物 播 种 面 积

Sown Area of Crops

单位：公顷

	1978 年	1980 年	1990 年	2000 年	2007 年	2008 年
农作物总播种面积	**997341**	**958152**	**990944**	**988093**	**809274**	**804315**
粮食作物	735222	718830	702559	616275	463008	459634
谷　物	624324	620069	607380	507259	369125	364787
稻　谷	353555	341394	332677	290118	223802	222315
小　麦	185990	199017	203745	161237	99529	96209
玉　米	77444	70373	65201	54922	44041	45169
高　粱	650	421	376	78	26	26
其他谷物	6685	8864	5381	904	1727	1068
豆　类	36169	32884	26116	25156	23573	24067
#大　豆	2853	5069	9509	10638	10530	11018
薯　类	74729	65877	69063	83860	70310	70780
#马铃薯	29157	17830	13301	27082	34757	35798
油　料	67388	79690	108210	105278	98163	104978
#花　生	2976	3834	5059	9835	9279	9340
油菜籽	64408	75803	103146	95430	88878	95630
棉　花	14414	12736	3532	3339	7	12
糖　类	2544	1339	1261	1123	422	347
#甘　蔗	2544	1339	1261	1123	422	347
烟　叶	3507	1940	2070	1844	797	735
药材类	3028	3102	3194	9148	9517	8969
蔬菜、瓜果类	34357	28606	79823	159035	167191	165059
蔬　菜	34357	28606	78384	157824	160690	158641
瓜果类			1439	1211	6501	6418
其他农作物	130931	109080	90123	92044	70169	64581
#青饲料	82425	69264	63383	45520	24271	21104

7-9 历年粮食、油菜籽、蔬菜产量

Yield of Grains, Rapeseeds and Vegetables by Year

单位：万吨

年　份	粮　　食	# 小　麦	# 稻　谷	油菜籽	蔬　　菜
1949	127.37	7.68	98.11	4.05	36.49
1950	137.02	8.52	105.37	4.47	37.25
1951	143.02	9.84	109.99	4.73	42.86
1952	154.47	9.20	119.70	5.61	38.22
1953	163.26	9.66	125.88	5.48	39.05
1954	169.58	9.27	130.93	6.46	44.87
1955	176.55	10.52	134.34	6.92	52.88
1956	188.06	13.24	136.13	6.56	55.87
1957	187.03	13.96	134.68	6.12	54.92
1958	192.05	14.59	130.91	5.00	61.71
1959	150.14	13.78	109.79	4.81	102.85
1960	125.22	13.39	88.81	2.58	116.12
1961	105.49	8.50	78.08	1.86	98.17
1962	137.28	12.65	98.33	2.11	66.35
1963	148.10	10.19	112.46	2.46	59.71
1964	160.18	12.25	122.27	5.24	63.21
1965	191.78	16.09	136.68	7.07	60.10
1966	200.47	23.35	148.96	6.85	63.79
1967	199.11	24.74	146.11	8.36	60.25
1968	176.86	23.10	126.26	7.18	60.09
1969	199.09	20.79	145.18	6.51	62.76
1970	233.94	27.27	161.31	7.88	70.96
1971	231.23	32.48	163.07	8.88	74.04
1972	214.73	35.78	147.17	9.18	75.53
1973	242.20	36.70	167.15	9.09	78.60
1974	237.68	43.53	157.34	9.67	76.88
1975	253.97	40.27	166.33	8.76	76.68
1976	237.85	45.82	148.39	6.75	85.13
1977	266.63	43.82	176.23	6.78	89.03

7-9 续表

单位：万吨

年　份	粮　食	# 小　麦	# 稻　谷	油菜籽	蔬　菜
1978	294.85	60.64	182.83	10.82	87.61
1979	310.41	63.57	188.80	12.24	84.57
1980	305.14	62.26	189.78	13.70	75.09
1981	301.08	63.65	192.35	16.87	82.97
1982	352.66	76.45	228.31	21.52	102.66
1983	371.22	92.20	230.32	18.69	130.62
1984	359.36	84.33	226.70	17.89	132.67
1985	344.74	76.49	219.74	22.96	154.60
1986	357.73	80.65	231.30	22.32	174.10
1987	353.89	85.12	224.30	23.61	192.68
1988	329.57	74.04	211.03	18.46	203.76
1989	356.80	77.75	230.70	18.08	205.76
1990	381.70	90.14	243.10	19.85	222.80
1991	392.26	96.24	248.22	19.92	227.29
1992	399.05	92.21	255.14	17.88	244.93
1993	397.53	93.70	250.99	13.05	258.10
1994	397.30	99.11	245.79	14.38	271.33
1995	398.97	97.54	246.23	18.30	283.87
1996	400.61	92.68	250.88	15.68	292.47
1997	402.10	90.29	252.92	14.11	307.00
1998	403.86	91.71	252.14	15.06	337.77
1999	397.02	88.59	246.89	14.37	361.81
2000	363.71	72.72	234.50	18.59	409.82
2001	310.73	59.27	201.36	18.40	398.40
2002	299.08	55.85	194.85	18.64	425.93
2003	265.12	46.71	174.14	18.16	423.23
2004	276.03	46.14	177.92	18.70	394.58
2005	259.91	47.37	160.42	19.06	410.02
2006	265.10	45.82	170.87	19.89	425.21
2007	270.11	44.69	171.84	19.06	456.41
2008	274.51	44.85	173.35	20.83	470.64

7-10 主 要 农 产 品 产 量

Yield of Major Agricultural Products

单位：吨

	1978 年	1980 年	1990 年	2000 年	2007 年	2008 年
主要农产品产量						
粮　食	2948539	3051394	3817016	3637072	2701146	2745143
谷　物	2720127	2851054	3606758	3332937	2390898	2415678
稻　谷	1828295	1897841	2430986	2344973	1718390	1733528
小　麦	606425	622579	901383	727238	446874	448547
玉　米	257943	296121	251793	256931	217584	228559
高　粱	1445	1010	1294	271	84	84
其他谷物	26019	33503	21302	3524	7966	4960
豆　类	42580	36937	44997	59757	55500	60131
#大　豆	6944	8940	18213	24958	25489	27734
薯　类	185832	163403	165261	244378	254748	269334
#马铃薯	47224	32480	28163	84254	132309	144970
油　料	112545	142658	207283	209143	216477	236087
#花　生	4306	5557	8784	23250	25853	27735
油菜籽	108238	137023	198492	185880	190615	208342
棉　花	6316	3055	2142	2497	12	18
糖　类	106952	52592	74088	66588	20156	16066
#甘　蔗	106952	52592	74088	66588	20156	16066
烟　叶	4276	2128	3791	4097	2024	2029
蔬　菜	876104	750908	2227982	4098199	4564110	4706396

7-11 历年畜牧业生产情况

Productive Statistics of Animal Husbandry by Year

年　份	年末牛存栏数(万头)	年末生猪存栏数(万头)	当年生猪出栏数(万头)	猪肉产量(万吨)	牛奶(吨)
1949	17.92	80.22	28.42	1.63	15
1950	18.50	82.23	30.14	1.69	15
1951	19.73	92.63	35.10	1.96	15
1952	21.02	100.45	41.06	2.28	48
1953	21.68	116.30	47.40	2.36	58
1954	21.66	129.85	56.91	2.91	78
1955	22.30	123.72	58.80	3.10	139
1956	22.96	133.16	65.75	3.36	173
1957	23.08	172.84	73.17	4.13	2537
1958	22.01	203.03	60.54	2.88	2988
1959	21.12	155.31	50.24	2.36	3933
1960	19.43	93.32	20.24	0.94	4044
1961	18.27	64.91	10.23	0.46	2912
1962	18.57	97.19	21.72	1.08	4103
1963	19.77	159.98	56.48	2.76	5737
1964	20.98	202.35	91.65	4.75	8575
1965	22.68	265.83	120.28	6.24	10073
1966	24.00	310.79	138.83	6.87	9845
1967	24.55	312.18	147.51	7.76	9555
1968	24.92	293.16	147.25	7.27	7867
1969	25.52	279.79	144.92	7.05	8539
1970	25.94	302.01	145.74	7.52	9498
1971	25.75	410.84	160.41	7.98	10455
1972	24.68	459.93	191.71	9.46	10283
1973	24.54	441.36	198.91	9.89	9121
1974	24.03	432.67	193.09	9.52	8668
1975	23.22	441.99	208.50	10.71	8340
1976	21.73	428.61	195.97	9.52	8276
1977	20.70	416.45	193.84	9.80	9587

7-11 续表

年　　份	年末牛存栏数(万头)	年末生猪存栏数(万头)	当年生猪出栏数(万头)	猪肉产量(万吨)	牛　奶(吨)
1978	20.88	459.01	238.88	12.95	11717
1979	20.09	526.37	292.12	15.35	11698
1980	18.68	542.20	334.40	17.14	12997
1981	17.99	502.62	362.28	18.49	12515
1982	17.73	483.08	349.18	17.98	11707
1983	18.04	488.83	350.59	20.77	14237
1984	17.62	527.43	369.98	22.17	15708
1985	16.48	540.26	436.32	26.74	18492
1986	15.85	543.68	468.99	29.42	21678
1987	16.40	540.67	479.00	30.81	27000
1988	16.52	547.43	520.81	34.27	28610
1989	16.20	525.92	521.32	33.01	31449
1990	16.14	532.93	533.52	33.79	31700
1991	16.47	535.05	552.52	34.76	31995
1992	16.61	529.51	567.12	35.87	35530
1993	20.22	520.52	581.67	37.40	37740
1994	22.80	532.87	617.94	39.49	39420
1995	22.48	525.45	637.94	41.81	37011
1996	20.05	521.58	655.07	43.00	36103
1997	16.03	502.56	670.65	44.19	39568
1998	15.40	490.76	676.03	44.82	42750
1999	15.30	436.83	665.26	45.41	44502
2000	15.45	433.17	680.06	46.52	49753
2001	17.92	438.29	724.25	49.81	62778
2002	18.08	447.97	753.68	52.02	84183
2003	18.13	457.67	792.73	54.63	93343
2004	18.01	492.54	888.95	60.96	100439
2005	18.28	526.14	1007.94	69.13	102151
2006	19.13	531.32	1095.35	75.40	108947
2007	10.76	512.36	1016.44	67.50	122489
2008	12.02	511.46	1046.04	69.38	118828

7-12 主要畜牧产品产量

Yield of Main Livestock Products

	单位	1978年	1980年	1990年	2000年	2007年	2008年
出栏生猪头数	万头	238.88	334.40	533.52	680.06	1016.44	1046.04
出售和自宰肉用牛	万头	1.23	1.80	1.20	5.46	9.03	10.78
出售和自宰肉用羊	万只	3.92	6.14	5.81	73.44	50.09	59.06
肉类总产量	万吨	14.16	18.60	38.53	68.62	95.10	97.83
#猪　肉	万吨	12.95	17.14	33.79	46.52	67.50	69.38
牛羊肉	万吨	0.17	0.25	0.22	2.17	2.44	2.91
禽　肉	万吨	1.04	1.21	4.14	18.30	22.06	22.43
奶类产量	吨	11717	12997	31759	49779	122489	118828
#牛　奶	吨	11717	12997	31700	49753	122489	118828
禽蛋产量	吨	17652	18719	59660	146369	182004	190006
蜂蜜产量	吨			5575	4735	5323	5887

注：①1978年、1980年禽肉产量含兔肉。②2007年畜牧业及粮食产量数据根据农业普查数据进行了修正。

7-13 渔业生产情况

Productive Statistics of Fishery

	单位	1978年	1980年	1990年	2000年	2007年	2008年
水产品总产量	吨	2300	2673	23885	49622	122526	94085
#养殖产量	吨	1926	2223	23253	49032	118166	91959
#池　塘	吨	1350	1830	16682	43788	104159	83603
稻　田	吨	469	302	5797	1775	614	1158
鱼　苗	万尾		24625	154286	159136	179742	172065
养殖水面	公顷	4473	4285	8386	9202	9865	8651
#池　塘	公顷	3413	3280	7099	7698	8123	7178
稻田养鱼	公顷		4313	19516	4186	790	993

7-14 蚕茧、茶叶和水果、花卉生产情况

Productive Statistics of Silkworm Cocoons,Tea, Fruits and Flowers

	单 位	1978 年	1980 年	1990 年	2000 年	2007 年	2008 年
蚕茧产量	吨	564	1112	766	1654	3692	3829
茶叶产量	吨	1067	914	1917	2531	9419	9853
水果产量	吨	26644	42097	111714	523978	1137617	1183604
#苹 果	吨	4013	3890	2606	3303	5776	5922
柑 桔	吨	11136	21837	74473	241252	387611	405538
茶园面积	公顷	4108	4020	5022	3054	9809	10707
果园面积	公顷	6702	7361	23477	38567	56578	55945
#柑桔园	公顷	4853	4642	14420	16646	18850	19389
花卉种植面积	公顷			442	4978	15297	13991
花卉当年销售收入	万元			719	30394	153078	157313

7-15 林 业 生 产 情 况

Productive Statistics of Forestry

	单 位	1978 年	1980 年	1990 年	2000 年	2007 年	2008 年
造林面积	公顷	6724	6827	3958	12037	6311	4559
#用材林	公顷			2879	3833	1414	2026
经济林	公顷			312	5769	1110	325
幼林抚育实际面积	公顷			10205	4752	1467	3846
成林抚育实际面积	公顷			987	5005	6009	2133
育苗面积	公顷			197	840	1762	423
四旁植树	万株			1935	1122	2190	2700
油桐籽产量	吨			267	157	53	28
棕片产量	吨			625	601	771	740

7-16 农村居民家庭平均每百户生产性固定资产原值

Original Value of Productive Fixed Assets Owned Per 100 Rural Households

单位：元

	1985 年	1990 年	2000 年	2007 年	2008 年
合　　计	**58732**	**90094**	**500273**	**938933**	**1032148**
役畜、产品畜	8149	11178	23788	63643	67330
大中型铁木农具	5936	12446	31979	18978	17983
农林牧渔业机械	2179	4066	25069	37585	40651

7-17 农村居民家庭平均每百户拥有生产性固定资产数量

The Number of Productive Fixed Assets Owned Per 100 Rural Households

	单　位	1985 年	1990 年	2000 年	2007 年	2008 年
汽　车	辆	0.11	0.30	1.90	2.76	3.12
大中型拖拉机	台	0.28	0.36	0.80	0.38	0.40
小型及手扶拖拉机	台	3.22	2.23	2.72	1.00	1.09
机动脱粒机	台	0.22	0.30	10.76	10.20	10.48
胶轮大车	辆	0.22	0.51	5.40	0.59	0.70
农用水泵	台		2.13	19.33	25.15	25.86
役　畜	头	10.12	8.12	9.72	6.57	6.56
产品畜	头	44.67	30.09	45.31	47.15	45.64

7-18 中小企业固定资产投资情况(2008 年)

Main Indicators on Investment in Fixed Assets of

Medium and Small-sized Enterprises (2008)

单位：万元，个

	合 计	按建设性质			按国民经济行业
		#新 建	#改 建	#扩 建	#工 业
本年施工项目个数(个)	3191	1672	720	522	2142
本年新开工项目数(个)	2003	1233	404	292	1486
本年投产项目个数(个)	1964	999	484	341	1318
本年完成投资	8993023	5563121	1722689	1116353	5115763
#设备购置	2564144	1488084	655550	307495	1954424
按完成投资资金来源					
国家及有关部门扶持资金	95476	74475	8592	2928	29782
金融机构贷款	1280773	895399	200895	152255	640115
引进资金	459711	246622	65104	24298	249377
#引进外资	77835	57871	10885	3715	37631
自有资金	6335209	3836673	1274381	862637	3766110
其他资金	821854	509952	173717	74235	430379
本年新增固定资产	6719786	3986177	1257052	1010466	3717983

注：建筑业为资质等级建筑企业承建。

主 要 统 计 指 标 解 释

农林牧渔业总产值概念 是以货币表现的农林牧渔业的全部产品总量和对农林牧渔业生产活动进行的各种支持性服务活动的价值。它反映一定时期内农林牧渔业生产总规模和总成果，是观察农林牧渔业生产水平和发展速度，研究农林牧渔业内部比例关系、农林牧渔业与工业、农林牧渔业与国家建设、人民生活比例关系的重要指标，同时也是计算农林牧渔业劳动生产率和农林牧渔业增加值的基础资料。

农林牧渔业总产值的核算范围

农林牧渔业总产值的统计范围是辖区内各种经济组织类型、各个系统的全部农林牧渔业生产单位和非农行业单位附属的农林牧渔业生产活动单位。军委系统的农林牧渔业生产（除军马外）也包括在内，但不包括农业科学试验机构进行的农业生产。

农林牧渔业总产值的核算范围也就是本辖区内在一定时期内生产的农业、林业、牧业、渔业产品的价值量和对农林牧渔业生产活动进行的各种支持性服务活动的价值的总和，执行日历年度。对于收获期延长到次年年初的个别农产品（如甘蔗），仍然把延期收获的部分算在本年度内。

粮食总产量 指全社会的产量。包括国有经济经营的、集体统一经营的和农民家庭经营的粮食产量，还包括工矿企业家属办的农场和其他农业生产单位的产量。粮食除包括稻谷、小麦、玉米、高粱及其他杂粮外，还包括薯类和豆类。其产量计算方法，豆类按去豆荚后的干豆计算；薯类（包括甘薯和马铃薯，不包括芋头和木薯）1963年以前按每4公斤鲜薯折1公斤粮食计算，从1964年开始及以后改为按5公斤鲜薯折1公斤粮食计算。城市郊区作为蔬菜的薯类（如：马铃薯、嫩玉米、青豌豆、葫豆）按鲜品计算，并且不作为粮食统计。其他粮食一律按脱粒后的原粮计算。

油料产量 指全部油料作物的生产量。包括花生、油菜籽、芝麻、向日葵籽、胡麻籽（亚麻籽）和其他油料。不包括大豆，也不包括木本油料和野生油料。花生以带壳干花生计算。

肉类总产量 是指当年出栏并已屠宰的畜禽肉产量，即屠宰后除去头蹄下水后带骨肉的重量，也叫酮体重。

耕地面积 指种植农作物并经常进行耕种、能够正常收获的土地。包括当年实际耕种的熟地、弃耕、当年新开荒地、连续撂荒未满三年，随时可以复耕的地和当年的休闲地（轮歇地）；南方小于1米、北方小于2米宽的沟、渠、路、田埂；还包括以种植农作物为主并附带种植桑树、茶树、果树和其他林木的土地，以及沿海、沿湖地区已围垦利用的“海涂”、“湖田”等面积。但不包括属于专业性的桑园、茶园、果园、果木苗圃、林地、芦苇地、天然或人工草地面积；不包括临时种植农作物的坡度在25度以上的陡坡地；在河套、湖畔、库区临时开发的成片或零星土地；也不包括已列为国家和省（区、市）退耕计划但仍临时耕种的土地。

农作物播种面积 指实际播种或移植有农作物的面积。凡是实际种植有农作物的面积，不论种植在耕地上还是种植在非耕地上，均包括在农作物播种面积中。在播种季节基本结束后，因遭灾而重新改种和补种的农作物面积，也包括在内。

有效灌溉面积 指具有一定的水源，地块比较平整，灌溉工程或设备已经配套，在一般年景下当年能够进行正常灌溉的耕地面积。

农用化肥施用量 指本年内实际用于农业生产的化肥数量。包括氮肥、磷肥、钾肥和复合肥。化肥施用量要求按折纯量计算数量。折纯法化肥施用量是把氮肥、磷肥和钾肥分别按含氮、含五氧化二磷、含氧化钾的百分之一百成份折算后的数量。复合肥按其所含主要成分折算。

农业机械总动力 指主要用于农、林、牧、渔业生产的各种动力机械的动力总和。包括耕作机械、农用排灌机械、收获机械、农用运输机械、植物保护机械、牧业机械、林业机械、渔业机械和其他农业机械（内燃机按引擎马力折成瓦（特）计算，电动机按功率折成瓦（特）计算）。不包括专门用于乡、镇、村、组办工业、基本建设、非农业运输、科学试验和教学等非农业生产方面用的动力机械与作业机械。

乡村从业人员 是指实际参加生产经营活动并取得实物或货币收入的人员，既包括劳动年龄内实际参加劳动的人员，也包括不在劳动年龄实际参加劳动人员，但不包括户口在家的在外学生、现役军人和丧失劳动能力的人，也不包括待业人员和家务劳动者。从业人员年龄 16 岁以上，从业时间为一个农事季节，一般为 2 个月以上的劳动时间。

八 工 业

简 要 说 明

主要内容

本部份包括全市规模以上工业总产值及其构成、主要经济指标、大中型工业企业主要经济指标等资料。

资料来源

本部分资料来源于成都市统计局。

其他需要说明的问题

为保证历史资料的可比性,本资料按1999年计算方法及统计口径对工业总产值及相关资料的历史数据作了调整。

表内年销售收入500万元以上企业指全部国有和年销售收入500万元及以上的非国有企业两部分之和。

工业总产值发展速度均按可比价格计算,工业总产值绝对额及其余指标均按当年价格计算。

规模以上工业总产值（亿元）

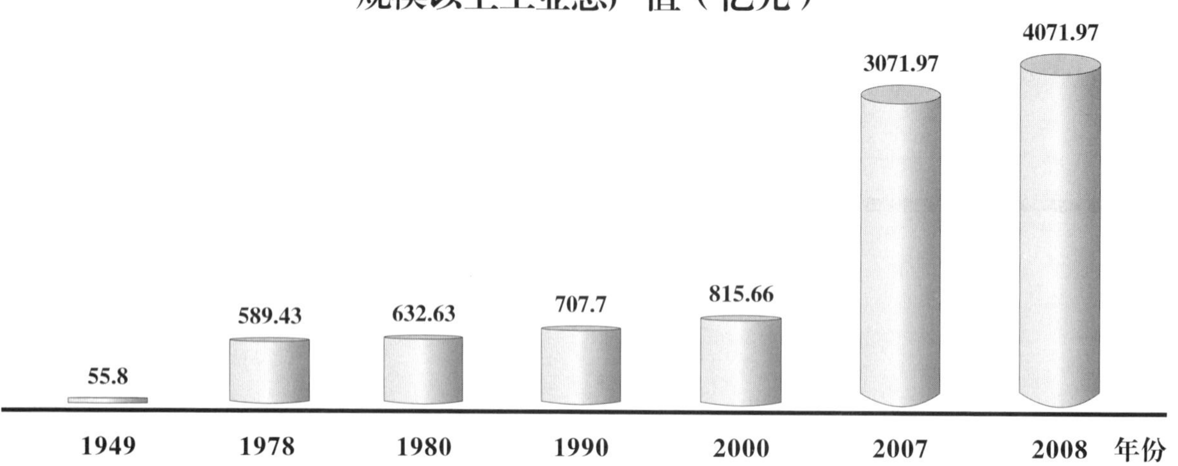

规模以上工业总产值结构（%）

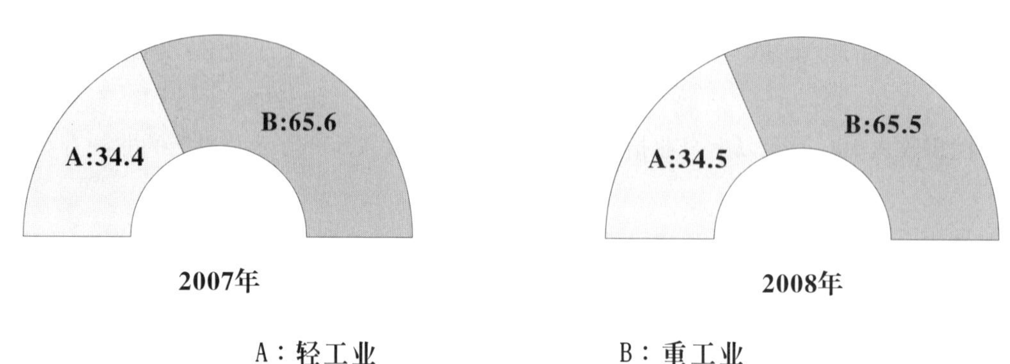

2008年全市工业四大支柱产业完成总产值及占全市工业比重(%)

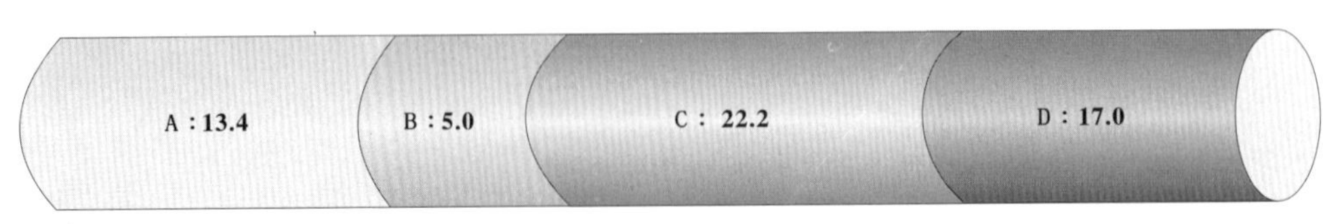

A：食品（烟草）工业546.40亿元　B：医药工业202.12亿元　C：机械(汽车)工业902.25亿元　D：电子信息工业695.43亿元

8-1 历年主要工业产品产量

Output of Major Industrial Products by Year

年 份	合 成 洗涤剂 （万吨）	卷 烟 （万箱）	饮料酒 (混合量) （万吨）	# 白 酒	# 啤 酒	软饮料 （万吨）	配混合 饲 料 （万吨）	化 学 原料药 （吨）
1949		0.28	0.40					
1950		0.54	0.35					
1951		0.95	0.54					
1952		0.71	0.46					
1953		0.74	0.55					
1954		0.74	0.59					
1955		0.78	0.50					
1956		1.02	0.64					
1957		1.13	0.67					
1958		1.79	0.92					
1959		2.41	1.17					
1960		1.45	1.39					
1961		1.62	0.83					
1962		1.19	0.44					
1963		1.21	0.61					
1964		3.08	0.75					
1965		3.09	0.70					
1966		4.34	0.50					
1967		3.98	0.54					
1968		2.07	0.55					
1969		3.96	0.57					
1970	0.04	5.31	0.66					229
1971	0.10	7.03	0.66					275
1972	0.12	4.88	0.79					276
1973	0.25	6.3	0.75					290
1974	0.20	7.25	0.94					264
1975	0.35	8.53	0.98					346
1976	0.41	8.61	0.99					309
1977	0.51	10.64	1.15					374

8-1 续表 1

年 份	合 成 洗涤剂 （万吨）	卷 烟 （万箱）	饮料酒 (混合量) （万吨）	# 白 酒	# 啤 酒	软饮料 （万吨）	配混合 饲 料 （万吨）	化 学 原料药 （吨）
1978	0.81	11.19	1.28					544
1979	1.07	12.10	1.70					517
1980	1.27	12.60	2.77					447
1981	1.58	12.50	2.89					686
1982	1.88	12.00	2.86					801
1983	2.13	12.50	3.70					1112
1984	2.62	12.50	5.80					837
1985	2.84	13.23	8.00	4.96	2.27	0.70	7.29	614
1986	3.08	15.57	8.52	5.26	2.63	0.75	10.33	930
1987	3.34	16.00	12.31	8.87	2.96	0.77	12.79	1104
1988	3.63	16.05	9.61	6.11	2.97	0.87	16.29	1105
1989	5.15	20.01	9.82	6.43	2.91	1.32	16.37	1120
1990	6.53	22.01	11.00	8.53	2.47	1.26	24.34	1344
1991	5.92	26.00	15.93	12.28	3.65	1.50	33.72	1462
1992	6.33	27.00	24.71	19.91	4.80	1.15	48.95	2271
1993	7.33	28.00	32.93	26.69	6.24	1.30	72.24	2127
1994	8.04	27.00	41.72	34.62	7.10	1.03	112.78	2598
1995	13.01	28.00	54.02	44.76	9.26	3.28	115.47	5098
1996	9.31	30.00	44.28	34.55	8.86	5.30	150.30	2366
1997	10.10	30.00	43.89	30.89	12.99	9.04	103.43	5459
1998	10.92	50.24	47.52	35.99	11.53	10.79	94.65	2964
1999	10.62	49.00	50.90	40.96	9.94	17.52	92.62	2975
2000	6.49	51.10	48.54	36.41	10.65	22.28	88.88	3109
2001	12.27	54.00	55.99	44.79	11.20	30.39	72.26	3174
2002	13.41	53.47	51.03	39.76	11.27	39.45	77.22	3612
2003	16.85	57.79	48.45	39.30	9.15	43.53	85.69	6570
2004	35.79	299.05	6.73	5.46	1.27	54.60	106.95	3630
2005	36.67	461.25	6.64	4.22	2.42	61.70	113.29	5060
2006	33.41	473.93	6.76	4.00	2.76	82.63	135.65	6021
2007	37.06	484.87	9.60	3.85	5.75	100.81	138.43	7299
2008	34.37	704.70	14.09	3.58	10.51	106.51	206.99	8012

注：2004 年起卷烟单位亿支；饮料酒及白酒和啤酒单位亿升。

8-1 续表 2

年 份	钢 （万吨）	钢 材 （万吨）	原 煤 （万吨）	发电量 （万千瓦时）	化学纤维 （吨）	布 （万米）	印染布 （万米）
1949			5.82	1027		113	276
1950			5.81	524		106	281
1951			8.26	1533		317	275
1952			10.06	1556		413	455
1953			10.95	2057		600	568
1954			12.37	2522		885	700
1955			13.94	2983		763	616
1956			14.68	4261		878	710
1957			28.00	5215		1932	549
1958	0.01		44.66	10714		2203	707
1959	0.67	1.01	145.23	26544		2872	924
1960	1.33	1.64	188.96	57168		3306	1451
1961	1.43	1.16	128.91	51524		1499	937
1962	0.19	0.29	67.27	43846		1224	591
1963	0.08	0.83	69.23	45076		2025	711
1964	0.37	1.76	61.06	57789		2501	618
1965	1.10	3.67	73.43	82843	27	2452	763
1966	2.57	8.30	76.84	111263	1767	9150	1857
1967	4.40	4.89	82.76	91946	1207	3427	1794
1968	0.60	0.31	82.11	47354	50	2109	112
1969	6.33	1.15	102.15	79317	281	6940	1252
1970	9.35	2.70	126.24	94839	701	8967	4635
1971	18.80	7.99	146.59	106714	1148	8548	5474
1972	20.51	10.76	147.71	95574	1307	8099	4661
1973	20.03	12.32	139.14	125068	1145	6395	5613
1974	11.01	8.50	130.31	71640	863	3366	2758
1975	16.59	16.43	170.57	76181	1125	6957	6242
1976	7.89	11.74	148.61	83051	1266	5370	5594
1977	17.71	20.58	195.13	81901	1631	10398	8053

8-1 续表 3

年 份	钢（万吨）	钢 材（万吨）	原 煤（万吨）	发电量（万千瓦时）	化学纤维（吨）	布（万米）	印染布（万米）
1978	32.73	35.55	174.72	103645	2013	11550	10632
1979	30.97	40.04	187.73	71429	1622	11658	12383
1980	32.29	40.86	183.09	70621	2487	12241	11845
1981	28.34	34.50	216.49	109155	3023	12627	15591
1982	37.06	45.21	192.54	120165	2431	12790	17021
1983	43.61	49.42	217.86	125000	2654	12604	15338
1984	45.10	50.98	246.16	139717	3091	11212	14932
1985	50.00	59.34	280.75	160700	3177	11341	15091
1986	53.63	63.29	283.64	179300	4048	10568	16159
1987	58.50	69.13	305.60	186000	6469	10598	14039
1988	63.24	72.35	308.87	197005	6028	10107	13543
1989	77.30	78.53	321.88	208310	8258	9534	12042
1990	79.96	86.32	310.98	235977	10400	8772	11351
1991	90.53	92.50	312.88	379300	11800	8700	11200
1992	112.88	118.06	346.46	390100	14400	10400	11400
1993	124.44	183.86	432.04	406000	15800	7800	10800
1994	131.59	123.84	519.10	435600	17200	8500	7100
1995	129.37	141.67	437.92	440200	15700	10200	14400
1996	128.45	108.73	346.86	456060	17760	12012	12937
1997	156.37	125.91	312.97	501146	21050	8075	13945
1998	144.38	130.95	293.00	457098	31239	8756	10392
1999	125.08	127.85	280.52	390800	32500	7600	15583
2000	118.75	126.21	250.17	531300	33977	5942	6681
2001	165.60	168.13	270.92	485258	31160	5732	4322
2002	157.90	173.16	218.71	492120	37112	3591	3952
2003	147.39	170.06	236.33	631511	37924	2276	3025
2004	176.75	184.15	256.16	623595	39846	1747	2997
2005	193.04	221.90	210.36	565513	46727	3001	
2006	191.22	253.16	207.46	668222	42776	4223	
2007	208.18	306.96	151.60	944593	48321	1264	1960
2008	173.34	286.81	49.29	969849	37941	907	5043

注：2005 年、2006 年规模以上工业企业无印染布产品产量。

8-1 续表 4

年　份	机制纸及纸板（万吨）	中成药（吨）	生物制品（吨）	合成氨（万吨）	水　泥（万吨）	汽　车（辆）	金　属切削机床（台）
1949							
1950							
1951	0.04						
1952	0.07						
1953	0.06						
1954	0.07						
1955	0.12						3
1956	0.18						11
1957	0.26						14
1958	0.42		9.60		0.64		772
1959	0.67		34.40	0.15	0.17		480
1960	1.63		67.80	0.56	3.13		1490
1961	0.64		73.30	2.56	1.20		465
1962	0.50		26.60	3.82	0.05		145
1963	0.72		71.40	4.80	0.65		119
1964	0.89		59.00	7.54	3.90		138
1965	1.07		72.90	10.93	0.14		228
1966	1.35		65.60	13.56	2.87		753
1967	1.19		45.60	7.92	2.70		577
1968	0.43		42.20	1.90	1.02	2	448
1969	0.83		34.00	3.82	1.48	33	700
1970	1.29		57.50	8.08	3.79	102	1105
1971	1.73		64.70	12.53	7.15	181	1472
1972	1.66		69.10	14.92	9.46	158	1672
1973	1.61		72.80	16.36	10.38	308	1701
1974	1.66		65.80	16.35	9.61	315	1728
1975	2.18		66.60	20.58	14.86	414	2218
1976	1.83		98.60	27.10	13.18	243	1701
1977	2.33		88.90	46.23	20.84	614	2231

8-1 续表 5

年 份	机制纸及纸板（万吨）	中成药（吨）	生物制品（吨）	合成氨（万吨）	水 泥（万吨）	汽 车（辆）	金 属切削机床（台）
1978	2.99		130.00	61.44	25.37	641	2265
1979	3.74		151.10	63.64	30.98	886	2798
1980	4.71		142.90	61.99	37.46	966	2845
1981	4.56		99.60	57.44	39.65	681	2368
1982	6.25		177.80	54.78	50.49		3696
1983	7.33		239.50	58.10	60.13	2312	2533
1984	8.26		209.50	61.27	72.89	2055	2253
1985	9.13	1533	250.70	57.21	83.05	4065	2500
1986	9.59	1422	203.70	53.87	92.24	3763	2642
1987	11.05	1712	145.42	49.78	104.32	5082	2106
1988	11.44	1690	178.92	55.49	121.26	9422	2115
1989	12.22	1819	192.30	54.57	118.99	5924	1840
1990	12.70	2137	194.22	55.58	112.87	5230	1033
1991	12.00	3592	177.54	48.40	145.89	9113	1300
1992	15.00	3695	171.09	53.97	177.78	18834	1700
1993	18.00	13100	126.96	52.37	210.06	23951	1300
1994	24.00	12843	108.71	60.37	214.75	19298	900
1995	23.00	22144	102.43	64.04	226.23	43912	3700
1996	18.03	8022	106.56	107.09	253.73	23513	1300
1997	21.48	9801	145.26	63.69	235.41	22629	348
1998	15.13	12662	161.10	64.71	277.43	19701	371
1999	12.70	14838	79.70	73.44	301.00	19040	499
2000	9.60	15827	85.00	74.40	324.00	20124	1378
2001	15.47	15162	65.05	73.22	338.82	21897	1717
2002	13.99	17441	35.40	70.69	370.69	33500	1960
2003	11.73	20623	25.16	69.83	492.81	33109	3292
2004	12.44	19047	46.56	57.36	498.79	53415	3525
2005	18.44	22570	49.37	78.85	559.33	54702	3764
2006	12.99	19697	31.50	78.28	574.78	60270	2995
2007	23.40	48911	41.00	73.26	1044.44	69205	3590
2008	18.67	60692	41.00	69.71	444.00	71120	1666

8-2 工业企业数及工业总产值(2008 年)

(年销售收入 500 万元及以上企业)

The Number of Industrial Enterprises and Gross Industrial Output Value (2008)

	企业数		工业总产值	
	个数（个）	构成（%）	绝对额（万元）	构成（%）
总计	3564	100	40713815	100
按登记注册类型分组				
#国有企业	115	3.23	3737694	9.18
集体企业	88	2.47	437565	1.07
股份合作企业	75	2.10	874578	2.15
联营企业	19	0.53	131003	0.32
有限责任公司	1638	45.96	17771788	43.65
股份有限公司	197	5.53	3782370	9.29
私营企业	1074	30.13	7289461	17.90
港澳台商投资企业	99	2.78	1695876	4.17
外商投资企业	217	6.09	4596634	11.29
按经济组织类型分组				
#独资企业	556	15.60	7110019	17.46
合作合伙企业	166	4.66	1761891	4.33
股份有限公司	257	7.21	4296292	10.55
有限责任公司	2585	72.53	27545613	67.66
按轻重工业分				
轻工业	1458	40.91	14060765	34.54
重工业	2106	59.09	26653050	65.46
按企业规模分				
大型企业	23	0.65	5590103	13.73
中型企业	320	8.98	13230099	32.50
小型企业	3221	90.37	21893613	53.77
按工业行业大类分				
#煤炭开采和洗选业	12	0.34	25223	0.06
石油和天然气开采业	3	0.08	48806	0.12
有色金属矿采选业	2	0.06	2669	0.01
非金属矿采选业	3	0.08	12609	0.03
农副食品加工业	180	5.05	2123146	5.21
食品制造业	150	4.20	1186420	2.91

8-2 续表

	企业数		工业总产值	
	个数（个）	构成（%）	绝对额（万元）	构成（%）
饮料制造业	81	2.27	1077727	2.65
烟草制品业	4	0.11	1076665	2.64
纺织业	60	1.68	348819	0.86
纺织服装、鞋、帽制造业	30	0.84	244220	0.60
皮革、毛皮、羽毛(绒)及其制品业	172	4.83	1445283	3.55
木材加工及木、竹、藤、棕、草制品业	54	1.52	273292	0.67
家具制造业	99	2.78	991857	2.44
造纸及纸制品业	85	2.38	406236	1.00
印刷业和记录媒介的复制	112	3.14	663567	1.63
文教体育用品制造业	5	0.14	22097	0.05
石油加工、炼焦及核燃料加工业	8	0.22	351841	0.86
化学原料及化学制品制造业	253	7.10	2236952	5.49
医药制造业	168	4.71	2021176	4.96
化学纤维制造业	6	0.17	80470	0.20
橡胶制品业	24	0.67	124065	0.30
塑料制品业	141	3.96	1039619	2.55
非金属矿物制品业	212	5.95	1911722	4.70
黑色金属冶炼及压延加工业	65	1.82	2339593	5.75
有色金属冶炼及压延加工业	73	2.05	1667475	4.10
金属制品业	259	7.27	1856419	4.56
通用设备制造业	304	8.53	2047548	5.03
专用设备制造业	182	5.11	2063191	5.07
交通运输设备制造业	231	6.48	4911787	12.06
电气机械及器材制造业	231	6.48	2974864	7.31
通信设备、计算机及其他电子设备制造业	171	4.80	3508730	8.62
仪器仪表及文化、办公用机械制造业	78	2.19	470752	1.16
工艺品及其他制造业	23	0.65	113039	0.28
废弃资源和废旧材料回收加工业	2	0.06	9336	0.02
电力、热力的生产和供应业	38	1.07	590395	1.45
燃气生产和供应业	25	0.70	297322	0.73
水的生产和供应业	18	0.51	148883	0.37

8-3 全部独立核算工业企业主要经济指标(2008 年)

(年销售收入 500 万元及以上企业)

Main Economic Indicators of Corporate Industrial Enterprises with Independent Accounting System (2008) 单位：万元

	企业数（个）	#亏损企业	工业总产值
总计	3564	577	40713815
按登记注册类型分组			
#国有企业	115	33	3737694
集体企业	88	20	437565
股份合作企业	75	21	874578
联营企业	19	1	131003
有限责任公司	1638	207	17771788
股份有限公司	197	39	3782370
私营企业	1074	187	7289461
港澳台商投资企业	99	21	1695876
外商投资企业	217	46	4596634
按经济组织类型分组			
#独资企业	556	116	7110019
合作合伙企业	166	29	1761891
股份有限公司	257	46	4296292
有限责任公司	2585	386	27545613
按轻重工业分			
轻工业	1458	234	14060765
重工业	2106	343	26653050
按企业规模分			
大型企业	23	2	5590103
中型企业	320	63	13230099
小型企业	3221	512	21893613
按工业行业大类分			
#煤炭开采和洗选业	12	4	25223
石油和天然气开采业	3	1	48806
有色金属矿采选业	2	1	2669
非金属矿采选业	3	1	12609
农副食品加工业	180	35	2123146
食品制造业	150	25	1186420

8-3 续表 1

单位：万元

	企业数（个）	#亏损企业	工业总产值
饮料制造业	81	10	1077727
烟草制品业	4		1076665
纺织业	60	17	348819
纺织服装、鞋、帽制造业	30	5	244220
皮革、毛皮、羽毛(绒)及其制品业	172	14	1445283
木材加工及木、竹、藤、棕、草制品业	54	7	273292
家具制造业	99	2	991857
造纸及纸制品业	85	18	406236
印刷业和记录媒介的复制	112	18	663567
文教体育用品制造业	5		22097
石油加工、炼焦及核燃料加工业	8	2	351841
化学原料及化学制品制造业	253	38	2236952
医药制造业	168	40	2021176
化学纤维制造业	6	1	80470
橡胶制品业	24	2	124065
塑料制品业	141	26	1039619
非金属矿物制品业	212	42	1911722
黑色金属冶炼及压延加工业	65	15	2339593
有色金属冶炼及压延加工业	73	28	1667475
金属制品业	259	43	1856419
通用设备制造业	304	50	2047548
专用设备制造业	182	20	2063191
交通运输设备制造业	231	32	4911787
电气机械及器材制造业	231	27	2974864
通信设备、计算机及其他电子设备制造业	171	19	3508730
仪器仪表及文化、办公用机械制造业	78	12	470752
废弃资源和废旧材料回收加工业	23	3	113039
工艺品及其他制造业	2		9336
电力、热力的生产和供应业	38	12	590395
燃气生产和供应业	25	1	297322
水的生产和供应业	18	6	148883

8-3 续表 2

单位：万元

	资 产 合 计	流动资产 年平均 余 额	负 债 合 计	所有者权益 合 计
总 计	35569582	18006268	19991360	15578222
按登记注册类型分组				
#国有企业	4864839	2395199	2714010	2150829
集体企业	226898	124689	137580	89318
股份合作企业	442552	273790	267455	175097
联营企业	81872	41450	40365	41507
有限责任公司	14250002	7035019	8011660	6238342
股份有限公司	4223542	2042835	2123972	2099570
私营企业	4144695	2258094	2380132	1764563
港澳台商投资企业	1689872	840678	1019061	670811
外商投资企业	5427813	2905877	3218076	2209737
按经济组织类型分组				
#独资企业	7383053	3520701	3992343	3390710
合作合伙企业	1267069	522122	814320	452749
股份有限公司	4702009	2254563	2311231	2390778
有限责任公司	22217451	11708881	12873466	9343985
按轻重工业分				
轻工业	9957042	4972940	4916443	5040599
重工业	25612540	13033328	15074917	10537623
按企业规模分				
大型企业	7201430	4311046	4259682	2941748
中型企业	13651914	6767030	7426571	6225343
小型企业	14716238	6928192	8305107	6411131
按工业行业大类分				
#煤炭开采和洗选业	36583	19320	25811	10772
石油和天然气开采业	82143	21574	28013	54130
有色金属矿采选业	1629	1068	1754	–125
非金属矿采选业	2114	1171	790	1324
农副食品加工业	924812	532751	504781	420031
食品制造业	647496	251336	424590	222906

8-3 续表 3

单位：万元

	资 产 合 计	流动资产 年平均 余 额	负 债 合 计	所有者权益 合 计
饮料制造业	1002180	540162	483499	518681
烟草制品业	710502	641835	163797	546705
纺织业	298420	142564	173268	125152
纺织服装、鞋、帽制造业	146624	60188	49388	97236
皮革、毛皮、羽毛(绒)及其制品业	427525	183786	219313	208212
木材加工及木、竹、藤、棕、草制品业	252602	122624	160949	91653
家具制造业	391322	177184	214498	176824
造纸及纸制品业	341991	164111	209843	132148
印刷业和记录媒介的复制	571152	221114	265101	306051
文教体育用品制造业	11093	7125	7056	4037
石油加工、炼焦及核燃料加工业	189689	86953	118331	71358
化学原料及化学制品制造业	1920066	919640	902193	1017873
医药制造业	2397631	1067700	1095846	1301785
化学纤维制造业	73359	35352	45237	28122
橡胶制品业	63479	40175	45266	18213
塑料制品业	849508	543551	547845	301663
非金属矿物制品业	2491396	922952	1420900	1070496
黑色金属冶炼及压延加工业	2244835	1093342	1426655	818180
有色金属冶炼及压延加工业	487036	270758	294717	192319
金属制品业	1333022	814605	841005	492017
通用设备制造业	1956649	1052104	1260080	696569
专用设备制造业	2115736	1374101	1350776	764960
交通运输设备制造业	4984812	3085261	3053651	1931161
电气机械及器材制造业	1864492	1017339	933083	931409
通信设备、计算机及其他电子设备制造业	3436446	1734989	1667928	1768518
仪器仪表及文化、办公用机械制造业	380541	191121	166446	214095
工艺品及其他制造业	189088	99711	113057	76031
废弃资源和废旧材料回收加工业	2726	214	465	2261
电力、热力的生产和供应业	1801903	238270	1246462	555441
燃气生产和供应业	453968	170114	257887	196081
水的生产和供应业	485012	160103	271079	213933

8-3 续表 4

单位：万元

	主营业务 收　入	主营业务 成　本	利　润 总　额	利　税 总　额	本年应交 增值税
总　　计	37082223	29705478	2646880	4802446	1393578
按登记注册类型分组					
#国有企业	3627774	2510774	277893	1008896	239007
集体企业	398481	326207	17345	31269	11968
股份合作企业	762614	648755	31691	51544	14516
联营企业	125125	98260	7064	12465	4695
有限责任公司	15356332	12592407	1070632	1706167	544042
股份有限公司	3333711	2563241	318626	480317	136363
私营企业	6912732	5897396	295774	473133	145274
港澳台商投资企业	1528392	1207489	94467	176632	74039
外商投资企业	4723711	3603876	521496	843627	218144
按经济组织类型分组					
#独资企业	6708848	4963545	516010	1363649	347137
合作合伙企业	1488962	1239200	66839	112251	37502
股份有限公司	3786737	2936954	346832	520058	146776
有限责任公司	25097676	20565779	1717199	2806488	862162
按轻重工业分					
轻工业	12718730	9578888	932468	2069946	581275
重工业	24363493	20126590	1714412	2732500	812303
按企业规模分					
大型企业	5936569	4478842	497361	1231834	239739
中型企业	11578086	9030535	985619	1607506	460027
小型企业	19567568	16196101	1163900	1963106	693812
按工业行业大类分					
#煤炭开采和洗选业	22636	15456	–1804	942	2052
石油和天然气开采业	52973	43300	8062	8956	581
有色金属矿采选业	2371	2284	–170	–49	114
非金属矿采选业	11781	10547	467	534	49
农副食品加工业	1992308	1717885	91956	140563	45547
食品制造业	1083857	884468	60351	94404	30202

8-3 续表 5

单位：万元

	主营业务收入	主营业务成本	利润总额	利税总额	本年应交增值税
饮料制造业	983263	687839	88825	181561	61307
烟草制品业	1130018	461053	146739	764462	140895
纺织业	292787	253060	5270	18977	12875
纺织服装、鞋、帽制造业	220228	176500	13289	22288	8151
皮革、毛皮、羽毛(绒)及其制品业	1164654	998982	50519	68307	8979
木材加工及木、竹、藤、棕、草制品业	268128	228582	13743	24646	9461
家具制造业	959612	792592	43587	76440	27478
造纸及纸制品业	387279	329012	21633	35483	11732
印刷业和记录媒介的复制	639320	440979	70416	105998	30472
文教体育用品制造业	21275	17769	1542	1953	362
石油加工、炼焦及核燃料加工业	282294	241048	7220	25504	17406
化学原料及化学制品制造业	2109945	1685172	177095	277577	91619
医药制造业	1635232	1014893	186407	317236	120746
化学纤维制造业	79306	70629	1755	4045	1896
橡胶制品业	117082	102967	5340	9169	3515
塑料制品业	973017	820072	47915	80442	30525
非金属矿物制品业	1772420	1425071	185809	267448	71350
黑色金属冶炼及压延加工业	2480750	2273435	52568	111426	53217
有色金属冶炼及压延加工业	1569611	1468612	36941	65472	25386
金属制品业	1788924	1471039	80925	133744	44322
通用设备制造业	1831566	1495343	116729	191204	65040
专用设备制造业	2190928	1812516	186486	256224	61896
交通运输设备制造业	4617029	3758771	452793	703230	130207
电气机械及器材制造业	2612346	2117317	172782	268228	83733
通信设备、计算机及其他电子设备制造业	2309724	1681269	241915	372312	120371
仪器仪表及文化、办公用机械制造业	368072	279179	23413	45342	18491
工艺品及其他制造业	106327	82515	4724	8135	2842
废弃资源和废旧材料回收加工业	1882	986	2	185	0
电力、热力的生产和供应业	560106	487616	–6829	40514	42770
燃气生产和供应业	285377	219210	50377	63312	11226
水的生产和供应业	157795	137510	8088	16232	6763

8-3 续表 6

	亏损面（%）	产销率（%）	资 产 贡献率（%）	负债率（%）	流动资产周转次数（次）
总 计	16.2	98.0	16.1	56.2	2.1
按登记注册类型分组					
#国有企业	28.7	98.1	22.3	55.8	1.5
集体企业	22.7	99.7	16.0	60.6	3.2
股份合作企业	28.0	97.4	13.6	60.4	2.8
联营企业	5.3	93.5	19.6	49.3	3.0
有限责任公司	12.6	98.4	14.6	56.2	2.2
股份有限公司	19.8	94.6	13.5	50.3	1.6
私营企业	17.4	98.6	14.6	57.4	3.1
港、澳、台商投资企业	21.2	97.0	12.7	60.3	1.8
外商投资企业	21.2	98.8	18.4	59.3	1.6
按经济组织类型分组					
#独资企业	20.9	98.6	20.7	54.1	1.9
合作合伙企业	17.5	97.0	12.7	64.3	2.9
股份有限公司	17.9	95.0	13.1	49.2	1.7
有限责任公司	14.9	98.4	15.3	57.9	2.1
按轻重工业分					
轻工业	16.1	98.4	24.0	49.4	2.6
重工业	16.3	97.7	13.0	58.9	1.9
按企业规模分					
大型企业	8.7	98.4	19.3	59.2	1.4
中型企业	19.7	97.5	14.0	54.4	1.7
小型企业	15.9	98.1	16.4	56.4	2.8
按工业行业大类分					
#煤炭开采和洗选业	33.3	98.6	2.8	70.6	1.2
石油和天然气开采业	33.3	99.5	14.1	34.1	2.5
有色金属矿采选业	50.0	97.9	–2.1	107.7	2.2
非金属矿采选业	33.3	99.1	28.3	37.4	10.1
农副食品加工业	19.4	99.3	18.6	54.6	3.7
食品制造业	16.7	98.5	18.3	65.6	4.3

8-3 续表 7

	亏损面 （%）	产销率 （%）	资 产 贡献率 （%）	负债率 （%）	流动资产 周转次数 （次）
饮料制造业	12.4	95.6	20.4	48.2	1.8
烟草制品业		100.0	103.8	23.1	1.8
纺织业	28.3	99.5	8.5	58.1	2.1
纺织服装、鞋、帽制造业	16.7	94.5	25.9	33.7	3.7
皮革、毛皮、羽毛(绒)及其制品业	8.1	98.9	18.6	51.3	6.3
木材加工及木、竹、藤、棕、草制品业	13.0	96.6	14.9	63.7	2.2
家具制造业	2.0	103.2	27.3	54.8	5.4
造纸及纸制品业	21.2	98.1	12.9	61.4	2.4
印刷业和记录媒介的复制	16.1	95.5	20.8	46.4	2.9
文教体育用品制造业		98.4	24.8	63.6	3.0
石油加工、炼焦及核燃料加工业	25.0	93.1	16.4	62.4	3.3
化学原料及化学制品制造业	15.0	99.3	16.5	47.0	2.3
医药制造业	23.8	95.1	15.7	45.7	1.5
化学纤维制造业	16.7	100.3	7.2	61.7	2.2
橡胶制品业	8.3	102.1	18.0	71.3	2.9
塑料制品业	18.4	99.9	11.9	64.5	1.8
非金属矿物制品业	19.8	96.1	12.9	57.0	1.9
黑色金属冶炼及压延加工业	23.1	97.8	7.2	63.6	2.3
有色金属冶炼及压延加工业	38.4	99.3	15.0	60.5	5.8
金属制品业	16.6	97.4	14.6	63.1	2.2
通用设备制造业	16.5	97.0	11.8	64.4	1.7
专用设备制造业	11.0	97.8	14.8	63.8	1.6
交通运输设备制造业	13.9	97.9	16.1	61.3	1.5
电气机械及器材制造业	11.7	96.8	17.2	50.0	2.6
通信设备、计算机及其他电子设备制造业	11.1	99.2	13.1	48.5	1.3
仪器仪表及文化、办公用机械制造业	15.4	91.6	13.1	43.7	1.9
工艺品及其他制造业	13.0	99.2	7.6	59.8	1.1
废弃资源和废旧材料回收加工业		100.0	7.7	17.1	8.8
电力、热力的生产和供应业	31.6	99.6	6.1	69.2	2.4
燃气生产和供应业	4.0	99.4	15.7	56.8	1.7
水的生产和供应业	33.3	98.8	4.1	55.9	1.0

8-4 独立核算国有控股企业主要经济指标(2008 年)

Main Economic Indicators of State Holding Majority Shares Industrial Enterprises with Independent Accounting System (2008)

单元：万元

	企业数（个）	#亏损企业	工业总产值
总计	240	61	8591689
在总计中：亏损企业	61	61	566163
按隶属关系分			
中央企业	75	13	4731641
地方企业	165	48	3860048
按轻重工业分			
轻工业	57	16	1845039
重工业	183	45	6746650
按企业规模分			
大型企业	15		4702344
中型企业	73	20	2038503
小型企业	152	41	1850842
按工业行业大类分			
#煤炭开采和洗选业	5	3	17843
石油和天然气开采业	2	1	44450
农副食品加工业	3	2	70097
烟草制品业	2		1071083
纺织业	3	2	18326

注：年销售收入 500 万元及以上企业

8-4 续表 1

单元：万元

	企业数（个）	#亏损企业	工业总产值
纺织服装、鞋、帽制造业	1	1	1019
印刷业和记录媒介的复制	11	3	248509
石油加工、炼焦及核燃料加工业	1		151353
化学原料及化学制品制造业	21	4	506912
医药制造业	9	2	170669
塑料制品业	2	1	4470
非金属矿物制品业	20	7	318459
黑色金属冶炼及压延加工业	4	1	1294795
有色金属冶炼及压延加工业	5	3	277754
金属制品业	13	4	206925
通用设备制造业	19	6	291613
专用设备制造业	16	2	313725
交通运输设备制造业	36	4	2285099
电气机械及器材制造业	10	2	168632
通信设备、计算机及其他电子设备制造业	15	1	479224
仪器仪表及文化、办公用机械制造业	6	1	41412
工艺品及其他制造业	3	1	38194
电力、热力的生产和供应业	15	6	435468
燃气生产和供应业	6		60988
水的生产和供应业	9	4	71681

8-6 续表 6

	亏损面（%）	产销率（%）	资产贡献率（%）	负债率（%）	流动资产周转次数（次）
总　　计	21.2	98.3	17.1	59.5	1.7
按登记注册类型分					
港、澳、台商投资企业	21.2	97.0	12.7	60.3	1.8
合资经营企业(港、澳、台资)	18.5	97.6	14.7	67.1	1.7
合作经营企业(港、澳、台资)		97.3	35.4	49.5	5.8
港澳台商独资企业	24.4	96.5	12.2	59.4	2.5
港澳台投资股份有限公司	100.0	84.9	–1.5	17.4	0.5
外商投资企业	21.2	98.8	18.4	59.3	1.6
中外合资经营企业	18.9	98.3	20.1	61.4	1.6
中外合作经营企业	20.0	92.9	6.5	85.6	1.1
外资企业	26.3	100.9	15.8	44.6	1.8
外商投资股份有限公司		97.6	25.0	65.3	2.0
按轻重工业分					
轻工业	20.5	99.3	15.9	54.7	2.3
重工业	21.8	97.7	17.5	61.3	1.5
按企业规模分					
大型企业		91.5	11.8	84.0	1.4
中型企业	9.4	97.3	19.7	58.1	1.6
小型企业	24.4	100.3	13.8	55.4	1.8
按工业行业大类分					
#农副食品加工业	41.2	102.7	24.1	45.6	4.0
食品制造业	11.5	100.7	25.4	83.1	4.6

8-4 续表 3

单元：万元

	资产合计	流动资产年平均余额	负债合计	所有者权益合计
纺织服装、鞋、帽制造业	1014	833	1307	–293
印刷业和记录媒介的复制	281812	101479	119978	161834
石油加工、炼焦及核燃料加工业	40781	25761	44263	–3482
化学原料及化学制品制造业	669037	254236	286513	382524
医药制造业	285535	57626	130567	154968
塑料制品业	8851	3379	3206	5645
非金属矿物制品业	444933	192172	287571	157362
黑色金属冶炼及压延加工业	1717007	787463	1061370	655637
有色金属冶炼及压延加工业	185455	86266	78619	106836
金属制品业	256608	181099	193622	62986
通用设备制造业	530666	278041	397999	132667
专用设备制造业	332006	190727	176441	155565
交通运输设备制造业	3268915	2009227	2153540	1115375
电气机械及器材制造业	248530	129404	80693	167837
通信设备、计算机及其他电子设备制造业	859907	597023	367665	492242
仪器仪表及文化、办公用机械制造业	43630	29811	23572	20058
工艺品及其他制造业	107211	65216	61229	45982
电力、热力的生产和供应业	1359931	139446	1031070	328861
燃气生产和供应业	120270	16169	76685	43585
水的生产和供应业	378617	120466	186169	192448

8-4 续表 4

单位：万元

	主营业务收入	利润总额	利税总额
总计	8213280	625315	1480763
在总计中:亏损企业	534531	–63457	–31312
按隶属关系分			
中央企业	4492686	325788	432124
地方企业	3720594	299527	1048639
按轻重工业分			
轻工业	1850985	255786	913692
重工业	6362295	369529	567071
按企业规模分			
大型企业	4618422	423818	1121144
中型企业	2026644	120678	205023
小型企业	1568214	80819	154596
按工业行业大类分			
#煤炭开采和洗选业	16331	–1646	314
石油和天然气开采业	48835	7823	8497
农副食品加工业	67249	–240	29
烟草制品业	1123777	146586	763343
纺织业	16270	145	1422

8-8 全部独立核算工业企业主要经济效益指标

（年销售收入500万元及以上企业）

Main Indicators on Economic Benefit of Industrial Enterprises with Independent Accounting System

	单位	2007	2008		单位	2007	2008
综合经济效益指数	**%**	**214.8**	**238.7**	**流动资产周转次数**	**次**	**2.0**	**2.1**
#国有控股经济	%	208.6	225.7	#国有控股经济	次	1.5	1.4
集体经济	%	173.3	181.1	集体经济	次	3.2	3.2
三资企业	%	284.2	263.6	三资企业	次	1.8	1.7
总资产贡献率	**%**	**11.3**	**16.1**	**成本费用利润率**	**%**	**6.8**	**7.9**
#国有控股经济	%	12.3	14.1	#国有控股经济	%	9.4	8.5
集体经济	%	10.2	16.0	集体经济	%	3.8	4.7
三资企业	%	13.4	17.1	三资企业	%	11.0	11.2
资本保值率	**%**	**121.5**	**125.6**	**劳动生产率**	**元/人**	**176925**	**192527**
#国有控股经济	%	119.6	131.6	#国有控股经济	元/人	157513	184559
集体经济	%	91.6	107.3	集体经济	元/人	116619	107048
三资企业	%	138.4	110.2	三资企业	元/人	259817	225156
资产负债率	**%**	**57.8**	**56.2**				
#国有控股经济	%	64.8	58.5				
集体经济	%	61.0	60.6				
三资企业	%	51.1	59.5				

8-9 全市工业企业四大支柱产业主要经济指标(2008 年)

(年销售收入 500 万元及以上企业)

Main Economic Indicators of Four–prop Industry (2008)

单位：万元

	工业总产值	资产合计	应收帐款
四大支柱产业合计	23462008	20421298	3069351
占全市比重(%)	57.6	57.4	69.1
按工业行业分			
食品(含烟草)工业	5463960	3284991	218021
占全市比重(%)	13.4	9.2	4.9
占四大支柱产业合计比重(%)	23.3	16.1	7.1
医药工业	2021176	2397631	245587
占全市比重(%)	5.0	6.7	5.5
占四大支柱产业合计比重(%)	8.6	11.7	8.0
机械(含汽车)工业	9022526	9057197	1811191
占全市比重(%)	22.2	25.5	40.8
占四大支柱产业合计比重(%)	38.5	44.4	59.0
电子信息工业	6954346	5681479	794552
占全市比重(%)	17.0	16.0	17.9
占四大支柱产业合计比重(%)	29.6	27.8	25.9

注：“占全市比重(%)”指支柱产业占年销售收入 500 万元及以上的企业比重。

8-4 续表 7

	亏损面 （%）	产销率 （%）	资　产 贡献率 （%）	负债率 （%）	流动资产 周转次数 （次）
纺织服装、鞋、帽制造业	100.0	100.0	–10.6	128.9	1.2
印刷业和记录媒介的复制	27.3	91.1	27.5	42.6	2.1
石油加工、炼焦及核燃料加工业		88.0	11.9	108.5	5.8
化学原料及化学制品制造业	19.1	101.5	10.2	42.8	2.1
医药制造业	22.2	90.1	18.9	45.7	2.6
塑料制品业	50.0	102.4	3.7	36.2	1.2
非金属矿物制品业	35.0	96.3	5.6	64.6	1.5
黑色金属冶炼及压延加工业	25.0	100.0	5.5	61.8	1.7
有色金属冶炼及压延加工业	60.0	99.3	3.9	42.4	3.1
金属制品业	30.8	91.2	8.6	75.5	1.1
通用设备制造业	31.6	98.8	4.3	75.0	1.1
专用设备制造业	12.5	97.1	12.0	53.1	1.4
交通运输设备制造业	11.1	99.5	8.7	65.9	1.1
电气机械及器材制造业	20.0	98.1	5.2	32.5	1.2
通信设备、计算机及其他电子设备制造业	6.7	100.0	8.0	42.8	0.5
仪器仪表及文化、办公用机械制造业	16.7	101.4	12.9	54.0	1.1
工艺品及其他制造业	33.3	98.3	4.6	57.1	0.6
电力、热力的生产和供应业	40.0	99.8	5.9	75.8	2.9
燃气生产和供应业		99.4	15.8	63.8	4.1
水的生产和供应业	44.4	98.1	2.5	49.2	0.7

8-5 独立核算集体工业企业主要经济指标(2008 年)

(年销售收入 500 万元及以上企业)

Main Economic Indicators of Collective–owned Industrial Enterprises with Independent Accounting System (2008) 单元：万元

	企业数 (个)	#亏损 企业	工业 总产值
总计	88	20	437565
在总计中:亏损企业	20	20	27838
在总计中:农村工业	16	2	72910
按轻重工业分			
轻工业	17	4	81292
重工业	71	16	356273
按企业规模分			
#中型企业	3	0	47005
小型企业	85	20	390560
按工业行业大类分			
#煤炭开采和洗选业	2		1890
农副食品加工业	5		64511
饮料制造业	1	1	1802
纺织业	1		
皮革、毛皮、羽毛(绒)及其制品业	1		879
造纸及纸制品业	1	1	1522
印刷业和记录媒介的复制	3		4936
化学原料及化学制品制造业	4	1	5196
医药制造业	1		1251
塑料制品业	1		4123
非金属矿物制品业	5	4	13567
黑色金属冶炼及压延加工业	1	1	
有色金属冶炼及压延加工业	6	2	14498
金属制品业	7	2	18631
通用设备制造业	17	6	69637
专用设备制造业	2		21887
交通运输设备制造业	10	2	71010
电气机械及器材制造业	11		75338
通信设备、计算机及其他电子设备制造业	3		13223
仪器仪表及文化、办公用机械制造业	1		2320
废弃资源和废旧材料回收加工业	1		8314
电力、热力的生产和供应业	1		651
燃气生产和供应业	3		42379

主 要 统 计 指 标 解 释

工业总产值 是指工业企业在一定时期内生产的已出售或可供出售的以货币表现的工业产品总量，它反映一定时间内工业生产的总规模和总水平。它包括：在本企业内不再进行加工，经检验、包装入库（规定不需包装的产品除外）的成品价值、对外加工费收入、自制半成品在产品期末期初差额价值。工业总产值采用“工厂法”计算，即以工业企业作为一个整体，按企业工业生产活动的最终成果来计算，企业内部不允许重复计算，不能把企业内部各个车间（分厂）生产的成果相加。但在企业之间、行业之间、地区之间存在着重复计算。

工业增加值 是指工业企业在报告期内以货币表现的工业生产活动的最终成果。

实收资本 是指企业实际收到投资者投入企业的可作为长期周转使用的经营资金。实收资本按投资主体可分为国家资本、法人资本、个人资本金、港澳台资本和外商资本、集体资本等。

总资产 指企业拥有或控制的全部资产。包括流动资产、长期投资、固定资产、无形及递延资产、其他长期资产、递延税项等即为企业资产负债表的资产总计项。

(1)流动资产指企业可以在一年内或者超过一年的一个生产周期内变现或耗用的资产合计。包括现金及各种存款、短期投资、应收及预付款项、存货等。

(2)固定资产指企业固定资产净值、固定资产清理、在建工程、待处理固定资产损失所占用的资金合计。

(3)无形资产指企业长期使用而没有实物形态的资产。包括专利权、非专利技术、商标权、著作权、土地使用权、商誉等。

总负债 指企业承担并需要偿还的全部债务。包括流动负债、递延税项等即为企业资产负债表的负债合计项。

(1)流动负债指企业在一年内或者超过一年的一个营业周期内需要偿还的债务合计其中包括短期借款、应付及预收款项、应付工资、应交税金和应交利润等。

(2)长期负债指企业在一年以上或者超过一年的一个生产周期以上需要偿还的债务合计其中包括长期借款、应付债务、长期应付款项等。

所有者权益合计 指企业投资人对企业净资产的所有权。企业净资产等于企业全部资产减去全部负债后的余额包括企业投资人对企业的最初投入以及资本公积金、盈余公积金和未分配利润对股份制企业即为股东权益。

利税总额 指企业利润总额、产品销售税金及附加和应交增值税之和。

资金利税率 指在一定时期内已实现的利润、税金总额与同期的资产（固定资产净值和流动资产）之比。计算公式为：

$$资产利税率(\%)=\frac{报告期累计实现利税总额}{固定资产净值平均余额+流动资产平均余额}\times 100\%$$

工业成本费用利润率 指在一定时期内实现的利润与成本费用之比反映工业生产的成本及费用投入的经济效益同时也反映企业降低成本所取得的经济效益。计算公式为：

$$工业成本费用利润率(\%)=\frac{利润总额}{成本费用总额}\times 100\%$$

工业成本费用总额包括产品销售成本、产品销售费用、管理费用、财务费用之和。

工业增加值率 指在一定时期内工业增加值与同期工业总产值之比，反映降低中间消耗的经济效益。计算公式为：

$$工业增加值率(\%)=\frac{工业增加值（现价）}{工业总产值（现价）+销项税额}\times 100\%$$

流动资产周转次数 指在一定时期内流动资产完成的周转次数，反映流动资产的周转速度。计算公式为：

$$流动资产周转次数=\frac{产品销售收入}{全部流动资产平均余额}\times 100\%$$

产品销售率 指一定时期内销售产值与同期全部工业总产值之比反映工业产品已实现销售的程度。计算公式为:

$$工业产品销售率(\%)=\frac{工业销售产值}{现价工业总产值}\times 100\%$$

资产负债率 指报告期流动负债和长期负债之和与同期的流动资产、长期资产、固定资产、无形及递延资产和其他长期资产之和之比是反映企业偿债能力的主要指标。计算公式为:

$$资产负债率(\%)=\frac{负债总额}{资产总额}\times 100\%$$

资本保值增值率 反映企业净资产的变动状况是企业发展能力的集中体现。计算公式为:

$$资本保值增值率(\%)=\frac{报告期期末所有者权益}{上年同期期末所有者权益}\times 100\%$$

总资产贡献率 反映企业全部资产的获利能力是企业经营业绩和管理水平的集中体现是评价和考核企业盈利能力的核心指标。计算公式为:

$$总资产贡献率(\%)=\frac{利润总额+税金总额+利息支出}{平均资产总额}\times 100\%$$

其中:税金总额为产品销售税金及附加与应交增值税之和。

全员劳动生产率 指根据产品的价值量指标计算的平均每一个职工在单位时间内的产品生产量。是考核企业经济活动的重要指标是企业生产技术水平、经营管理水平、职工技术熟练程度和劳动积极性的综合表现。计算公式为:

$$全员劳动生产率=\frac{工业增加值}{全部职工平均人数}$$

8-5 续表 3

	亏损面 （%）	产销率 （%）	资　产 贡献率 （%）	负债率 （%）	流动资产 周转次数 （次）
总　　　计	22.7	99.7	16.0	60.6	3.2
在总计中:亏损企业	100.0	100.9	–1.9	87.1	1.8
在总计中:农村工业	1	98.6	14.6	54.3	3.2
按轻重工业分					
轻工业	23.5	97.1	32.6	51.9	4.9
重工业	22.5	100.3	13.6	61.9	3.0
按企业规模分					
#中型企业		103.3	10.2	52.4	3.0
小型企业	23.5	99.3	16.8	61.7	3.2
按工业行业大类分					
#煤炭开采和洗选业		98.7	40.4	23.4	3.9
非金属矿采选业					
农副食品加工业		97.1	61.1	49.8	13.2
饮料制造业	100.0	100.3	9.3	19.0	4.0
皮革、毛皮、羽毛(绒)及其制品业		92.7	12.4	84.9	1.6
造纸及纸制品业	100.0	95.1	–1.1	122.6	22.8
印刷业和记录媒介的复制		96.5	14.9	41.3	3.2
化学原料及化学制品制造业	25.0	97.8	11.5	44.3	0.7
医药制造业		90.4	54.6	28.9	2.9
塑料制品业		100.0	34.0	30.0	2.0
非金属矿物制品业	80.0	99.5	9.1	84.1	3.7
黑色金属冶炼及压延加工业	100.0		–1.6	76.9	0.0
有色金属冶炼及压延加工业	33.3	95.9	1.6	77.1	2.5
金属制品业	28.6	98.1	11.9	74.4	3.9
通用设备制造业	35.3	96.7	9.7	55.4	2.4
专用设备制造业		90.4	71.7	64.3	10.4
交通运输设备制造业	20.0	98.1	7.7	66.2	2.7
电气机械及器材制造业		108.3	25.9	71.0	4.0
通信设备、计算机及其他电子设备制造业		112.2	15.1	49.1	2.7
仪器仪表及文化、办公用机械制造业		100.0	22.6	46.6	6.6
废弃资源和废旧材料回收加工业		100.0	8.7	0.0	0.0
电力、热力的生产和供应业		94.4	10.9	66.2	5.0
燃气生产和供应业		100.0	17.3	52.6	2.1

8-6 独立核算“三资”工业企业主要经济指标(2008 年)

(年销售收入 500 万元及以上企业)

Main Economic Indicators of Overseas–funded Industrial Enterprises with Independent Accounting System (2008)　　单位：万元

	企业数（个）	#亏损企业	工业总产值
总计	316	67	6292510
按登记注册类型分			
港、澳、台商投资企业	99	21	1695876
合资经营企业(港、澳、台资)	54	10	998878
合作经营企业(港、澳、台资)	3		46800
港澳台商独资企业	41	10	625161
港澳台投资股份有限公司	1	1	25037
外商投资企业	217	46	4596634
中外合资经营企业	127	24	3248040
中外合作经营企业	5	1	125893
外资企业	80	21	1110037
外商投资股份有限公司	5		112664
按轻重工业分			
轻工业	151	31	2356889
重工业	165	36	3935621
按企业规模分			
大型企业	2		255963
中型企业	64	6	3466180
小型企业	250	61	2570367
按工业行业大类分			
#农副食品加工业	17	7	489679
食品制造业	26	3	354600

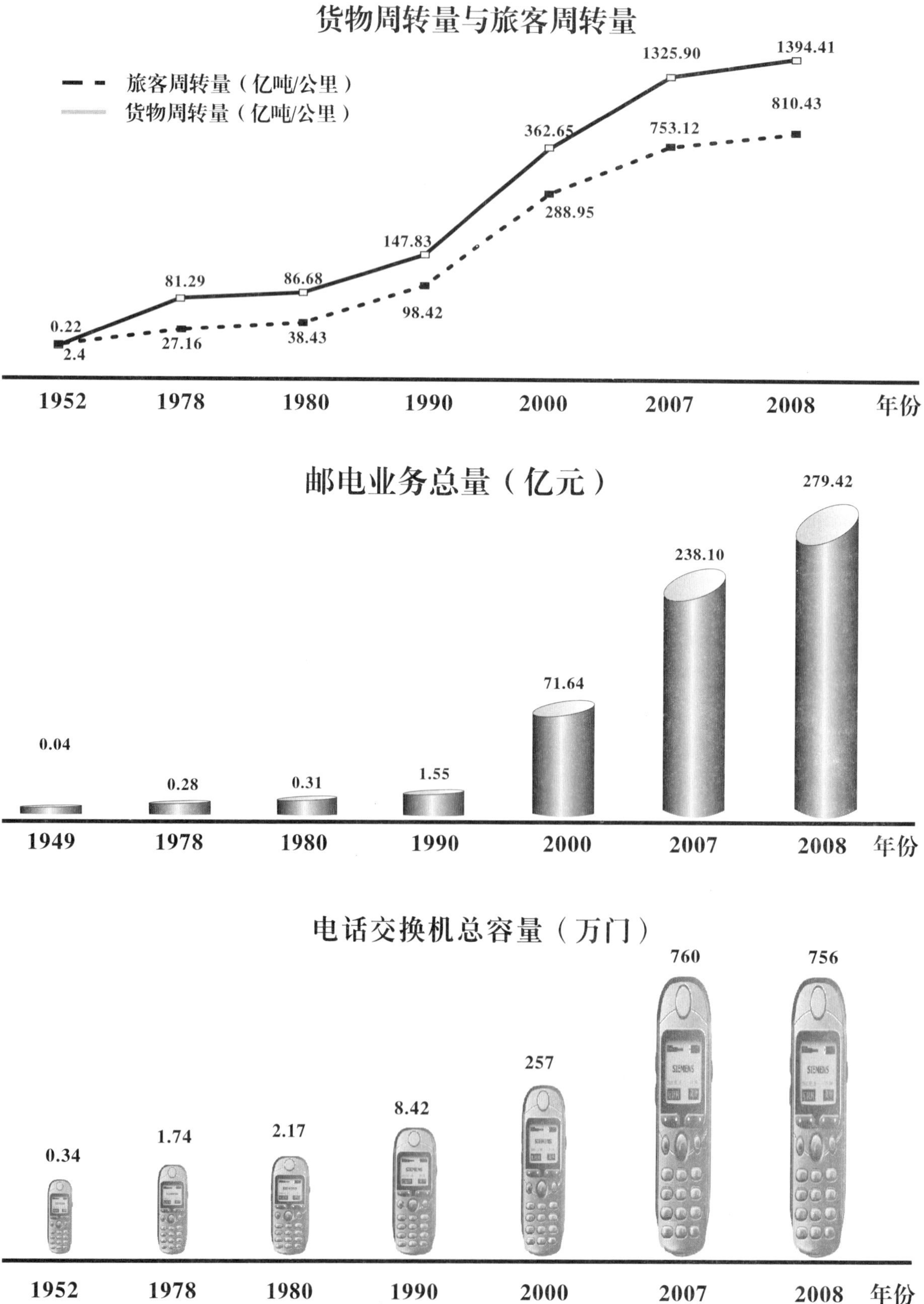

货物周转量与旅客周转量
旅客周转量（亿吨/公里）
货物周转量（亿吨/公里）
0.22
2.4
81.29
27.16
86.68
38.43
147.83
98.42
362.65
288.95
1325.90
753.12
1394.41
810.43
1952
1978
1980
1990
2000
2007
2008
年份
邮电业务总量（亿元）
0.04
0.28
0.31
1.55
71.64
238.10
279.42
1949
1978
1980
1990
2000
2007
2008
年份
电话交换机总容量（万门）
0.34
1.74
2.17
8.42
257
760
756
1952
1978
1980
1990
2000
2007
2008
年份

9-1 历 年 货 物 运 输 量

Freight Traffic by Year

单位：万吨

年　份	总　计	铁　路	民用航空	水　运	公　路
1949	0.6				0.6
1950	1.6				1.6
1951	25.0				25.0
1952	76.0			8.4	67.6
1953	276.8	106.2		8	162.6
1954	242.6	83.9		9.8	148.9
1955	209.5	31.8		9.8	167.9
1956	513.9	200.4		24.3	289.2
1957	718.4	301.8		48.3	368.3
1958	690.9	184.5	0.1	49.6	456.7
1959	1370.7	586.7	0.2	50.9	732.9
1960	1178.4	269.1	0.3	61.3	847.7
1961	808.2	358.2	0.2	26.7	423.1
1962	915.9	472.8	0.1	23.5	419.5
1963	789.3	388.9	0.1	27.9	372.4
1964	992.2	507.2	0.1	29.6	455.3
1965	1248.9	682.2	0.2	44.2	522.3
1966	1422.5	758.7	0.2	44.6	619
1967	1113.4	552.4	0.2	55.0	505.8
1968	813.2	400.9	0.2	25.9	386.2
1969	1143.3	609.5	0.2	26.4	507.2
1970	1622.1	864.4	0.2	30.8	726.7
1971	1874.7	989.0	0.2	38.8	846.7
1972	1934.5	995.7	0.2	43.2	895.4
1973	1905.0	967.7	0.2	33.6	903.5
1974	1793.9	846.2	0.1	26.5	921.1
1975	2126.2	1060.6	0.2	30.8	1034.6
1976	1985.3	899.1	0.2	33.5	1052.5
1977	2494.9	1134.5	0.2	34.0	1326.2

8-6 续表 3

单元：万元

	资 产 总 计	负 债 总 计	所有者 权 益
饮料制造业	303762	157315	146446
纺织业	16270	9290	6979
纺织服装、鞋、帽制造业	3618	2323	1296
皮革、毛皮、羽毛(绒)及其制品业	13297	11386	1912
木材加工及木、竹、藤、棕、草制品业	104671	71554	33117
家具制造业	12849	8611	4238
造纸及纸制品业	99503	76864	22639
印刷业和记录媒介的复制	39155	21236	17919
文教体育用品制造业	3805	2702	1103
化学原料及化学制品制造业	493763	218463	275300
医药制造业	641848	335588	306260
化学纤维制造业	22818	10490	12328
塑料制品业	465021	334506	130515
非金属矿物制品业	1030031	569138	460893
黑色金属冶炼及压延加工业	55713	28454	27259
有色金属冶炼及压延加工业	15990	8225	7765
金属制品业	132600	69058	63542
通用设备制造业	138163	94757	43406
专用设备制造业	874666	720223	154443
交通运输设备制造业	787073	386095	400978
电气机械及器材制造业	312115	91644	220471
通信设备、计算机及其他电子设备制造业	867722	604722	263000
仪器仪表及文化、办公用机械制造业	38787	19625	19162
工艺品及其他制造业	1730	1406	324
电力、热力的生产和供应业	28166	4152	24014
燃气生产和供应业	240491	134340	106151

8-6 续表 4

单位：万元

	主营业务收入	利税总额	本年应交增值税
总计	6252103	1020259	292184
按登记注册类型分			
港、澳、台商投资企业	1528392	176632	74039
合资经营企业(港、澳、台资)	929113	109765	44963
合作经营企业(港、澳、台资)	25670	8679	3037
港澳台商独资企业	543191	59923	25925
港澳台投资股份有限公司	30418	-1735	114
外商投资企业	4723711	843627	218145
中外合资经营企业	3521469	645272	162665
中外合作经营企业	90562	9098	2762
外资企业	1027819	169073	47850
外商投资股份有限公司	83861	20184	4868
按轻重工业分			
轻工业	2188945	265018	117762
重工业	4063158	755241	174422
按企业规模分			
大型企业	705799	59585	15762
中型企业	3234711	691137	165516
小型企业	2311593	269537	110906
按工业行业大类分			
#农副食品加工业	484609	39166	17078
食品制造业	325962	44798	12366

9-2 续表

单位：万吨公里

年　份	总　计	铁　路	民用航空	水　运	公　路
1978	812941	765995	793	496	45657
1979	818572	736246	910	294	81122
1980	866799	782111	897	259	83532
1981	775434	678534	978	223	95699
1982	811892	704655	1049	195	105993
1983	897339	751125	1004	123	145087
1984	1059673	891346	1864	59	166404
1985	1164952	973843	2844	55	188210
1986	1269569	1063715	4669	111	201074
1987	1436309	1185030	5797	119	245363
1988	1556123	1245801	4538	157	305627
1989	1562690	1247164	5480	158	309888
1990	1478332	1183150	6459	149	288574
1991	1579549	1240720	6049	150	332630
1992	1616289	1256236	7545	153	352355
1993	1690540	1317584	10561	160	362235
1994	1815262	1394032	13518	162	407550
1995	1824422	1377400	16147	170	430705
1996	1918702	1459543	18747	231	440181
1997	1993532	1474000	19698	64	499770
1998	3398369	2793895	18816	140	585518
1999	3405441	2740700	17700	50	646991
2000	3626456	2893000	21172	41	712243
2001	4140255	3336200	20200	103	783752
2002	4264690	3835800	25100	60	403730
2003	4459619	3992220	22200	164	445035
2004	11619900	11118000	27400	100	474400
2005	11869780	11327800	32900	80	509000
2006	12050427	11440000	42900	27	567500
2007	13259008	12553000	52000	8	654000
2008	13944063	12869900	62171		1011992

8-6 续表 6

	亏损面 （%）	产销率 （%）	资　产 贡献率 （%）	负债率 （%）	流动资产 周转次数 （次）
总　　　计	21.2	98.3	17.1	59.5	1.7
按登记注册类型分					
港、澳、台商投资企业	21.2	97.0	12.7	60.3	1.8
合资经营企业(港、澳、台资)	18.5	97.6	14.7	67.1	1.7
合作经营企业(港、澳、台资)		97.3	35.4	49.5	5.8
港澳台商独资企业	24.4	96.5	12.2	59.4	2.5
港澳台投资股份有限公司	100.0	84.9	–1.5	17.4	0.5
外商投资企业	21.2	98.8	18.4	59.3	1.6
中外合资经营企业	18.9	98.3	20.1	61.4	1.6
中外合作经营企业	20.0	92.9	6.5	85.6	1.1
外资企业	26.3	100.9	15.8	44.6	1.8
外商投资股份有限公司		97.6	25.0	65.3	2.0
按轻重工业分					
轻工业	20.5	99.3	15.9	54.7	2.3
重工业	21.8	97.7	17.5	61.3	1.5
按企业规模分					
大型企业		91.5	11.8	84.0	1.4
中型企业	9.4	97.3	19.7	58.1	1.6
小型企业	24.4	100.3	13.8	55.4	1.8
按工业行业大类分					
#农副食品加工业	41.2	102.7	24.1	45.6	4.0
食品制造业	11.5	100.7	25.4	83.1	4.6

8-6 续表 7

	亏损面（%）	产销率（%）	资　产贡献率（%）	负债率（%）	流动资产周转次数（次）
饮料制造业	23.1	105.1	16.5	51.8	2.2
纺织业	25.0	103.9	8.5	57.1	1.3
纺织服装、鞋、帽制造业		98.6	20.5	64.2	5.1
皮革、毛皮、羽毛(绒)及其制品业		96.4	45.9	85.6	6.9
木材加工及木、竹、藤、棕、草制品业		99.9	7.7	68.4	0.7
家具制造业	33.3	109.6	8.3	67.0	2.1
造纸及纸制品业	33.3	98.1	2.3	77.3	0.7
印刷业和记录媒介的复制	42.9	99.4	1.2	54.2	4.2
文教体育用品制造业		98.3	10.4	71.0	2.3
化学原料及化学制品制造业	18.5	99.5	25.0	44.2	2.5
医药制造业	17.9	90.6	12.2	52.3	1.2
化学纤维制造业		101.5	9.0	46.0	2.1
塑料制品业	30.0	104.8	5.2	71.9	0.8
非金属矿物制品业	26.3	97.5	15.1	55.3	1.3
黑色金属冶炼及压延加工业		100.0	6.4	51.1	3.3
有色金属冶炼及压延加工业	50.0	96.9	25.7	51.4	4.4
金属制品业	33.3	99.0	8.7	52.1	1.5
通用设备制造业	21.1	102.8	9.1	68.6	1.5
专用设备制造业	29.4	93.2	12.4	82.3	1.3
交通运输设备制造业	10.3	97.4	47.2	49.1	2.0
电气机械及器材制造业	21.4	96.1	7.2	29.4	1.3
通信设备、计算机及其他电子设备制造业	9.5	96.7	9.1	69.7	1.7
仪器仪表及文化、办公用机械制造业	16.7	97.6	10.9	50.6	1.8
工艺品及其他制造业		100.0	40.4	81.3	0.0
电力、热力的生产和供应业	33.3	97.7	12.4	14.7	1.4
燃气生产和供应业		100.0	14.0	55.9	1.1

8-7 大中型工业企业主要经济指标

Main Economic Indicators of Large–scale and Medium–scale Industrial Enterprises

单位：万元

合　　计	2000 年		2007 年		2008 年	
	合　　计	占全市工业的比重（%）	合　　计	占全市工业的比重（%）	合　　计	占全市工业的比重（%）
企业单位数(个)	270	21.1	375	11.9	343	9.6
#亏损企业	97	27.1	55	9.0	65	11.3
工业总产值	3723862	58.9	4740079	50.9	5765800	45.1
流动资产年平均余额	3404668	68.2	8860524	63.2	11078076	61.5
资产总计	7727841	69.7	18587456	62.6	20853344	58.6
负债总计	4805708	70.0	10951474	63.8	11686253	58.5
主营业务收入	3720408	60.1	14838921	52.8	17514655	47.2
#主营业务税金及附加	148375	86.4	408102	87.7	656593	86.2
盈利企业的利润总额	216080	60.6	1314868	69.0	1557246	54.9
亏损企业的亏损总额	86372	71.0	40457	27.1	74266	38.7
盈亏相抵的利润总额	129708	55.3	1274411	72.6	1482980	56.0
利税总额	461670	66.6	2214756	72.2	2839339	59.1
从业人员平均人数(人)	326050	61.1	338937	54.6	332392	48.6

注：①"占全市工业的比重(%)"为大中型工业企业占年销售收入在 500 万元及以上的独立核算工业企业比重。②2003 年及以后工业大中型企业按新标准划型。③2008 年大中型企业个数为快年报数。

8-8 全部独立核算工业企业主要经济效益指标

（年销售收入500万元及以上企业）

Main Indicators on Economic Benefit of Industrial Enterprises with Independent Accounting System

	单位	2007	2008		单位	2007	2008
综合经济效益指数	%	**214.8**	**238.7**	**流动资产周转次数**	次	**2.0**	**2.1**
#国有控股经济	%	208.6	225.7	#国有控股经济	次	1.5	1.4
集体经济	%	173.3	181.1	集体经济	次	3.2	3.2
三资企业	%	284.2	263.6	三资企业	次	1.8	1.7
总资产贡献率	%	**11.3**	**16.1**	**成本费用利润率**	%	**6.8**	**7.9**
#国有控股经济	%	12.3	14.1	#国有控股经济	%	9.4	8.5
集体经济	%	10.2	16.0	集体经济	%	3.8	4.7
三资企业	%	13.4	17.1	三资企业	%	11.0	11.2
资本保值率	%	**121.5**	**125.6**	**劳动生产率**	元/人	**176925**	**192527**
#国有控股经济	%	119.6	131.6	#国有控股经济	元/人	157513	184559
集体经济	%	91.6	107.3	集体经济	元/人	116619	107048
三资企业	%	138.4	110.2	三资企业	元/人	259817	225156
资产负债率	%	**57.8**	**56.2**				
#国有控股经济	%	64.8	58.5				
集体经济	%	61.0	60.6				
三资企业	%	51.1	59.5				

8-9 全市工业企业四大支柱产业主要经济指标(2008 年)

(年销售收入 500 万元及以上企业)

Main Economic Indicators of Four–prop Industry (2008)

单位：万元

	工业总产值	资产合计	应收帐款
四大支柱产业合计	23462008	20421298	3069351
占全市比重(%)	57.6	57.4	69.1
按工业行业分			
食品(含烟草)工业	5463960	3284991	218021
占全市比重(%)	13.4	9.2	4.9
占四大支柱产业合计比重(%)	23.3	16.1	7.1
医药工业	2021176	2397631	245587
占全市比重(%)	5.0	6.7	5.5
占四大支柱产业合计比重(%)	8.6	11.7	8.0
机械(含汽车)工业	9022526	9057197	1811191
占全市比重(%)	22.2	25.5	40.8
占四大支柱产业合计比重(%)	38.5	44.4	59.0
电子信息工业	6954346	5681479	794552
占全市比重(%)	17.0	16.0	17.9
占四大支柱产业合计比重(%)	29.6	27.8	25.9

注：“占全市比重(%)”指支柱产业占年销售收入 500 万元及以上的企业比重。

8-9 续表 1

单位：万元

	产成品资金	负债合计	主营业务收入	管理费用
四大支柱产业合计	1535037	11104477	20754342	1229283
占全市比重(%)	62.5	55.6	56.0	59.0
按工业行业分				
食品(含烟草)工业	246999	1576668	5189446	241077
占全市比重(%)	10.1	7.9	14.0	11.6
占四大支柱产业合计比重(%)	16.1	14.2	25.0	19.6
医药工业	184411	1095846	1635232	140221
占全市比重(%)	7.5	5.6	4.4	6.7
占四大支柱产业合计比重(%)	12.0	9.9	7.9	11.4
机械(含汽车)工业	686080	5664507	8639522	493200
占全市比重(%)	27.9	28.3	23.3	23.7
占四大支柱产业合计比重(%)	44.7	51.0	41.6	40.1
电子信息工业	417548	2767456	5290142	354785
占全市比重(%)	17.0	13.8	14.3	17.0
占四大支柱产业合计比重(%)	27.2	24.9	25.5	28.9

8-9 续表 2

单位：万元

	利息支出	利润总额	利税总额	从业人员平均人数（人）
四大支柱产业合计	153870	1768396	3334766	355197
占全市比重(%)	39.4	66.8	69.4	51.9
按工业行业分				
食品(含烟草)工业	22439	387871	1180989	72059
占全市比重(%)	5.7	14.6	24.5	10.4
占四大支柱产业合计比重(%)	14.6	21.9	35.4	20.3
医药工业	31397	186407	317236	33333
占全市比重(%)	8.0	7.0	6.6	4.9
占四大支柱产业合计比重(%)	20.4	10.5	9.5	9.4
机械(含汽车)工业	60348	756008	1150659	163307
占全市比重(%)	15.4	28.6	24.0	23.9
占四大支柱产业合计比重(%)	39.2	42.8	34.5	46.0
电子信息工业	39685	438110	685883	86498
占全市比重(%)	10.2	16.6	14.3	12.7
占四大支柱产业合计比重(%)	25.8	24.8	20.6	24.4

主 要 统 计 指 标 解 释

工业总产值 是指工业企业在一定时期内生产的已出售或可供出售的以货币表现的工业产品总量，它反映一定时间内工业生产的总规模和总水平。它包括：在本企业内不再进行加工，经检验、包装入库（规定不需包装的产品除外）的成品价值、对外加工费收入、自制半成品在产品期末期初差额价值。工业总产值采用“工厂法”计算，即以工业企业作为一个整体，按企业工业生产活动的最终成果来计算，企业内部不允许重复计算，不能把企业内部各个车间（分厂）生产的成果相加。但在企业之间、行业之间、地区之间存在着重复计算。

工业增加值 是指工业企业在报告期内以货币表现的工业生产活动的最终成果。

实收资本 是指企业实际收到投资者投入企业的可作为长期周转使用的经营资金。实收资本按投资主体可分为国家资本、法人资本、个人资本金、港澳台资本和外商资本、集体资本等。

总资产 指企业拥有或控制的全部资产。包括流动资产、长期投资、固定资产、无形及递延资产、其他长期资产、递延税项等即为企业资产负债表的资产总计项。

(1)流动资产指企业可以在一年内或者超过一年的一个生产周期内变现或耗用的资产合计。包括现金及各种存款、短期投资、应收及预付款项、存货等。

(2)固定资产指企业固定资产净值、固定资产清理、在建工程、待处理固定资产损失所占用的资金合计。

(3)无形资产指企业长期使用而没有实物形态的资产。包括专利权、非专利技术、商标权、著作权、土地使用权、商誉等。

总负债 指企业承担并需要偿还的全部债务。包括流动负债、递延税项等即为企业资产负债表的负债合计项。

(1)流动负债指企业在一年内或者超过一年的一个营业周期内需要偿还的债务合计其中包括短期借款、应付及预收款项、应付工资、应交税金和应交利润等。

(2)长期负债指企业在一年以上或者超过一年的一个生产周期以上需要偿还的债务合计其中包括长期借款、应付债务、长期应付款项等。

所有者权益合计 指企业投资人对企业净资产的所有权。企业净资产等于企业全部资产减去全部负债后的余额包括企业投资人对企业的最初投入以及资本公积金、盈余公积金和未分配利润对股份制企业即为股东权益。

利税总额 指企业利润总额、产品销售税金及附加和应交增值税之和。

资金利税率 指在一定时期内已实现的利润、税金总额与同期的资产（固定资产净值和流动资产）之比。计算公式为：

$$资产利税率(\%)=\frac{报告期累计实现利税总额}{固定资产净值平均余额+流动资产平均余额}\times 100\%$$

工业成本费用利润率 指在一定时期内实现的利润与成本费用之比反映工业生产的成本及费用投入的经济效益同时也反映企业降低成本所取得的经济效益。计算公式为：

$$工业成本费用利润率(\%)=\frac{利润总额}{成本费用总额}\times 100\%$$

工业成本费用总额包括产品销售成本、产品销售费用、管理费用、财务费用之和。

工业增加值率 指在一定时期内工业增加值与同期工业总产值之比，反映降低中间消耗的经济效益。计算公式为：

$$工业增加值率(\%)=\frac{工业增加值（现价）}{工业总产值（现价）+销项税额}\times 100\%$$

流动资产周转次数 指在一定时期内流动资产完成的周转次数，反映流动资产的周转速度。计算公式为：

$$流动资产周转次数=\frac{产品销售收入}{全部流动资产平均余额}\times 100\%$$

产品销售率 指一定时期内销售产值与同期全部工业总产值之比反映工业产品已实现销售的程度。计算公式为:

$$工业产品销售率(\%)=\frac{工业销售产值}{现价工业总产值}\times 100\%$$

资产负债率 指报告期流动负债和长期负债之和与同期的流动资产、长期资产、固定资产、无形及递延资产和其他长期资产之和之比是反映企业偿债能力的主要指标。计算公式为:

$$资产负债率(\%)=\frac{负债总额}{资产总额}\times 100\%$$

资本保值增值率 反映企业净资产的变动状况是企业发展能力的集中体现。计算公式为:

$$资本保值增值率(\%)=\frac{报告期期末所有者权益}{上年同期期末所有者权益}\times 100\%$$

总资产贡献率 反映企业全部资产的获利能力是企业经营业绩和管理水平的集中体现是评价和考核企业盈利能力的核心指标。计算公式为:

$$总资产贡献率(\%)=\frac{利润总额+税金总额+利息支出}{平均资产总额}\times 100\%$$

其中:税金总额为产品销售税金及附加与应交增值税之和。

全员劳动生产率 指根据产品的价值量指标计算的平均每一个职工在单位时间内的产品生产量。是考核企业经济活动的重要指标是企业生产技术水平、经营管理水平、职工技术熟练程度和劳动积极性的综合表现。计算公式为:

$$全员劳动生产率=\frac{工业增加值}{全部职工平均人数}$$

九 运输 邮电

简 要 说 明

主要内容

本部份资料反映货物和旅客运输、邮电通信发展基础情况。

资料来源

铁路、客、货运资料来源于成都铁路局分局和四川省地方铁路局。

民用航空资料来源于中国国际航空股份有限公司、四川航空公司、双流国际机场。

水运和公路运输资料来源于成都市交通委员会。

邮政通信资料来源于成都市邮政局、中国电信成都市电信分公司、中国电信成都市移动通信公司、中国联通四川分公司、四川省机要局。

其他需要说明的问题

铁路运输按成都铁路局和四川省地方铁路局成都辖区部分发出量统计;民用航空运输按成都港发出量统计;水运、公路运输按辖区全社会口径统计。

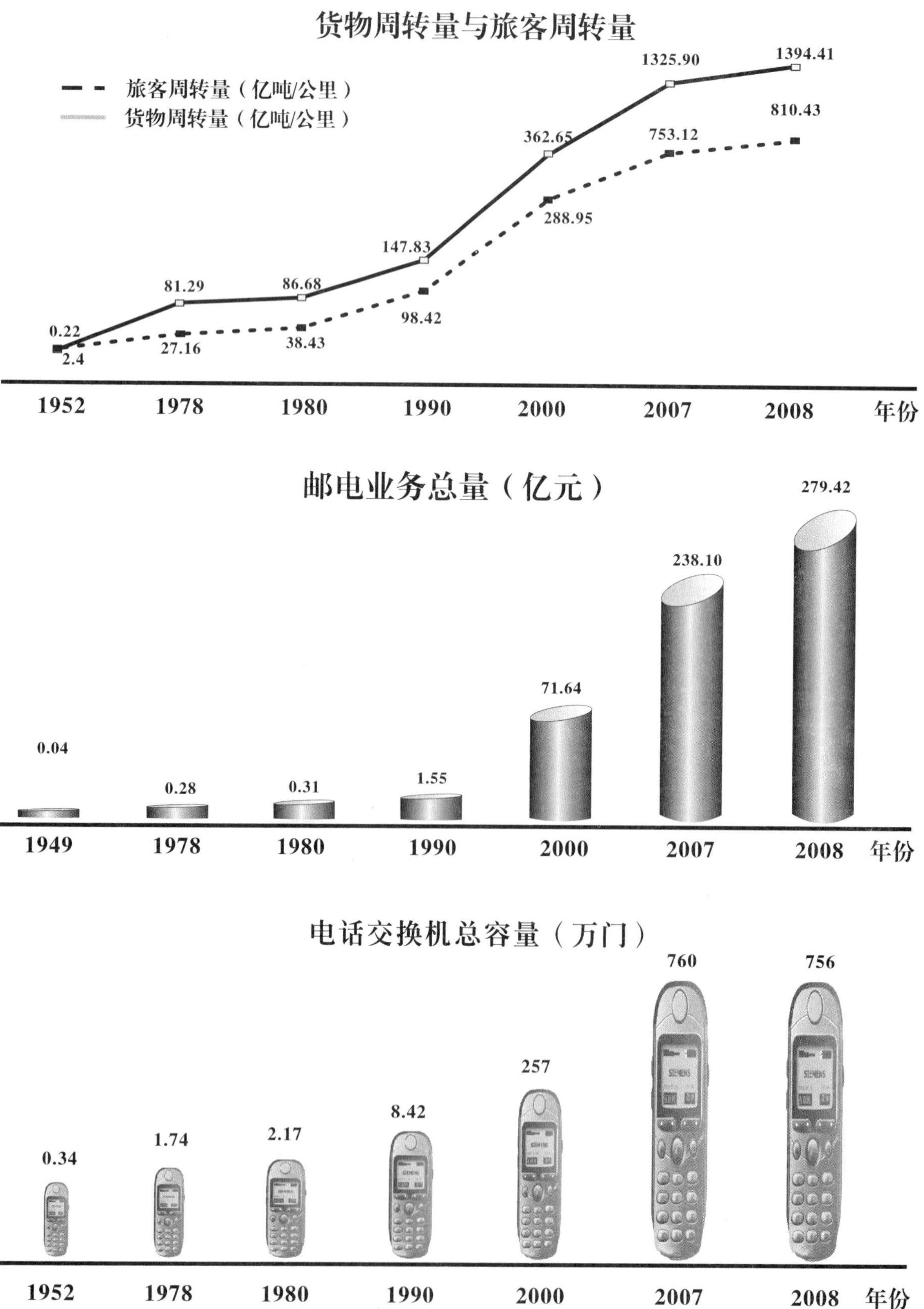
货物周转量与旅客周转量
旅客周转量（亿吨/公里）
货物周转量（亿吨/公里）
0.22
2.4
81.29
27.16
86.68
38.43
147.83
98.42
362.65
288.95
1325.90
753.12
1394.41
810.43
1952
1978
1980
1990
2000
2007
2008
年份
邮电业务总量（亿元）
0.04
0.28
0.31
1.55
71.64
238.10
279.42
1949
1978
1980
1990
2000
2007
2008
年份
电话交换机总容量（万门）
0.34
1.74
2.17
8.42
257
760
756
1952
1978
1980
1990
2000
2007
2008
年份

9-1 历 年 货 物 运 输 量

Freight Traffic by Year

单位：万吨

年　份	总　计	铁　路	民用航空	水　运	公　路
1949	0.6				0.6
1950	1.6				1.6
1951	25.0				25.0
1952	76.0			8.4	67.6
1953	276.8	106.2		8	162.6
1954	242.6	83.9		9.8	148.9
1955	209.5	31.8		9.8	167.9
1956	513.9	200.4		24.3	289.2
1957	718.4	301.8		48.3	368.3
1958	690.9	184.5	0.1	49.6	456.7
1959	1370.7	586.7	0.2	50.9	732.9
1960	1178.4	269.1	0.3	61.3	847.7
1961	808.2	358.2	0.2	26.7	423.1
1962	915.9	472.8	0.1	23.5	419.5
1963	789.3	388.9	0.1	27.9	372.4
1964	992.2	507.2	0.1	29.6	455.3
1965	1248.9	682.2	0.2	44.2	522.3
1966	1422.5	758.7	0.2	44.6	619
1967	1113.4	552.4	0.2	55.0	505.8
1968	813.2	400.9	0.2	25.9	386.2
1969	1143.3	609.5	0.2	26.4	507.2
1970	1622.1	864.4	0.2	30.8	726.7
1971	1874.7	989.0	0.2	38.8	846.7
1972	1934.5	995.7	0.2	43.2	895.4
1973	1905.0	967.7	0.2	33.6	903.5
1974	1793.9	846.2	0.1	26.5	921.1
1975	2126.2	1060.6	0.2	30.8	1034.6
1976	1985.3	899.1	0.2	33.5	1052.5
1977	2494.9	1134.5	0.2	34.0	1326.2

9-1 续表

单位：万吨

年　份	总　计	铁　路	民用航空	水　运	公　路
1978	2873.6	1319.1	0.3	31.4	1522.8
1979	3723.7	1395.2	0.3	24.8	2303.4
1980	4295.0	1395.7	0.4	23.5	2875.4
1981	4546.2	1317.4	0.4	19.1	3209.3
1982	4813.0	1360.9	0.4	16.4	3435.3
1983	6013.4	1414.7	0.4	19.9	4578.4
1984	6732.3	1494.2	0.7	11.9	5225.5
1985	7467.8	1484.3	1.0	15.9	5966.6
1986	7810.6	1536.0	1.0	31.8	6241.8
1987	8437.4	1574.8	1.5	34.1	6827.0
1988	9308.4	1622.0	1.5	45.0	7639.9
1989	10006.0	1669.0	2.0	45.0	8290.0
1990	10139.0	1594.0	2.0	43.0	8500.0
1991	10719.0	1608.0	2.0	43.0	9066.0
1992	10505.2	1715.0	2.2	44.0	8744.0
1993	11073.8	1801.0	2.8	45.0	9225.0
1994	11191.5	1764.0	3.5	46.0	9378.0
1995	11659.3	1714.0	4.3	48.0	9893.0
1996	13073.9	1861.0	4.9	75.0	11133.0
1997	14341.9	1753.0	5.9	32.0	12551.0
1998	18598.4	3906.0	5.4	210.0	14477.0
1999	19633.0	3913.0	6.5	20.0	15693.0
2000	21489.2	4081.7	8.5	20.0	17379.0
2001	23718.5	4402.0	9.5	103.0	19204.0
2002	15309.5	4565.0	10.5	54.0	10680.0
2003	17117.9	4977.0	12.2	84.7	12044.0
2004	25686.0	13050.0	15.3	82.7	12538.0
2005	26696.0	13309.0	18.0	54.0	13315.0
2006	28143.0	14007.0	20.0	42.0	14074.0
2007	30025.4	14693.9	22.3	14.5	15294.7
2008	35456.1	14099.0	17.1		21340.0

注：①从 2002 年起交通部门的口径作了调整，公路客、货运输量不含人力车、出租车和私家车数据，下同；
②2005 年成铁分局撤销，2004 年以后数据为合并后的成都铁路局数据。

9-2 历年货物周转量

Freight Ton-Kilometers by Year

单位：万吨公里

年份	总计	铁路	民用航空	水运	公路
1949	26				26
1950	259				259
1951	1249			144	1105
1952	2164			489	1675
1953	62652	59366		357	2929
1954	52948	46900		570	5478
1955	24491	17776		536	6179
1956	122732	112024		889	9819
1957	180608	168706		988	10914
1958	112023	103136	181	1304	7402
1959	243218	227965	336	1742	13175
1960	168470	150427	466	2452	15125
1961	209017	200234	430	1481	6872
1962	279720	264295	191	970	14264
1963	227139	217395	193	683	8868
1964	293117	283525	202	758	8632
1965	396158	381350	279	932	13597
1966	445525	424113	402	786	20224
1967	328912	308792	430	777	18913
1968	237527	224103	325	592	12507
1969	358461	340711	372	598	16780
1970	530710	505686	391	689	23944
1971	579008	551386	338	546	26738
1972	580811	553059	449	581	26722
1973	560459	532104	330	619	27406
1974	491860	462396	387	483	28594
1975	632240	597437	544	379	33880
1976	534872	501721	691	486	31974
1977	693385	652497	750	449	39689

9-2 续表

单位：万吨公里

年份	总计	铁路	民用航空	水运	公路
1978	812941	765995	793	496	45657
1979	818572	736246	910	294	81122
1980	866799	782111	897	259	83532
1981	775434	678534	978	223	95699
1982	811892	704655	1049	195	105993
1983	897339	751125	1004	123	145087
1984	1059673	891346	1864	59	166404
1985	1164952	973843	2844	55	188210
1986	1269569	1063715	4669	111	201074
1987	1436309	1185030	5797	119	245363
1988	1556123	1245801	4538	157	305627
1989	1562690	1247164	5480	158	309888
1990	1478332	1183150	6459	149	288574
1991	1579549	1240720	6049	150	332630
1992	1616289	1256236	7545	153	352355
1993	1690540	1317584	10561	160	362235
1994	1815262	1394032	13518	162	407550
1995	1824422	1377400	16147	170	430705
1996	1918702	1459543	18747	231	440181
1997	1993532	1474000	19698	64	499770
1998	3398369	2793895	18816	140	585518
1999	3405441	2740700	17700	50	646991
2000	3626456	2893000	21172	41	712243
2001	4140255	3336200	20200	103	783752
2002	4264690	3835800	25100	60	403730
2003	4459619	3992220	22200	164	445035
2004	11619900	11118000	27400	100	474400
2005	11869780	11327800	32900	80	509000
2006	12050427	11440000	42900	27	567500
2007	13259008	12553000	52000	8	654000
2008	13944063	12869900	62171		1011992

9-3 历 年 旅 客 运 输 量

Passenger Traffic by Year

单位：万人

年　份	总　计	铁　路	民用航空	水　运	公　路
1949	7.9				7.9
1950	9.9				9.9
1951	14.9				14.9
1952	29.2				29.2
1953	95.9	45.3			50.6
1954	107.1	41.1			66.0
1955	145.0	64.9			80.1
1956	231.6	113.4	0.2		118.0
1957	300.0	149.3	0.3		150.4
1958	254.7	158.8	0.8		95.1
1959	366.4	200.4	1.0		165.0
1960	414.9	276.6	1.3		137.0
1961	505.7	414.4	1.5		89.8
1962	777.3	455.3	1.1		320.9
1963	548.3	274.0	1.0		273.3
1964	604.1	218.1	1.7		384.3
1965	1001.5	578.7	2.3		420.5
1966	1244.9	723.5	1.9		519.5
1967	1510.2	1020.6	2.3		487.3
1968	1530.2	1133.9	2.3		394.0
1969	1919.7	1400.0	2.2		517.5
1970	1960.7	1432.8	2.2	4.8	520.9
1971	2009.3	1367.4	2.6	5.0	634.3
1972	2405.6	1560.6	3.3	7.4	834.3
1973	2489.5	1700.4	3.4	7.4	778.3
1974	2255.8	1493.3	4.1	9.3	749.1
1975	2155.7	1415.5	5.8	8.9	725.5
1976	2114.0	1413.9	7.3	9.7	683.1
1977	2281.0	1495.8	8.5	5.3	771.4

9-3 续表

单位：万人

年　份	总　计	铁　路	民用航空	水　运	公　路
1978	2634.6	1541.4	11.3	3.9	1078.0
1979	3224.8	1740.7	14.2	3.5	1466.4
1980	4586.4	1894.3	14.6	1.2	2676.3
1981	5122.2	1785.9	16.3	2.0	3318.0
1982	5793.8	1830.7	16.0	1.4	3945.7
1983	6682.5	1916.2	11.8	5.0	4749.5
1984	8149.5	2112.6	22.5	12.0	6002.4
1985	9384.2	2141.6	31.4	10.2	7201.0
1986	9861.7	2119.0	43.3	12.3	7687.1
1987	11088.8	2303.0	55.2	34.2	8696.4
1988	11512.4	2476.0	52.8	42.5	8941.1
1989	12484.0	2208.0	61.0	44.0	10171.0
1990	12894.0	1729.0	71.0	46.0	11048.0
1991	14003.0	1838.0	96.0	49.0	12020.0
1992	14728.0	1968.0	110.0	50.0	12600.0
1993	13942.0	2028.0	139.0	51.0	11724.0
1994	14769.0	1998.0	169.0	57.0	12545.0
1995	19931.0	1703.0	200.0	60.0	17968.0
1996	24668.0	1408.0	205.0	55.0	23000.0
1997	29092.0	1473.0	207.0	151.0	27261.0
1998	36248.1	2126.0	213.1	157.0	33752.0
1999	40140.4	2423.0	242.4	10.0	37465.0
2000	46459.0	2685.8	269.2	23.0	43481.0
2001	52432.7	2925.0	304.7	103.0	49100.0
2002	28884.6	2896.0	379.3	142.3	25467.0
2003	28234.4	2601.0	410.0	158.4	25065.0
2004	35511.0	7323.0	581.0	161.0	27446.0
2005	38086.0	7931.0	693.0	123.0	29339.0
2006	39742.2	8837.0	808.0	120.0	29977.2
2007	43313.9	10125.4	911.5	99.5	32177.5
2008	79016.3	10948.2	844.1	82.0	67142.0

9-4 历 年 旅 客 周 转 量

Passenger-Kilometers by Year

单位：万人公里

年份	总计	铁路	民用航空	水运	公路
1949	14220				14220
1950	15689				15689
1951	16346				16346
1952	23990				23990
1953	38444	6116			32328
1954	42608	5549			37059
1955	55573	8762			46811
1956	22561	15309	166		7086
1957	29895	20156	305		9434
1958	27294	21438	913		4943
1959	39479	27054	1119		11306
1960	47142	37341	1470		8331
1961	63589	55944	1952		5693
1962	79986	61466	1150		17370
1963	51745	36990	1142		13613
1964	53540	29444	1895		22201
1965	108661	78125	2478		28058
1966	131822	97673	2116		32033
1967	167960	137781	2547		27632
1968	176058	153076	2504		20478
1969	224763	189000	2476		33287
1970	227179	193424	2150	89	31516
1971	217262	184604	3136	94	29428
1972	252518	210681	8705	151	32981
1973	273320	229551	8624	169	34976
1974	247593	201598	11466	213	34316
1975	239669	191087	15516	198	32868
1976	240981	190871	17724	199	32187
1977	255573	201930	19822	75	33746

9-4 续表

单位：万人公里

年 份	总 计	铁 路	民用航空	水 运	公 路
1978	271649	206262	23826	55	41506
1979	316515	236050	30612	46	49807
1980	384271	267253	32251	25	84742
1981	383510	245020	34060	42	104388
1982	431061	269390	36262	29	125380
1983	477603	291645	31226	40	154692
1984	590417	335040	58460	52	196865
1985	738637	409835	92383	50	236369
1986	794146	443206	101884	31	249025
1987	949921	526262	134960	86	288613
1988	1021681	579028	126224	106	316323
1989	1041080	529545	141300	110	370125
1990	984166	436419	173439	116	374192
1991	1180397	472902	288575	123	418797
1992	1318135	506818	379124	135	432058
1993	1485535	544638	545355	126	395416
1994	1688276	569102	683796	140	435238
1995	1874098	530012	835187	147	508752
1996	1981118	460279	885593	134	635112
1997	1946330	433000	755486	254	757590
1998	2465078	793188	743575	248	928067
1999	2703787	848100	822200	23	1033464
2000	2889525	858900	882448	49	1148128
2001	3156153	898900	963900	232	1293121
2002	2918837	884000	1144900	373	889564
2003	2686781	831139	1041500	486	813656
2004	5343000	2909200	1428300	600	1004900
2005	6049029	3239300	1728100	329	1081300
2006	6771492	3549600	2074600	292	1147000
2007	7531209	3821000	2481000	209	1229000
2008	8104261	4245700	2450544	220	1407797

注：2008 年公路客运数据含出租车。

9-5 航空及公路运输情况

Basic Statistics of Civil Aviation and Highways Transportation

	单　　位	1990 年	2000 年	2007 年	2008 年
航空运输					
民用航空线路条数	条		245	275	301
飞机架数	架		58	89	109
旅客吞吐量	万人		552	1859	1725
货邮吞吐量	万吨		15.86	42.9	48.6
公路运输					
公路通车里程	公里	5221	13374	18139	19489
#高级次高级	公里	2603	6739	13679	15022
全社会各种机动车辆	**万辆**	**13.04**	**72.70**	**177.94**	**193.85**
#载货汽车	万辆	2.98	8.20	10.11	11.54
载客汽车	万辆	1.94	22.31	72.46	88.11
摩托车	万辆			93.76	92.50
#私人汽车	万辆			68.13	82.77
电动自行车	**万辆**			**102.65**	**116.00**

9-6 历年邮电业务基本情况

Basic Conditions of Postal and Telecommunications Services

年　份	邮电业务总　量(万元)	函　件(万件)	长途电话(万次)	市内电话用　户(户)
1952	381	351	20	1906
1957	1233	1480	27	3027
1962	2963	2312	103	5668
1965	1827	1999	133	6626
1970	1723	1833	89	6738
1975	2412	2004	160	8301
1978	2768	2140	203	9396
1979	2948	2371	218	9997
1980	3066	2655	207	11140
1981	3537	2794	210	12261
1982	3818	2876	229	13473
1983	4743	3307	260	14844
1984	5136	4173	311	17273
1985	6057	4681	370	19584
1986	6791	6353	395	21955
1987	8384	7450	475	27940
1988	10340	8358	592	34056
1989	13152	7873	717	42642
1990	15520	7538	946	50562
1991	20137	7415	1556	67287
1992	31160	8483	2844	105098
1993	48535	10070	5176	144867
1994	72166	11430	8884	246681
1995	110949	11939	14970	353470
1996	161132	11480	21706	477250
1997	196888	9256	18829	663758
1998	292225	9970	21855	813411
1999	464628	8983	25510	1054019
2000	716428	9481	30908	1481152
2001	731300	9565	27129	1684436
2002	756000	11400	27397	2216899
2003	808000	12428	31697	2959814
2004	866000	8467	42215	3837826
2005	933000	6877	48584	4283974
2006	1023000	5548	46521	4390186
2007	2381000	5325	54035	4189268
2008	2794200	4851	61537	4000644

9-6 续表

年　份	农村电话用　户(户)	邮电局(所)	邮路及投递路线总长度(公里)	电话交换机总　容　量(门)	移动电话用　户(户)
1952	489	398	481	3391	
1957	888	384	3568	7152	
1962	2616	371	9781	12420	
1965	1757	394	16627	14466	
1970	1649	440	18335	13451	
1975	1922	384	20101	14672	
1978	2069	396	21583	17360	
1979	2154	402	15308	19980	
1980	2232	406	21829	21740	
1981	2292	400	23481	19280	
1982	2401	399	18899	23550	
1983	2418	401	17091	30280	
1984	2716	416	18599	31100	
1985	2973	420	19083	37550	
1986	3028	412	47507	39800	
1987	3138	414	47099	52070	
1988	3281	417	56141	62580	
1989	3392	423	83827	63600	
1990	3686	429	83765	84186	
1991	4105	433	83268	90084	
1992	4914	432	83237	164873	
1993	5879	430	77064	217828	
1994	8776	433	75602	466652	
1995	13774	427	75125	836969	
1996	21020	489	78809	1077455	
1997	53361	505	114271	1507487	
1998	94306	480	128531	2265378	
1999	167579	465	136677	2228600	766500
2000	283163	487	147886	2574169	991000
2001	425982	539	142843	3103191	2301000
2002	565373	553	120154	4208563	3063000
2003	499703	576	120879	5464699	4419400
2004	512472	551	115730	5972728	6581000
2005	651818	603	118939	7518272	7899000
2006	704414	487	118402	7533800	9888000
2007	716496	471	123485	7604300	11634000
2008	743475	477	129050	7559800	12741200

主要统计指标解释

货物（旅客）运输量 指在一定时期内，各种运输工具实际运送的货物（旅客）数量。是反映运输业为国民经济和人民生活服务的数量指标，也是制定和检查运输生产计划，研究运输发展规模和速度的重要指标。货运量按吨计算，客运量按人计算。货物不论运输距离长短，货物类别，均按实际重量统计；旅客不论行程远近或票价多少，均按一人一次作为客运量统计。半价票、小孩票也按一人统计。

货物（旅客）周转量 指在一定时期内，由各种运输工具运送的货物（旅客）数量与其相应运输距离的乘积之总和，是反映运输业生产总成果的重要指标，也是编制和检查运输生产计划，计算运输效率、劳动生产率以及核算运输单位成本的主要基础资料。通常以吨公里和人公里为计算单位。计算货物周转量通常按发出站与到达站之间的最短距离，也就是计费距离计算。

邮电业务总量 指以货币表现的邮电部门用于传递信息和提供其他邮电服务的总数量。它综合反映了一定时期邮电工作的总成果，是研究邮电业务量构成和发展趋势的重要指标。根据邮电管理体制不同，分为中央国营业务总量和地方国营业务总量。它用各种邮电分类业务量，如函件件数、电报份数、长话张数、市内电话和农村电话的年均户数、订销报刊累计份数等，分别乘以相应的平均单价（不变价），加总后再加上出租电路和设备的收入、代用户维护电话交换机和线路等设备的收入、其他业务收入求得。

市内电话 指接入县城（包括个别城镇）及县以上城市的市内电话网上，并按市内电话进行经营管理的电话。按计费办法分为包月制和计次制两种。

（1）住宅电话指话机装在居民住宅里的电话。它包括私人付费、公费和免费三部分。

（2）私人付费电话指住宅居民自费安装并自己缴纳通话费的电话。

移动电话用户 指在邮电部门登记，通过移动电话交换机进入移动电话网、占有移动电话号码的电话用户。用户数量以实际办理登记手续进入邮电部门移动电话网的户数进行计算，一部或一台移动电话统计为一户。

十　能源购进 消费与库存

简　要　说　明

主要内容

本部份资料反映成都市能源基本情况。包括规模以上工业企业万元工业总产值综合能源消费量，主要能源购进、消费与库存，主要能源按工业行业分组消费量，工业企业综合能源消费量按行业分类，工业企业水消费按行业分类等资料。

资料来源

本部分资料全部来源于成都市统计局。

10-1 规模以上工业企业万元工业总产值综合能源消费量

Per 10000 Yuan Gross Industrial Output Value Consumption of Energy

项　目	能源合计（吨标煤）	原　煤（吨）	焦　炭（吨）	天 然 气（立方米）	汽　油（吨）	煤　油（吨）	柴　油（吨）	电　力（千瓦时）
2005 年	0.4590	0.3414	0.0572	104.3185	0.0013	0.0008	0.0019	435.4632
2006 年	0.4210	0.2249	0.0658	91.7754	0.0023	0.0007	0.0020	558.3733
2007 年	0.3032	0.1821	0.0430	71.9796	0.0010	0.0005	0.0016	379.3602
2008 年	0.2245	0.1380	0.0304	60.9299	0.0011	0.0004	0.0015	304.5253

10-2 规模以上工业企业主要能源购进、消费及库存(2008 年)

Energy Purchasing　Consnmption and Inventory of Industrial Enterprises above the Set Scale(2008)

项　　目	购进量		消费量合　计		年末库存
	实物量	金额（万元）		#工业生产消　费	
原煤（吨）	6035964	257665	5645929	5629503	639960
洗精煤（吨）	247633	13934	243997	243281	9141
其他洗煤（吨）	313404	17239	316536	312374	14527
煤制品（吨）	37190	1560	35904	35728	1467
焦炭（吨）	1223144	159782	1245064	1229664	23257
其他焦化产品（吨）	1069	132	1069	1069	
其他煤气（万立方米）	26413	1590	26413	26413	
天然气（万立方米）	248330	306659	249330	245618	
原油（吨）	293	175	293	293	3
汽油（吨）	46450	29538	46305	24303	639
煤油（吨）	21374	14005	18194	18147	3277
柴油（吨）	62144	38012	61373	53477	1775
燃料油（吨）	2986	1427	2986	1888	
液化石油气（吨）	2040	514	2040	1888	
其他石油制品（吨）	720	464	728	712	82
热力（百万千焦）	3871486	9814	3871486	3858587	
电力（万千瓦时）	1216435	832668	1246143	1219252	
其他燃料（吨标准煤）	176247	5961	112099	112099	161

10-3 主要能源按工业行业分组消费量(2008 年)

Volume of Main Energy Consumption by Industrral Sector(2008)

行业分类	原煤（吨）	天然气（万立方米）	汽油（吨）	柴油（吨）	燃料油（吨）	电力（万千瓦时）
总　计	5645929	249330	46305	61373	2986	1246143
#煤炭开采和洗选业	90842		59	20	3	2577
石油和天然气开采业		8	28			257
有色金属矿采选业	400		2	6		133
非金属矿采选业			21	1828		99
农副食品加工业	87643	7265	1894	1830	1675	31119
食品制造业	52179	5132	2133	1767		26665
饮料制造业	90772	1623	706	1316		22716
烟草制品业	13311	548	312	22		8662
纺织业	21592	359	395	71		13929
纺织服装、鞋、帽制造业	3706	123	281	88		2203
皮革、毛皮、羽毛（绒）及其制品业	67593	2436	1034	927		20907
木材加工及木、竹、藤、棕、草制	37090	788	291	583		12183
家具制造业	26059	2207	915	965		14889
造纸及纸制品业	129913	2258	759	616		29842
印刷业和记录媒介的复制	114350	657	1135	712	60	24298
文教体育用品制造业	32	224	50	23		333
石油加工、炼焦及核燃料加工业	1075	154	127	90		4200
化学原料及化学制品制造业	399069	99164	3679	2050		188696
医药制造业	152805	3574	2266	1117		56385
化学纤维制造业	122423	758	64	94		9335
橡胶制品业	8466	555	455	103		4442
塑料制品业	9849	2134	1283	758		44917
非金属矿物制品业	617551	50055	3057	23338	345	135484
黑色金属冶炼及压延加工业	100934	19760	1030	1163		180624
有色金属冶炼及压延加工业	54371	4529	457	469		28658
金属制品业	14337	5781	2748	1372	6	49107
通用设备制造业	12672	5476	3800	2294	870	52468
专有设备制造业	11406	3198	2257	2568		28079
交通运输设备制造业	20398	7744	5317	4514		80691
电气机构及器材制造业	11612	10272	3499	1245	27	52252
通信设备、计算机及其他电子设备	3728	765	3067	299		44897
仪器仪表及文化、办公用机构制造	1338	1408	946	96		13001
工艺品及其他制造业	6044	115	232	94		2902
电力、热力的生产和供应业	3362370	8836	601	8576		48333
燃气生产和供应业		1372	549	54		2834
水的生产和供应业		54	854	297		7999

10-4 规模以上工业企业综合能源消费量按行业分类

Volume of Overall Energy Consumption of Industrial Enterprises above the Set Scale by Sector

单位：吨标准煤

	2005年	2007年	2008年
总　　计	**7625479**	**9348587**	**9186979**
#煤炭开采和洗选业	248616	129186	17878
石油和天然气开采业	285	1548	461
有色金属矿采选业	266	552	456
非金属矿采选业	31402	7984	2788
农副食品加工业	63437	177912	236283
食品制造业	82450	152551	148126
饮料制造业	58409	110140	129706
烟草制品业	13279	16641	31797
纺织业	33137	44346	43937
纺织服装、鞋、帽制造业	15268	10602	11883
皮革、毛皮、羽毛（绒）及其制品业	26295	104140	119946
木材加工及木、竹、藤、棕、草制	30183	54853	62879
家具制造业	7365	62079	80327
造纸及纸制品业	140527	158944	170975
印刷业和记录媒介的复制	63230	102991	103145
文教体育用品制造业	181	1267	4939
石油加工、炼焦及核燃料加工业	9272	7131	8299
化学原料及化学制品制造业	1730490	1762160	1869600
医药制造业	115010	405923	393318
化学纤维制造业	118668	132157	108998
橡胶制品业	11026	16304	21061
塑料制品业	29190	91827	101579
非金属矿物制品业	1038074	2267239	1417348
黑色金属冶炼及压延加工业	1372960	1519879	1608517
有色金属冶炼及压延加工业	79752	176114	168929
金属制品业	35228	100304	162884
通用设备制造业	56643	171775	203388
专有设备制造业	47999	109948	100676
交通运输设备制造业	130404	252702	260108
电气机构及器材制造业	36567	214041	246614
通信设备、计算机及其他电子设备	24290	65743	76138
仪器仪表及文化、办公用机构制造	6832	16974	36913
工艺品及其他制造业	5871	9658	9683
废弃资源和废旧材料回收加工业	377	53	47
电力、热力的生产和供应业	1939711	872175	1205561
燃气生产和供应业	15567	10285	10794
水的生产和供应业	7217	10462	10998

10-5 规模以上工业企业

Volume of Water Consumption of

行业分类	工业取水总量		
	合计 (万立方米)	#自来水	
		数量 (万立方米)	金额 (万元)
总　　计	**29493.07**	**5313.19**	**11155.6**
#煤炭开采和洗选业	95.18	0.00	0.00
石油和天然气开采业	12.23	12.23	30.66
有色金属矿采选业	0.01	0.00	0.00
非金属矿采选业	40.07	0.00	0.00
农副食品加工业	302.18	146.72	269.47
食品制造业	489.45	164.48	326.92
饮料制造业	852.63	322.03	766.61
烟草制品业	164.84	164.84	439.67
纺织业	144.00	65.88	128.33
纺织服装、鞋、帽制造业	36.65	15.00	29.37
皮革、毛皮、羽毛（绒）及其制品业	384.39	77.48	155.57
木材加工及木、竹、藤、棕、草制	77.26	32.23	35.21
家具制造业	132.97	37.90	73.62
造纸及纸制品业	1683.42	187.42	346.16
印刷业和记录媒介的复制	403.42	65.65	139.19
文教体育用品制造业	2.60	2.22	4.00
石油加工、炼焦及核燃料加工业	133.22	24.43	62.87
化学原料及化学制品制造业	5163.33	425.37	803.81
医药制造业	7679.87	344.96	763.64
化学纤维制造业	450.14	13.58	23.38
橡胶制品业	54.37	20.82	36.54
塑料制品业	172.46	118.53	234.34
非金属矿物制品业	1163.68	451.68	689.42
黑色金属冶炼及压延加工业	1382.38	533.09	1261.75
有色金属冶炼及压延加工业	431.83	122.06	236.74
金属制品业	240.09	162.64	316.79
通用设备制造业	415.58	204.60	428.78
专有设备制造业	451.85	201.49	443.59
交通运输设备制造业	1224.98	533.53	1277.59
电气机构及器材制造业	461.29	301.80	639.21
通信设备、计算机及其他电子设备	343.69	274.83	645.10
仪器仪表及文化、办公用机构制造	66.25	46.34	106.75
工艺品及其他制造业	40.93	27.90	67.16
废弃资源和废旧材料回收加工业	0.64	0.55	0.96
电力、热力的生产和供应业	4546.81	72.74	123.90
燃气生产和供应业	62.77	62.65	148.65
水的生产和供应业	175.62	65.64	84.85

水消费按行业分类(2008 年)

Industrial Enterprises above the Set Scale by Sector(2008)

工业取水总量		重复用水总量（万立方米）
#地下及地表水		
数　量（万立方米）	金　额（万元）	
23735.12	5363.49	**38354.76**
94.48	6.47	24.14
0.002		
0.01	0.02	
40.07	10.66	
155.45	67.58	5.11
324.97	113.38	4.69
530.61	345.57	0.41
78.12	20.97	5.9
21.75	2.82	
302.29	67.54	13.65
45.03	17.54	80.32
94.50	33.20	0.15
1495.77	220.21	1341.99
335.77	169.91	239.36
0.38	0.15	
108.80	4.35	200.01
4713.14	1271.98	15817.43
7133.14	953.56	230.32
436.56	143.85	13.9
33.55	1.7	1.2
53.82	31.86	238.00
711.85	266.83	3164.52
738.16	281.55	15389.27
309.77	89.48	419.81
63.71	67.72	2.37
209.58	219.88	2.50
179.97	160.89	131.14
678.64	190.35	822.12
159.37	137.96	143.46
68.86	49.39	47.34
19.74	21.25	4.8
13.04	2.72	9.21
0.09	0.07	
4474.06	368.94	
0.12	0.06	1.65
109.98	23.08	

主 要 统 计 指 标 解 释

能源购进量 根据企业生产、经营性质划分，购进量分两种情况，一种是能源经销企业(批发、零售企业)用于销售的能源购进数量，另一种是能源使用企业用于消费的能源购进数量，分别在不同表式中统计。

能源经销企业能源购进量，指能源经销企业在报告期内购入的、用于销售的各种一次能源和二次能源。能源经销企业能源购进量由能源经销企业(批发、零售企业)填报。

能源使用企业能源购进量，指能源使用单位在报告期内外购的、用于企业消费的各种一次能源和二次能源。能源使用企业能源购进量由能源使用企业填报。

购进量金额 指本单位在报告期实际购进的、已办理验收入库手续的各种一次能源和二次能源的金额。其金额以购货发票上的总金额(含增值税)计算，统计原则、范围与购进量相同。

能源消费量 指能源使用单位在报告期内实际消费的一次能源或二次能源的数量。

能源消费量统计的原则是：

（1）谁消费、谁统计。

（2）何时投入使用，何时计算消费量。

（3）消费量只能计算一次。

（4）耗能工质(如水、氧气、压缩空气等)，不论是外购的还是自产自用的，均不统计在能源消费量中(计算单位产品能耗时除外)。

（5）企业自产的能源，凡作为企业生产另一种产品的原材料、燃料，又分别计算产量的，消费量要统计，

工业企业能源消费量 工业企业能源消费包括工业企业在生产过程中作为燃料、动力、原料、辅助材料使用的能源以及工艺用能、非生产用能；作为能源加工转换企业，还要包括能源加工转换的投入量.

工业生产能源消费 指工业企业为进行工业生产活动所使用的能源。

车辆用油 指在厂区内、外进行交通运输活动的车辆所消费的成品油。但是如果工业企业所属的车队是独立核算的企业，其消费的成品油既不能包括在“工业企业能源消费”中，亦不能包括在“车辆用油”中，它的消费应为交通运输业企业消费。

能源加工、转换消费 能源加工、转换是指为了特定的用途，将一种能源(一般为一次能源)，经过一定的工艺，加工或转换成另外一种能源(二次能源)。

能源加工转换产出量 指各种能源经过加工转换后产出的各种二次能源产品(包括不作能源使用的其他副产品和联产品)，比如火力发电产出的电力，热电联产同时产出的电力、蒸汽、热水，洗煤产出的洗精煤、洗中煤、煤泥等；炼焦产出的焦炭、焦炉煤气和其他焦化产品；炼油产出的汽油、煤油、柴油、燃料油、液化石油气、炼厂干气和其他石油制品(石脑油、各种原料油、溶剂油、石蜡、润滑油、石油沥青等)；制气产出的是焦炉煤气、其他煤气、焦炭和其他焦化产品(煤焦油、粗苯等)。

能源加工转换损失量 指在能源加工、转换过程中产生的各种损失量，即能源加工、转换过程中投入的能源数量和产出的能源数量之差。

能源用作原材料 指能源产品不作能源使用，即不作燃料、动力使用，而作为生产另外一种产品(非能源产品)的原料或作为辅助材料使用，作原料使用时通常构成这种产品的实体。

综合能源消费量 指报告期内企业实际消费的各种能源的总和。计算综合能源消费量时，需要先将使用的各种能源折算成标准燃料后再进行计算。

能源库存量 本制度中所涉及的能源库存量是指企业能源库存量，它是企业在报告期的某时间点所拥有的各种能源数量。根据企业的生产经营活动性质，企业库存量分为生产企业产成品库存、经销企业(批发、零售企业)用于经营销售的库存、使用企业用于消费的库存。

库存量的核算原则：(1)时点性原则；(2)实际数量原则。

工业取水总量　指工业企业从各种水源提取的，并用于工业生产活动的水量总和，包括自来水、地下水、地表水、海水、苦咸水、经城市污水处理厂处理后回用于工业的水量，以及企业从市场购得的其他水或水的产品(如纯净水、矿泉水、蒸汽、热水、地热水等)。工业取水总量包括主要工业生产用水、辅助生产(包括机修、运输、空压站等)用水和附属生产(包括厂内绿化、职工食堂、非营业的浴室及保健站、厕所等)用水；不包括非工业生产单位的用水，如厂内居民家庭用水和企业附属幼儿园、学校、对外营业的浴室、游泳池等的用水量。

十一 国内贸易、物价、外经、旅游

简 要 说 明

主要内容

本部份资料反映国内市场和外经、旅游发展情况与物价变动情况。

国内贸易:包括全市范围内历年社会消费品零售总额及构成;各种经济类型企业商品销售总额;餐饮业销售总额;大中型批发零售贸易企业商品购、销、存情况;城乡个体私营工商企业情况;商品交易市场情况等。

物价:包括历年城市居民消费价格指数及商品零售价格指数。

外经:包括市及市以下招商引资及外商投资企业情况。

涉外旅游:包括成都地区涉外宾馆、饭店接待人数及创汇情况。

资料来源

国内贸易资料来自于成都市统计局。

城乡个体、私营工商企业及商品交易市场资料来源于成都市工商行政管理局。

物价资料来源于国家统计局成都调查队。

外经资料来源于成都市商务局、成都市统计局和成都市工商行政管理局。

涉外旅游资料来源于成都市旅游局。

其他需要说明的问题

外经统计资料未包括省级部门在本市的引资数据。

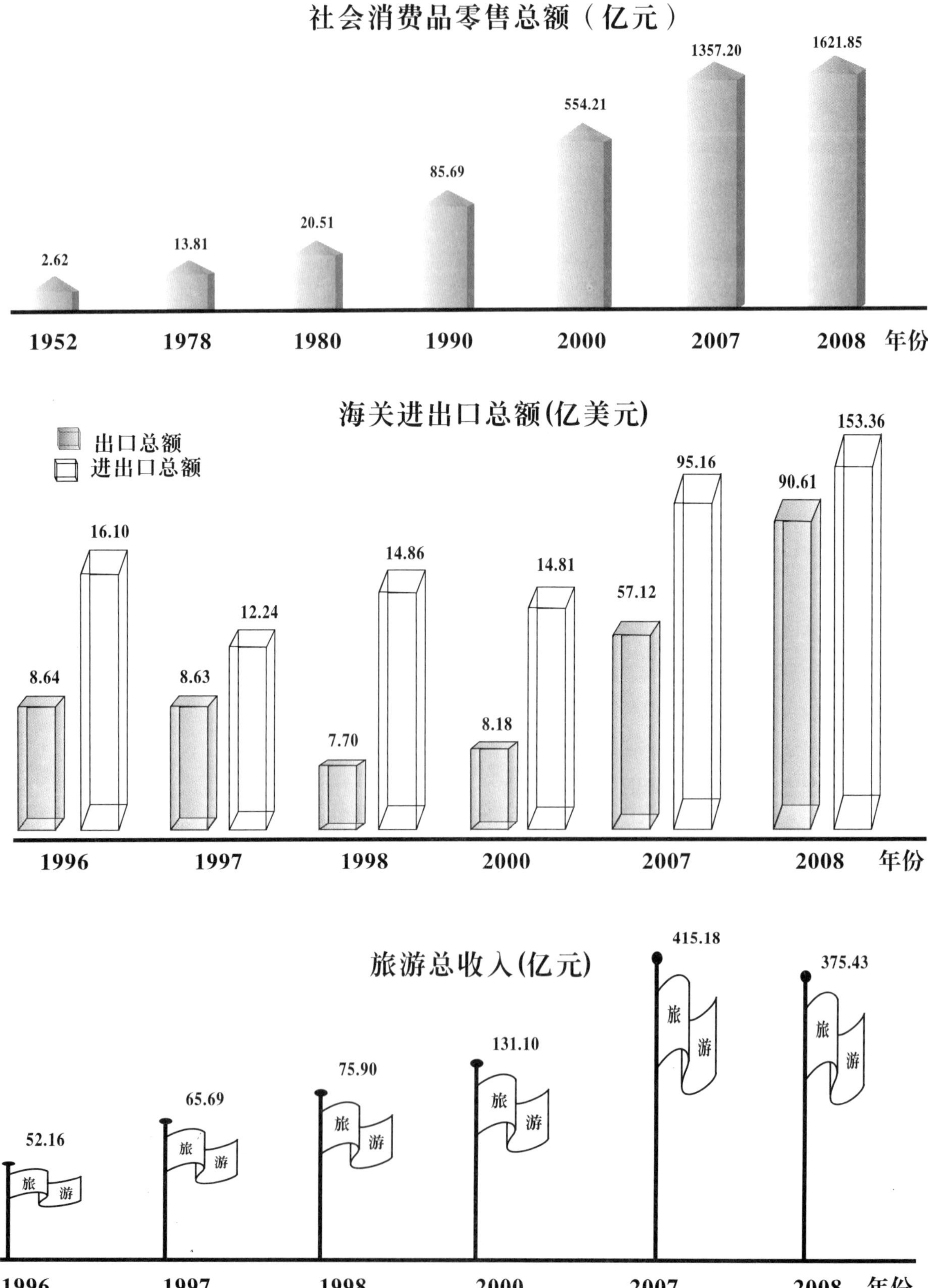
社会消费品零售总额（亿元）
2.62
13.81
20.51
85.69
554.21
1357.20
1621.85
1952
1978
1980
1990
2000
2007
2008
年份
海关进出口总额(亿美元)
出口总额
进出口总额
8.64
16.10
8.63
12.24
7.70
14.86
8.18
14.81
57.12
95.16
90.61
153.36
1996
1997
1998
2000
2007
2008
年份
旅游总收入(亿元)
52.16
65.69
75.90
131.10
415.18
375.43
旅
游
1996
1997
1998
2000
2007
2008
年份

11-1 历年社会消费品零售总额及发展速度

Total Retail Sale of Consumer Goods and Development Rates of Consumer Goods by Year

年 份	社会消费品零售总额（万元）	社会消费品零售总额发展速度（%）	年 份	社会消费品零售总额（万元）	社会消费品零售总额发展速度（%）
1952	26186		1981	234329	114.2
1954	36113	104.5	1982	242251	103.3
1955	37545	103.9	1983	265505	109.5
1956	46902	124.9	1984	318393	119.9
1957	52521	111.9	1985	401200	126.0
1958	57508	109.4	1986	465422	116.0
1959	70510	122.6	1987	556536	119.6
1960	74193	105.2	1988	754398	135.6
1961	64280	86.6	1989	800147	106.1
1962	66705	103.7	1990	856919	107.1
1963	62154	93.1	1991	1022264	119.3
1964	67159	108.0	1992	1188406	116.3
1965	72601	108.1	1993	1601707	134.8
			1994	2204903	137.7
1966	78777	108.5	1995	2859688	129.7
1967	85721	108.8			
1968	70838	82.6	1996	3470809	121.4
1969	81556	115.1	1997	4099934	118.1
1970	86349	105.8	1998	4511917	110.0
			1999	5000817	110.8
1971	92003	106.5	2000	5542123	110.8
1972	101458	110.2			
1973	106568	105.0	2001	6275187	113.2
1974	110287	103.4	2002	7095076	113.1
1975	117196	106.2	2003	7759984	109.4
			2004	8807581	113.5
1976	112498	95.9	2005	10058833	114.2
1977	121196	107.7			
1978	138147	113.9	2006	11552571	114.9
1979	167159	121.0	2007	13572003	117.5
1980	205140	122.7	2008	16218543	119.5

注：①1995 社会消费品零售总额含居民购房；②发展速度以上年为基期；③2003 年及以后社会消费品零售总额不含制造业和农业生产者零售。

11-2　历年社会消费品零售总额分类情况

Basic Statistics of Total Retail Sale of Consumer Goods by Sorts

单位：万元

年　份	社会消费品零售总额	在总额中：				
		国有经济	集体经济	个体、私营经　济	股份制及其他经济	外资及港澳台经济
1952	26186	2442	7636	14735		
1957	52521	22169	28467	743		
1962	66705	40981	29279			
1965	72601	46045	33365	475		
1970	86349	59915	34620	108		
1975	117196	91750	36316	363		
1978	138147	113848	44073	221		
1979	167159	131166	58157	257		
1980	205140	141661	83355	624		
1981	234329	154529	94331	2067		
1982	242251	154896	100869	3401		
1983	265505	161007	107558	12707		
1984	318393	166122	140083	28265		
1985	401200	176959	172449	58878		
1986	465422	195937	197063	79590		
1987	556536	227345	219608	114787		264
1988	754398	300273	270923	182692		2735
1989	800147	325728	283226	195505		6711
1990	856919	338499	293852	217232		9433
1991	1022264	416455	333806	266559		11898
1992	1188406	520126	336960	305577		18317
1993	1601707	360384	392418	469300	124933	12813
1994	2204903	497286	539405	646942	171751	17308
1995	2859688	641735	701299	696770	201108	48615
1996	3470809	618417	862025	941979	218771	73789
1997	4099934	644606	1021204	1248082	250130	91801
1998	4511917	632353	1109907	1444982	250272	127119
1999	5000817	568113	1015090	1830621	301512	212356
2000	5542123	547979	949167	2302111	426885	324435
2001	6275187	577638	1051145	2604057	560519	420392
2002	7095076	582283	1093529	2937575	854292	562792
2003	7759984	643456	1012999	3298024	2156410	649095
2004	8807581	625647	1002736	3918703	2394951	865544
2005	10058833	585849	936638	4701097	2766313	1068936
2006	11552571	616502	982132	5398833	3275558	1279546
2007	13572003	603281	891132	6549991	3946794	1580805
2008	16218543	661785	971589	7688751	4923216	1973202

注：① 1992 年以前按社会商品零售额分类，1992 年以后按社会消费品零售总额分类；
② 社会商品零售额=社会消费品零售总额+对农民的农业生产资料零售额－农民对非农业居民的零售额；
③ 2003 年以后股份制及其他经济零售额包括股份制和其他经济零售额，其余年份仅含股份制经济零售额。

11-2 续表

单位：万元

年份	在总额中：			在总额中：	
	批发零售贸易业	餐饮业	其他	市	县及县下
1952	19875	2389	60	11485	13328
1957	41668	5226	415	25041	26338
1962	58047	8310	372	39817	30443
1965	69325	7053	450	42952	36933
1970	85731	6428	673	49750	44893
1975	115617	7520	988	63634	64795
1978	142345	9327	1194	75005	83137
1979	167621	11335	1916	90293	99287
1980	192121	13104	4620	108391	117249
1981	202051	14236	6095	127805	123122
1982	214024	14654	7630	131438	127728
1983	229606	15749	10332	140054	141218
1984	269233	17837	14487	162051	172419
1985	312890	23625	20239	199554	208732
1986	379872	29614	7719	232919	239671
1987	444796	42119	12427	326201	235803
1988	584342	60225	21321	466684	289939
1989	626841	66214	34140	520203	290967
1990	647934	70563	49527	565717	293299
1991	781647	82306	50283	690714	338004
1992	886478	93188	77238	799573	381407
1993	1075156	151252	224621	1081611	520096
1994	1360081	216486	380112	1633802	571101
1995	1618234	261646	694854	2159480	700208
1996	2054537	364366	721592	2308553	1162256
1997	2333547	546797	879904	2678785	1421149
1998	2538598	671567	998566	2919555	1592362
1999	2832153	831075	1055669	3216789	1784028
2000	3265303	1022633	976214	3554447	1987676
2001	3703392	1212790	1066014	4005583	2269604
2002	4361093	1373968	1060480	4594867	2500209
2003	6110052	1543727	106205	5092824	2667160
2004	7185349	1572232	50000	5814778	2992803
2005	8195353	1810205	53275	6808943	3249890
2006	9398393	2094432	59746	7850168	3702403
2007	11019515	2502920	49568	9428483	4143520
2008	13126812	3033174	58557	11531154	4687389

注：2004 年－2008 年餐饮业数据包括住宿业。

11-3 限额以上批发零售贸易业商品销售、库存总额

Total Sales and Inventory of Enterprises above

Designated Size in Wholesale and Retail Sale Trade

单位：万元

	1995 年	1996 年	2007 年	2008 年
商品销售总额	**3705011**	**3579755**	**17907186**	**23200231**
批发额	3160837	2968742	12597172	17041431
对居民和社会集团消费品零售额	544174	611013	5310014	6158800
年末库存总额	**487143**	**441277**	**1241933**	**1367000**

11-4 商品交易市场情况

Main Indicators of Commodities Markets

	2000 年		2007 年		2008 年	
	合 计	#农 村	合 计	#农 村	合 计	#农 村
商品交易市场数(个)	**927**	**478**	**810**	**396**	**853**	**403**
一、消费品市场	807	449	707	370	748	370
(一) 综合市场	288	209	197	145	91	66
(二) 农副产品市场	358	213	373	205	494	295
#农副产品专业市场	43	22	28	14	20	10
(三) 工业消费品市场	159	27	130	16	162	9
(四) 其　他	2		7	4	1	
二、生产资料市场	120	29	93	26	93	33
(一) 生产资料综合市场	33	9	36	3	55	9
(二) 工业生产资料市场	84	20	55	22	33	20
(三) 农业生产资料市场	2		2	1	2	1
(四) 其　他	1				3	3
三、生产要素市场			10		12	

11-5 限额以上批发零售贸易业分类销售及库存总额(2008 年)

Total Value of Sales and Inventory of Enterprises above Designated Size in Wholesale and Retail Sale Trade (2008)

单位：万元

	商　品 销售总额	批　发	零　售
食品饮料烟酒类	2197526	1429768	767758
#肉禽蛋类	54645		54645
烟酒类	1281160	1109192	171968
服装、鞋帽、针织品类	1342008	403425	938583
化妆品类	142964	14054	128910
金银珠宝类	201948		201948
日用品类	304522	9700	294822
五金、电料类	15385	11796	3589
体育、娱乐用品类	157264	3401	153863
书报杂志类	302369		302369
电子出版物及音像制品类	62705	35510	27195
家用电器和音像器材类	1003249	408672	594577
中西药品类	1574440	1544586	29854
文化办公用品类	394484	346791	47693
家具类	35795	726	35069
通讯器材类	623420	431381	192039
煤炭及制品类	139166	139059	107
木材及制品类	29481	419	29062
石油及制品类	6118054	5921378	196676
化工材料及制品类	1369406	1369025	381
金属材料类	4121932	4121919	13
建筑及装潢材料类	53758	29399	24359
机电产品及设备类	367462	362067	5395
汽车类	2235193	67240	2167953
种子饲料类	2947	2947	
棉麻类	33042	33042	
其它类	371711	355126	16585

11-6　城乡个体工商业、私营企业基本情况(2008年)

Basic Conditions of Individual Enterprises and Private Enterprises in Urban and Rural Areas (2008)

	个体工商业		私营企业		
	户　　数 (户)	从业人员 (人)	户　　数 (户)	投资者人　数 (人)	雇工人数 (人)
总　　　计	**599311**	**1175146**	**141029**	**341991**	**1004815**
按城乡分					
城　镇	349661	693850	103733	265530	714513
农　村	249650	481296	37296	76461	290302
按行业分					
#农林牧渔业	3905	12494	2482	6037	19056
采矿业	149	806	229	521	2470
制造业	43000	135869	19911	46679	205286
电力、燃气及水的生产和供应业	46	145	270	994	2097
建筑业	964	4745	5615	15057	49144
交通运输仓储邮政业	20824	25199	3020	7515	22430
信息传输、计算机服务和软件业	6146	15390	10896	24802	62203
批发和零售业	357947	615274	55840	131483	354647
住宿和餐饮业	64090	159979	6112	16858	44381
金融业	40	117	301	574	1368
房地产业	1726	4895	3495	8648	23148
租赁和商务服务业	15055	29348	17989	44099	121626
科学研究、技术服务和地质勘探业	1524	3225	4502	11898	27388
水利、环境和公共设施管理业	11	24	475	1207	2246
居民服务和其它服务业	67243	126224	4576	10451	30226
教育	785	2279	140	387	1035
卫生、社会保障和社会福利业	1906	5538	399	806	2589
文化、体育和娱乐业	5987	13814	1184	2533	7452
其它行业	7963	19781	3593	11442	26023
按企业类型分					
独资企业			15367	15172	104018
合伙企业			2123	6942	17015
有限责任公司			123450	319613	880058
股份有限公司			89	264	3724

11-7 历年居民消费价格指数与商品零售价格指数(以上年为 100)

General Consumer Price Index and General Retail Price Index by Year (Preceding Year=100)

年 份	居民消费价格指数	#食品类	#衣着类	#家庭设备及用品	#娱乐教育文化用品	#医疗保健	商品零售价格指数
1951	114.8	114.0	107.7	112.3	98.2	128.8	113.8
1952	110.6	112.6	96.7	97.8	80.8	93.1	110.3
1953	102.2	103.9	101.3	93.1	89.9	89.9	102.1
1954	103.2	100.8	99.3	97.3	90.8	87.3	103.1
1955	103.6	106.2	98.2	101.7	100.0	103.9	103.1
1956	104.9	107.4	96.4	100.3	103.2	102.9	103.4
1957	106.0	103.9	99.9	101.0	97.7	136.2	104.3
1958	101.0	100.5	99.8	101.0	99.7	98.5	100.1
1958	100.3	99.5	100.2	101.2	100.1	102.7	100.2
1960	100.6	101.1	100.0	98.9	102.2	98.8	100.9
1961	116.0	130.0	100.0	100.0	100.1	99.6	117.7
1962	99.8	99.0	101.4	109.1	109.4	106.3	99.5
1963	91.2	93.0	101.6	101.7	100.3	101.5	90.0
1964	94.4	94.6	99.1	92.8	96.4	88.1	93.8
1965	97.5	93.5	99.2	95.9	94.9	94.3	98.1
1966	100.7	103.0	100.5	99.9	99.7	99.0	101.2
1967	102.0	104.0	99.4	99.2	96.5	91.7	102.0
1968	100.2	100.2	100.0	100.1	98.8	100.0	100.2
1969	100.1	100.0	100.0	100.0	100.0	87.3	99.8
1970	99.5	100.2	100.0	100.0	100.0	77.7	99.5
1971	100.2	100.1	100.0	100.0	100.0	98.7	100.2
1972	100.5	100.8	100.2	99.9	99.1	97.2	100.5
1973	100.0	99.9	100.0	99.6	97.6	99.2	99.9
1974	100.2	100.2	100.0	100.7	100.9	98.9	100.2
1975	100.3	100.1	100.0	99.9	100.3	99.6	100.3
1976	100.0	100.0	100.0	100.0	101.2	100.0	100.0
1977	100.2	99.6	100.0	100.0	100.0	100.7	100.2

注：居民消费价格指数中 1994 年以前“家庭设备及用品”指日用品类；“娱乐教育文化用品”指文化娱乐用品类；“医疗保健”指药及医疗用品类。

11-7 续表

年 份	居民消费价格指数	#食品类	#衣着类	#家庭设备及用品	#娱乐教育文化用品	#医疗保健	商品零售价格指数
1978	101.1	101.1	100.0	100.0	100.0	103.1	101.1
1979	102.0	104.6	99.4	100.4	100.5	103.7	102.1
1980	106.6	110.6	99.6	101.2	100.3	101.3	107.1
1981	102.1	101.7	100.3	100.6	100.5	103.7	102.1
1982	101.9	103.6	99.2	97.4	100.0	100.8	102.0
1983	100.3	100.7	98.8	98.8	97.0	103.8	100.0
1984	104.6	105.3	101.4	100.0	100.1	101.8	103.8
1985	111.4	115.0	102.2	102.5	102.3	106.1	111.3
1986	104.8	104.9	104.8	104.8	100.4	97.3	104.7
1987	108.8	112.4	102.6	107.4	103.4	113.2	109.4
1988	124.6	130.5	115.6	115.0	122.8	132.0	125.7
1989	116.2	113.6	125.0	113.1	111.0	125.9	116.1
1990	103.5	102.5	106.4	103.4	95.3	100.6	102.9
1991	105.2	105.8	102.6	105.0	94.3	100.9	104.7
1992	110.8	113.5	101.4	100.4	94.3	102.6	108.5
1993	115.9	118.7	107.2	108.9	102.4	115.0	115.1
1994	126.5	136.2	123.1	111.3	113.6	107.2	123.3
1995	117.5	124.2	107.4	106.4	104.3	109.3	114.5
1996	109.7	109.4	109.5	102.1	112.3	109.0	106.5
1997	105.7	104.1	102.1	103.2	100.3	105.5	102.9
1998	100.3	96.9	103.3	99.7	100.4	102.0	98.4
1999	98.3	96.3	99.3	98.4	96.5	101.2	97.1
2000	100.2	96.3	100.2	99.2	94.0	102.2	98.2
2001	100.8	101.6	98.4	99.4	103.9	97.0	100.7
2002	98.7	98.4	98.0	99.0	98.3	99.2	98.8
2003	102.1	103.0	100.8	99.4	99.1	102.3	100.2
2004	103.9	107.6	97.1	98.0	106.0	104.1	101.4
2005	102.3	104.5	91.0	98.0	107.8	101.2	99.8
2006	101.8	102.5	100.9	103.7	99.4	100.3	101.2
2007	105.2	112.4	101.1	102.7	100.0	101.7	104.2
2008	104.3	112.9	94.9	102.9	98.6	101.4	104.5

11-8 居民消费价格指数(以上年为 100)

General Consumer Price Index by Category (Preceding Year=100)

	2007 年	2008 年		2007 年	2008 年
居民消费价格指数	**105.2**	**104.3**	液体乳及乳制品	101.7	119.3
食品类	112.4	112.9	烟草及用品类	101.3	100.9
#粮　食	109.0	105.9	衣着类	101.1	94.9
油　脂	120.2	125.4	家庭设备用品及维修服务类	102.7	102.9
肉禽及其制品	134.6	118.5	医疗保健和个人用品类	101.7	101.4
蛋	121.1	102.2	交通和通讯类	98.3	98.4
水产品	109.0	117.2	娱乐教育文化用品及服务类	100.0	98.6
菜	102.5	103.7	居　住	105.5	103.0
干鲜瓜果	86.8	100.5	**服务项目价格指数**	**101.7**	**100.7**

11-9 商品零售价格指数(以上年为 100)

General Retail Price Index by Category (Preceding Year=100)

	2007 年	2008 年		2007 年	2008 年
商品零售价格指数	**104.2**	**104.5**	体育娱乐用品类	98.5	97.5
食品类	113.1	113.4	交通、通信用品类	92.1	90.6
#粮 食	108.7	106.1	家具类	101.7	102.0
饮料、烟酒类	101.4	101.0	化妆品类	100.0	100.1
服装、鞋帽类	100.9	94.6	金银珠宝类	105.8	117.2
纺织品类	100.7	100.7	中西药品及医疗保健用品类	100.6	100.8
家用电器及音像器材类	102.8	100.7	书报杂志及电子出版物类	95.8	100.1
文化办公用品类	94.0	92.6	燃料类	103.3	111.0
日用品类	102.2	102.6	建筑材料及五金电料类	107.9	108.1

11-10 外商直接投资(2008年)

Direct Foreign Investment (2008)

	签订合同企业(项目个数)	合同外资金额(万美元)	实际利用外资总额(万美元)	期末累计注册企业(个)
总计	**279**	**506174**	**224521**	**3650**
按投资方式分				
#独资经营	197	432459	181631	1577
合资经营	74	57229	12803	1949
合作经营	7	13607	30087	116
股份制经营	1	2879		8
按国民经济行业分				
#农、林、牧、渔业	9	5348	1000	72
制造业	74	63253	14130	1871
城市基础设施	11	26384	1773	135
交通运输、仓储、邮电业	4	5361	503	32
批发和零售、住宿和餐饮业	38	47642	2563	370
房地产、社会服务业	95	311422	197155	1170
按国别、地区分				
#香　港	119	382726	152084	925
台　湾	28	7845	1456	336
新加坡	17	42051	27031	172
英　国	8	4554	76	56
加拿大	9	3084	49	58
美　国	37	7084	3883	341

注：期末累计注册企业中城市基础设施含建筑业。

11-11 旅 游 基 本 情 况

Basic Conditions of Tourism

	1990 年		2007 年		2008 年	
	绝对数	构成(%)	绝对数	构成(%)	绝对数	构成(%)
旅游总收入(亿元)			**415.18**		**375.43**	
国内旅游收入(亿元)			**395.41**		**363.58**	
国内旅游人数(万人次)			**4253.63**		**4105.40**	
涉外旅游人数(人)	**131080**	**100**	**785638**	**100**	**500300**	**100**
外国人	44162	33.7	521388	66.4	340600	68.1
#日　本	11052	25.0	155869	29.9	42010	12.3
菲律宾	247	0.6	2534	0.5	1851	0.5
新加坡	1646	3.7	30206	5.8	19090	5.6
泰　国	892	2.0	32571	6.2	11305	3.3
印度尼西亚	165	0.4	6474	1.2	3033	0. 9
美　国	5679	12.9	73512	14.1	60519	17.8
加拿大	1057	2.4	13038	2.5	14360	4.2
英　国	2554	5.8	25099	4.8	25398	7.5
法　国	3575	8.1	18084	3.5	19024	5.6
德　国	3543	8.0	16006	3.1	11766	3. 5
意大利	2702	6.1	7806	1.5	4891	1.4
俄罗斯联邦	185	0.4	3300	0.6	3232	9.5
港澳台同胞	86918	66.3	264250	33.6	159700	31.9
海外旅游人天数(人天)	**334521**	**100**	**1509822**	**100.0**	**1052144**	**100**
外国人	172808	51.6	1063039	70.4	785132	74.6
港澳台同胞	161713	48.4	446783	29.6	267012	25.4
旅游创汇收入(万美元)	**1690**		**26468**		**17201**	

11-12　旅游住宿设施经营和资产情况(2008年)

Main Financial Indicators of Tourist Hotels (2008)

项　　目	计量单位	实际数	项　　目	计量单位	实际数
营业收入	万元	315499.9	#存　货	万元	304.0
客房收入	万元	140193.0	固定资产合计	万元	607958.8
餐饮收入	万元	96928.9	#固定资产原价	万元	896367.4
其他收入	万元	78377.9	累计折旧	万元	317249.0
营业成本	万元	76369.1	#本年折旧	万元	45906.6
营业费用	万元	109564.7	资产总计	万元	942713.5
营业税金及附加	万元	18037.1	负债合计	万元	634172.0
经营利润	万元	111529.1	所有者权益合计	万元	308541.5
管理费用	万元	110013.3	#实收资本	万元	406344.9
#税　金	万元	4444.8	年末从业人员	人	27353
劳动待业保险费	万元	3971.8	本年应付工资总额	万元	55199.7
财务费用	万元	–462.2	本年应付福利费	万元	6896.5
营业利润	万元	1978.0	客房数	间	24807
利润总额	万元	–7739.1	床位数	张	38593
流动资产	万元	202584.2	公寓数	套	466

11-13　成都与国外结成的友好城市

Friendly Municipalities Joined be Chengdu and Overseas Countries

国　　别	城　　市	缔结日期
法　国	蒙彼利埃	1981年
奥地利	林　茨	1983年
日　本	甲　府	1984年
美　国	菲尼克斯	1987年
加拿大	温尼伯市	1988年
比利时	马　林	1993年
斯洛文尼亚	卢布尔雅纳	1996年
意大利	巴勒莫市	1999年
韩　国	金　泉	2000年
印度尼西亚	棉　兰	2002年
瑞　典	达拉那省	2004年

11-14 “黄金周”旅游接待情况

Main Tourism Indicators in Golden Weeks

	单　位	2008 年国庆节	2009 年春节
旅游住宿设施			
累计接待人天数	万人天	291.18	176.75
平均停留天数	天	2..3	2.23
出租率			
#饭店宾馆	%	57.09	38.26
#旅馆招待所	%	57.3	40.12
旅行社			
累计接团数	个	1202	2626
累计接待人数	万人次	3.19	6.98
景区(点)			
统计的景区(点)	个	55	50
累计接待人数	万人次	411.61	421.85
一日游游客所占比重	%	75.2	80
门票收入	万元	2077.05	2968.09
交通客运			
累计抵达班车次	班、车次	38251	31497
#铁　路	班、车次	394	490
民　航	班、车次	1711	1684
公　路	班、车次	36146	29323
累计抵达旅客量	万人次	150.81	124.83
#铁　路	万人次	50.62	39.34
民　航	万人次	20.6	16.04
公　路	万人次	79.59	69.45
接待综合情况			
接待人数	万人次	510.3	468.16
旅游收入	万元	246604.1	144194.68
人均天花费			
#过夜旅游者	元/人天	518.4	430.5
一日游游客	元/人天	249.3	145

11-15 进出口总值及构成（1993—2008 年）

Total value and Composition of Import and Export through customs（1993—2008）

	进出口总值（万美元）	进口	出口	构成	进口	出口
1993	24088	17595	6493	100	73.0	27.0
1994	137190	53236	83954	100	38.8	61.2
1995	151079	41592	109487	100	27.5	72.5
1996	163422	76469	86953	100	46.8	53.2
1997	123237	36357	86880	100	29.5	70.5
1998	148885	71640	77245	100	48.1	51.9
1999	161301	87147	74154	100	54.0	46.0
2000	148111	66290	81821	100	44.8	55.2
2001	189510	100160	89350	100	52.9	47.1
2002	207691	85790	121901	100	41.3	58.7
2003	251719	116254	135465	100	46.2	53.8
2004	336543	149707	186836	100	44.5	55.5
2005	453624	185701	267923	100	40.9	59.1
2006	695299	281183	414116	100	40.4	59.6
2007	951580	380331	571249	100	40.0	60.0
2008	1533586	627486	906100	100	40.9	59.1

11-16 海关进出口商品总值

total value of import and export commodities through customs

指　　标	2007 年			2008 年		
	进出口总额	出　　口	进　　口	进出口总额	出　　口	进　　口
总　　值（万美元）	**951580**	**571249**	**380331**	**1533586**	**906100**	**627486**
按贸易方式分						
#一般贸易	606216	424331	181885	865553	583964	281589
来料加工装配贸易	5536	3088	2448	6958	3950	3008
进料加工贸易	264029	124826	139203	498867	211616	287251
对外承包工程出口货物	17847	17847		102099	102099	
外商投资企业作为投资进口的设备、物品	8911		8911	10958		10958
出料加工贸易	159	122	37	263	242	21
保税仓库进出境货物	5046	995	4051	7845	1476	6369
出口加工区进口设备	21426		21426	35961		35961
来料加工装配进口设备	11		11	3		3
租赁贸易	21445		21445	1134		1134
其他贸易	954	40	914	3945	2753	1192
按运输方式分						
江海运输	545049	405339	139710	858086	624306	233780
铁路运输	10981	8390	2591	32381	26677	5704
汽车运输	46843	35650	11193	80386	44288	36098
航空运输	348299	121624	226675	558171	210664	347507
邮件运输	397	246	151	266	165	101
其　　他	11		11	4296		4296
按企业性质分						
国有企业	297898	169366	128532	483108	300911	182197
集体企业	30232	25873	4359	32975	27352	5623
外商投资企业	339335	126226	213109	606517	217171	389346
中外合资	68157	18343	49814	89435	23865	65570
中外合作	3759	1604	2155	2989	963	2026
外商独资	267419	106279	161140	514095	192344	321751
其　　他	284115	249784	34331	410986	360666	50320

11-17 主要国别（地区）海关进出口商品总值

total value of import and export commodities through customs in main countries or territories

国别（地区）	2007年			2008年		
	进出口总额	出口	进口	进出口总额	出口	进口
总值（万美元）	**951580**	**571249**	**380331**	**1533586**	**906100**	**627486**
亚洲	**452161**	**325376**	**126785**	**836622**	**595712**	**240910**
香港	116880	111506	5374	216059	176602	39457
印度	47417	41932	5485	102138	90418	11720
印度尼西亚	7425	6810	615	69031	67254	1777
日本	81006	22602	58404	134148	27279	106869
马来西亚	13099	8296	4803	42197	35149	7048
巴基斯坦	13558	13502	56	9169	9023	146
菲律宾	8975	3222	5753	17689	6541	11148
卡塔尔	567	567		308	307	1
沙特阿拉伯	8571	8538	33	10577	10505	72
新加坡	21488	14542	6946	38644	25259	13385
韩国	24140	11850	12290	32553	17128	15425
泰国	7275	6390	885	18113	17566	547
土耳其	12224	12098	126	5411	5040	371
阿拉伯联合酋长国	13681	13090	591	16375	15799	576
越南	21054	21035	19	27593	27570	23
台湾金马关税区	28047	7541	20506	43520	15046	28474
非洲	**35102**	**34233**	**869**	**54842**	**54462**	**380**
埃及	3634	3624	10	5765	5765	0
南非	5621	4823	798	7076	6746	330
欧洲	**219978**	**102567**	**117411**	**292279**	**125937**	**166342**
比利时	7159	3557	3602	29740	5438	24302
英国	10895	5653	5242	10807	7090	3717
德国	59467	15991	43476	59276	20551	38725
法国	34585	6390	28195	27988	7468	20520
意大利	15983	8023	7960	33160	11029	22131
荷兰	9858	8711	1147	18027	12332	5695
西班牙	4633	4139	494	9109	6931	2178
芬兰	1867	1654	213	2902	2403	499
瑞典	1719	518	1201	1622	698	924
瑞士	3272	1072	2200	3902	1543	2359
俄罗斯	29081	27089	1992	24163	23225	938
拉丁美洲	**25236**	**22081**	**3155**	**33661**	**27988**	**5673**
阿根廷	1447	1392	55	2426	2354	72
巴西	7325	6442	883	9243	9006	237
智利	1626	1197	429	2178	2132	46
墨西哥	2879	2496	383	3300	2759	541
北美洲	**203489**	**80093**	**123396**	**296870**	**92954**	**203916**
加拿大	13893	10760	3133	9838	7690	2148
美国	189595	69333	120262	287030	85263	201767
大洋洲	**15612**	**6899**	**8713**	**19313**	**9047**	**10266**
澳大利亚	13132	5933	7199	15395	7946	7449
新西兰	2217	703	1514	3649	832	2817

主 要 统 计 指 标 解 释

社会消费品零售总额 指批发和零售业、住宿和餐饮业以及其他行业直接售给城乡居民和社会集团的消费品零售额总和。社会消费品零售总额包括:

(1)售给城乡居民作为生活用的商品和修建房屋用的建筑材料;(2)售给机关、团体、学校、部队、企业、事业单位的职工食堂和旅店(招待所)附设专门供本店旅客食用,不对外营业的食堂的各种食品、燃料;企业、单位和国营农场直接售给本单位职工和职工食堂的自己生产的产品;(3)售给部队干部、战士生活用的粮食、副食品、衣着品、日用品、燃料;(4)售给来华的外国人、华侨、港澳台同胞的消费品;(5)居民自费购买的中、西药品、中药材及医疗用品;(6)报社、出版社直接售给居民和社会集团的报纸、图书、杂志、集邮公司出售的新、旧纪念邮票、特种邮票、首日封、集邮册、集邮工具等;(7)旧货寄售商店自购、自销部分的商品零售额;(8)煤气公司、液化石油气站售给居民和社会集团的煤气灶具和罐装液化石油气;(9) 售给社会集团的办公用品;公共用品和针织品;学校用的教学用具;文体用品;非专用的劳动保护用品;日用百货和杂品;家具、设备、日用电器、电器设备、和照相器材;取暖用的设备和燃料,防暑、降温的饮料;非生产经营用的交通工具和油料;零星修理用的各种零配件、材料、工具、建筑材料等;举办各种招待会、茶话会、宴会用的烟酒茶和各种食品及馈赠的礼品;从公费医疗经费中开支的中、西药品、中药材和医疗器材以及其他非生产性设备和用品。

商品交易市场成交额 指在固定场所、设施,有若干经营者入场实行集中、公开交易各类实物商品的市场成交的全部商品金额。包括各类消费品市场和生产资料市场成交的全部商品金额。

商品零售价格指数 是反映城乡商品零售价格变动趋势的一种经济指数。零售物价的调整变动直接影响到城乡居民的生活支出和国家的财政收入,影响居民购买力和市场供需平衡,影响消费与积累的比例。

居民消费价格指数 是反映一定时期内城乡居民所购买的生活消费品价格和服务项目价格变动趋势和程度的相对数。是按城市居民消费价格指数和农民消费价格指数综合计算取得。

对外借款 是我国利用外资的主要部分。包括我国通过外国政府贷款,国际金融组织贷款,外国银行商业贷款,出口信贷以及对外发行债券,股票等方式,从境外筹措的资金。

外商直接投资 是指外国企业和经济组织或个人(包括华侨、港澳台胞以及我国在境外注册的企业)按我国有关政策、法规,用现汇、实物、技术等在我国境内开办外商独资企业、与我国境内的企业或经济组织共同举办中外合资经营企业、合作经营企业或合作开发资源的投资(包括外商投资收益的再投资)以及经政府有关部门批准的项目投资总额内,企业从境外借入的资金。

入境游客 指报告期内来中国(大陆)观光、度假、探亲访友、就医疗养、购物、参加会议和从事经济、文化、体育、宗教等活动的外国人、港澳台同胞等海外游客(即旅游入境人数)。统计时,海外游客按每人入境一次统计 1 人次。

国际旅游(外汇)收入 入境游客在中国(大陆)境内旅行、游览过程中用于交通、参观游览、住宿、餐饮、购物、娱乐等全部花费。

进出口总额 海关进出口总额指实际进出我国国境的货物总金额。包括对外贸易实际进出口货物,来料加工装配进出口货物,国家间、联合国及国际组织无偿援助物资和赠送品,华侨、港澳台同胞和外籍华人捐赠品,租赁期满归承租人所有的租赁货物,进料加工进出口货物,边境地方贸易及边境地区小额贸易进出口货物(边民互市贸易除外),中外合资经营企业、中外合作经营企业、外商独资经营企业进出口货物和公用物品,到、离岸价格在规定限额以上的进出口货样和广告品(无商业价值、无使用价值和免费提供出口的除外),从保税仓库提取在中国境内销售的进口货物,以及其他进出口货物。我国规定出口货物按离岸价格统计,进口货物按到岸价格统计。

利用外资 指我国各级政府、部门、企业和其他经济组织通过对外借款,吸收外商直接投资以及用其他方式筹措的境外现汇、设备、技术等。

十二　科技、教育和文化

简　要　说　明

主要内容

本部份资料包括科学技术活动、科技人员、教育、文化、艺术事业等基本情况。

资料来源

科技资料分别来源于成都市科技局、成都市统计局和成都市高新技术产业开发区管委会。

教育资料分别来源于四川省教育厅、成都市教育局和成都市劳动和社会保障局。

文化资料分别来源于四川省文化厅、成都市文化局。

广播、电视资料分别来源于四川省广播电影电视局、成都市广播电视局。

图书、报纸、杂志资料来源于四川省新闻出版局。

其他需要说明的问题

本部份资料除科技外,其余部分资料均为全社会统计口径。

普通高等学校情况

学校数（所）
35
30
25
20
15
10
5
11
14
14
19
20
40
42
1949
1978
1980
1990
2000
2007
2008
年份
在校生人数（万人）
0.68
1.96
2.88
5.69
14.07
54.06
56.86
1949
1978
1980
1990
2000
2007
2008
年份

专任教师数（万人）
0.07
0.69
0.74
1.07
1.12
3.40
3.58
1949
1978
1980
1990
2000
2007
2008
年份

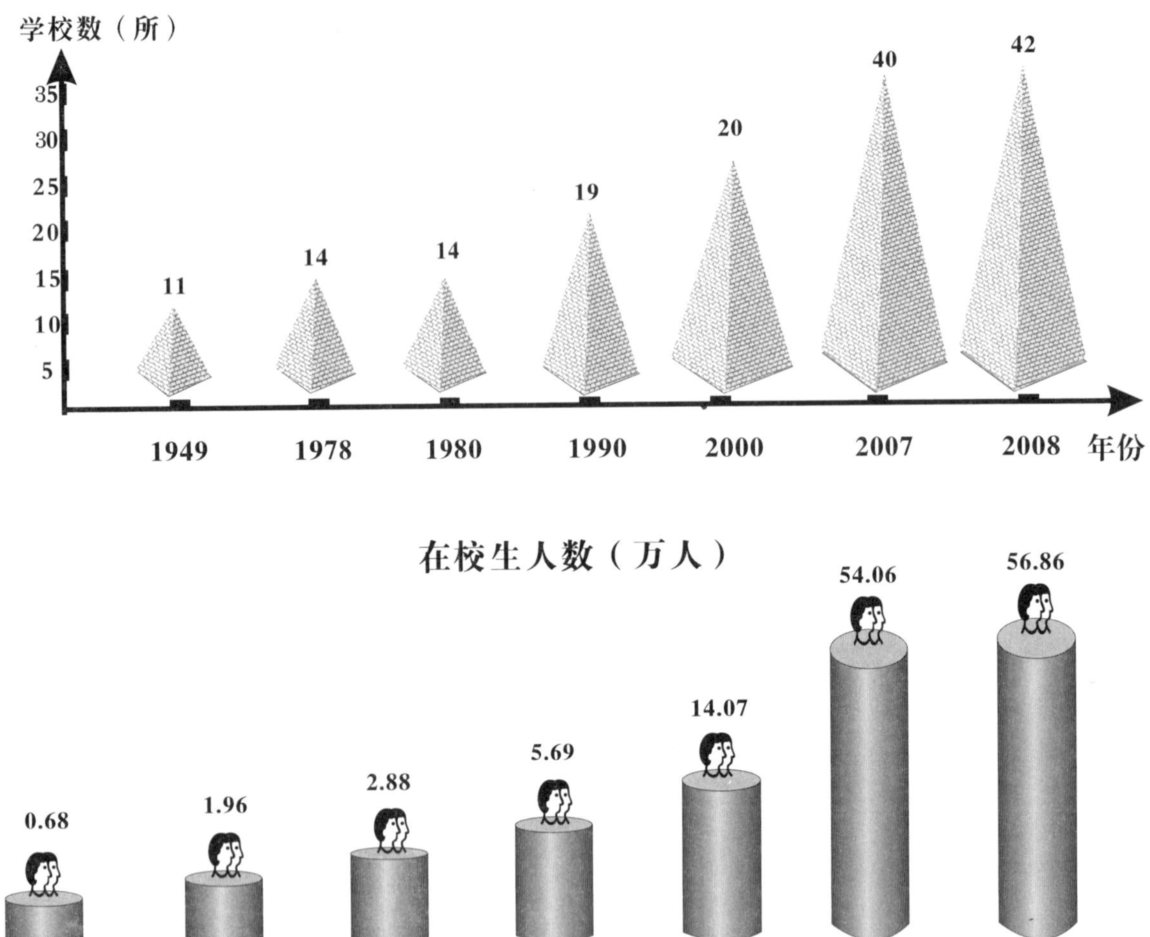

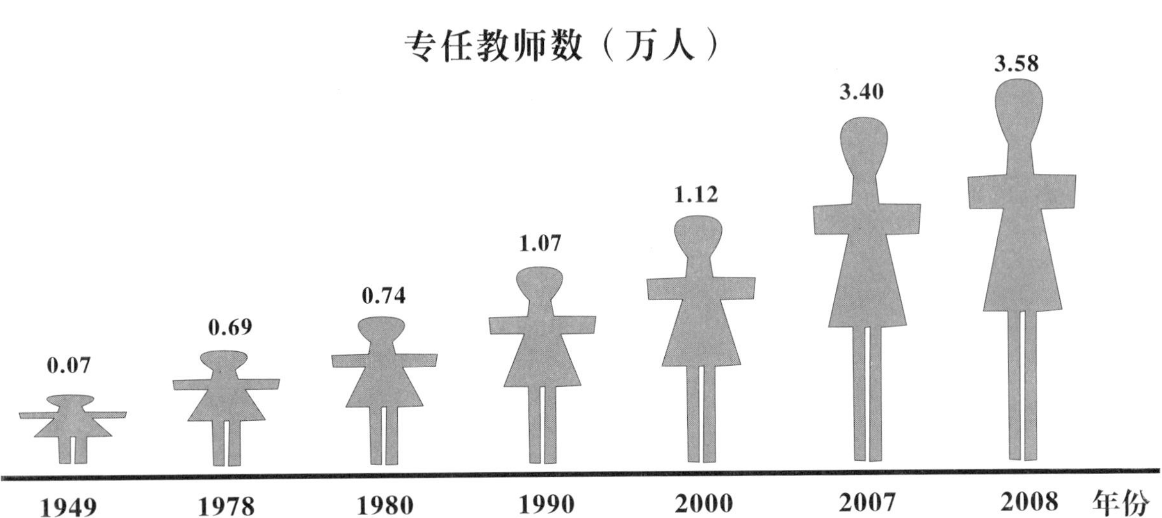

12-1 科研机构、人员、经费及活动情况(2008 年)

Basic Statistics on Agencies, Personnel, Expenditures and Activities of Scientific Technological Research Institutions (2008)

	单 位	合 计	自 然 科学技术	社 会 科 学	转 制 机 构	科技情报 文献机构
机构数	个	106	57	9	31	9
#地市属	个	17	11	1	3	2
从业人员	人	17703	9270	667	7200	566
#从事科技活动人员	人	10534	5373	565	4126	470
#科学家、工程师	人	8327	4240	469	3244	374
经费收入	万元	514165	246170	10814	250734	6447
#政府资金	万元	180366	145144	7927	23099	4196
经费支出总额	万元	477050	212902	10307	247852	5989
#科技经费支出	万元	224849	147486	8424	63201	5738
资产合计	万元	847141	416377	12517	401545	16702
#固定资产	万元	324833	163080	7763	141988	12002
课题情况：课题数	个	1982	1458	177	315	32
内部经费支出	万元	74259	59652	1280	12882	445
投入人员	人年	5222	3241	306	1552	123
发表科技论文	篇	3175	1789	798	501	87
#国外发表	篇	320	272		46	2
出版科技著作	种	130	53	69	4	4
专利申请受理数	件	291	161		130	
专利授权数	件	141	66		74	1
#发明专利	件	88	46		42	

注：2008 年自然科学技术机构因机构合并，地市属机构减少 4 个，省属机构减少 1 个。

12-2 国家级高新技术产业企业主要经济指标(2008年)

Main Economic Indicators of State-Level High-Tech Enterprises (2008)

	单　位	合　计	区内企业	区外企业
企业数	个	1293	750	543
总产值	万元	16277850	7019149	9258701
总收入	万元	17435560	7484268	9951292
#技术收入	万元	1392371	592839	799532
产品销售收入	万元	15231866	6748962	8482904
#高新技术产品收入	万元	8464008	4547801	3916207
出口创汇总额	万美元	411920	266639	145281
净利润	万元	962628	475592	487036
实际上缴税费总额	万元	810124	385311	424813
总成本与费用	万元	17312188	6860240	10451948
年末资产总计	万元	27289335	12187334	15102001
#流动资产	万元	16472899	6473864	9999035
长期投资	万元	1131592	668446	463146
固定资产原价	万元	5750569	2752068	2998501
#固定资产净值	万元	3456684	1544800	1911884
无形资产	万元	560289	250094	310195
年末负债合计	万元	17264636	6343582	10921054
年末所有者权益	万元	10024699	5843753	4180946
本年技术开发经费筹集额	万元	984110	571909	412201
科技活动经费内部支出	万元	824006	472450	351556
#研究与发展支出	万元	454194	306396	147798
年末从业人员	人	263259	111433	151826

注：区内、区外企业指高新技术产业开发区集中区范围内的企业。

12-3 国家级科技计划项目执行情况(2008 年)

Executive Statistics of State-Level Planning Projects on Science and Technology (2008)

	单　　位	火炬计划 项　　目	星火计划 项　　目
项目数	项	70	54
计划总投资	万元	144169	40789
项目落实资金	万元	35086	35758
#政府部门资金	万元	1389	1493
金融机构贷款	万元	11339	14595
自有资金	万元	22029	18504
其他资金	万元	329	1166
项目支出合计	万元	22638	17427
#研究开发费	万元	12039	5931
已偿还贷款	万元	1050	1510
新增产值	万元	161113	39199
出口额	万美元	1592	1151
净利润额	万元	18390	15295
实交税金	万元	14923	6576
专利授权数	件	47	8
#发明专利	件	11	7

12-4 技术市场交易情况(2008 年)

Statistics on Transactions in Technological Market (2008)

项　　目	合同数（个）	金额（万元）
买方市场	4740	417072
机关法人	358	14766
事业法人	980	39466
社团法人	21	904
企业法人	3328	357709
自然人	6	146
其他组织	47	4080
卖方市场	4740	417072
#事业法人	1582	74535
社团法人	535	781
企业法人	2592	341254
其他组织	31	502

12-5 大中型工业企业科技活动人员情况(2008年)

Scientific and Technological Personnel of Large and Medium-sized Industrial Enterprises (2008)

指 标 名 称	有科技活动企业数（个）	科技活动人员（人）	#全时人员	#高中级技术职称人员	#R&D人员
总　　计	152	24077	9572	9187	10414
按登记注册类型分组					
# 国　有	17	4300	1586	2394	1861
股份合作					
国有独资公司	9	4349	2013	1934	2685
其他有限责任公司	44	4903	1628	1427	2514
股份有限公司	38	6829	2931	2198	1758
私营有限责任公司	20	1705	537	345	627
港澳台商投资企业	3	55	21	43	9
外商投资企业	17	1670	691	720	715
按工业行业大类分组					
# 农副食品加工业	2	42	12	15	32
食品制造业	2	44	3	15	23
饮料制造业	2	86	52	82	78
烟草制品业					
纺织业	2	40	6	23	27
化学原料及化学制品制造业	7	701	406	431	195
医药制造业	13	733	172	294	499
非金属矿物制品业	6	1846	864	472	921
黑色金属冶炼及压延加工业	3	1556	617	564	688
有色金属冶炼及压延加工业	3	681	555	74	309
金属制品业	5	908	282	220	320
通用设备制造业	10	1209	338	429	442
专用设备制造业	15	2133	592	833	779
交通运输设备制造业	29	4557	1608	1706	2841
电气机械及器材制造业	10	1787	1264	383	337
通信设备、计算机及其他电子设备制造业	28	4502	2194	1586	1425
燃气生产和供应业	1	56		30	

12-6 大中型工业企业新产品产出和专利情况(2008 年)

Output Value of New Products and Patent Applications of Large and Medium-sized Industrial Enterprises (2008)

指 标 名 称	新产品产 值(万元)	新产品销售收入(万元)	出 口	专 利申请数(件)	发 明专 利	拥有发明专利数(件)
总 计	2539197	2461406	260721	938	317	301
按登记注册类型分组						
# 国有企业	280020	274397	7566	103	41	31
股份合作企业						
国有独资公司	1033101	1079655	94023	162	102	30
其他有限责任公司	206411	203063	19154	117	30	42
股份有限公司	585084	495475	69888	326	48	68
私营有限责任公司	96971	91691	11756	38	7	23
外商投资企业	137781	163907	56562	93	42	53
按工业行业大类分组						
# 农副食品加工业	6451	6451	691			
食品制品业	114020	105474	1105	21	1	6
纺织业	5244	5154		3		
化学原料及化学制品制造业	11422	11914	39	11	8	39
医药制造业	48349	53905		29	14	17
非金属矿物制品业	73706	93069	51575	73	34	13
黑色金属冶炼及压延加工业	203874	203869	11900	20	15	1
有色金属冶炼及压延加工业	13994	13994	12359	13	3	
金属制品业	57450	56538	3843	6	1	
通用设备制造业	121463	99712	7828	15	1	2
专用设备制造业	272263	212389	14472	205	82	126
交通运输设备制造业	976187	1025663	99847	202	103	23
电气机械及器材制造业	88271	86168	3136	39	8	14
通信设备、计算机及其他电子设备制造业	174145	169359	37138	76	1	53

12-7 大中型工业企业科技活动项目(2008 年)

Scientific and Technological Items of Large and Medium-sized Industrial Enterprises (2008)

指标名称	科技项目数（项）	# 新产品开发项目数	# R&D项目数	项目经费内部支出（万元）	# R&D项目支出	# 新产品项目支出
总　计	982	758	662	145153	65324	124573
按登记注册类型分组						
# 国有企业	140	70	93	30408	6580	25879
股份合作企业						
国有独资公司	321	236	292	17022	15326	11409
其他有限责任公司	177	160	109	26674	13211	24827
股份有限公司	227	197	107	36814	15589	32093
私营有限责任公司	46	35	29	7546	5721	5260
港、澳、台商投资企业	10	10	1	359	120	359
外商投资企业	52	41	24	24205	6778	22622
按工业行业大类分组						
# 农副食品加工业	2	2	1	87	3	87
食品制造业	3	3	2	1514	1479	1514
饮料制造业	2	1	1	1182	1107	75
烟草制品业						
纺织业	4	4	3	109	35	109
化学原料及化学制品制造业	38	21	12	8180	3490	4302
医药制造业	50	31	31	5247	3324	4692
非金属矿物制品业	39	29	32	7855	6639	5557
黑色金属冶炼及压延加工业	57	23	30	3863	2211	1406
有色金属冶炼及压延加工业	12	11	3	867	174	728
金属制品业	36	31	13	6166	1903	5762
通用设备制造业	31	28	19	9751	8298	8696
专用设备制造业	62	55	26	19312	9980	17465
交通运输设备制造业	335	276	281	17410	11493	14009
电气机械及器材制造业	49	47	21	24456	1997	24396
通信设备、计算机及其他电子设备制造业	153	145	99	30555	8226	29263

12-8 教育事业基本情况

Basic Statistics on Education

	单 位	1978 年	1980 年	1990 年	1995 年	2000 年	2007 年	2008 年
学校数								
普通高等学校	所	14	14	19	20	20	40	42
普通中等专业学校	所	40	44	50	55	51	68	96
普通中学	所	791	625	580	558	548	524	513
小　学	所	4669	4860	3580	3063	2467	502	497
在校生数								
普通高等学校	人	19632	28790	56874	77507	140661	540626	568625
普通中等专业学校	人	14967	17306	27972	51160	64969	150244	203240
普通中学	人	574039	438221	347004	373207	482494	637428	640730
小　学	人	1202491	1234444	670718	725625	771582	751357	717148
毕业生数								
普通高等学校	人	4411	4216	16777	24535	23624	134353	145477
普通中等专业学校	人	3470	4293	8401	11651	20148	37441	75530
普通中学	人	224994	169679	87343	95417	106203	190438	196546
小　学	人	227553	193944	139585	118529	147700	142434	141506
招生数								
普通高等学校	人	7973	6603	16087	24636	55131	168690	181491
普通中等专业学校	人	6676	5153	9703	18913	17697	55061	80808
普通中学	人	254708	171351	115835	136447	182487	218947	218271
小　学	人	279079	230882	91258	130786	129966	108516	100307
专任教师数								
普通高等学校	人	6940	7366	10699	10701	11246	34004	35823
普通中等专业学校	人	2206	2622	3262	3514	3175	5107	8063
普通中学	人	27423	25636	24947	26976	30655	39841	40560
小　学	人	41040	42617	40492	37036	37618	37781	38156
每一教师负担学生数								
普通高等学校	人	2.8	3.9	5.3	7.2	12.5	15.9	15.9
普通中等专业学校	人	6.8	6.6	8.6	14.6	20.5	29.4	25.2
普通中学	人	20.9	17.1	13.9	13.8	15.7	16.0	15.8
小　学	人	29.0	29.0	16.6	19.6	20.5	19.9	18.8

12-9 各类学校基本情况(2008 年)

Basic Statistics on Various Schools (2008)

	学校数(所)	毕业生(人)	招生数(人)	在校生(人)	专任教师(人)
普通高等学校	**42**	**145477**	**181491**	**568625**	**35823**
中等技术学校	**65**	**52665**	**46319**	**116295**	**4510**
普通中学	**513**	**196546**	**218271**	**640730**	**40560**
高　中	134	62368	70876	197254	13669
初　中	379	134178	147395	443476	26891
职业中学					
高　中	31	22865	34489	86945	3553
小　　学	**497**	**141506**	**100307**	**717148**	**38156**
特殊教育学校	**14**	**119**	**167**	**949**	**334**

注：普通中学高中学校数中含完全中学。职业中学初中校数为初、高中合设。普通中学初中校数中含 9 年制学校 156 所。

12-10 普通高校研究生概况(2008 年)

Basic Statistics on Postgraduates in Regular Institutions of Higher Education (2008)

单位：人

	毕业生	招　生	在校生	毕业班学生
总　　计	**15318**	**19177**	**58227**	**20245**
攻读博士学位研究生	1733	2443	10768	5168
攻读硕士学位研究生	13585	16734	47459	15077

12-11 普通中学基本情况(2008年)

Basic Statistics on Regular Secondary Schools (2008)

	学校数(所)	毕业生(人)	招生数(人)	在校生(人)	专任教师(人)
总　计	**513**	**196546**	**218271**	**640730**	**40560**
城　市	132	64073	75576	219607	14017
县　镇	292	116129	127377	372243	23554
农　村	89	16344	15318	48880	2989
高　中	**134**	**62368**	**70876**	**197254**	**13669**
城　市	59	24265	27531	78466	5464
县　镇	73	36672	41610	114029	7945
农　村	2	1431	1735	4759	260
初　中	**379**	**134178**	**147395**	**443476**	**26891**
城　市	73	39808	48045	141141	8553
县　镇	219	79457	85767	258214	15609
农　村	87	14913	13583	44121	2729

12-12 小学基本情况(2008年)

Basic Statistics on Primary Schools (2008)

	学校数(所)	毕业生(人)	招生数(人)	在校生(人)	教职员工(人)	专任教师(人)
总　计	**497**	**141506**	**100307**	**717148**	**43118**	**38156**
城　市	198	46441	39521	268764	14378	12476
县　镇	208	66343	43903	318409	19694	17472
农　村	91	28722	16883	129975	9046	8208

12-13 成人高等学校教育基本情况

Basic Statistics on Education in Institutions of Higher Learning for Adults

	单 位	1990 年	2000 年	2007 年	2008 年
成人高等院校					
学校数	所	40	31	19	19
毕业生数	人	14849	23943	18838	15786
在校生数	人	51247	82919	51083	51999
招生数	人	17925	47027	21482	20599

12-14 幼 儿 园 基 本 情 况

Basic Statistics on Kindergartens

	单 位	1990 年	2000 年	2007 年	2008 年
幼儿园数	所	2497	2835	1660	1660
幼儿园班数	班	6199	7697	7930	8175
在园幼儿数	人	181959	270318	249103	267899
#学前班	人	54841	70579	54133	38691
教职员工数	人	13269	16049	21009	22727
#教　师	人	8142	10193	11394	12290
保健员	人	587	1201	2181	2385

12-15 艺术表演团体及场所演出情况

Basic Statistics on Performance of Art Troupes and Sites

	单　位	1990 年	2000 年	2007 年	2008 年
艺术表演团体	**个**	**20**	**19**	**12**	12
国内演出场次	千场	2.6	3.0	2.2	1.9
国内观众人次	万人次	135.3	204.2	249.1	253.6
出访演出场次	场		251	220	184
艺术表演场所	**个**	**27**	**25**	**17**	17
座席数	千个	29.0	12.9	9.6	9.1
演映出场数	千场	53.8	8.8	2.8	1.5
# 艺术场数	千场	0.7	0.5	1.8	0.9
观众人次	万人次	1294.6	49.0	110.5	34.4
# 艺术场数	万人次	46.7	38.1	79.3	26.6

12-16 群 众 文 化 事 业(2008 年)

Main Indicators on Mass Culture (2008)

	单　位	总　计	群　众艺术馆	文化馆	文化站
机构数	个	336	2	18	316
人员数	人	1077	43	397	637
举办展览	个	1570	2	169	1399
举办训练班	次	5723	5	2326	3392
组织文艺活动	次	7132	25	1589	5518
藏　书	万册	127.2	0	1.2	126
总收入	万元	11655	261	4873	6521
总支出	万元	11072	261	4895	5916

12-17 公共图书馆基本情况

Basic Statistics on Public Libraries

	单　位	1990 年	2000 年	2007 年	2008 年
图书馆数	个	16	17	21	21
阅览室座席数	个	2375	2200	5904	6875
总藏量	万册(件)	643	746	915	1219
图书流通人数	万人次	113	89	277	328
公共房屋建筑面积	万平方米	4.1	5.1	7	8
#书　库	万平方米	1.7	2.1	2.1	2.46
阅览室	万平方米	0.8	1.0	2	2.16
经费支出	万元	318	1416	5645	7787.1
#购书费	万元	106	277	1173	1541

12-18 博物馆基本情况

Basic Statistics on Museums

	单　位	1990 年	2000 年	2007 年	2008 年
博物馆数	个	8	10	15	24
综合馆	个	4	4	6	9
专业馆	个	1	4	9	15
文物藏品	件	168275	183670	166140	382805
#一级品	件	513	910	1006	1006
展　览	个	21	34	36	58
参观人数	万人次	313	247	340	274
公用房屋建筑面积	万平方米	6.8	10.1	8.5	103.4

12-19 广播、电视事业基本情况(2008 年)

Basic Statistics on Broadcasting and Television (2008)

	单 位	广播事业	# 市 级	# 县 级	电视事业	# 市 级	# 县 级
基本情况							
电(电视)台	座	1	1		1	1	
县级广播电视台	座			12			
发射台	座	17	3	14	23	2	21
节目套数	套	13	4	9	18	6	12
全年节目播音时间	时：分	59681	28131	31550	92025.5	48221	43804.5
人口覆盖率	%	99.99	98.13	34.43	99.83	85.63	44.37
全年节目制作情况	**小时**	**57412**	**23794**	**2565**	**21832**	**11111**	**3576**
新闻咨询节目	小时	6483	5510	973	7108	5655	1453
综艺益智	小时	987	807	180	1591	1450	141
专题服务节目	小时	8990	7849	1141	3390	2366	1024
广告节目	小时	1296	1057	239	591		591

主要统计指标解释

普通高等学校 指按照国家规定的设置标准和审批程序批准举办，通过国家统一招生考试，招收高中毕业生为主要培养对象，实施高等教育的全日制大学、独立设置的学院和高等专科学校、短期职业大学。

成人高等学校 指按照国家有关规定审批，招收通过全国成人高教统一招生考试的具有高中毕业或同等学历的在职从业人员利用脱产、半脱产、业余或函授等多种形式对其实施高等学历教育培养高等教育专科或本科毕业水平的专门人才，修业年限、课程设置和总学时数均按高等学历教育要求付诸实施的学校。包括广播电视大学、职工高等学校、农民高等学校、管理干部学院、教育学院、独立设置的函授学院等。

小学学龄儿童入学率 指调查范围内已入小学学习的学龄儿童占学龄儿童总数（包括弱智儿童在内，但不包括盲聋哑儿童）的比重。计算公式：

$$\text{小学学龄儿童入学率}=\frac{\text{已入学的小学学龄儿童数}}{\text{校内外小学学龄儿童总数}}\times 100\%$$

独立研究与开发机构 指有明确的任务和研究方向，有一定学术水平的业务骨干和一定数量的研究人员，具有研究、开发、开展学术工作的基本条件，主要进行科学研究与技术开发活动，并且在行政上有独立的组织形式，财务上独立核算盈亏，有权与其他单位签订合同，在银行有单独户头的单位。包括国务院各部门、中国科学院、中国社会科学院和各省、自治区、直辖市以及地（市）以上〔含地（市）〕各部门所属的国有独立的科学研究与技术开发机构。

独立研究与开发机构职工 指在科学研究与技术开发机构工作，并由其支付工资的各种人员。包括长期职工和临时职工，不包括编制以外的离休、退休人员和停薪留职人员，但包括招聘人员。

研究与发展经费支出 指报告期内用于研究与实验发展课题活动（基础研究、应用研究、实验发展）的全部实际支出。包括用于研究与发展课题活动的直接支出，还包括间接用于研究与发展活动的一切支出（院、所管理费、维持院、所正常运转的必需费用和与研究发展有关的基本建设支出）。

科学家和工程师 指具有大学本科及以上学历的和不具备上述学历但有高、中级职称的人员。

专业技术人员 指已取得科学技术职称，或大学、中专的理、工、农、医科系毕业，以及国民经济各部门从工作实践中提拔，从事理、工、农、医等自学科学技术的研究、教学、生产的专业人员和在机关、企业、事业中从事科学技术业务管理工作的专业人员。

工程技术人员 指在国民经济各行业从事工程技术工作的自然科学技术专业人员，包括：高级工程师、工程师、助理工程师、技术员和未评定职称的技术人员。

农业技术人员 指在国民经济各行业从事农业技术工作的自然科学技术专业人员，包括：高级农艺师、农艺师、助理农艺师、技术员和未评定职称的技术人员。

卫生技术人员 指在国民经济各行业从事卫生医务工作的自然科学技术专业人员，包括：正副主任医师、主治医师、医师、医（护）士和未评定职称的技术人员。

科学研究人员 指在国民经济各行业从事科学技术活动的自然科学技术专业人员，包括：正副研究员、助理研究员、研究实习员、技术员和未评定职称的技术人员。

自然科学教学人员 指在国民经济各行业从事自然科学技术方面教学活动的专业人员，包括：正副教授、讲师、助教、教师和在中学从事自然科学技术方面教学活动的人员。

文化事业机构 指从事专业文化工作和为专业文化工作服务的独立建制的单独核算的单位。不包括这些单位另外举办独立核算的其他机构和各部门的业余文化组织。

十三 体育 卫生 福利及其他

简 要 说 明

主要内容

本部份反映体育、卫生、社会福利及其他事业发展情况。

体育:包括群众体育和竞技体育运动员、教练员、裁判员人数,《国家体育标准达标》情况等。

卫生:包括各类医疗卫生机构、床位、工作人员及病床使用率等指标。

民政:包括社会福利院、儿童福利院、精神病人福利院、社会办敬老院等各级福利院个数、床位及收养人数;优抚、救济情况。

其他事业:包括全市范围内司法、社会治安情况等。

资料来源

体育资料来源于成都市体育局。

卫生资料来源于成都市卫生局。

社会福利资料来源于成都市民政局。

司法、社会治安等资料分别来源于成都市司法局、成都市公安局。

其他需要说明的问题

体育资料除《国家体育锻炼标准》达标人数外,其余指标均为市及市以下统计口径 。

卫生资料为全社会统计口径 。

福利机构相应指标为市及市以下统计口径 。

职工保险福利费用:含国有、集体和其他经济单位的职工福利费用。

卫生机构数（个）

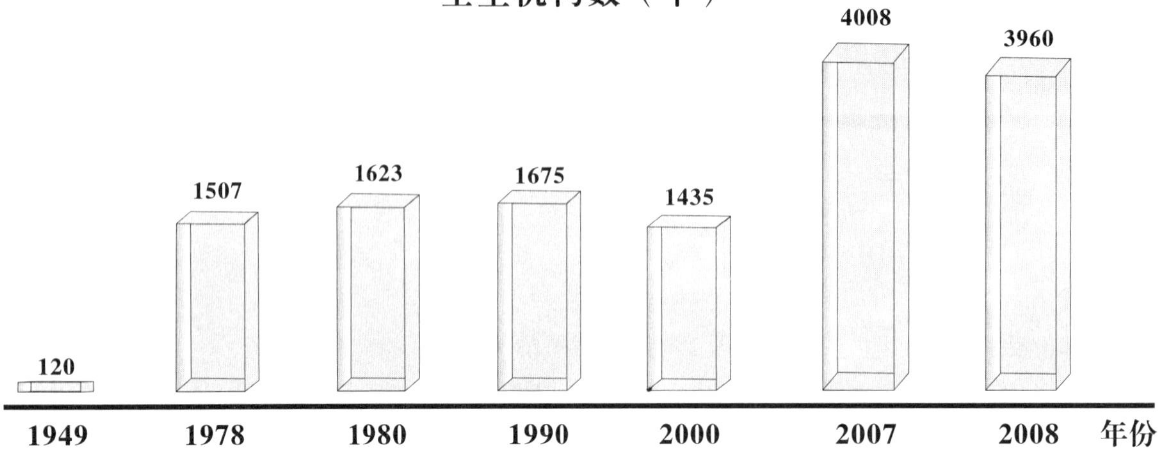

120
1507
1623
1675
1435
4008
3960
1949
1978
1980
1990
2000
2007
2008
年份

机构床位数（万张）

0.13
2.41
2.53
3.51
3.98
5.05
5.47
1949
1978
1980
1990
2000
2007
2008
年份

卫生技术人员（万人）

0.25
3.26
3.48
4.90
5.52
6.85
7.33
1949
1978
1980
1990
2000
2007
2008
年份

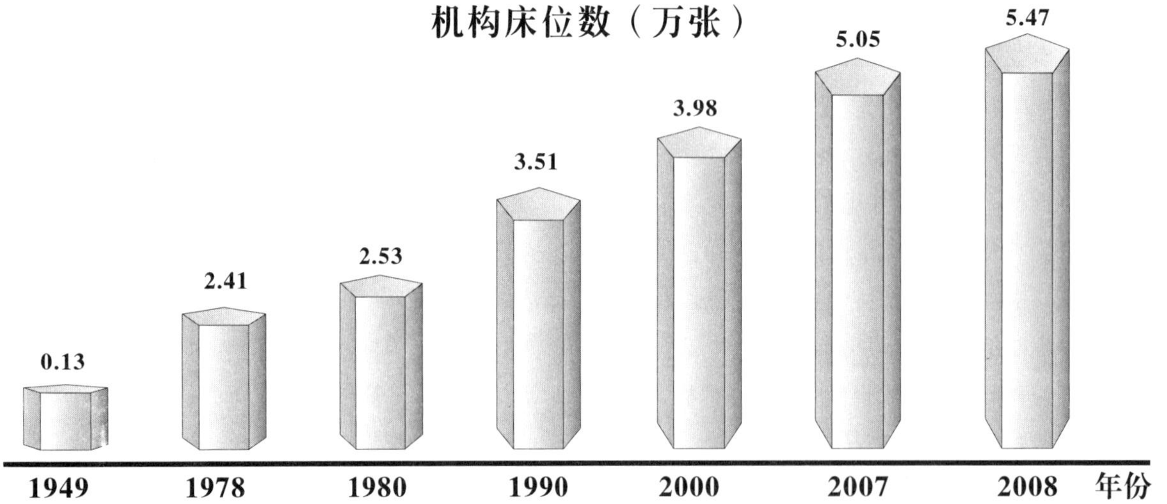

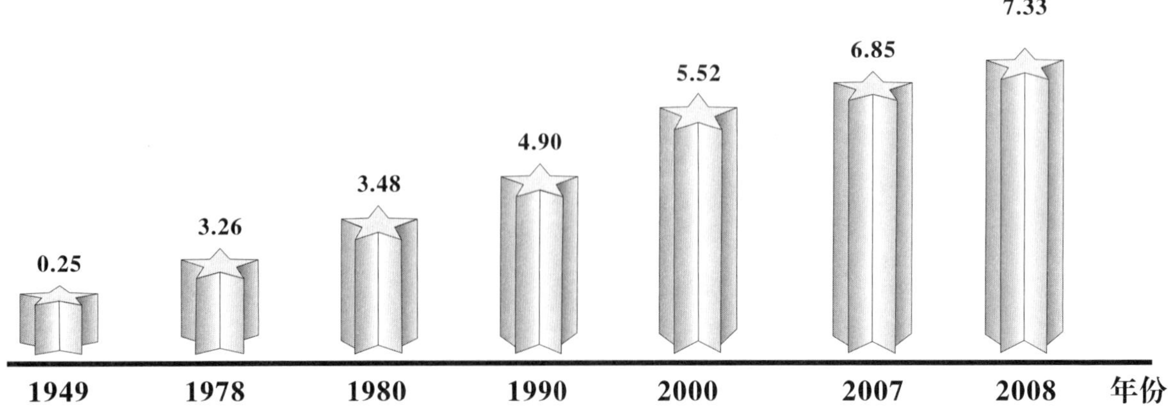

13-1 体 育 活 动 情 况

Activities of Sports

	单　位	1990 年	2000 年	2007 年	2008 年
体育场地数	个	2831	3414	5884	6246
等级运动员发展人数	人	172	437	869	1983
#二级运动员	人	93	149	869	1983
等级裁判员发展人数	人	312	438	536	1047
优秀运动队运动员	人	108	75	111	95
优秀运动队专职教练员	人	12	17	21	30
少年儿童业余体校	所	26	28	29	24
少年儿童业余体校在校生	人	2927	6121	11879	13448
少年儿童业余体校专职教练员	人	183	171	149	151
各部门举办运动会次数	次	1173	1439	871	981
全民健身路径	条			924	1059
全民健身活动人数	万人次			480	480

13-2 医疗卫生事业基本情况

Basic Statistics of Health Care

	单　位	1990 年	2000 年	2007 年	2008 年
总　　计					
机构数	个	1675	1435	4008	3960
#医院、卫生院	个	516	568	595	559
床位数	张	35121	39796	50475	54690
#医院、卫生院	张	30438	34107	46406	50207
工作人员	人	64934	72926	86097	91031
#卫生技术人员	人	49016	55176	68458	73257
#执业（助理）医师	人			28673	30447
注册护士	人			22896	24422
药剂人员	人		5355	4613	4949
总计中：政府办医院					
机构数	个	150	170	105	100
床位数	张	23154	26335	26755	29343
工作人员数	人	34823	39442	39403	41133
#卫生技术人员	人	26589	29966	29733	31948
#医　生	人	10734	12096	10733	11594
平均每万人口拥有					
医院、卫生院床位数	张	33	34	42	45
卫生技术人员	人	53	54	62	65
#医　生	人	25	26	26	27

注：“总计中：政府办医院”的机构数 2001 年及以前年度指政府及非政府部门举办的县及县以上医院，2002 年及以后各年度指由政府部门举办的所有医院。

13-3 农村村级卫生组织情况(2008 年)

Health Organization at Village Level（2008）

	按设置/主办单位分						按行医方式分		
	总 计	村 办	乡卫生院设点	联合办	私人办	其他	西医为主	中医为主	中西医结　合
机构数（个）	2850	1812	47	172	789	30	1501	145	1204
执业（助理）医师（人）	555	350	20	30	148	7	290	24	241
乡村医生和卫生员（人）	4017	2554	75	304	1040	44	1955	184	1878
乡村医生数	3894	2468	75	301	1006	44	1902	175	1817
#大专及以上学历	320	206	11	25	77	1	143	18	159
中专学历及中专水平	2892	1835	52	230	745	30	1447	120	1325
在职培训合格者	595	406	12	41	123	13	283	34	278
卫生员	123	86		3	34		53	9	61

13-4 医 院 诊 疗 情 况(2008 年)

Number of Hospital Patients (2008

	诊疗人次 (人次)	#门急诊	健康检查人数 (人)	入院人数 (人)	病床使用率 (%)	出院者平均住院日 (天)	治愈率 (%)	好转率 (%)	死亡率 (%)
医院总计	27946346	27189205	1671725	1084573	91.69	11.5	49.07	46.88	1.39
综合医院	20030093	19340796	1420688	847366	92.39	11.0	47.77	47.87	1.48
中医医院	4206857	4153352	160845	117361	88.26	11.6	42.97	53.90	1.15
中西医结合医院	33280	33280	1691	1369	43.13	10.2	93.39	6.54	
#专科医院	3676116	3661777	88501	118477	91.74	15.1	63.03	34.18	1.02
口腔医院	446785	446785	6506	3305	85.34	11.9	87.39	12.48	0.03
眼科医院	74870	73970		3124	42.86	3.5	97.66	2.23	
耳鼻喉医院	4932	4932		372	66.76	10.9	82.24	16.94	
肿瘤医院	93546	93546		13861	108.66	23.9	30.11	61.54	2.00
心血管病医院	10396	3601	3724	616	32.61	9.5	59.58	29.62	1.22
妇产（科）医院	8158	8158	400	900	9.74	1.3	83.33	16.67	
儿童医院	1738925	1738925	25178	49649	128.07	7.4	84.46	14.25	0.29
精神病医院	316718	315970	5371	9017	87.40	40.2	42.44	54.89	0.99
传染病医院	262063	262063	13012	8869	104.66	16.6	21.95	72.62	2.96
职业病医院	51873	51873	23895	3176	95.19	19.6	6.62	83.00	7.92
骨科医院	417478	412650	8984	11313	91.26	20.4	47.43	50.76	0.34
康复医院	2751	2443	18	798	57.17	11.4	30.22	68.27	0.82
整形外科医院	7575	7345		404	56.75	2.2	100.00		
其他专科医院	240046	239516	1413	13073	77.45	17.4	64.86	32.97	1.35

13-5 政府办医院有关经营情况(2008年)

Operation of Hospitals Runs by The Government (2008)

		机构数（个）	医师人均担负年诊疗人次（人次）	医师人均担负年住院床日（人次）	平均每诊疗人次医疗费（元）	#药品费	#检查费	平均每一出院者住院医疗费（元）	#床位费	#药费	#治疗费
综合医院	合　计	45	1898	880	135	55	33	6609	335	2603	1699
	部　属	1	2873	1681	149	20	65	12687	600	4472	3329
	省　属	4	2436	913	193	92	42	9403	431	4121	2969
	省辖市属	12	1304	723	152	76	23	7271	372	2998	1724
	地辖市属	15	1747	748	100	42	23	3035	194	1202	672
	县　属	13	2171	812	86	42	17	2889	166	1198	602

13-6 全市居民前十位死亡原因、死亡率(2008年)

Cause of Death and Death Rate of 10 Major Diseases（2008）

序位及死因	死亡序位	死亡率（/10万）	死亡构成（%）
十种死亡原因合计		582.55	94.83
呼吸系统疾病	1	152.54	24.83
恶性肿瘤	2	147.22	23.97
脑血管病	3	92.84	15.11
损伤和中毒外部原因	4	82.38	13.41
心脏病	5	52.97	8.62
消化系统疾病	6	19.80	3.22
内分泌、营养和代谢性疾病	7	14.37	2.34
泌尿生殖系统疾病	8	6.98	1.14
诊断不明	9	6.86	1.12
传染病（不包括呼吸道结核）	10	6.59	1.07

13-7 社会福利机构情况

Basic Statistics on Social Welfare Institutions

	单 位	1990 年	2000 年	2007 年	2008 年
社会福利院					
单位数	个	5	5	6	5
床位数	张	710	1118	1685	1692
年末收养人数	人	648	893	1309	1212
儿童福利院					
单位数	个	1	2	2	2
床位数	张	150	492	888	882
年末收养人数	人	127	487	884	876
精神病人福利院					
单位数	个	1	1	1	1
床位数	张	320	358	460	600
年末收养人数	人	322	358	507	579
社会办敬老院					
单位数	个	344	344	256	219
床位数	张	6981	7998	23868	30197
年末收养人数	人	4804	6392	16974	23818

13-8 优 抚、救 济 情 况

Persons Receiving Subsidies or Relief Funds

	1990 年	2000 年	2007 年	2008 年
优抚革命伤残人员(人)	8288	8622	7936	8207
抚恤人数(人)	11003	10917	9551	9807
# 烈属抚恤	2715	2295	725	712
复退军人得到定期定量补助人数(人)	25371	30898	27619	27955

13-9 律师、公证、调解工作基本情况

Basic Statistics on Lawyers, Notarization and Mediation

	单 位	1990 年	2000 年	2007 年	2008 年
律师工作					
律师事务所	个	22	78	190	196
律师人员	人	817	1229	2051	2136
#专职律师	人	142	731	1893	1983
民事诉讼代理	件	3852	4792	9783	9566
刑事诉讼辩护及代理	件	2727	3056	7535	6522
行政诉讼代理	件		152	263	87
非诉讼法律事务	件	1049	3018	7314	27800
解答法律咨询	件	15625	32000	16088	25873
代写法律事务文书	件	8954	6110	8967	215069
公证工作					
公证处	个	18	21	22	25
公证人员	人	111	143	317	463
#公证员	人	48	121	145	185
办理国内公证	件	16032	72874	190652	203854
民事公证	件	10423	28464	85367	119412
经济合同公证	件	5609	44410	104092	84442
港澳台公证	件			1193	2923
办理涉外公证	件	4294	25750	20698	28244
公证收入	万元	59.86	946.62	1478.76	2245.29

13-10 国内公证文书分类情况

Domestic Notarial Documents by Type

单位：件

	1990 年	2000 年	2007 年	2008 年
总　　计	**16032**	**72874**	**189459**	**203854**
经济公证	**5609**	**44410**	**104092**	**84442**
#购　销	45	137	13	27
联　　营	77	14	1	2
贷　　款	493	11828	60411	61106
招标、投标	7	92	42	244
科技协作	21	11		
劳务合同	674	1029	432	216
建筑工程承包	73	31	4	3
农、林、牧、渔业承包	2394	185	68	135
乡镇企业承包	115	42		
财产租赁	89	19		10
法人(代表人)资格	33	167	89	85
法人委托书	173	1347	1296	500
民事公证	**10423**	**28464**	**85367**	**119412**
#收　养	813	54	16	4
解除收养	22	5	1	5
遗　嘱	319	630	3368	3942
产　权	218	2022	2109	2247
亲属关系	33	184	381	953
房屋买卖	128	1596	298	699
房屋租赁	1981	51	28	17
留学协议	170	18	46	240
遗赠扶养协议	136	79	73	224
其他民事协议	529	4251	2577	2965
委托书	365	1627	33540	51155
赠与书	929	4517	5646	7028
声明书	215	1599	12609	14589
宅基地使用权	1	153		5
继承权	1500	3807	11118	15367

13-11 涉外及涉台、港、澳公证文书分类(2008 年)

Foreign-related Notarial Documents by Type (2008)

	办证件数(件)	构 成(%)		办证件数(件)	构 成(%)
总 计	**31167**		继承权	23	0.74
#出 生	4038	12.95	受和未受刑事处分	4401	14.12
死 亡	33	0.11	声明书	183	0.59
生存、居住	457	1.47	委托书	364	1.17
学 历	1881	6.04	文本相符	3329	10.68
经 历	384	1.23	签名印鉴属实	894	2.87
婚姻状况	2865	9.21	其 他	4595	14.74
亲属关系	2869	9.21			

13-12 基层法律服务情况

Law Service for Grassroots Units

	单 位	2007 年	2008 年		单 位	2007 年	2008 年
一、机构人员情况				代理诉讼事务	件	3391	3061
已建基层法律事务所	个	140	137	代理非诉讼事务	件	2838	3491
基层法律工作者	人	661	738	调解纠纷	件	3185	3981
二、全年工作情况				解答法律咨询	人次	38132	49430
担任法律顾问	家	1201	1050	办理法律援助事务	件	1713	1112

13-13 劳动仲裁受理及处理案件情况(2008 年)

Labor Disputes Accepted and Handled by labor Dispute Arbitration Committees (2008)

	单 位	合 计	#国有企业	#城镇集体企业	#外商及港澳台投资企业	#私营企业
上期末结案件数	**件**	**144**	**7**	**28**	**1**	**65**
案件受理情况						
案件数	件	7163	502	472	442	2508
劳动者申述案件数	件	7024	451	462	428	2487
劳动者当事人人数	件	13001	953	970	1019	3954
#集体争议劳动者当事人数	人	3193	260	292	358	760
案件处理情况						
结案案件数	件	6942	483	450	422	2437
处理方式						
仲裁调解	件	2862	219	176	236	1019
仲裁裁决	件	2136	173	222	115	855
其他方式	件	1949	91	52	71	563
处理结果						
用人单位胜诉	件	717	85	39	65	267
劳动者胜诉	件	3140	178	271	293	1203
双方部分胜诉	件	3085	220	140	64	967
本期末结案数	件	**365**	**26**	**50**	**21**	**136**

13-14 社会治安及交通、火灾情况

Basic Statistics of law-and-order Situation, Traffic Accidents and Fires

	单　位	1997年	1998年	2000年	2007年	2008年
刑事案件						
立案数	件	24195	24226	62708	55923	56015
破案数	件	18968	18990	28293	25183	26529
破案率	%	78.4	78.4	45.1	45.0	47.4
治安案件						
受理数	件	37436	33676	54476	67059	76821
查处数	件	30830	28357	33961	39675	46580
城市交通事故						
交通事故发生数	次	3094	3562	4877	5118	3968
死伤人数	人	2774	3386	5582	6922	5430
#死亡人数	人	570	585	1206	831	801
损失折款	万元	1215.2	1086.5	1342.4	1264.4	772.2
火　灾						
火灾事故发生数	次	1374	1596	1929	4053	2002
死伤人数	人	84	73	78	28	16
#死亡人数	人	27	18	30	20	12
损失折款	万元	935.0	724.3	761.9	1520.0	813.1

主 要 统 计 指 标 解 释

等级运动员人数 指经考核正式批准授予等级运动员称号的人数。运动员等级分为国际级运动健将、运动健将、一级运动员、二级运动员、三级运动员、少年级运动员。

等级裁判员人数 指经考核正式批准授予等级裁判员称号的人数。裁判员等级分为国际裁判、国家级裁判、一级裁判、二级裁判、三级裁判。

体育场 指有 400 米跑道（中心含足球场），有固定跑道 6 条以上，并有固定看台的室外田径场地。以看台容纳观众人数分：甲级 25000 人以上，乙级 15000－25000 人，丙级 5000－15000 人，丁级 5000 人以下。体育馆指有固定看台，可供篮球、排球、羽毛球、乒乓球、体操等项目训练比赛活动用的室内运动场地。以看台容纳观众人数分：甲级 6000 人以上，乙级 4000－6000 人，丙级 2000－4000 人，丁级 2000 人以下。

医院 指名称为医院，设有固定床位能收容病人住院并能为病人提供医疗、护理服务的医疗机构。包括县及县以上医院、农村乡卫生院、其他医院三部分。按所属性质分为卫生部门、工业及其他部门，集体经济单位三类。其中县及县以上医院按业务性质分为综合医院和专科医院。

卫生技术人员 指卫生事业机构支付工资的全部固定职工和合同制职工中现任职务为卫生技术工作的专业人员。包括中医师、西医师、中西医结合高级医师、护师、中药师、西药师、检验师、其他技师、中医士、西医士、护士、助产士、中药剂士、西药剂士、检验士、其他技士、其他中医、护理员、中药剂员、西药剂员、检验员，其他初级卫生技术人员。

社会福利事业单位 指集中收养社会孤老、残、幼的机构。包括由民政部门管理的社会福利院、儿童福利院、精神病人福利院和城镇集体办的福利院，以及农村集体举办的敬老院。

律师 指受聘参加法律顾问处工作，担任法律顾问、刑（民）事代理人、刑事辩护人，办理非诉讼事件、解答法律询问，代写法律事务文书等主要从事律师业务的专职法律工作者和兼职律师。

离休、退休、退职人员 指正式办理了离休、退休、退职手续，并享受相应的离休、退休、退职待遇的人员。

保险福利费用 指企业、事业、机关单位在工资以外实际支付给职工和离休、退休、退职人员个人以及用于集体的劳动保险和福利费用。

离休、退休、退职人员保险福利费用包括：①离休金；②退休金；③退职生活费；④医疗卫生费；⑤护理费；⑥生活补贴；⑦交通费补贴；⑧丧葬抚恤救济费；⑨其他。

十四　企业调查

简　要　说　明

主要内容

本部分资料反映成都市企业发展情况,主要包括:企业景气调查、企业集团统计、企业建立现代企业制度跟踪监测统计调查。

资料来源

本部分资料来源于国家统计局成都调查队。

其他需要说明的问题

景气调查资料是在全市企业中采取抽样调查方式取得,企业集团统计和建立现代企业制度跟踪监测统计资料是在全市企业中采取重点调查方式取得。

2008年全市企业景气指数走势

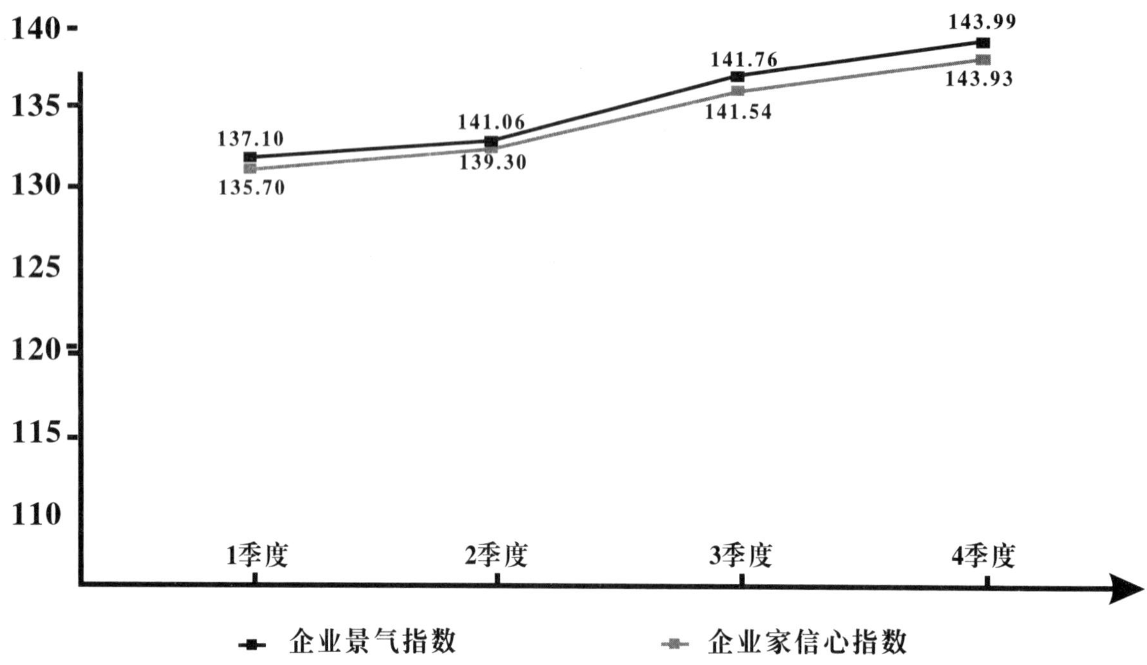

2008年工业企业景气指数走势

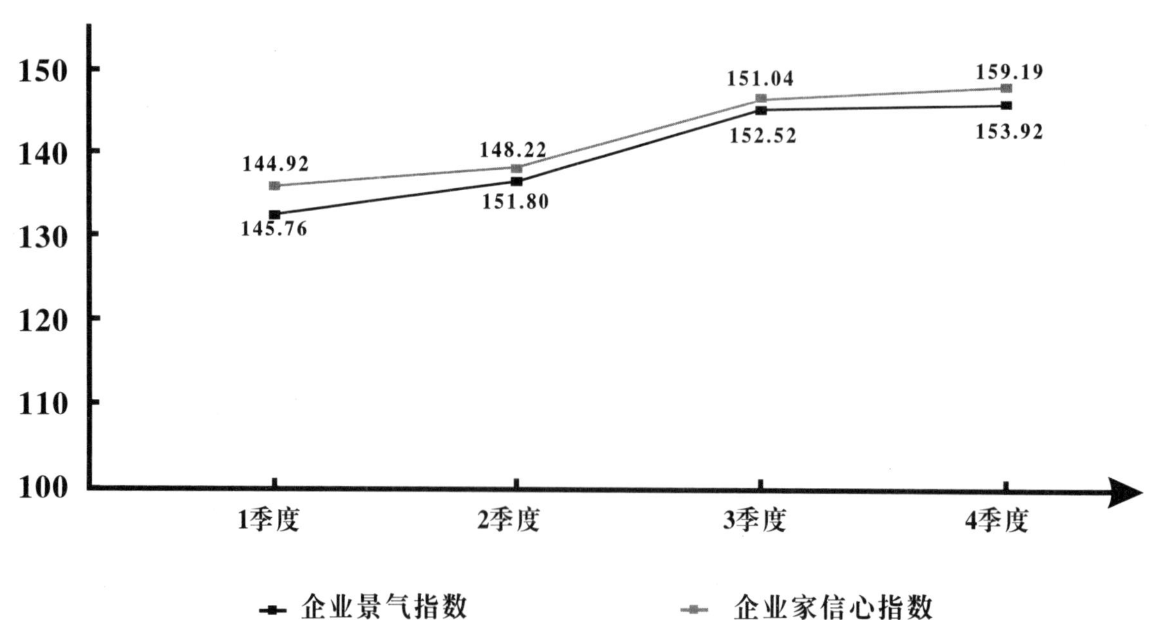

14-1 企业家信心指数(2008 年)

Entrepreneur Confidence Index (2008)

	上年四季度(点)	一季度(点)	二季度(点)	三季度(点)	四季度(点)
全市企业家信心指数	**143.93**	**148.02**	**132.22**	**121.33**	**88.31**
按行业类别分					
工 业	159.19	160.40	150.90	137.33	79.80
建筑业	122.05	151.00	135.64	132.59	113.17
交通运输、仓储和邮政业	127.58	123.39	82.26	72.18	80.71
批发和零售业	135.74	137.90	133.85	119.37	103.05
房地产业	131.54	118.81	81.26	59.05	60.60
社会服务业	121.16	122.00	69.30	84.74	54.81
信息传输、计算机服务和软件业	155.75	138.75	190.79	172.60	136.26
住宿和餐饮业	144.32	161.94	107.36	98.00	111.98
按登记注册类型分					
#国有企业	135.79	141.08	136.13	131.36	72.29
有限责任公司	154.80	152.09	130.41	118.55	101.95
股份有限公司	147.11	158.43	139.21	99.70	101.95
私营企业	138.18	140.46	125.22	106.78	88.17
外商及港、澳、台投资企业	138.68	144.27	124.90	120.72	109.90
按企业规模分					
特大型及大型	154.33	164.12	152.38	135.23	92.77
#大 型	143.52	158.30	144.82	122.71	105.21
中小型	127.27	123.98	107.27	101.82	87.00
中 型	130.26	122.88	108.11	104.05	87.67
小 型	92.31	133.33	100	82.35	85.19

14-2 企业景气指数(2008年)

Business Climate Index (2008)

	上年四季度(点)	一季度(点)	二季度(点)	三季度(点)	四季度(点)
全市企业景气指数	**143.99**	**147.01**	**129.38**	**106.88**	**98.68**
按行业类别分					
工　业	153.92	153.33	150.36	106.04	93.40
建筑业	135.39	139.07	135.60	134.71	103.16
交通运输、仓储和邮政业	131.15	130.06	80.51	66.64	97.92
批发和零售业	143.58	155.93	150.25	130.45	130.39
房地产业	130.83	133.81	84.52	78.21	58.51
社会服务业	110.20	102.20	42.74	50.73	59.40
信息传输、计算机服务和软件业	161.99	178.18	177.99	169.08	145.35
住宿和餐饮业	142.00	154.83	67.06	92.44	126.38
按登记注册类型分					
#国有企业	149.51	145.29	141.33	88.55	80.08
有限责任公司	136.53	146.83	131.39	125.06	111.05
股份有限公司	142.89	142.29	117.50	116.78	110.77
私营企业	145.42	149.61	125.48	123.94	91.79
外商及港、澳、台投资企业	152.95	145.50	124.08	128.35	125.72
按企业规模分					
特大型及大型	160.40	162.43	149.5	112.10	104.34
#大　型	152.95	154.54	142.44	130.21	119.30
中小型	117.58	122.22	109.7	101.21	89.50
中　型	119.74	122.88	112.16	104.05	94.52
小　型	92.31	116.67	88.24	76.47	75.93

14-3　分行业综合生产经营景气指数(2008 年)

Business Climate Index by Sector (2008)

	一季度 (点)	二季度 (点)	三季度 (点)	四季度 (点)
工业企业景气指数	**153.33**	**150.36**	**106.04**	**93.40**
生产成本景气指数	**42.87**	**32.73**	**25.96**	**44.19**
生产总量景气指数	158.86	146.41	159.56	88.54
产品订货景气指数	140.06	147.34	140.00	73.98
产品销售量景气指数	159.23	147.26	153.08	95.14
产品销售价格景气指数	138.05	143.61	142.84	118.46
产成品库存景气指数	123.87	118.29	113.44	101.09
盈利（亏损）景气指数	140.91	120.20	112.04	94.10
流动资金景气指数	122.90	119.65	113.47	71.58
融资情况景气指数	123.92	123.88	111.12	89.79
货款拖欠景气指数	105.13	84.83	84.75	70.35
劳动力需求景气指数	122.41	119.02	123.69	83.41
固定资产投资景气指数	144.47	143.80	134.17	89.36
科技创新景气指数	153.85	152.41	151.32	141.20
主要原材料及能源供应购进价格景气指数	23.47	23.05	19.95	93.26
主要原材料及能源供应景气指数	108.62	124.91	120.79	127.56
建筑业企业景气指数	**139.07**	**135.60**	**134.71**	**103.16**
工程合同数景气指数	**128.72**	**136.76**	**126.35**	**127.40**
建筑工程量景气指数	121.87	132.16	142.27	142.84
新开工工程量景气指数	139.54	125.54	121.34	114.12
技术设备能力景气指数	123.89	132.48	130.38	136.30
工程进度景气指数	109.34	95.6	112.42	121.10
工程结算收入景气指数	119.84	111.85	141.20	143.18

14-3 续表 1

	一季度 (点)	二季度 (点)	三季度 (点)	四季度 (点)
建筑材料购进价格景气指数	38.77	32.06	59.47	79.76
工程结算成本景气指数	60.14	47.86	45.48	48.94
盈利（亏损）变化景气指数	109.67	104.75	112.21	135.51
流动资金景气指数	90.97	66.59	72.63	71.35
融资情况景气指数	80.80	75.49	77.58	71.38
工程款拖欠景气指数	112.68	89.80	74.31	67.69
劳动力需求景气指数	96.14	102.39	107.71	97.43
固定资产投资景气指数	101.29	92.83	107.74	103.07
交通运输、仓储及邮电通讯业				
企业景气指数	**130.06**	**80.51**	**66.64**	**97.92**
业务预定（或业务需求）景气指数	77.92	55.24	47.46	61.47
业务量景气指数	85.51	28.34	42.64	69.02
业务收费价格景气指数	135.40	105.53	121.31	95.54
业务成本景气指数	33.99	39.56	28.64	32.85
盈利（亏损）变化景气指数	97.45	20.74	30.51	69.43
流动资金景气指数	119.57	115.36	112.74	117.54
融资情况景气指数	112.70	115.99	101.89	105.20
货款拖欠景气指数	98.30	102.21	117.65	106.56
劳动力需求景气指数	103.98	131.18	127.01	127.44
固定资产投资景气指数	157.44	147.08	142.27	153.57
批发零售贸易、餐饮业企业景气指数	**155.93**	**150.25**	**130.45**	**130.39**
购货合同景气指数	121.16	112.79	110.59	86.53

14-3 续表 2

	一季度 (点)	二季度 (点)	三季度 (点)	四季度 (点)
商品购进价格景气指数	47.19	59.44	56.75	78.64
商品销售总额景气指数	150.81	141.70	135.87	120.86
商品销售价格景气指数	133.73	131.18	128.66	97.57
商品库存景气指数	118.10	122.94	115.62	101.76
经营费用景气指数	48.56	46.90	60.25	55.52
竞争能力景气指数	142.70	151.49	144.42	143.75
盈利（亏损）变化景气指数	140.87	144.33	126.52	101.14
流动资金景气指数	112.53	124.16	118.24	98.73
融资情况景气指数	83.18	92.88	87.11	93.76
货款拖欠景气指数	106.69	106.05	102.53	95.55
劳动力需求景气指数	121.21	122.74	120.08	98.54
固定资产投资景气指数	107.61	121.39	131.81	114.54
房地产业企业景气指数	**133.81**	**84.52**	**78.21**	**58.51**
完成土地开发面积景气指数	112.79	61.02	49.06	66.25
完成投资景气指数	113.54	84.83	49.59	64.54
新开工面积景气指数	105.79	57.82	55.42	49.95
房屋竣工面积景气指数	87.01	58.39	91.90	70.22
商品房预售面积景气指数	88.86	46.51	39.63	39.64
商品房销售面积景气指数	63.83	62.62	33.33	37.65
商品房销售价格景气指数	116.61	91.48	54.59	35.63
空置商品房面积景气指数	128.57	121.25	118.71	108.65
盈利（亏损）变化景气指数	92.41	76.09	48.80	39.51

14-3 续表 3

	一季度 (点)	二季度 (点)	三季度 (点)	四季度 (点)
流动资金景气指数	69.62	69.30	55.66	50.74
融资情况景气指数	64.34	71.57	61.34	40.14
货款拖欠景气指数	125.19	126.70	152.33	119.13
劳动力需求景气指数	110.07	64.97	47.72	44.07
固定资产投资景气指数	112.06	59.48	51.11	42.84
社会服务业企业景气指数	**102.20**	**42.74**	**50.73**	**59.40**
服务预定景气指数	126.06	66.37	43.53	41.18
竞争能力景气指数	140.70	132.23	135.71	141.18
旅游客源景气指数	112.60	58.25	4.72	
业务(服务)收费价格景气指数	91.44	83.66	65.25	48.93
业务（提供服务）量景气指数	116.07	52.63	43.53	41.18
营业成本景气指数	85.41	89.21	86.72	98.13
盈利（亏损）变化景气指数	104.99	79.62	17.65	17.65
流动资金景气指数	82.60	71.43	68.38	77.05
融资情况景气指数	64.96	67.59	56.62	47.64
货款拖欠景气指数	96.15	54.96	81.31	73.03
劳动力需求景气指数	79.97	64.85	58.82	41.18
固定资产投资景气指数	93.12	83.71	84.17	72.46
信息传输、计算机服务和软件业企业景气指数	**178.18**	**177.99**	**169.08**	**145.35**
产品销售（提供服务）景气指数	169.21	154.23	113.97	70.67
产品订货（业务需求）景气指数	83.18	159.93	169.08	108.02
竞争能力景气指数	153.40	144.32	119.55	150.53

14-3 续表 4

	一季度 (点)	二季度 (点)	三季度 (点)	四季度 (点)
销售（收费）价格景气指数	45.59	18.31	27.41	27.39
营业收入景气指数	174.72	62.63	107.07	86.03
营业成本景气指数	21.70	39.88	21.71	36.37
盈利（亏损）变化景气指数	159.98	49.11	83.31	55.82
流动资金景气指数	181.45	181.45	154.18	117.98
融资情况景气指数	142.82	142.77	142.76	119.05
货款拖欠景气指数	57.05	118.12	142.89	119.15
劳动力需求景气指数	144.31	126.06	150.90	142.42
固定资产投资景气指数	169.08	101.30	159.93	136.26
住宿和餐饮业企业景气指数	**154.83**	**67.06**	**92.44**	**126.38**
业务预定景气指数	154.81	89.82	39.37	117.35
业务量景气指数	154.36	72.59	44.92	84.45
竞争能力景气指数	141.94	128.12	140.80	136.12
客房出租景气指数	72.73	64.11	47.55	88.58
收费（服务）价格景气指数	113.62	110.80	88.97	94.34
营业收入景气指数	142.88	72.59	50.48	68.72
营业成本景气指数	56.65	71.67	93.62	70.21
盈利（亏损）变化景气指数	142.80	105.24	57.39	97.32
流动资金景气指数	119.47	111.48	112.22	132.21
融资情况景气指数	105.83	106.48	105.79	110.89
货款拖欠景气指数	116.19	108.71	80.18	94.41
劳动力需求景气指数	129.40	79.21	66.48	76.85
固定资产投资景气指数	119.82	80.17	77.72	112.01

14-4 企业集团概况(2008 年)

Basic Conditions on Enterprise Groups (2008)

	企业集团单位数(个)	#已建立母子公司体制的	#母公司职能为混合经营型的
合　　计	**93**	**80**	**62**
按集团主营行业类别分			
采矿业	1	1	
制造业	42	40	29
电力、煤气及水的生产和供应业	3	3	
建筑业	12	10	9
交通运输、仓储和邮政业	3	3	3
批发和零售业	13	12	8
住宿和餐饮业	2		2
房地产业	12	11	7
其　它	5		4
按母公司登记注册类型分			
国有企业	6	3	5
国有独资公司	18	15	14
其他有限责任公司	45	40	25
股份有限公司	13	13	10
中外合资企业	4	3	4
其　它	1	1	1
按母公司控股情况分			
国有控股	35	26	25
集体控股	11	11	7
私人控股	44	40	27
港澳台商控股			
外商控股	3	3	3

14-5 企业集团主要财务指标

Main Financial Indicators of Enterprise Groups

	单 位	2007 年	2008 年	2008 年比 2007 年±%
企业集团数	个	93	93	
#亏损企业集团数	个	10	14	16.7
营业收入	万元	28678466	34752026	21.2
#营业成本	万元	24507509	30121355	22.9
#营业税金及附加	万元	391707	455190	16.2
新产品销售收入	万元	3477149	4021508	15.7
出口销售总额	万元	779187	1186883	52.3
营业费用	万元	651944	819834	25.8
管理费用	万元	1460577	1701519	16.5
财务费用	万元	534392	644347	20.6
投资收益	万元	233348	192056	–17.7
利润总额	万元	1587589	458008	–71.2
#亏损集团亏损额	万元	20752	692745	32.4 倍
应交所得税	万元	270389	296904	9.8
应交增值税	万元	740558	757797	2.3
年末资产总计	万元	42836442	51172867	19.5
固定资产净值	万元	12279846	13700708	11.6
累计折旧	万元	6575910	7706962	17.2
#本年折旧	万元	1067975	1159571	8.6
累计对外投资	万元	2632188	3008679	14.3
#本年对外投资	万元	793846	330012	–58.4
存 货	万元	6960116	9069128	30.3
流动资产年平均余额	万元	18415050	21625614	17.4
应收账款	万元	3716364	4524720	21.8
年末负债合计	万元	29815176	37313714	25.2
#流动负债	万元	20395413	25837509	26.7
少数股东权益	万元	3094967	3653405	18.0
股东(所有者)权益合计	万元	13021266	13859153	6.4
#股本(实收资本)	万元	4066033	4597450	13.1
固定资产投资完成额	万元	2188713	2862609	30.8
研究开发（R&D）费用	万元	225205	306249	36.0

14-6 企业集团从业人员和劳动报酬

Employees and Remuneration Payment of Enterprise Groups

	单　位	2007 年	2008 年	2008 年比 2007 年±%
从业人员年末数	**人**	**538933**	**572122**	**6.2**
#在岗职工	人	456142	508983	11.6
其他从业人员	人	82791	63139	-23.7
#研究开发人员	人	12934	22802	76.3
从业人员劳动报酬总额	**万元**	**1463604**	**1752693**	**19.8**
#在岗职工	万元	1362002	1625184	19.3
其他从业人员	万元	101602	127509	25.5
#研究开发人员	万元	77107	140429	82.1
从业人员人均劳动报酬	**元**	**27157**	**30635**	**12.8**
#在岗职工	元	29859	31930	6.9
其他从业人员	元	12272	20195	64.5
#研究开发人员	元	59616	61586	3.3

14-7 企业集团主要经济效益指标

Main Indicators on Economic Benefit of Enterprise Groups

	单　位	2007 年	2008 年	2008 年比 2007 年±（百分点）
资产负债率	%	69.6	72.9	3.3
劳动生产率	万元/人	53.2	60.7	7.5 万元
销售利润率	%	5.5	1.3	-4.2
成本费用利润率	%	5.8	1.4	-4.4
资产利税率	%	6.3	3.3	-3.0
总资产使用率	%	66.9	67.9	1.0
流动资产比率	%	43.0	42.3	-0.7
研究开发费用与主营业务收入比率	%	0.8	0.9	0.1
资金利润率	%	6.6	1.7	-4.9
净资产收益率	%	10.1	1.2	-8.9
总资产报酬率	%	4.7	2.2	-2.5

注：劳动生产率根据企业集团营业收入和年末从业人员计算， 2008 年比 2007 年为增长绝对额。

主 要 统 计 指 标 解 释

景气指数 又称景气度，它是对企业景气调查中的定性指标通过定量方法加以汇总，综合反映某一特定调查群体或某一社会经济现象所处的状态或发展趋势的一种指标。企业的景气指数是根据调查企业中，选择“好”或“上升”或“乐观”的企业与选择“差”或“下降”或“不乐观”的企业的所占份额(一般以主营业务收入对比重加权，下同)之差来计算的，统一用纯正数形式表示，以 100 作为景气指数的临界值，其数值范围在 0—200 之间；当景气指数大于 100 时，表明经济状况趋于上升或改善，处于景气状态；当景气指数小于 100 时，表明经济状况趋于下降或恶化，处于不景气状态。其具体计算方法为：(选择“好”的企业份额—选择“差”的企业份额)×100+100。

景气指数的种类 企业景气调查的景气指数共分为两类：综合景气指数和个体景气指数。综合景气指数指用以综合反映调查总体所处的状态和未来发展变化趋势的景气指数。包括企业家信心指数和企业景气指数。企业家信心指数也称宏观经济景气指数，它是根据企业家对当前宏观经济运行态势的判断而对未来发展变化的预期（通常是指对“乐观”“一般”、“不乐观”的选择）而编制的景气指数，用以综合反映企业家对宏观经济的看法和信心。企业景气指数也称为企业综合生产经营景气指数，它是根据企业家对当前企业生产经营状况所做出的判断和对未来发展变化的预期(通常是指对“良好”、“一般”、“不佳”的选择）而编制的景气指数，用以综合反映企业生产经营现状和未来发展变化趋势。个体景气指数也称为单位景气指数，是反映调查总体的某一方面（或某一单项）所处的状态和未来发展变化趋势的景气指数。企业调查的个体景气指数包括企业生产经营的各个方面的景气指数，包括：生产景气指数、产品订货景气指数、劳动力需求景气指数、赢利（亏损）变化景气指数、产品销售景气指数、生产成本景气指数等。

企业集团 是指以资本为主要纽带的母子公司为主体，以集团章程为共同行为规范的母公司、子公司、参股公司及其他成员企业或机构共同组成的具有一定规模的企业法人联合体。企业集团不具有企业法人资格。企业集团由母公司、子公司、参股公司以及其他成员单位组建而成。事业单位法人、社会团体法人也可以成为企业集团成员。企业集团具有以下特征：①多元的组织。企业集团不是公司那样单一的法人经济实体，它是以资本为联结纽带的多法人的联合体，本身不是企业法人，而成员单位都是独立的法人。②较大的规模。企业集团不仅是母公司的规模大，集团整体规模也很大。我国的企业集团由于原有基础较差，生产集约程度低，规模偏小，实力不强，按登记的条件，企业集团的母公司需拥有 5 家控股子公司，注册资本总和在 1 亿元以上即可申请组建企业集团。③分层次的结构。企业集团一般由 4 个层次的企业组成，它以一个母公司为核心，依据其与其他成员企业的不同的产权关系和生产技术、经营服务等方面的联系，可分成由全资、控股子公司组成的控股层，由有参股关系的公司组成的参股层，由较多的固定协作联系的企业组成的协作层。④多样化的经营。企业集团为了提高对市场的应变能力，减少经营风险，往往不是生产一种或一类产品，而是在不同行业、不同领域内开展多样化的经营。⑤多种功能。企业集团不仅具有生产产品的能力，还有强大的研究开发的能力，有自己的研究机构和技术开发中心，不断进行技术创新，不断发展和推出市场需求的新产品；企业集团有完善的销售服务网络，有很强的市场开拓、参加国内外市场竞争的能力；企业集团还有投融资功能，拥有集团的投资中心和融资中心。

集团公司 是企业集团中起主导作用的核心企业。它通过投资和生产经营协作等多种联结纽带，决定和影响着集团内的其他成员企业。在企业集团母子公司体制中，集团公司是母公司，是居于控制地位的控股公司。集团公司对外代表集团。

企业集团子公司 是集团母公司对其拥有全部股权或控股权的企业法人。

企业集团参股、协作企业 是集团母公司对其参股或与母子公司形成生产经营协作关系的企业法人、事业单位法人或者社会团体法人。

企业集团主营行业 指本企业集团生产经营活动的主要行业性质。企业集团往往从事多种生产经营活动，一般应根据集团内获得营业收入份额最大的三项产品或活动确定其主要行业性质。主营行业类别：从事多种经营的企业集团确定其主营行业类别时，要将各母子公司（单位）主营业务收入按行业小类分别汇总后，把主营业务收入合计最大的行业小类确定为企业集团的主营行业小类。

十五 区(市)县

简 要 说 明

主要内容

本部份资料反映成都市各区(市)县经济、社会发展的基本情况,主要包括:土地、人口、地区生产总值、农业、工业、交通运输邮电、固定资产投资、社会消费品零售总额、财政金融、税收情况等主要社会经济情况。

资料来源

全市资料来源于成都市统计局和市级有关主管部门。

区(市)县资料,主要来源于各区(市)县统计局,部份资料来源于市级相关主管部门。

其他需要说明的问题

历史资料按现行行政区划口径计算。

财政指标按分级核算口径计算,金融指标按金融业务统计口径计算,其余各项指标均按辖区口径计算。

因本章部分指标未列锦江、青羊、金牛、武侯、成华五区及高新区统计数,故分项之和不等于全市合计。

2008年全市主要指标构成（%）

土地面积

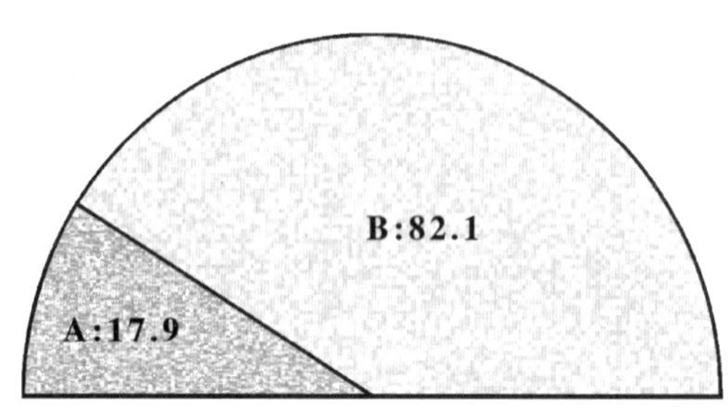

年末总人口

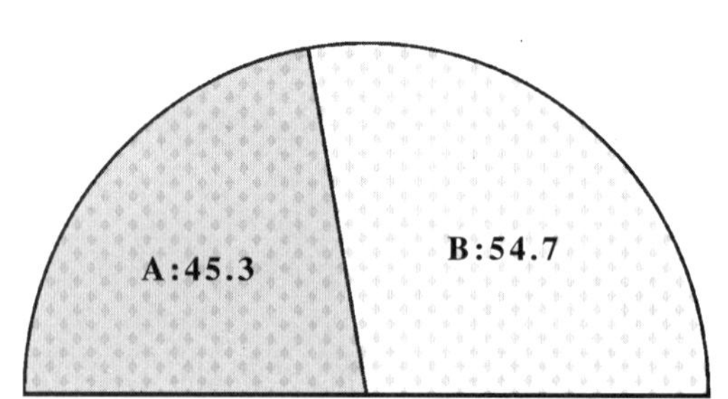

本地生产总值

A:70.2　　B:29.8

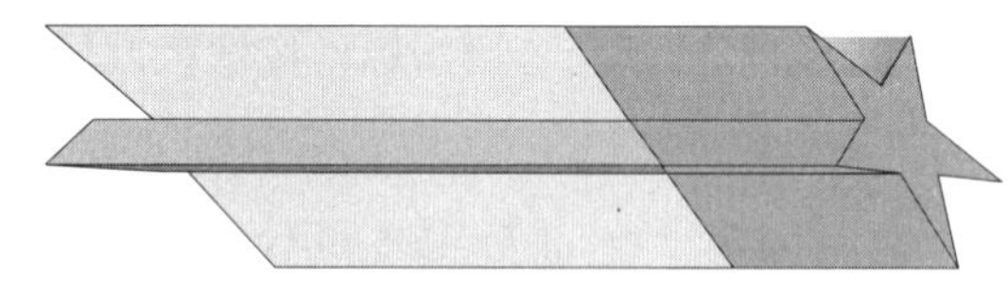

全社会固定资产投资

A:70.0　　B:30.0

社会消费品零售总额

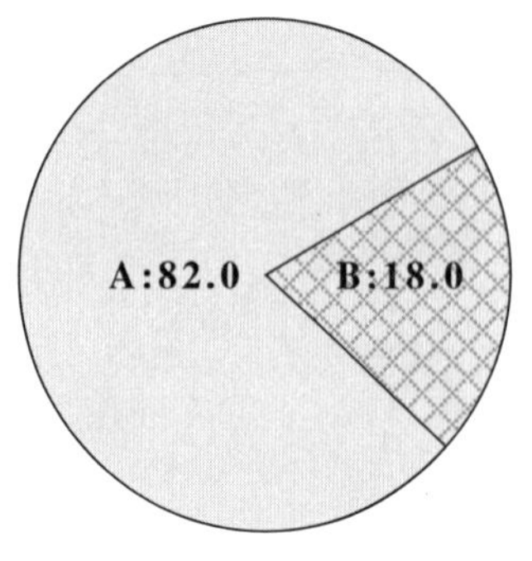

地方财政一般预算收入

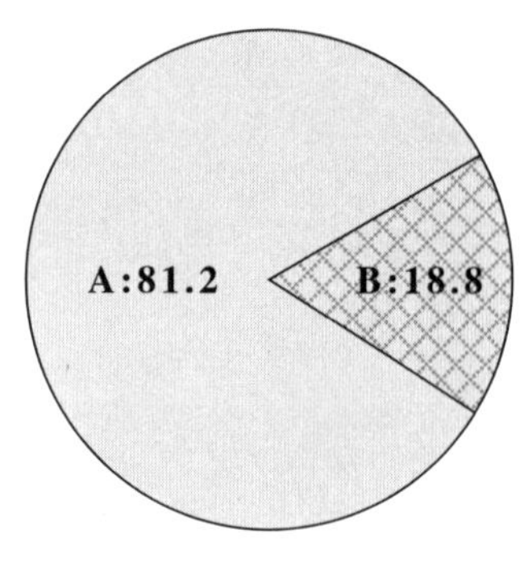

A：市区合计　　B：县（市）合计

15-1　区(市)县土地面积、户数和人口数(2008 年)

Land Area, Household and Population in Districts, Cities at County Level and Counties (2008 year–end)

	土地面积(平方公里)	耕地面积（公顷）	总户数(户)	总人口(人)	平均每户人口(人)	人口密度(人/平方公里)
全　　市	**12121**	**431576**	**4051994**	**11249606**	**2.78**	**923**
#锦 江 区	61	986	142626	402321	2.82	6556
青 羊 区	66	628	181139	537401	2.97	7996
金 牛 区	108	1305	251143	699064	2.78	6492
武 侯 区	122	611	280593	835841	2.98	6765
成 华 区	108	1608	226435	619155	2.73	5703
龙泉驿区	556	7541	200581	580501	2.89	1037
青白江区	379	19734	153814	406754	2.64	1068
新 都 区	496	27105	256030	667060	2.61	1335
温 江 区	276	14633	140655	353537	2.51	1263
金 堂 县	1156	56093	318669	876440	2.75	753
双 流 县	1068	46197	330051	948510	2.87	884
郫　　县	437	22708	174586	501660	2.87	1139
大 邑 县	1284	30170	185700	516747	2.78	402
蒲 江 县	580	23774	102978	261983	2.54	450
新 津 县	329	16801	135039	304778	2.26	922
都江堰市	1208	27719	231747	611831	2.64	505
彭 州 市	1421	49768	275422	799640	2.90	561
邛 崃 市	1377	44527	220868	656143	2.97	475
崇 州 市	1089	39668	243918	670240	2.75	613

注：①武侯区含高新区数据。②全市土地面积为全国第二次土地普查结果；耕地面积为初次汇总数据，最终数据需通过国土资源部逐县核查后认定。

15-2 历年区(市)县

Total Population in Districts, Cities at County Level

年份	全　市	锦江区	青羊区	金牛区	武侯区	成华区	龙泉驿区	青白江区	新都区
1949	50132						2102	1704	2920
1952	51196						2169	1801	3093
1957	59419						2047	2009	3415
1962	55134						2022	2158	3144
1965	60938						2268	2387	3495
1970	69521						2716	2850	4093
1975	78197						3186	3302	4597
1978	80606						3363	3449	4733
1979	81581						3369	3470	4753
1980	82254						3403	3488	4786
1981	83341						3455	3517	4850
1982	84325						3497	3545	4904
1983	84885						3508	3558	4934
1984	85400						3511	3563	4954
1985	86268						3535	3585	4988
1986	87473						3577	3627	5050
1987	88730						3625	3668	5125
1988	89857						3695	3665	5248
1989	90859						3697	3722	5290
1990	91950	3953	4438	4336	3486	4389	3729	3749	5323
1991	92773	3958	4474	4404	3563	4461	3779	3779	5388
1992	93686	3983	4498	4518	3664	4527	3837	3800	5460
1993	94730	4014	4561	4620	3786	4616	3915	3822	5541
1994	96039	4041	4608	4717	3917	4726	4291	3748	5642
1995	97160	4032	4665	4827	4057	4823	4505	3877	5716
1996	98074	3939	4581	5016	3640	4993	4586	3909	5782
1997	98919	3927	4578	5136	3779	5068	4655	3934	5829
1998	99700	3928	4595	5245	3872	5117	4731	3953	5874
1999	100356	3886	4593	5414	3951	5222	4792	3966	5893
2000	100335	3810	4568	5650	4079	5338	4848	4002	5959
2001	101990	3898	4587	5810	5483	5443	4920	4011	5976
2002	102848	3933	4669	6001	5742	5546	4996	4016	5989
2003	104431	3902	4650	6361	6217	5810	5108	4024	6048
2004	105969	3926	4780	6649	6540	5944	5251	4040	6130
2005	108203	3972	4996	6812	7330	6094	5380	3943	6387
2006	110340	3995	5124	6953	7955	6157	5646	4000	6501
2007	111228	3974	5231	6987	8147	6154	5724	4028	6587
2008	112496	4023	5374	6991	8358	6192	5805	4068	6671

年末总人口

and Counties by Year (Year–end)

单位：百人

温江区	金堂县	双流县	郫　县	大邑县	蒲江县	新津县	都江堰市	彭州市	邛崃市	崇州市
1454	4431	6727	2553	3008	1233	1566	3044	4089	3795	4061
1550	4768	5938	2642	3096	1316	1703	3173	4378	4003	4220
1678	5212	5716	2815	3467	1496	1874	3509	4968	4528	4475
1485	4966	4498	2461	2809	1346	1618	3177	4664	3771	4032
1656	5412	5043	2737	3163	1521	1800	3650	5172	4089	4318
1990	6287	5800	3245	3718	1848	2111	4234	6024	4832	5055
2256	7163	7308	3704	4289	2177	2432	4666	6603	5592	5537
2331	7424	7443	3803	4366	2238	2488	4761	6753	5752	5634
2350	7470	7552	3840	4375	2248	2500	4798	6781	5764	5662
2370	7487	7617	3869	4391	2259	2524	4817	6817	5781	5705
2398	7540	7751	3916	4437	2287	2556	4868	6884	5827	5752
2441	7593	7837	3943	4480	2308	2576	4919	6950	5852	5796
2458	7609	7863	3955	4494	2313	2584	4949	6968	5879	5823
2467	7605	7899	3959	4497	2323	2591	4989	6977	5895	5847
2499	7652	7952	3992	4515	2354	2612	5044	7026	5914	5888
2498	7711	8071	3995	4562	2389	2639	5109	7120	5962	5942
2520	7790	8190	4034	4616	2412	2668	5191	7218	6019	6003
2555	7868	8301	4070	4652	2430	2691	5271	7271	6067	6067
2591	7951	8451	4110	4694	2437	2711	5326	7322	6110	6141
2650	8053	8494	4212	4737	2454	2728	5429	7381	6188	6221
2685	8108	8554	4245	4762	2463	2743	5492	7427	6223	6264
2755	8142	8618	4271	4794	2472	2766	5545	7469	6273	6294
2848	8173	8693	4312	4813	2478	2784	5602	7517	6298	6335
2897	8189	8730	4355	4837	2492	2797	5682	7559	6330	6381
2933	8226	8790	4412	4861	2522	2819	5728	7592	6362	6413
2977	8263	8401	4475	4883	2533	2838	5773	7607	6382	6448
3008	8295	8457	4557	4910	2537	2851	5804	7619	6402	6458
3039	8331	8518	4627	4924	2545	2865	5849	7652	6410	6468
3052	8373	8543	4662	4931	2550	2882	5874	7691	6409	6467
3056	8446	8616	4709	4961	2563	2895	5944	7740	6398	6462
3066	8438	8667	4758	4961	2563	2900	5946	7726	6386	6451
3087	8448	8698	4804	4966	2564	2907	5955	7722	6361	6444
3137	8448	8846	4833	4968	2559	2920	5971	7782	6354	6493
3194	8455	9064	4883	4990	2566	2938	5984	7774	6353	6508
3293	8536	9269	4696	5061	2575	2966	6025	7788	6447	6633
3384	8619	9281	4843	5137	2610	2993	6104	7837	6514	6687
3439	8650	9389	4947	5149	2605	3019	6090	7947	6506	6656
3535	8764	9485	5017	5167	2620	3048	6118	7996	6561	6702

15-3 区(市)县人口自然变动情况(2008年)

Natural Changes of Population in Districts, Cities at County Level and Counties (2008)

	出生人口（人）	死亡人口（人）	出生率（‰）	死亡率（‰）	自然增长率（‰）
全　　市	**100976**	**52889**	**9.03**	**4.73**	**4.30**
#锦 江 区	3148	2021	7.87	5.05	2.82
青 羊 区	3820	1805	7.20	3.40	3.80
金 牛 区	5155	2908	7.38	4.16	3.22
武 侯 区	7061	2324	8.56	2.82	5.74
成 华 区	4572	2656	7.41	4.30	3.10
龙泉驿区	6174	1533	10.71	2.66	8.05
青白江区	4039	2712	9.98	6.70	3.28
新 都 区	6276	2844	9.47	4.29	5.18
温 江 区	3163	926	9.07	2.66	6.42
金 堂 县	7994	5283	9.18	6.07	3.11
双 流 县	8672	2338	9.19	2.48	6.71
郫　　县	4474	3216	8.98	6.46	2.53
大 邑 县	4933	4585	9.56	8.89	0.67
蒲 江 县	2748	1893	10.52	7.25	3.27
新 津 县	3092	2065	10.19	6.81	3.39
都江堰市	5393	2754	8.84	4.51	4.32
彭 州 市	8221	5153	10.31	6.46	3.85
邛 崃 市	6100	3307	9.34	5.06	4.27
崇 州 市	5941	2566	8.89	3.84	5.05

15-4　区(市)县人口机械变动情况(2008 年)

Moving Changes of Population in Districts, Cities at County Level and Counties (2008)

	迁入人口（人）	迁出人口(人)	迁入率(‰)	迁出率(‰)	机械变动增长率(‰)
全　　市	**229644**	**150966**	**20.53**	**13.50**	**7.03**
#锦 江 区	14639	10347	36.61	25.88	10.73
青 羊 区	23710	13067	44.72	24.64	20.07
金 牛 区	19189	21513	27.46	30.78	–3.33
武 侯 区	52891	34404	64.09	41.69	22.40
成 华 区	15929	14571	25.81	23.61	2.20
龙泉驿区	13869	10415	24.06	18.07	5.99
青白江区	4436	1796	10.96	4.44	6.52
新 都 区	9878	4983	14.90	7.52	7.38
温 江 区	10909	3461	31.29	9.93	21.36
金 堂 县	12441	3718	14.29	4.27	10.02
双 流 县	12261	8956	12.99	9.49	3.50
郫　 县	11760	6027	23.61	12.10	11.51
大 邑 县	3214	1694	6.23	3.28	2.95
蒲 江 县	1531	924	5.86	3.54	2.32
新 津 县	3554	1749	11.72	5.77	5.95
都江堰市	5816	5593	9.53	9.16	0.37
彭 州 市	4928	3067	6.18	3.85	2.33
邛 崃 市	4575	1860	7.00	2.85	4.16
崇 州 市	4114	2821	6.16	4.22	1.94

15-5 区(市)县婚姻、计划生育情况(2008 年)

Matrimony and Family Planning in Districts, Cities at County Level and Counties (2008)

	结婚人数（人）	离婚人数（人）	计划生育率（%）	一孩率（%）
全　　市	**243196**	**99266**	**94.45**	**86.89**
#锦 江 区	10518	5260	98.44	94.46
青 羊 区	15414	5550	98.82	94.89
金 牛 区	14294	6618	98.45	92.36
武 侯 区	12662	5842	98.78	90.74
成 华 区	13548	6860	96.78	91.16
龙泉驿区	13230	5612	95.23	83.70
青白江区	9370	3896	95.01	85.55
新 都 区	14904	5766	95.02	87.87
温 江 区	8190	3536	97.39	91.52
金 堂 县	17332	4658	90.07	82.35
双 流 县	21412	8932	93.33	84.60
郫　县	10262	4986	95.02	86.52
大 邑 县	9886	3632	93.64	87.59
蒲 江 县	5354	1948	93.27	87.09
新 津 县	6566	2682	92.47	85.30
都江堰市	12412	4532	94.10	86.98
彭 州 市	16922	6430	91.95	82.92
邛 崃 市	12504	5474	92.05	82.17
崇 州 市	12734	4666	92.54	85.96

15-5 续表

	已婚育龄妇女人数(万人)	已婚育龄妇女中一孩妇女人数(万人)	综合避孕率(%)
全　　市	**211.9**	**175.8**	**90.41**
#锦 江 区	4.9	4.2	87.47
青 羊 区	6.6	5.5	88.61
金 牛 区	7.6	6.6	90.05
武 侯 区	10.0	8.6	88.63
成 华 区	8.5	7.4	88.45
龙泉驿区	11.5	9.5	90.28
青白江区	9.1	7.6	90.40
新 都 区	14.9	12.8	89.23
温 江 区	7.7	6.4	87.85
金 堂 县	18.1	12.0	92.68
双 流 县	20.3	16.9	89.00
郫　　县	10.8	9.4	91.88
大 邑 县	11.2	9.6	92.81
蒲 江 县	5.9	5.2	91.25
新 津 县	6.7	5.9	91.67
都江堰市	12.9	10.1	88.93
彭 州 市	17.0	14.0	91.48
邛 崃 市	14.2	12.3	91.97
崇 州 市	13.9	11.8	91.30

15-6 区(市)县教育、卫生情况(2008年)

Main Indicators on Education and Health Care in Districts, Cities at County Level and Counties (2008)

	普通中学			普通小学		
	学校(所)	在校学生(人)	专任教师(人)	学校(所)	在校学生(人)	专任教师(人)
全市	**513**	**640730**	**40560**	**497**	**717148**	**38156**
#龙泉驿区	20	32400	2012	29	37030	2230
青白江区	15	24305	1394	10	22927	1226
新都区	32	42538	2385	26	48014	2203
温江区	20	21897	1476	9	21493	1337
金堂县	25	38219	2276	47	55790	2972
双流县	41	67649	4376	32	64417	3390
郫县	33	30023	1979	12	32552	1613
大邑县	25	25537	1841	19	25253	1481
蒲江县	20	15725	958	9	13057	830
新津县	17	17590	1134	16	16700	1000
都江堰市	38	32136	2249	22	31448	2154
彭州市	34	42379	2362	28	37775	2225
邛崃市	37	37167	2036	27	33883	2003
崇州市	41	34157	2261	25	31752	2120

15-6 续表

	初中入学率(%)	卫生机构(个)	#医院卫生院	医院、卫生院床位数(张)	卫生技术人员(人)	#医生
全市	**99.6**	**3960**	**559**	**50207**	**73257**	**30447**
#龙泉驿区	99.0	97	24	1733	2373	993
青白江区	100.0	67	15	1070	1637	594
新都区	99.8	149	36	2114	3068	1234
温江区	99.9	137	17	1945	2594	1050
金堂县	98.0	127	33	1999	2197	988
双流县	100.0	201	35	2918	4255	1841
郫县	100.0	129	21	1520	2174	916
大邑县	100.0	119	36	1441	1795	793
蒲江县	99.8	35	14	530	985	430
新津县	99.6	66	18	906	1405	559
都江堰市	100.0	204	39	2250	3368	1310
彭州市	99.0	120	32	1735	2503	1045
邛崃市	99.1	125	27	1220	1757	772
崇州市	98.3	140	42	2251	2525	1045

15-7 区(市)县本地生产总值(2008 年)

Gross Domestic Product in Districts, Cities at County Level and Counties (2008)

单位：万元

	国内生产总值	第一产业	第二产业			第三产业
				工　业	建筑业	
全　　市	**39009857**	**2701549**	**18166632**	**14794142**	**3372490**	**18141676**
#锦江区	3230923	8580	891566	650950	240616	2330777
青羊区	3548053	1585	995399	631443	363956	2551069
金牛区	4354772	3907	1652630	1174705	477925	2698235
武侯区	3482518	2821	1250797	875431	375366	2228900
成华区	2925624	5930	1423536	1161212	262324	1496158
龙泉驿区	2187083	238533	1378757	1186140	192617	569793
青白江区	1414171	97060	981662	904982	76680	335449
新都区	2285701	177716	1446299	1280250	166049	661686
温江区	1488435	121593	953772	847806	105966	413070
金堂县	1000092	313769	358599	241638	116961	327724
双流县	3376163	278446	1790676	1454472	336204	1307041
郫　县	1538224	161014	898142	760659	137483	479068
大邑县	775764	191940	297996	232416	65580	285828
蒲江县	428319	125554	180638	135228	45410	122127
新津县	875812	105533	492940	426466	66474	277339
都江堰市	766471	154079	296530	225928	70602	315862
彭州市	1008940	270356	485868	438705	47163	252716
邛崃市	914719	217927	367412	313250	54162	329380
崇州市	941420	225206	395306	310585	84721	320908

15-8 区(市)县本地生产总值发展速度(2008年)

Development Rates of Gross Domestic Product in Districts, Cities at County Level and Counties (2008)

单位：%

	国内生产总值	第一产业	第二产业			第三产业
				工　业	建筑业	
全　　市	**112.1**	**104.4**	**115.6**	**119.9**	**100.1**	**109.9**
#锦 江 区	112.5	96.5	111.1	113.8	113.9	113.1
青 羊 区	112.6	74.6	111.6	115.5	105.3	113.0
金 牛 区	112.5	73.4	112.0	114.4	106.4	112.9
武 侯 区	112.5	71.8	112.5	116.1	104.9	112.5
成 华 区	112.6	72.5	113.0	115.2	104.3	112.4
龙泉驿区	118.3	105.9	123.4	128.9	97.7	111.9
青白江区	118.7	106.4	122.8	125.1	100.6	111.4
新 都 区	118.2	106.1	121.6	122.3	116.1	114.1
温 江 区	118.0	105.3	123.5	127.2	100.1	110.0
金 堂 县	115.7	107.7	127.7	136.4	111.5	112.1
双 流 县	115.2	105.9	119.0	121.7	108.8	112.0
郫　　县	118.3	105.5	124.3	128.9	103.5	111.9
大 邑 县	111.3	107.3	113.2	116.3	103.5	111.6
蒲 江 县	114.5	107.2	120.4	124.1	110.7	112.6
新 津 县	117.5	107.2	122.6	124.9	109.6	112.5
都江堰市	62.4	89.5	66.5	77.4	45.7	52.7
彭 州 市	87.1	96.8	93.6	100.2	57.5	71.1
邛 崃 市	111.5	106.9	115.3	118.3	100.2	110.1
崇 州 市	111.0	106.3	113.6	115.6	106.9	110.5

注：发展速度以上年度为基期，按可比价格计算。

15-9 区（市）县民营经济增加值及构成

Value Added of Private Economy and Its Composition in Districts,
Cities at County Level and Counties

	增加值(万元)		占 GDP 比重(%)		2008 年比上年增长(%)	2008 年民营经济对 GDP 增长的贡献率(%)
	2007 年	2008 年	2007 年	2008 年		
全　　市	**16903418**	**20413558**	**50.9**	**52.3**	**15.0**	**63.5**
#锦 江 区	1290741	1581258	47.1	48.9	16.6	62.1
青 羊 区	1127257	1408720	37.3	39.7	19.3	57.3
金 牛 区	1849265	2222275	49.7	51.0	15.1	16.0
武 侯 区	1703317	2084798	57.1	59.9	17.4	79.5
成 华 区	965655	1161734	38.6	39.7	15.7	47.9
龙泉驿区	680337	829893	37.9	37.9	19.4	39.4
青白江区	413410	529278	36.6	37.4	19.1	37.7
新 都 区	1108939	1382632	59.9	60.5	19.3	63.7
温 江 区	603465	763089	50.1	51.3	21.7	60.3
金 堂 县	406565	519789	50.2	52.0	19.6	64.1
双 流 县	1620048	1979450	57.4	58.6	17.7	67.0
郫　　县	683030	860689	55.4	56.0	21.9	65.2
大 邑 县	353786	435574	54.6	56.1	13.8	67.2
蒲 江 县	176333	221281	49.8	51.7	20.9	69.4
新 津 县	481424	616737	67.6	70.4	22.2	86.5
都江堰市	630597	413203	54.3	53.9	–39.0	57.0
彭 州 市	488588	462942	45.1	45.9	–11.1	38.5
邛 崃 市	424120	536684	55.0	58.7	13.6	68.0
崇 州 市	495237	581008	62.2	61.7	9.8	55.7

注：由于成都卷烟厂从 2008 年开始纳入龙泉驿区统计，锦江区、龙泉驿区基数相应调整。

15-10 区(市)县农林牧渔业总产值

Gross Output Value of Farming, Forestry, Animal Husbandry and Fishery in Districts, Cities at County Level and Counties

单位：万元

	1978 年	1980 年	1990 年	2000 年	2007 年	2008 年
全　　市	**157073**	**171518**	**601911**	**1977360**	**4020885**	**4645906**
#龙泉驿区	8551	8402	31264	156929	388961	425874
青白江区	6540	7591	21574	67411	132497	161523
新 都 区	11133	12687	44402	129089	234740	271672
温 江 区	7369	7765	21371	74367	166331	184685
金 堂 县	13567	14985	56926	179171	431844	486852
双 流 县	17079	19464	54809	200855	450117	501757
郫　　县	11108	10958	36945	127977	219195	272331
大 邑 县	7492	9645	35912	112632	260529	337202
蒲 江 县	5380	6322	22200	74275	195021	234055
新 津 县	4924	5745	19173	80910	177931	210548
都江堰市	10492	11948	40924	131933	245420	247625
彭 州 市	14812	17203	61611	195610	406520	442496
邛 崃 市	10485	13377	52290	171294	340741	422866
崇 州 市	14852	16075	54908	158879	321583	402536

15-11 区(市)县农林牧渔业总产值(2008 年)

Gross Output Value of Farming, Forestry, Animal Husbandry and Fishery in Districts, Cities at County Level and Counties (2008)

单位：万元

	总 计	其 中:				
		农 业	林 业	牧 业	渔 业	农林牧渔服务业
全 市	**4645906**	**2109760**	**49909**	**2294692**	**99747**	**91798**
#锦 江 区	15261	13765		1140	176	180
青 羊 区	2535	1418		1117		
金 牛 区	7747	4185		3387	175	
武 侯 区	4017	3075	463	288	96	95
成 华 区	14324	5439		5055	3830	
龙泉驿区	425874	229627	1493	176367	10908	7479
青白江区	161523	103131	827	47298	1852	8415
新 都 区	271672	120830	784	138818	3439	7801
温 江 区	184685	115100	164	65826	2945	650
金 堂 县	486852	259785	4017	192301	8835	21914
双 流 县	501757	253691	2244	222109	16793	6920
郫 县	272331	145058	340	119012	2850	5071
大 邑 县	337202	113181	4426	205924	8124	5547
蒲 江 县	234055	85510	318	138574	6459	3194
新 津 县	210548	69614	1185	127993	8866	2890
都江堰市	247625	94380	6030	140564	2512	4139
彭 州 市	442496	231948	5203	198311	5086	1948
邛 崃 市	422866	131881	17012	257968	6585	9420
崇 州 市	402536	128142	5403	252640	10216	6135

15-12　区(市)县农林牧渔业总产值构成(2008年)

Gross Output Value of Farming, Forestry, Animal Husbandry and Fishery in Districts ,Cities at County Level and Counties and Its Composition (2008)

单位：%

	总　计	其 中：				
		农　业	林　业	牧　业	渔　业	农林牧渔服务业
全　　市	**100**	**45.41**	**1.07**	**49.39**	**2.15**	**1.98**
#锦 江 区	100	90.20		7.47	1.15	1.18
青 羊 区	100	55.94		44.06		
金 牛 区	100	54.02		43.72	2.26	
武 侯 区	100	76.55	11.53	7.17	2.39	2.36
成 华 区	100	37.97		35.29	26.74	
龙泉驿区	100	53.92	0.35	41.41	2.56	1.76
青白江区	100	63.85	0.51	29.28	1.15	5.21
新 都 区	100	44.48	0.29	51.10	1.27	2.86
温 江 区	100	62.32	0.09	35.64	1.59	0.36
金 堂 县	100	53.36	0.83	39.50	1.81	4.50
双 流 县	100	50.56	0.45	44.27	3.34	1.38
郫　　县	100	53.27	0.12	43.70	1.05	1.86
大 邑 县	100	33.56	1.31	61.07	2.41	1.65
蒲 江 县	100	36.53	0.14	59.21	2.76	1.36
新 津 县	100	33.07	0.56	60.79	4.21	1.37
都江堰市	100	38.12	2.44	56.76	1.01	1.67
彭 州 市	100	52.42	1.18	44.82	1.14	0.44
邛 崃 市	100	31.19	4.02	61.00	1.56	2.23
崇 州 市	100	31.83	1.34	62.76	2.54	1.53

15-13 区(市)县农林牧渔业主要产品产量(一)

Yield of Major Farm Crops in Districts, Cities at County Level and Counties (Ⅰ)

单位：吨

	稻谷产量		小麦产量		油菜籽产量	
	2007 年	2008 年	2007 年	2008 年	2007 年	2008 年
全　　市	**1718390**	**1733528**	**446874**	**448547**	**190615**	**208342**
#锦江区	832				78	
青羊区	1952	1403	268	60	424	453
金牛区	3224	2457	1241	533	465	831
武侯区	523	164	223	97	46	71
成华区	2071	1876	649	346		
龙泉驿区	12361	13654	3053	2520	693	1839
青白江区	80350	80829	32372	32223	8286	10146
新都区	157495	160177	36065	36740	13080	14056
温江区	51087	51295	6982	6996	3593	4342
金堂县	101510	107594	69044	79501	21740	27193
双流县	178460	181084	56242	53876	15800	17356
郫　县	120275	124971	30864	30711	11302	12731
大邑县	135228	136150	35502	36059	12404	13508
蒲江县	81593	81953	4564	3105	16935	18496
新津县	87376	87591	24555	25203	9612	10243
都江堰市	110613	109565	35593	32918	13495	12278
彭州市	195019	188484	17864	16435	12393	11525
邛崃市	182751	185936	22092	23679	29395	32741
崇州市	215670	218345	69701	67545	20874	20533

15-14 区(市)县农林牧渔业主要产品产量(二)

Yield of Major Farm Crops in Districts, Cities at County Level and Counties (Ⅱ)

单位：吨

	蔬菜产量		水果产量		禽蛋产量	
	2007 年	2008 年	2007 年	2008 年	2007 年	2008 年
全　　市	**4564110**	**4706396**	**1137617**	**1183604**	**182004**	**190006**
#锦 江 区	23827	5131	70		5	3
青 羊 区	8882	5116			8	11
金 牛 区	21224	18267	135	100	1022	895
武 侯 区	13586	9565				5
成 华 区	34558	27656	1633	1565	1182	1066
龙泉驿区	346354	363542	304563	322466	24499	27185
青白江区	131329	159166	22621	28800	3083	3696
新 都 区	253752	251497	15121	22318	21110	22537
温 江 区	77615	75993	120	102	11350	13671
金 堂 县	628950	751973	229908	234080	16297	18637
双 流 县	478615	511819	228718	227330	5899	6134
郫　　县	402549	415863	2434	2454	6852	5721
大 邑 县	287094	298471	22847	16196	17213	18132
蒲 江 县	152810	158132	145990	160193	3182	3353
新 津 县	171942	166810	29164	37586	11123	11477
都江堰市	179586	137510	24309	12799	11569	7850
彭 州 市	852046	820238	11872	14782	16343	15296
邛 崃 市	258853	256818	77723	77464	8684	8802
崇 州 市	240538	272829	20389	25369	22532	25535

15-15 区(市)县农林牧渔业主要产品产量(三)

Yield of Major Farm Crops in Districts, Cities at County Level and Counties (III)

	水产品（吨）		出栏生猪头数（头）		出栏羊只数（只）	
	2007 年	2008 年	2007 年	2008 年	2007 年	2008 年
全　　市	**122526**	**94085**	**10164403**	**10460432**	**500934**	**590649**
#锦 江 区	200		12016	9147		
青 羊 区	100		6042	5158		
金 牛 区	202		21939	19122		
武 侯 区	200		3552	2462		
成 华 区	5812	1002	27181	25088		30
龙泉驿区	12000	10260	365131	378873	64716	74759
青白江区	1814	1959	291313	307878	19222	22383
新 都 区	4151	3520	471938	487382	1575	1811
温 江 区	3602	801	285233	236799	177	92
金 堂 县	8100	8320	836141	902772	169929	215657
双 流 县	19200	15000	769381	800051	79675	106051
郫　 县	2500	2000	446102	440347		
大 邑 县	10000	7000	1055024	1197246	61534	64873
蒲 江 县	9000	8203	882653	948918	22341	23983
新 津 县	12000	11000	392303	421355	16216	20645
都江堰市	5500	2500	739760	650779	13193	9971
彭 州 市	5137	5000	861546	820635	4050	4091
邛 崃 市	9500	9520	1633806	1684425	29142	24816
崇 州 市	13508	8000	1058630	1121995	19164	21487

15-16　区(市)县农林牧渔业主要产品产量(四)

Yield of Major Farm Crops in Districts, Cities at County Level and Counties (Ⅳ)

单位：吨

	肉类总产量		#猪肉		牛　奶	
	2007 年	2008 年	2007 年	2008 年	2007 年	2008 年
全　　市	**951002**	**978346**	**675002**	**693803**	**122489**	**118828**
#锦 江 区	871	602	786	597	1018	70
青 羊 区	427	355	396	334	1032	1343
金 牛 区	1727	1538	1512	1316	1300	1233
武 侯 区	244	178	244	173		
成 华 区	2296	2030	1838	1694	844	704
龙泉驿区	45565	48066	25396	26443	6911	7342
青白江区	24213	25775	19409	20476	5299	4432
新 都 区	48799	50757	31799	32767	22114	22700
温 江 区	27148	21619	19281	15978	9099	6179
金 堂 县	81824	90417	56518	60903	11657	15053
双 流 县	90209	95187	50521	52824	12915	12300
郫　 县	44449	43297	30180	30128	22626	21165
大 邑 县	87612	98446	69020	78209	544	547
蒲 江 县	68062	72856	53093	57012	39	37
新 津 县	52305	55208	26517	28388	1605	1680
都江堰市	65567	56228	50409	44298	3562	2229
彭 州 市	86604	83306	58234	55362	10517	8683
邛 崃 市	127433	131177	105702	108927	1605	3314
崇 州 市	95184	101304	73826	77974	9490	9817

15-17 区(市)县年末生猪存栏数

Number of Living Hogs in Districts, Cities at County Level and Counties

单位：头

	1978 年	1980 年	1990 年	2000 年	2007 年	2008 年
全　　市	**4590063**	**5421991**	**5329303**	**4331741**	**5123602**	**5114619**
#锦 江 区				26742	4528	1902
青 羊 区				32740	3413	2374
金 牛 区	269677	283544	277319	61134	8743	11536
武 侯 区				20923	2508	1556
成 华 区				56027	9587	11183
龙泉驿区	227517	241606	268666	172649	127650	137003
青白江区	235256	267619	248464	202242	167933	170099
新 都 区	355193	400301	322210	234262	258667	267045
温 江 区	167215	214417	249651	200312	183481	120382
金 堂 县	502264	575928	552860	584138	551860	575342
双 流 县	542336	593404	533261	323112	384565	401411
郫　　县	261455	344499	344841	261861	231538	219161
大 邑 县	274919	323895	322571	313159	524345	567482
蒲 江 县	149605	190968	207639	148680	394645	428023
新 津 县	157642	181843	202910	172552	211017	213261
都江堰市	284847	379640	332703	253086	370889	243129
彭 州 市	434814	518500	486550	373744	346112	434509
邛 崃 市	354797	436806	493786	550662	783461	749430
崇 州 市	372526	469021	485872	310862	557412	559791

注：2007 年各区（市）县畜牧业及粮食产量数据根据农业普查数据进行了修正。

15-18 历年区(市)县

Total Grain Yield in Districts, Cities at

年 份	全 市	龙泉驿区	青白江区	新都区	温江区	金堂县	双流县
1949	1273658	57550	59710	88810	60890	95544	155510
1952	1544739	63125	97350	124995	66070	111999	164599
1957	1870274	78905	71760	140335	76055	133102	193463
1962	1372761	48095	60370	111510	59295	113043	117443
1965	1917783	82975	77990	145530	86535	147963	189340
1970	2339406	107370	100345	173055	98385	192538	240780
1975	2539669	132180	113290	205800	112030	211019	286099
1978	2948539	156920	126085	214775	125870	245199	332503
1979	3104080	159605	131755	222950	126965	260504	335998
1980	3051394	156495	130740	217670	130160	282109	344047
1981	3010770	149550	117340	214290	133645	216615	330815
1982	3526560	171495	144160	259995	143555	315752	399362
1983	3712175	180210	153415	262570	147915	351130	412318
1984	3593555	186975	151900	260585	151175	345765	389172
1985	3447355	176890	151670	241675	138715	339120	372821
1986	3577317	170335	149669	250441	150124	315512	387088
1987	3538924	171232	142942	252429	150438	327089	372897
1988	3295664	155911	137991	230236	143431	317010	338568
1989	3567994	176466	148740	252453	151220	346236	386346
1990	3817016	187058	153745	273361	158486	349793	416971
1991	3922619	189782	161912	275714	164900	337694	437011
1992	3990512	196678	165086	276635	166593	362942	437509
1993	3975301	170404	161258	281046	166691	356033	435888
1994	3972979	170500	160438	281676	167179	359200	429424
1995	3989688	172587	163254	283686	168309	365046	432569
1996	4006090	172782	166824	285593	169260	367342	428096
1997	4020984	172240	160677	271665	168885	371452	422736
1998	4038582	171150	162409	282547	164785	371929	422402
1999	3970178	165061	163377	272092	161227	377661	413132
2000	3637072	125018	155671	263925	137437	332631	371383
2001	3107297	102928	132257	203563	108864	252783	295681
2002	2990804	74601	137962	221015	94565	267163	294670
2003	2651189	52482	132909	190036	64655	255478	258602
2004	2760346	50572	146918	198342	67614	297327	286070
2005	2599076	52520	145605	190395	63384	289811	280497
2006	2651040	51623	139262	204927	58219	246687	286652
2007	2701146	51907	145962	205708	59155	293701	289231
2008	2745143	54231	149814	209829	59692	318878	294963

粮 食 总 产 量

County Level and Counties by Year

单位：吨

郫　县	大邑县	蒲江县	新津县	都江堰市	彭州市	邛崃市	崇州市
96710	75875	45605	33236	101460	124925	84518	123315
124065	115765	50285	45580	111505	149375	118625	152770
143020	128010	67785	65255	134295	196350	158475	175080
113790	84485	38920	50760	86890	157220	116005	141805
145745	120985	70416	69520	126710	195426	168310	184650
169290	149085	91463	80790	148285	247711	189582	217030
180380	148625	88997	90615	152380	264658	188039	216935
208028	199850	111516	106445	184225	285237	235438	257410
216370	214815	122845	109540	193885	310418	263125	274605
212992	205680	118195	110580	178835	301665	255510	253870
217861	215440	118410	110780	194610	300280	264850	265050
250940	235555	129885	119585	229930	346225	304285	307650
258840	250610	138665	127180	232225	361250	330420	332155
237195	246620	121865	120160	227700	340340	285205	350950
233170	233360	118675	121125	211835	305105	299070	339110
254201	247259	127790	126652	227581	328326	330838	350705
250029	241526	132989	127762	225417	309278	332162	345083
234655	218718	133310	108674	210891	292780	304775	318577
243844	235544	139559	123681	222647	324015	327406	332982
269136	275918	143934	129562	255716	349609	337250	357397
279412	287890	146927	138606	264161	364937	348013	367756
274367	284728	151119	142771	260557	387642	358200	369807
285296	281348	151772	147093	254986	397966	370004	369954
294634	261279	152325	147088	262847	406035	363781	379303
292139	262324	154798	147235	266579	408556	365198	379393
292192	270120	156592	148136	266596	412617	370222	379571
296379	279322	159730	151981	266650	417795	379689	385032
296462	281596	160116	151657	266630	420124	385655	385121
280063	285908	155956	147584	265568	420388	378772	383309
242205	276013	138363	139069	239895	404117	360011	369538
190756	255617	124296	122791	222914	363450	333414	339302
179377	255130	125761	118590	198826	326228	313898	333583
153472	238507	121433	115859	174009	267105	294200	296323
152593	235869	127243	120000	169614	279401	295008	302323
150596	205720	113161	114633	151166	263728	261480	293604
158822	211730	118752	119695	168494	285796	269937	314051
165640	212449	121236	122503	159407	265181	277761	320143
171180	214798	122264	123734	159044	253719	282574	323139

15-19 区(市)县农村居民人均收入情况(2008年)

Per Capita Income of Rural Residents in Districts,

Cities at County Level and Counties (2008)

单位：元

	农村居民人均总收入		农村人均可支配收入		农民人均纯收入	
	绝对数	比上年±%	绝对数	比上年±%	绝对数	比上年±%
全　　市	**8810**	**13.6**	**6083**	**13.7**	**6481**	**14.9**
#锦 江 区	10543	20.1	9688	19.6	10349	21.1
青 羊 区	10610	19.2	9466	19.3	10300	20.9
金 牛 区	12509	14.4	9593	21.1	10166	19.5
武 侯 区	10941	17.1	10199	24.0	10450	21.7
成 华 区	9863	17.1	9311	20.2	9600	19.8
龙泉驿区	9729	20.3	6607	22.0	7255	22.3
青白江区	6717	13.2	5876	17.2	6236	19.2
新 都 区	8324	20.6	6645	20.3	7086	22.1
温 江 区	9387	18.1	6806	12.0	7611	21.9
金 堂 县	7163	13.6	5103	14.8	5410	15.4
双 流 县	10355	16.0	6831	17.7	7129	17.3
郫　　县	10589	12.2	6713	21.6	7320	22.1
大 邑 县	9643	12.0	5554	13.1	6095	14.7
蒲 江 县	12196	21.5	5660	15.0	5856	15.0
新 津 县	8210	12.0	6125	14.8	6417	16.2
都江堰市	7892	–6.7	5162	–1.9	5400	–2.5
彭 州 市	7439	8.5	4619	- 5.8	5228	–0.9
邛 崃 市	8896	17.1	5401	17.7	5689	14.5
崇 州 市	7533	15.0	5832	12.0	5970	14.3

15-20 区(市)县农村居民人均支出情况(2008 年)

Per Capita Annual Expenditure of Rural Residents in Districts, Cities at County Level and Counties (2008)

单位：元

	人均家庭经营费用支出		人均生活消费支出	
	绝对数	比上年±%	绝对数	比上年±%
全　　市	**2042**	**10.8**	**4565**	**14.2**
#锦 江 区	164	17.1	5888	-0.5
青 羊 区	166	-43.7	7250	25.1
金 牛 区	1829	-4.9	7108	6.6
武 侯 区	291	-55.3	7678	23.8
成 华 区	206	-38.0	5521	14.1
龙泉驿区	2177	13.8	5633	22.8
青白江区	414	-29.4	3732	27.4
新 都 区	1125	17.0	4030	2.4
温 江 区	1190	-7.2	5128	29.7
金 堂 县	1592	9.6	3060	10.1
双 流 县	2777	13.2	5060	17.7
郫　　县	3075	-8.9	5738	17.4
大 邑 县	3259	7.1	4553	19.9
蒲 江 县	6067	26.3	3795	31.6
新 津 县	1582	5.0	4663	4.9
都江堰市	1596	-16.1	3594	-20.9
彭 州 市	1861	53.5	4940	-9.9
邛 崃 市	2916	17.8	3813	21.6
崇 州 市	1516	21.6	3492	29.7

15-21 历年区(市)县

Per Capita Net Income of Rural Residents in Districts,

年 份	全 市	龙泉驿区	青白江区	新都区	温江区	金堂县	双流县
1949	32	30	23	24	45	21	40
1952	40	42	27	33	57	28	55
1957	54	62	35	56	80	34	72
1962	44	43	47	53	66	35	58
1965	67	71	57	87	103	50	65
1970	82	80	74	124	125	63	72
1975	90	93	80	132	132	61	80
1978	140	155	129	156	176	138	130
1979	175	179	142	202	204	144	141
1980	223	221	187	259	262	151	192
1981	276	194	133	303	304	156	227
1982	310	260	195	374	323	197	265
1983	334	298	213	375	373	236	305
1984	366	308	280	459	392	278	343
1985	413	359	357	492	433	310	378
1986	458	470	420	549	490	343	435
1987	526	528	467	625	553	390	507
1988	632	570	526	684	624	443	596
1989	693	790	598	746	702	502	650
1990	773	692	649	876	791	552	690
1991	832	831	755	987	880	609	745
1992	903	944	820	1067	969	660	850
1993	1029	1046	906	1167	1128	777	1029
1994	1303	1378	1160	1498	1560	1081	1375
1995	1649	1703	1463	1769	1891	1424	1771
1996	2051	2047	1815	2202	2318	1808	2226
1997	2427	2499	2196	2417	2556	2187	2578
1998	2631	2699	2418	2623	2763	2390	2808
1999	2783	2881	2570	2793	2936	2543	2979
2000	2926	3041	2713	2943	3092	2686	3141
2001	3178	3268	2944	3114	3298	2804	3308
2002	3377	3493	3141	3345	3527	2951	3517
2003	3655	3755	3351	3661	3838	3123	3831
2004	4072	4207	3787	4141	4345	3482	4293
2005	4485	4679	4175	4605	4864	3834	4767
2006	4905	5124	4552	5033	5351	4143	5227
2007	5642	5934	5231	5803	6245	4690	6079
2008	6481	7255	6236	7086	7611	5410	7129

农民人均纯收入

Cities at County Level and Counties by Year

单位：元

郫 县	大邑县	蒲江县	新津县	都江堰市	彭州市	邛崃市	崇州市
42	38	22	23	33	37	29	32
56	42	27	31	45	54	40	38
77	66	32	48	67	70	52	52
62	63	36	39	45	48	36	41
101	80	59	54	66	65	60	64
120	110	79	68	73	83	68	75
135	111	83	70	75	85	60	67
168	136	135	151	121	131	122	131
188	187	195	206	172	181	135	154
238	198	202	225	197	229	208	224
281	247	257	291	262	271	237	272
325	340	341	327	278	309	253	321
359	377	351	329	315	350	264	354
405	384	359	346	347	366	345	422
457	442	417	435	399	404	429	438
493	464	459	470	456	466	477	500
552	501	505	553	503	543	522	609
584	611	559	595	622	671	644	688
667	711	626	630	666	696	684	719
707	754	651	635	692	742	711	819
821	803	788	773	777	831	754	846
868	891	859	865	835	915	832	884
1036	1066	950	968	1020	1026	941	1044
1415	1327	1220	1330	1330	1347	1227	1326
1844	1654	1544	1710	1758	1763	1580	1682
2190	2034	1909	2087	2219	2195	1944	2100
2555	2343	2188	2420	2434	2487	2209	2447
2771	2572	2443	2635	2636	2710	2420	2652
2942	2737	2596	2787	2788	2841	2572	2803
3098	2887	2739	2933	2933	2984	2715	2946
3270	3060	2898	3072	3193	3062	2886	3075
3480	3252	3093	3248	3389	3257	3070	3269
3782	3438	3300	3558	3609	3485	3251	3502
4210	3872	3708	4013	4038	3847	3622	3899
4700	4282	4130	4462	4466	4262	4022	4266
5156	4649	4472	4862	4852	4635	4359	4616
5996	5314	5094	5523	5536	5275	4969	5222
7320	6095	5856	6417	5400	5228	5689	5970

15-22 区(市)县规模以上工业企业主要经济指标(2008年)

Main Indicators of Industrial Enterprises above Designed Size in Districts, Cities at County Level and Counties (2008)

单位：万元

	企业数(个)		#亏损企业	亏损面(%)	工业总产值	
	绝对数	占全市的比重(%)			绝对数	占全市的比重(%)
全　　市	**3564**	**100**	**577**	**16.2**	**40713815**	**100**
#锦江区	33	0.9	11	33.3	586574	1.4
青羊区	94	2.6	12	12.8	1846681	4.5
金牛区	175	4.9	11	6.3	3518302	8.6
武侯区	285	8.0	22	7.7	2421955	5.9
成华区	122	3.4	22	18.0	1976492	4.9
龙泉驿区	185	5.2	69	37.3	3007833	7.4
青白江区	130	3.6	35	26.9	2792585	6.9
新都区	318	8.9	18	5.7	3632159	8.9
温江区	304	8.5	48	15.8	2621913	6.4
金堂县	104	2.9	46	44.2	462608	1.1
双流县	412	11.6	10	2.4	3845161	9.4
郫　县	309	8.7	1	0.3	2515765	6.2
大邑县	107	3.0	29	27.1	545054	1.3
蒲江县	64	1.8	9	14.1	382541	0.9
新津县	135	3.8	35	25.9	1345668	3.3
都江堰市	131	3.7	69	52.7	503145	1.2
彭州市	101	2.8	34	33.7	1189107	2.9
邛崃市	125	3.5	31	24.8	727670	1.8
崇州市	81	2.3	29	35.8	691550	1.7

注：规模以上工业企业指全部国有和年销售收入在500万元及以上的非国有工业企业。

15-22 续表 1

单位：万元

	利税总额		利润总额		亏损企业亏损额	
	绝对数	占全市的比重(%)	绝对数	占全市的比重(%)	绝对数	占全市的比重(%)
全　　市	**4802446**	**100**	**2646880**	**100**	**192140**	**100**
#锦 江 区	62454	1.3	49942	1.9	3609	1.9
青 羊 区	135309	2.8	105239	4.0	501	0.3
金 牛 区	289604	6.0	187072	7.1	1368	0.7
武 侯 区	160982	3.4	113396	4.3	4701	2.4
成 华 区	380129	7.9	215862	8.2	3164	1.6
龙泉驿区	920655	19.2	238139	9.0	30841	16.1
青白江区	212266	4.4	136359	5.2	16525	8.6
新 都 区	498974	10.4	284872	10.8	3713	1.9
温 江 区	208365	4.3	130179	4.9	11449	6.0
金 堂 县	29013	0.6	10028	0.4	6585	3.4
双 流 县	474434	9.9	361304	13.7	1081	0.6
郫　县	241784	5.0	131911	5.0	108	0.1
大 邑 县	42758	0.9	22220	0.8	5580	2.9
蒲 江 县	10782	0.2	4871	0.2	145	0.1
新 津 县	72829	1.5	44413	1.7	7623	4.0
都江堰市	46400	1.0	12955	0.5	46541	24.2
彭 州 市	101572	2.1	67472	2.5	13095	6.8
邛 崃 市	51924	1.1	14864	0.6	7786	4.1
崇 州 市	38439	0.8	17324	0.7	3527	1.8

15-22 续表 2

单位：万元

	从业人员平均数(人)		资产总计		主营业务收入	
	绝对数	占全市的比重(%)	绝对数	占全市的比重(%)	绝对数	占全市的比重(%)
全　　市	**683971**	**100**	**35569582**	**100**	**37082223**	**100**
#锦 江 区	8562	1.3	724601	2.0	518224	1.4
青 羊 区	30094	4.4	2540102	7.1	1710892	4.6
金 牛 区	29854	4.4	1493495	4.2	3142965	8.5
武 侯 区	58052	8.5	1755750	4.9	2187369	5.9
成 华 区	28652	4.2	1862759	5.2	2165395	5.8
龙泉驿区	56478	8.3	3717097	10.5	3432884	9.3
青白江区	51295	7.5	3559094	10.0	2814704	7.6
新 都 区	59832	8.7	2306951	6.5	3248850	8.8
温 江 区	41188	6.0	2396737	6.7	2485973	6.7
金 堂 县	15345	2.2	820317	2.3	453934	1.2
双 流 县	60297	8.8	1991379	5.6	3611757	9.7
郫　　县	36799	5.4	1086944	3.1	2418964	6.5
大 邑 县	21723	3.2	555827	1.6	501646	1.4
蒲 江 县	6979	1.0	212446	0.6	286545	0.8
新 津 县	25187	3.7	866081	2.4	1244645	3.4
都江堰市	18952	2.8	1566587	4.4	503883	1.4
彭 州 市	29145	4.3	1650372	4.6	1194894	3.2
邛 崃 市	18328	2.7	471591	1.3	634140	1.7
崇 州 市	21934	3.2	434265	1.2	680384	1.8

15-22 续表 3

单位：%

	综合效益指数	产品销售率	总资产贡献率	成本费用利润率	资产负债率	劳动生产率(元/人)	流动资产周转次数(次)
全　　市	238.7	98.0	16.1	7.9	56.2	192528	2.1
#锦 江 区	227.4	95.5	10.3	10.5	70.2	200070	1.2
青 羊 区	185.8	98.6	5.7	6.5	68.2	165349	1.2
金 牛 区	315.2	93.9	20.4	6.4	50.2	295203	3.4
武 侯 区	177.8	99.2	9.6	5.6	58.9	123372	2.2
成 华 区	253.1	98.5	20.7	11.5	58.6	182291	1.8
龙泉驿区	264.3	99.6	25.7	8.6	61.6	209409	1.5
青白江区	203.0	98.9	7.6	5.0	57.6	174169	1.8
新 都 区	248.4	98.6	22.9	9.4	55.4	169107	2.4
温 江 区	224.7	96.7	9.4	5.4	46.8	191221	2.6
金 堂 县	131.0	99.1	6.3	2.0	77.8	98534	2.0
双 流 县	278.0	96.8	24.9	11.2	51.6	187455	3.5
郫　　县	273.2	95.8	23.1	6.0	56.4	201147	4.1
大 邑 县	140.1	102.2	9.6	4.6	48.8	71767	1.7
蒲 江 县	191.8	97.6	6.8	2.0	50.1	169652	3.1
新 津 县	179.4	99.4	9.6	3.8	61.8	135387	2.4
都江堰市	120.3	98.5	5.9	2.6	66.8	80730	1.4
彭 州 市	166.2	99.9	8.0	6.1	63.7	120398	1.8
邛 崃 市	173.9	99.7	12.2	2.5	48.0	122763	3.0
崇 州 市	155.0	97.3	9.9	2.7	57.8	89815	3.2

15-23 区(市)县邮电通信指标

Main Indicators of Postal and Telecommunications in Districts, Cities at County Level and Counties

	邮电业务收入 (万元)		年末移动电话用户数 (户)	
	2007 年	2008 年	2007 年	2008 年
全　　市	**2381000**	**2794200**	**11634000**	**12741200**
#龙泉驿区	75436	60371	170862	179063
青白江区	16914	18220	114500	190000
新 都 区	42649	47907	450000	560000
温 江 区	22655	22749	329997	405045
金 堂 县	11769	13377	162461	268971
双 流 县	20368	29386	682738	952000
郫　　县	13362	16302	272930	309484
大 邑 县	21107	19801	180000	237710
蒲 江 县	7384	13943	92611	121768
新 津 县			105347	139991
都江堰市	32479	26492	334762	358828
彭 州 市	9558	6908	307101	364375
邛 崃 市	20948	23029	242000	297627
崇 州 市				

15-23 续表

	年末固定电话用户（户）		城市住宅电话机(户)		农村住宅电话机(户)	
	2007 年	2008 年	2007 年	2008 年	2007 年	2008 年
全　　市	**4189268**	**4000644**	**1164686**	**1167527**	**716496**	**743475**
#龙泉驿区	126953	99600	82072	66901	8634	6600
青白江区	139139	153053	55100	58840	58991	66660
新 都 区	143868	135284	37196	41272	54140	44668
温 江 区	124412	126900	40765	48506	35203	28050
金 堂 县	70192	56680	22912	16000	46684	35000
双 流 县	256789	270568	100792	164836	110789	51043
郫　　县	161590	164822	36326	36455	82334	85765
大 邑 县	111274	92228	32967	18651	56785	51738
蒲 江 县	50829	85497	20327	31522	23918	41755
新 津 县	78704	61365	36399	20903	35946	30252
都江堰市	161521	89855	50243	27951	45993	25586
彭 州 市	109181	90076	30105	31485	73661	54098
邛 崃 市	90865	93600	21000	15943	67571	54688
崇 州 市	126139	119239	22291	24034	70814	70474

15-24 区(市)县交通运输指标

Main Indicators of Transportation in Districts, Cities at County Level and Counties

	运营性公路旅客周转量 (万人公里)		运营性公路货物周转量 (万吨公里)	
	2007 年	2008 年	2007 年	2008 年
全　　市	**1229000**	**1407797**	**654000**	**1011992**
#龙泉驿区	120953	221260	69008	86260
青白江区	32573	40883	19585	27630
新 都 区	23067	29034	54945	68505
温 江 区	40778	50674	9621	9629
金 堂 县	17332	17503	22997	94764
双 流 县	73880	85047	42800	47118
郫　　县	34895	35942	14555	14672
大 邑 县	28891	36294	45227	65496
蒲 江 县	9485	9960	6095	13709
新 津 县	12903	16922	33281	58958
都江堰市	122256	101034	5908	5839
彭 州 市	29773	22329	13164	10794
邛 崃 市	65446	45183	42412	51890
崇 州 市	14083	15365	28276	33777

15-25 区(市)县全社会固定资产投资

Total Investment in Fixed Assets in Districts, Cities at County Level and Counties

单位：万元

	1978 年	1980 年	1990 年	2000 年	2007 年	2008 年
全　　市	**29391**	**55744**	**401156**	**4759020**	**23900461**	**29938844**
#龙泉驿区	551	878	16043	218244	1110177	1513829
青白江区	2177	1799	21266	99302	632839	864419
新 都 区	99	1344	14913	146479	931979	1386162
温 江 区	872	756	8865	81182	1700294	2190167
金 堂 县	597	657	11400	122368	522647	628803
双 流 县	427	725	20615	359317	1910963	2548553
郫　　县	98	282	9611	220084	1221709	1719895
大 邑 县	879	1130	3835	109986	420312	584441
蒲 江 县	522	768	3948	62290	226622	306002
新 津 县	77	253	3000	73676	503123	786503
都江堰市	1243	3070	16338	182365	1128909	833743
彭 州 市	590	1117	18683	79965	593183	495689
邛 崃 市	1396	1356	6197	87677	451319	550035
崇 州 市	465	504	4353	93373	424636	541835

15-26 区(市)县全社会固定资产投资(2008年)

Total Investment in Fixed Assets in Districts, Cities at County Level and Counties (2008)

单位：万元

	合计	#基本建设	#更新改造	#房地产开发
全市	**29938844**	**13593586**	**6835674**	**9125057**
#龙泉驿区	1513829	557484	561189	372653
青白江区	864419	206586	551505	96328
新都区	1386162	662844	484563	223602
温江区	2190167	1081054	463489	605624
金堂县	628803	390423	154563	64806
双流县	2548553	1170846	594720	781137
郫县	1719895	760876	576744	354542
大邑县	584441	267266	261570	43025
蒲江县	306002	165604	92156	22925
新津县	786503	436249	270015	69623
都江堰市	833743	495122	105827	143497
彭州市	495689	261856	141909	42615
邛崃市	550035	296757	175670	75778
崇州市	541835	204883	282181	53128

15-27 区(市)县社会消费品零售总额(2008 年)

Total Retail Sale of Consumable Goods in Districts,

Cities at County Level and Counties (2008)

单位：万元

	社会消费品零售总额	在总额中：		在总额中：		
		# 批发零售贸易业	# 住宿和餐饮业	市的零售额	县的零售额	县以下的零售额
全　　市	16218543	13126812	3033174	11531154	1054548	3632841
#龙泉驿区	299348	180677	116350	182238		117110
青白江区	227562	141939	85448	153019		74543
新 都 区	513196	360943	151796	281531		231665
温 江 区	298324	219391	78438	176228		122096
金 堂 县	255495	183541	70538		100532	154963
双 流 县	786071	471245	314826		328824	457247
郫　　县	339408	246304	91795		176939	162469
大 邑 县	186410	138557	47073		88014	98396
蒲 江 县	105399	77436	26258		56966	48433
新 津 县	226313	165921	59695		111171	115142
都江堰市	301682	233735	67194	196518		105164
彭 州 市	210770	146470	64300	110214		100556
邛 崃 市	246577	181456	58592	124263		122314
崇 州 市	253406	203328	49441	135672		117734

15-27 续表

单位：万元

	在总额中：				
	#国有经济	#集体经济	#私营个体经济	#外资及港澳台经济	#股份制及其他经济
全　　　市	661785	971589	7688751	1973202	4923216
#龙泉驿区	1020	1861	279193		17274
青白江区	677	1313	216826		8746
新 都 区	867	5420	400524		106385
温 江 区	7743	11340	141974		137267
金 堂 县	19691	14291	218597		2916
双 流 县	4886		664524		116661
郫　　县	4374	14052	319099	58	1825
大 邑 县	8311	11049	148372		18678
蒲 江 县	13592	8390	83417		
新 津 县	1777	3064	190325		31147
都江堰市	687	796	121620	1291	177288
彭 州 市	6110	2085	191865	60	10650
邛 崃 市	5679	898	226236		13764
崇 州 市	3883	28756	196862	7	23898

15-28 区(市)县地方财政一般预算收入 (2008 年)

Local General bugetary Revenue in Districts,

Cities at County Level and Counties (2008)

单位：万元

	地方财政一般预算收入	# 增值税	# 营业税	# 企业所得税	基金预算收入
全 市	3546938	269706	760876	344350	4360850
#锦 江 区	199232	9059	34912	14642	1358
青 羊 区	191407	8230	48872	21130	2232
金 牛 区	191299	12951	44833	19502	6390
武 侯 区	189434	14067	52082	27444	3623
成 华 区	169446	11107	43145	19323	1293
龙泉驿区	151507	18089	26572	13261	238719
青白江区	62825	7804	11014	7011	86408
新 都 区	127605	12863	27962	12987	246704
温 江 区	170219	9340	42629	9775	201469
金 堂 县	42791	3623	8859	3888	63417
双 流 县	237086	14221	88822	18659	568852
郫 县	112854	7532	28084	15150	294545
大 邑 县	25164	3243	3838	2171	27511
蒲 江 县	13364	923	2715	758	27206
新 津 县	51688	5390	8019	11888	87837
都江堰市	48111	5813	11750	3665	52193
彭 州 市	48638	7486	7232	2896	18301
邛 崃 市	29085	2820	5660	2182	38949
崇 州 市	58716	4237	5533	2543	20396

15-29 区(市)县地方财政一般预算支出(2008年)

Local General bugetary Expenditures in Districts,

Cities at County Level and Counties (2008)

单位：万元

	地方财政一般预算支出	# 一般公共服务	# 教育	# 社会保障和就业	基金预算支出
全　市	**5064309**	**862995**	**686802**	**572221**	**4257971**
#锦江区	225854	40117	27017	14834	4292
青羊区	208621	39704	31557	13919	5185
金牛区	223441	31907	29170	14980	21620
武侯区	239758	52437	33326	28305	18762
成华区	199742	38535	21560	10780	7289
龙泉驿区	201600	31201	40380	7494	239614
青白江区	106946	17123	17677	6417	88525
新都区	168733	24736	31869	11155	241502
温江区	173124	35109	17111	11573	201907
金堂县	131023	16106	30932	7916	66008
双流县	307561	52387	58809	14917	566951
郫　县	138117	22539	30737	10470	254541
大邑县	178667	26707	17122	10046	30215
蒲江县	52064	8547	11485	3149	29202
新津县	89959	19157	18253	4195	84683
都江堰市	287383	33884	27796	67458	60568
彭州市	318193	21703	26978	53835	23237
邛崃市	139863	17443	23834	7546	43668
崇州市	188384	20243	26123	16093	22012

15-30 区(市)县上划中央增值税和消费税情况

Value–added Tax and Consumption Tax Turned over to Central Government in Districts, Cities at County Level and Counties

单位：万元

	1995 年	1997 年	2000 年	2007 年	2008 年
全　市	**231981**	**310222**	**460874**	**1373059**	**1706027**
#锦 江 区	7201	9623	12662	127174	136245
青 羊 区	7264	9503	12917	77858	90487
金 牛 区	9767	12398	19054	100529	116828
武 侯 区	12165	10540	17680	86765	112624
成 华 区	7681	11203	15350	151727	227652
龙泉驿区	3406	4578	8421	355465	475998
青白江区	6920	9267	9813	64251	53413
新 都 区	9177	10897	16755	54247	63909
温 江 区	3424	5185	10741	30741	43970
金 堂 县	4891	5675	6027	12812	16750
双 流 县	7465	10866	17030	56168	65830
郫　县	3054	4836	10421	25237	36161
大 邑 县	3397	4357	5771	14383	16430
蒲 江 县	1884	2296	2632	4038	4551
新 津 县	2207	2940	4170	16421	24972
都江堰市	6263	8027	9259	36123	27461
彭 州 市	6757	8854	9228	28310	34973
邛 崃 市	3621	4969	7157	18077	17938
崇 州 市	4341	4195	5795	17952	21095

15-31 区(市)县税收情况(2008年)

Main Indicators of Taxation in Districts，Cities at County Level and Counties (2008)

单位：万元

	合　计	内资企业			
		小　计	#国有企业	#集体企业	#联营企业
全　　市	**6825662**	**5210827**	**812535**	**121394**	**2389**
#锦江区	505272	367199	115613	5498	10
青羊区	666052	586328	151426	17336	9
金牛区	532347	461736	45312	10734	550
武侯区	570493	467626	34609	11745	89
成华区	631923	374285	46778	12105	207
龙泉驿区	781888	698376	60376	7559	208
青白江区	160870	138728	7811	2760	36
新都区	225592	179787	14018	11649	126
温江区	246914	181626	39200	2350	83
金堂县	68142	61701	5510	2232	2
双流县	400827	272663	31469	5674	733
郫　县	177682	149827	9143	3865	103
大邑县	47315	39549	2168	1896	10
蒲江县	18841	15546	515	814	
新津县	100201	87560	1218	1140	1
都江堰市	96109	79984	10293	2261	62
彭州市	87823	55604	1702	4774	14
邛崃市	52382	40666	2095	1789	60
崇州市	61844	52098	1776	1443	9

15-31 续表

单位：万元

	内资企业		港澳台及外商投资企业	个体经营	在合计中：乡镇企业
	#股份公司	#私营企业			
全　　市	**3672995**	**249871**	**1051497**	**563338**	**88707**
#锦 江 区	222988	1971	116395	21678	571
青 羊 区	392442	5307	50927	28797	279
金 牛 区	380398	5379	34761	35850	1465
武 侯 区	290001	110692	60693	42174	32597
成 华 区	284797	18418	232541	25097	4508
龙泉驿区	596458	23745	52220	31292	38
青白江区	106087	9770	16243	5899	636
新 都 区	130389	20010	25267	20538	189
温 江 区	124968	3295	31961	33327	596
金 堂 县	48095	3422	1707	4734	820
双 流 县	177667	31486	84095	44069	10195
郫　　县	127531	1658	14215	13640	1001
大 邑 县	31202	1838	3296	4470	16229
蒲 江 县	9967	553	2124	1171	3547
新 津 县	78492	2165	4345	8296	5900
都江堰市	53596	1671	8779	7346	3178
彭 州 市	45483	1845	23940	8279	5220
邛 崃 市	31465	2008	5680	6036	785
崇 州 市	44007	3422	300	9446	936

15-32 区(市)县金融保险指标(2008 年)

Main Indicators on Banking and Insurance in Districts, Cities at County Level and Counties (2008)

单位：万元

	金融机构年末存款余额	#城乡居民年末储蓄余额	金融机构年末贷款余额	城市居民最低生活保障人数（人）	农村居民最低生活保障人数（人）
全市	**83170849**	**32647872**	**54097178**	**104949**	**162385**
市区	**67714004**	**23442885**	**47423850**	**52596**	**29768**
#新都区	2252827	1414513	869960	3217	9434
温江区	1706008	959402	1057710	3506	4569
县（市）	**15456845**	**9204987**	**6673328**	**52353**	**132617**
金堂县	737933	530735	316845	4239	23557
双流县	4316504	2458764	1905683	6466	15209
郫县	2159905	1249194	1195330	6700	9244
大邑县	837541	559461	297328	6657	9615
蒲江县	380169	255977	111194	2313	7188
新津县	659738	461976	283946	1768	3901
都江堰市	2407070	1190310	1012855	6895	14089
彭州市	1582406	917327	638333	7679	24793
邛崃市	993644	641346	485926	6469	11212
崇州市	1381935	939897	425888	3167	13809

附录一　全国重点城市主要指标

附 1-1 全国重点城市主要指标(2008 年)

Main Indicators of Major Cities in China(2008)

	年末总人口(万人)	国内生产总值(亿元)		第一产业增加值(亿元)	
	2008 年	2008 年	比 2007 年±%	2008 年	比 2007 年±%
直辖市					
北　京	1229.9	10488.0	9.0	112.8	1.1
上　海	1371.0	13698.2	9.7	111.8	0.7
天　津	968.9	6354.4	16.5	122.6	3.1
重　庆	3257.1	5096.7	14.3	575.4	6.8
副省级城市					
成　都	1125.0	3901.0	12.1	270.1	4.4
沈　阳	713.5	3860.5	16.3	183.7	8.0
长　春	752.5	2588.0	16.5	244.0	17.3
哈尔滨	989.9	2868.2	13.2	390.2	6.9
青　岛	761.6	4436.2	13.2	223.4	1.4
武　汉	834.2	3960.1	15.1	144.7	3.0
西　安	772.3	2190.0	15.6	103.5	7.6
南　京	624.5	3775.0	12.1	93.0	1.3
济　南	604.0	3017.4	13.0	175.0	5.0
广　州	1018.2①	8215.8	12.3	167.7	1.8
厦　门	173.67	1560.0	11.1	21.5	4.4
深　圳	228.1	7806.5	12.1	6.7	–13.4
大　连	583.4	3858.2	16.5	289.1	8.1
杭　州	677.6	4781.2	11.0	178.6	3.6
宁　波	568.1	3964.1	10.1	167.4	4.1
其他主要城市					
昆　明	528.5	1605.4	12.0	104.9	6.2
石家庄	966.5	2838.4	11.0	309.7	4.0
太　原	360.2	1468.1	8.1	21.0	1.7
无　锡	464.2	4419.5	12.4	63.0	3.8
苏　州	629.8	6701.3	12.5	108.9	2.4
合　肥	486.7	1664.8	17.2	105.2	7.3
南　昌	494.7	1660.1	15.0	96.5	5.6
长　沙	645.1	3001.0	15.1	172.4	6.8
贵　阳	393.9①	811.1	13.1	47.2	7.2
珠　海	99.5	992.1	9.0	29.1	1.4

注：①为常住人口。

附 1 续表 1

	第二产业增加值（亿元）		第三产业增加值（亿元）		全社会固定资产投资总额（亿元）	
	2008 年	比 2007 年 ±%	2008 年	比 2007 年 ±%	2008 年	比 2007 年 ±%
直辖市						
北　京	2693.2	2.4	7682.0	11.7	3848.5	-3.0
上　海	6235.9	8.2	7350.4	11.3	4829.5	8.3
天　津	3821.1	18.2	2410.7	14.7	3404.1	42.5
重　庆	2433.3	18.0	2088.0	12.4	4045.3	28.0
副省级城市						
成　都	1816.7	15,6	1814.2	9.9	3012.9	25.8
沈　阳	1934.1	18.4	1742.7	15.0	3008.7	27.4
长　春	1311.8	16.5	1032.2	16.3	1818.8	34.7
哈尔滨	1077.6	14.5	1400.4	13.9	1341.3	30.2
青　岛	2255.5	11.1	1957.3	17.1	2019.0	23.5
武　汉	1827.7	17.7	1987.7	13.5	2252.1	30.0
西　安	987.7	17.0	1098.9	15.1	1906.2	32.8
南　京	1795.0	9.6	1887.0	15.3	2154.2	15.3
济　南	1330.7	10.1	1151.7	16.8	1415.3	23.3
广　州	3199.0	10.9	4849.1	13.6	2104.6	12.9
厦　门	818.0	12.0	720.5	10.1	928.3	0.1
深　圳	3815.8	11.9	3984.1	12.5	1467.6	9.1
大　连	1993.9	19.6	1575.2	14.4	2513.4	30.2
杭　州	2389.4	9.0	2213.1	13.8	1961.7	16.5
宁　波	2196.7	10.0	1600.0	11.0	1728.2	8.2
其他主要城市						
昆　明	740.3	13.0	760.2	12.0	1050.0	28.4
石家庄	1424.6	10.8	1104.1	12.9	1727.0	24.2
太　原	741.1	3.0	706.0	13.3	702.6	21.8
无　锡	2546.6	11.7	1809.9	13.8	1877.0	12.1
苏　州	4155.5	11.6	2436.9	15.0	2611.2	10.3
合　肥	834.9	21.7	724.7	13.3	1838.6	40.3
南　昌	924.7	18.7	638.9	11.3	1086.1	34.0
长　沙	1567.4	16.8	1261.2	14.3	1873.3	29.6
贵　阳	381.0	12.1	382.9	15.0	601.6	20.2
珠　海	542.5	8.4	420.5	10.2	372.3	7.9

附 1 续表 2

	社会消费品零售总额（亿元）		海关进出口总额(亿美元)		实际利用外商直接投资(亿美元)	
	2008 年	比 2007 年±%	2008 年	比 2007 年±%	2008 年	比 2007 年±%
直辖市						
北　京	4589.0	20.8	2718.5	40.8	60.8	20.1
上　海	4537.1	17.9	3221.4	13.8	100.8	27.3
天　津	2000.3	24.5	805.4	12.6	74.2	40.6
重　庆	2064.1	24.3	95.2	28.0	27.3	151.5
副省级城市						
成　都	1621.9	19.5	154.1	62.0	22.5	97.3
沈　阳	1505.5	22.2	71.3	17.5	60.0	19.0
长　春	945.7	21.5	87.9	26.5	5.8	8.7
哈尔滨	1264.0	22.0	36.4	21.6	5.4	22.3
青　岛	1464.8	22.2	536.4	17.3	26.4	10.0
武　汉	1850.1	21.8	139.8	40.3	25.7	14.4
西　安	1154.3	25.3	70.4	31.3	11.5	2.8
南　京	1651.8	19.7	405.9	12.1	22.6	15.0
济　南	1356.7	23.0	80.3	29.1	8.6	54.2
广　州	3140.1	21.0	819.5	11.5	36.2	10.3
厦　门	418.9	15.7	453.9	14.1	20.4	60.6
深　圳	2251.8	17.6	2999.8	4.3	40.3	10.0
大　连	1182.6	20.3	470.4	19.7	50.1	58.3
杭　州	1558.4	20.2	480.7	10.7	33.1	18.2
宁　波	1238.0	19.6	678.4	20.1	25.4	1.3
其他主要城市						
昆　明	700.7	23.1	73.1	9.3	6.0	100.3
石家庄	1005.2	22.4	69.9	36.3	4.4	34.6
太　原	620.0	20.2	93.9	15.8	3.1	31.0
无　锡	1391.5	22.6	560.3	9.6	31.7	14.2
苏　州	1551.5	24.1	2285.3	7.9	81.3	13.5
合　肥	588.4	25.5	77.1	23.4	7.7	-11.7
南　昌	528.9	24.0	34.0	6.5	14.1	14.6
长　沙	1273.9	22.8	61.7	27.0	18.0	19.7
贵　阳	343.5	23.0	22.5	33.1	0.9	15.4
珠　海	359.7	19.3	468.4	17.5	11.4	11.0

附 1 续表 3

	财政总收入（亿元）		#地方财政一般预算内收入(亿元)		地方财政一般预算内支出(亿元)	
	2008 年	比 2007 年±%	2008 年	比 2007 年±%	2008 年	比 2007 年±%
直辖市						
北　京			1837.3	23.1	1956.0	18.6
上　海	2382.3①	13.3①				
天　津	1489.9	23.7	675.6	25.1	1060.8	25.1
重　庆	1290.2	22.0	577.6	30.5	1016.0	31.3
副省级城市						
成　都	1133.0	12.3	354.7	19.1	506.3	40.0
沈　阳	568.5	20.1	290.9	26.0	400.6	17.9
长　春	372.1	30.8	119.0	27.6	240.3	32.4
哈尔滨	280.5	27.0	164.0	27.2	301.3	25.6
青　岛	1251.6	16.9	342.4	17.0	369.4	15.0
武　汉	791.3	24.8	277.3	25.1		
西　安	471.2	48.8	145.6	28.9	227.0	40.8
南　京	742.4	18.1	386.6	17.1	404.9	18.1
济　南	922.6	20.4	186.0	18.5	221.5	23.1
广　州	2477.0①	17.1①	622.0	18.7	713.0	14.3
厦　门	410.1	17.7	220.2	18.1	238.0	21.4
深　圳			800.4	21.6	889.9	22.2
大　连	791.3	24.8	277.3	25.1	410.0	19.0
杭　州	910.6	15.5	455.4	16.3	419.7	25.0
宁　波	810.9	12.0	390.4	18.6	439.4	18.4
其他主要城市						
昆　明	425.2	25.0	175.0	31.5	233.7	41.8
石家庄	271.7	18.0	110.0	14.8	195.2	19.6
太　原	306.9	27.7	116.9	32.2	152.9	32.2
无　锡	909.2	28.6	365.4	21.6	332.5	22.8
苏　州	1801.7	18.8	668.9	23.5	619.6	25.6
合　肥	301.2	40.0	160.9	57.8	206.8	56.3
南　昌	230.1	20.7	102.2	17.1	146.9	25.6
长　沙	342.2①	30.4①	205.6	17.8	259.3	18.8
贵　阳	224.3	18.9	89.1	17.3	142.2	34.0
珠　海			92.3	21.8	105.7	27.6

注：①为地方财政收入。

附 1 续表 4

	金融机构存款余额（亿元）		金融机构贷款余额(亿元)		城乡居民储蓄存款余额(亿元)	
	2008 年	比 2007 年±%	2008 年	比 2007 年±%	2008 年	比 2007 年±%
直辖市						
北　京	42107.6	19.0	19985.0	12.2	11955.2	30.6
上　海	35589	17.4	24166.1	11.3	12083.7	29.6
天　津	9954.2①	20.8	7689.1	19.3	4061.7	28.3
重　庆	8022.0	22.0	6320.8	23.2	3989.0	23.6
副省级城市						
成　都	8317.0	29.6	5409.7	32.7	3265.0	32.4
沈　阳	5275.9	16.0	3526.2	27.3	2471.8	25.6
长　春	3024.5	18.5	2811.8	20.4	1507.4	25.4
哈尔滨	3974.8	19.0	2636.8	15.9	1916.8	24.4
青　岛	4735.4	21.7	3748.3	21.0	2123.4	24.8
武　汉	6397.5	20.6	4998.2	20.8	2428.0	24.5
西　安	5711.3	25.2	3235.8	25.2	2504.4	25.4
南　京	8392.9	20.0	7171.7	19.2	2505.3	28.4
济　南	5036.8	24.0	4116.7	13.4	1588.5	25.4
广　州	16421.1	14.8	10304.7	19.9	6867.3	22.9
厦　门	2430.4	8.8	2101.7	17.2	929.4	25.6
深　圳	13011.2	13.2	9058.5	14.3	4905.9	29.4
大　连	5230.8	26.3	3638.7	17.8	2373.6	29.5
杭　州	11146.2	21.6	9784.3	19.9	3420.7	32.5
宁　波	6216.5	20.6	5678.7	20.6	2367.1	29.6
其他主要城市						
昆　明	4267.5	17.4	4012.4	21.0	1547.1	25.2
石家庄	4145.6	23.3	2087.6	16.7	2194.8	28.3
太　原	4480.8	25.0	2926.8	17.2	1728.9	32.3
无　锡	5483.9	24.3	3842.9	19.7	2285.1	32.1
苏　州	8800.2	17.8	6580.7	13.2	3382.7	28.2
合　肥	2725.7	22.2	2640.6	26.2	865.3	26.0
南　昌	2500.0	21.2	2155.3	18.4	969.7	27.7
长　沙	3869.2	18.4	3516.3	17.9	1494.9	27.0
贵　阳	1994.8	19.6	1623.8	18.7	767.1	24.9
珠　海	1575.4①	13.5	748.6①	12.4	727.9	23.0

注：①为本外币金融机构存、贷款余额。

附 1 续表 5

	城镇居民人均可支配收入（元）		农民人均纯收入（元）		居民消费价格指数（%）
	2008 年	比 2007 年 ±%	2008 年	比 2007 年 ±%	
直辖市					
北　京	24725	12.4	10747	12.4	105.1
上　海	26675	12.9	11385	11.4	105.8
天　津	19423	18.7	9670	10.5	105.4
重　庆	15708	14.5	4126	17.6	105.6
副省级城市					
成　都	16943	14.1	6481	14.9	104.3
沈　阳	17295	18.4	8079	18.7	104.4
长　春	15003	17.1	5291	10.7	104.4
哈尔滨	14589	14.2	5961	17.6	104.7
青　岛	20464	14.6	8509	13.8	104.7
武　汉	16712	16.4	6349	18.2	105.7
西　安	15207	20.1	5212	18.5	106.0
南　京	23123	13.8	8951	11.6	106.2
济　南	20802	15.5	7180	14.0	105.7
广　州	25317	12.7	9828	14.1	105.9
厦　门	23948	11.4	8475	11.0	104.9
深　圳	26729	10.0	—	—	105.9
大　连	17500	15.8	9818	17.3	104.4
杭　州	24104	11.1	10692	12.0	104.9
宁　波	25304	13.4	11450	13.9	105.0
其他主要城市					
昆　明	14468	20.4	4610	15.2	105.8
石家庄	15062	14.1	5469	10.4	106.7
太　原	15230	10.8	6355	14.3	107.4
无　锡	23605	13.0	11280	12.5	105.1
苏　州	23867	12.3	11785	12.5	105.3
合　肥	15591	16.1	5300	18.0	106.4
南　昌	15112	15.6	5774	14.7	106.1
长　沙	18282	13.2	8003	21.0	105.2
贵　阳	13817	8.1	4818	17.8	107.0
珠　海	20949	8.6	8024	5.6	104.6

附录二　我国经济、社会统计指标同世界主要国家比较

附 2-1 国 土 面 积 和 人 口(2006 年)

Territory and Population

资料来源：世界银行数据库。

国家和地区	国土面积 (万平方公里)	年中人口数 (万人)	人口增长率 (%)	人口密度 (人 / 平方公里)
世界总计	**13394.6**	**653808**	**1.18**	**50**
中　　国	960.0	131180	0.56	141
孟加拉国	14.4	15599	1.75	1198
印　　度	328.7	110981	1.38	373
印度尼西亚	190.5	22304	1.12	123
伊　　朗	174.5	7009	1.45	43
以 色 列	2.2	705	1.79	326
日　　本	37.8	12776		350
哈萨克斯坦	272.5	1531	1.06	6
朝　　鲜	12.1	2371	0.39	197
韩　　国	9.9	4842	0.26	490
马来西亚	33.0	2611	1.78	79
蒙　　古	156.7	258	1.19	2
缅　　甸	67.7	4838	0.86	74
巴基斯坦	79.6	15900	2.05	206
菲 律 宾	30.0	8626	1.99	289
新 加 坡	0.1	448	3.22	6508
斯里兰卡	6.6	1989	1.10	308
泰　　国	51.3	6344	0.70	124
越　　南	32.9	8411	1.20	271
埃　　及	100.1	7417	1.79	75
尼日利亚	92.4	14472	2.35	159
南　　非	121.9	4739	1.06	39
白俄罗斯	20.8	973	-0.44	47
保加利亚	11.1	769	-0.61	71
捷　　克	7.9	1027	0.35	133
法　　国	55.2	6126	0.63	111
德　　国	35.7	8237	-0.11	236
意 大 利	30.1	5884	0.40	200
荷　　兰	4.2	1634	0.12	482
波　　兰	31.3	3813		124
罗马尼亚	23.8	2159	-0.20	94
俄罗斯联邦	1709.8	14250	-0.46	9
西 班 牙	50.5	4412	1.65	88
土 耳 其	78.4	7298	1.25	95
乌 克 兰	60.4	4679	-0.68	81
英　　国	24.4	6055	0.54	250
加 拿 大	998.5	3265	1.04	4
墨 西 哥	196.4	10422	1.09	54
美　　国	963.2	29940	0.97	33
阿 根 廷	278.0	3913	0.99	14
巴　　西	851.5	18932	1.33	22
委内瑞拉	91.2	2702	1.66	31
澳大利亚	774.1	2070	1.47	3
新 西 兰	26.8	418	1.22	16

附 2-2 按三次产业划分的就业

Employment by Type of Industry

资料来源：世界银行数据库。 单位：%

国 家	第一产业		第二产业		第三产业	
	2000	2005	2000	2005	2000	2005
中 国①	50.0	44.8	22.5	23.8	27.5	31.4
孟加拉国	62.1	51.7②	10.3	13.7②	23.5	34.6②
印度尼西亚	45.1	44.0	17.5	18.0	37.3	38.0
伊 朗		24.9		30.4		44.6
以 色 列	2.2	2.0	24.0	21.7	73.0	75.6
日 本	5.1	4.4	31.2	27.9	63.1	66.4
哈萨克斯坦	35.5③	32.4	16.3③	18.0	48.1③	49.6
韩 国	10.6	7.9	28.1	26.8	61.2	65.1
马来西亚	18.4	14.8④	32.2	30.1④	49.5	55.1④
蒙 古	48.6	39.9	14.1	16.8	37.2	43.3
巴基斯坦	48.4	43.0	18.0	20.3	33.5	36.6
菲 律 宾	37.4	37.0	16.0	14.9	46.5	48.1
新 加 坡			33.8	29.5	65.5	69.6
斯里兰卡	24.2③	33.5④	44.7③	22.8④	31.1③	36.8④
泰 国	48.8	42.6	19.0	20.2	32.2	37.1
越 南	65.3	57.9④	12.4	17.4④	22.3	24.7④
埃 及	29.6	29.9②	21.3	19.8②	49.1	50.4②
南 非	14.5	10.3②	24.1	24.5②	60.9	65.1②
加 拿 大	3.3	2.7	22.6	22.0	74.1	75.3
墨 西 哥	17.6	15.1	26.9	25.7	55.1	58.6
美 国	2.6	1.6	23.2	20.6	74.3	77.8
阿 根 廷	0.7	1.1	22.7	23.5	76.2	75.1
巴 西	20.6③	21.0④	20.0③	21.0④	59.4③	57.9④
委内瑞拉	10.2	10.7②	22.3	19.8②	67.4	69.1②
保加利亚	26.2	8.9	28.3	34.2	45.5	56.8
捷 克	5.1	4.0	39.5	39.5	55.3	56.5
德 国	2.7	2.4	33.1	29.7	64.1	67.8
意 大 利	5.3	4.2	31.9	30.7	62.8	65.1
荷 兰	3.1	3.0	20.8	20.0	71.6	72.9
波 兰	18.8	17.4	30.8	29.2	50.4	53.4
罗马尼亚	42.8	32.1	26.2	30.3	31.0	37.5
俄罗斯联邦	14.5	10.2	28.4	29.8	57.1	60.0
西 班 牙	6.6	5.3	31.0	29.7	62.3	65.0
土 耳 其	36.0	29.5	24.0	24.7	40.0	45.8
乌 克 兰	23.4	19.4	20.8	24.2	13.3	56.4
英 国	1.5	1.4	25.3	22.0	72.8	76.3
澳大利亚	5.0	3.6	21.7	21.1	73.3	75.0
新 西 兰	8.7	7.1	23.2	22.0	67.7	70.6

注：①中国数据来源于《中国统计年鉴》。②2003 年数据。③2001 年数据。④2004 年数据。

附 2-3 国内生产总值及其增长率

Gross Domestic Product and its Growth Rate

资料来源：国际货币基金组织数据库。

国家和地区	2007 年 国内生产总值② (亿美元)	国内生产总值增长率(比上年增长%)				
		2003 年	2004 年	2005 年	2006 年	2007 年
世　界	**543116**	**2.6**	**4.0**	**3.4**	**3.9**	**3.7**
中　国	32508①	10.0	10.1	10.4	11.1	11.4①
孟加拉国	724①	5.8	6.1	6.3	6.4	5.6①
印　度	10989	6.9	7.9	9.1	9.7	9.2
印度尼西亚	4329①	4.8	5.0	5.7	5.5	6.3①
伊　朗	2941①	7.2	5.1	4.7	5.8	5.8①
以色列	1619	2.3	5.2	5.3	5.2	5.3
日　本	43838	1.4	2.7	1.9	2.4	2.1
哈萨克斯坦	1038①	9.3	9.6	9.7	10.7	8.5①
韩　国	9571①	3.1	4.7	4.2	5.1	5.0①
马来西亚	1865	5.8	6.8	5.0	5.9	6.3
蒙　古	39①	5.4	13.3	7.6	8.6	9.9①
缅　甸	135①	13.8	13.6	13.6	12.7	5.5①
巴基斯坦	1438①	4.8	7.4	7.7	6.9	6.4①
菲律宾	1441	4.9	6.4	4.9	5.4	7.3
新加坡	1613	3.5	9.0	7.3	8.2	7.7
斯里兰卡	300①	6.0	5.4	6.0	7.4	6.3①
泰　国	2457①	7.1	6.3	4.5	5.1	4.8①
越　南	700①	7.3	7.8	8.4	8.2	8.5①
埃　及	1279	3.2	4.1	4.5	6.8	7.1
尼日利亚	1668①	10.3	10.6	5.4	6.2	6.4①
南　非	2826	3.1	4.9	5.0	5.4	5.1
加拿大	14321	1.9	3.1	3.1	2.8	2.7
墨西哥	8934	1.4	4.2	2.8	4.8	3.3
美　国	138438	2.5	3.6	3.1	2.9	2.2
阿根廷	2600	8.8	9.0	9.2	8.5	8.7
巴　西	13136	1.1	5.7	3.2	3.8	5.4
委内瑞拉	2364①	–7.8	18.3	10.3	10.3	8.4①
白俄罗斯	448①	7.0	11.4	4.0	10.0	8.2①
保加利亚	396	5.0	6.6	6.2	6.3	6.2
捷　克	1753	3.6	4.5	6.4	6.4	6.5
法　国	25603	1.1	2.5	1.7	2.0	1.9
德　国	33221	–0.3	1.1	0.8	2.9	2.5
意大利	21047	0.0	1.5	0.6	1.8	1.5
荷　兰	7687①	0.3	2.2	1.5	3.0	3.5①
波　兰	4203	3.9	5.3	3.6	6.2	6.5
罗马尼亚	1660①	5.2	8.4	4.1	7.9	6.0①
俄罗斯联邦	12896	7.3	7.2	6.4	7.4	8.1
土耳其	6634	5.3	9.4	8.4	6.9	5.0
西班牙	14390	3.1	3.3	3.6	3.9	3.8
乌克兰	1405	9.6	12.1	2.7	7.1	7.3
英　国	27726	2.8	3.3	1.8	2.9	3.1
澳大利亚	9088	3.0	3.8	2.8	2.8	3.9
新西兰	1281①	3.4	4.5	2.8	1.5	3.0①

注：①估计值。②按汇率法计算。

附 2-4 农业生产指数(2005 年)

Agricultural Production Indices(2005)

资料来源：联合国粮农组织数据库。 1999–2001 年=100

国家和地区	农业			食品		
	2000 年	2005 年	2006 年	2000 年	2005 年	2006 年
世 界	**100.1**	**113.0**	**114.1**	**100.2**	**112.8**	**113.8**
中 国	100.4	122.6	127.4	100.4	122.6	127.0
孟加拉国	102.8	118.4	118.0	102.9	112.1	118.5
印 度	98.9	109.7	110.3	99.0	108.3	108.7
印度尼西亚	100.7	122.6	125.9	100.8	122.9	126.0
伊 朗	96.4	125.2	126.4	96.1	126.2	127.5
以 色 列	102.4	115.5	115.3	102.9	116.0	115.5
日 本	100.4	103.7	101.0	100.4	103.9	101.1
哈萨克斯坦	93.0	118.0	127.1	92.5	117.0	126.4
朝 鲜	96.1	117.6	115.4	95.9	118.2	116.0
韩 国	100.6	96.7	94.4	100.5	97.3	94.9
马来西亚	99.5	125.1	130.3	98.8	124.7	128.9
蒙 古	108.7	73.4	79.4	108.9	73.5	79.8
缅 甸	99.6	133.8	133.7	99.5	134.9	134.8
巴基斯坦	101.7	114.5	117.1	102.0	114.0	117.1
菲 律 宾	99.8	119.1	122.5	99.8	118.4	121.8
斯里兰卡	101.8	102.7	102.1	101.6	101.6	101.2
泰 国	100.7	108.4	112.1	100.7	107.2	110.8
越 南	100.8	127.4	128.9	100.5	127.9	128.3
埃 及	102.1	113.8	114.5	102.5	114.2	114.8
尼日利亚	100.4	122.3	129.6	100.4	122.7	130.0
南 非	104.5	110.9	106.1	104.8	111.8	107.2
加 拿 大	102.4	113.1	109.7	102.4	113.4	109.9
墨 西 哥	98.6	110.3	114.7	98.7	110.7	115.2
美 国	101.2	106.3	105.1	101.4	105.7	104.8
阿 根 廷	100.0	114.0	114.9	100.2	114.0	114.9
巴 西	99.2	125.8	129.3	99.0	124.6	127.7
委内瑞拉	100.7	105.0	104.1	100.9	105.4	104.5
白俄罗斯	101.3	119.5	125.8	101.3	119.3	125.9
保加利亚	95.9	83.3	84.8	96.5	81.8	84.4
捷 克	97.7	94.6	89.0	97.7	94.7	89.1
法 国	100.9	95.6	92.0	100.9	95.6	91.9
德 国	100.2	98.2	96.0	100.2	98.2	96.0
意 大 利	100.1	99.3	96.1	100.1	99.4	96.2
荷 兰	101.8	92.0	90.1	101.8	92.0	90.1
波 兰	99.5	96.5	93.4	99.5	96.5	93.3
罗马尼亚	89.2	113.4	111.2	89.1	113.7	111.6
俄罗斯联邦	99.6	112.5	115.1	99.5	112.5	115.1
西 班 牙	102.4	97.6	101.9	102.6	97.7	102.4
土 耳 其	104.1	110.3	110.7	104.4	111.3	111.6
乌 克 兰	99.7	119.8	117.1	99.7	119.8	117.1
英 国	101.8	99.2	98.1	101.7	99.2	98.1
澳大利亚	98.0	100.4	81.9	97.9	102.8	82.4
新 西 兰	101.0	112.7	112.8	100.9	114.6	114.6

附 2-5　工业生产指数

Industry Production Indices

资料来源：联合国数据库。　　2000 年=100

国　家	总　指　数			其中：制造业		
	2005	2006	2007	2005	2006	2007
中　国①	167.8	189.5	215.1			
孟加拉国	138.3	152.9	165.4	135.9	150.9	166.0
印　度	136.2	151.6		139.5	156.7	
印度尼西亚				118.9	116.8	123.5
以色列	103.2	113.2	118.3	103.1	113.4	118.6
日　本	101.7	106.3	109.3	101.3	106.2	109.1
韩　国	134.1	147.6	159.7	134.0	148.1	160.5
马来西亚	127.5	133.9	136.4	129.3	138.9	141.4
蒙　古	145.2	149.6	165.0	189.6	200.7	267.0
巴基斯坦	167.0	177.4		171.4	184.3	
新加坡	123.0	135.6	143.3	123.1	137.7	145.8
泰　国				139.0	149.2	161.5
埃　及				115.1③	132.9③	144.4③
南　非	113.5	117.1	120.5	113.8	119.3	124.2
加拿大	101.8	101.2	101.6	99.0	98.1	97.2
墨西哥	102.0②	107.1②	108.4②	99.4	104.1	105.1
美　国	103.4	105.7	107.4	103.9	106.4	108.1
阿根廷				117.3	128.1	139.3
巴　西	116.6	119.9	127.1	113.3	116.2	123.2
委内瑞拉				113.0③	124.4③	132.9③
白俄罗斯	152.5	169.4	183.9			
保加利亚	152.3	161.3	176.2	169.4	181.8	196.8
捷　克	134.0	149.0	161.2	137.6	154.2	168.0
法　国	102.3	102.9	104.5	101.7	102.5	104.4
德　国	106.0	112.2	119.1	106.5	113.3	121.1
意大利	96.0	97.9	98.4	93.9	95.8	96.4
荷　兰	103.5	104.7	107.9	102.2	104.5	107.7
波　兰	129.9	145.5	159.4	134.7	153.1	169.6
罗马尼亚	125.4	135.0	141.7	132.3	143.7	152.1
俄罗斯联邦	130.2	135.3	149.5	132.7	138.6	160.7
西班牙	102.4	106.2	108.6	100.8	104.9	107.4
土耳其	125.7	133.1	140.2	126.9	134.0	140.4
乌克兰	160.5	169.7	187.1	172.5	182.5	203.8
英　国	95.4	94.8	95.2	97.2	97.7	98.4
澳大利亚	107.2	107.8	111.5	107.8	107.3	109.4
新西兰	114.3	111.8	110.4	118.1	116.1	114.0

注：①工业增加值指数。②包括建筑业。③不包括石油精炼业。

附 2-6 中国主要指标居世界位次①

Precedence of Main Indicators of China in the World

资料来源：联合国数据库，联合国粮农组织数据库。

	1978	1990	2000	2005	2006	2007
国内生产总值	**10**	**11**	**6**	**4**	**4**	**4**
人均国民总收入②	**175(188)**	**178(200)**	**141(207)**	**128(208)**	**129(209)**	**132(209)**
进出口贸易额	**27**	**16**	**8**	**3**	**3**	**3**
主要工业产品产量						
钢	5	4	1	1	1	1
煤	3	1	1	1	1	1
原　油	8	5	5	5	6	5
发电量	7	4	2	2	2	2
水　泥	4	1	1	1	1	1
化　肥	3	3	1	1		
棉　布	1	1	2	1	1	1
主要农业产品产量						
谷　物	2	1	1	1	1	1
肉　类	3	1	1	1	1	1
籽　棉	2	1	1	1	1	1
大　豆	3	3	4	4	4	4
花　生	2	2	1	2	1	1
油菜籽	2	1	1	1	1	1
甘　蔗	7	4	3	3	3	2
茶　叶	2	2	2	1	1	1
水　果③	9	4	1	1	1	1

注：①本表资料来源于国际组织，仅供参考。②括号中所列数为参与排序的国家和地区数。③不包括瓜类。

附 2-7 居 民 消 费 价 格 指 数

Consumer Price Indices

资料来源：联合国数据库。 (2000 年＝100)

国家和地区	总 指 数			其中：食 品		
	2005	2006	2007	2005	2006	2007
中 国	106.9	108.5	113.7	116.3	119.0	133.8
孟加拉国①	126.7	135.3		127.8	137.5	
印 度②	121.5	131.9	136.0	115.0	124.7	137.0
印度尼西亚	156.0	176.5	187.8	140.3	161.9	180.4
伊 朗	192.9	215.9		186.3③	205.5③	
以 色 列	108.5	110.9	111.4	109.9	115.1	119.5
日 本	97.8	98.1	98.1	98.4	98.9	99.2
哈萨克斯坦	140.3			148.2④		
韩 国	100.0	102.2	104.8	100.0	100.5	103.0
马来西亚	109.1	113.0	115.3	108.8	112.5	115.9
蒙 古	137.6			139.7④		
缅 甸	297.1	356.5		303.2	365.7	493.9
巴基斯坦	129.5	139.7	150.3	132.1④	143.3④	158.8④
菲 律 宾	129.8	137.9	141.8	123.8	130.6	134.9
新 加 坡	103.2	104.2	106.4	104.6	106.2	109.3
斯里兰卡(科伦坡)	159.7	181.5	213.3	163.0	184.6	218.2
泰 国 (曼谷)	111.8	117.0	119.7	114.8④	120.1④	124.9④
埃 及	133.7	143.9	157.6	105.0③	115.7③	130.6③
尼日利亚	207.4	224.5		216.3	228.3	
南 非	128.0	134.0	143.5	137.9	147.8	163.1
加 拿 大	112.2	114.4	116.9	114.1	116.8	119.9
墨 西 哥	127.2	131.8	137.0	129.4④	134.1④	142.6④
美 国⑤	113.4	117.1	120.4	113.6	116.3	120.9
阿根廷(布宜诺斯艾利斯)	161.7	179.4	195.2	183.3	205.5	228.5
巴 西	151.4	157.8	163.5	151.0	151.0	
委内瑞拉(加拉加斯)	255.0	289.8	344.0	332.4	399.3	506.3
白俄罗斯	384.3	411.2	445.9	358.2	380.1	417.4
保加利亚	129.6	139.0	150.7	117.0	123.4	140.0
捷 克	111.7	114.6	117.9	110.3⑥	110.0⑥	116.4⑥
法 国	109.9	111.8	113.4	111.0	112.7	114.3
德 国	108.3	110.1	112.5	105.3	107.3	110.5
意 大 利	112.3⑦	114.7⑦	116.9⑦	113.6⑧	115.6⑧	119.0⑧
荷 兰	113.1	114.4	116.2	106.5	108.3	109.4
波 兰	114.6	115.8	118.6	110.6⑨	110.6⑨	115.9⑨
罗马尼亚	231.7	246.9	258.8	213.8	222.0	230.6
俄罗斯联邦	199.7	219.0	238.8	189.7	207.7	226.4
西 班 牙⑩	113.6	117.6	121.0	116.7	121.5	126.0
土 耳 其	380.5	417.1	453.6	112.1⑪	123.0⑪	138.2⑪
乌 克 兰	146.9	160.2	180.8	160.9	169.6	185.9
英 国	112.7	116.3	121.3	107.3	109.6	114.6
澳大利亚	116.1	120.2	123.0	120.0	129.2	132.3
新 西 兰	113.0	116.8	119.6	112.2	115.2	119.6

注：①政府官员。②指产业工人。③包括烟草。④包括酒精饮料和烟草。⑤城市消费者。⑥包括烟草饮料和餐饮业。⑦不包含烟草。⑧不包含酒精饮料和烟草。⑨包括酒精和饮料。⑩2001 年为 100。⑪包括烟草，2003 年为 100。

附 2-8 进 出 口 贸 易 额

Total Imports and Exports

国外资料来源:世界贸易组织数据库。 单位：亿美元

国家和地区	2006 年		2007 年	
	进口	出口	进口	出口
世　　界	**124270**	**121080**	**142110**	**138980**
中　　国	7915	9689	9558	12180
孟加拉国	160	118	185	124
印　　度	1752	1209	2167	1452
印度尼西亚	803	1035	917	1182
伊　　朗	408	770	450	830
以 色 列	503	468	590	541
日　　本	5796	6470	6210	7128
哈萨克斯坦	250	405	329	465
韩　　国	3094	3255	3566	3716
马来西亚	1312	1607	1470	1762
蒙　　古	15	15	21	19
缅　　甸	26	46	33	54
巴基斯坦	298	169	326	175
菲 律 宾	541	474	572	503
新 加 坡	2387	2718	2632	2993
斯里兰卡	103	69	108	78
泰　　国	1306	1308	1413	1525
越　　南	449	398	608	484
埃　　及	206	137	271	162
尼日利亚	218	587	275	665
南　　非	773	582	910	698
加 拿 大	3577	3881	3897	4185
墨 西 哥	2682	2504	2966	2720
美　　国	19181	10366	20170	11632
阿 根 廷	342	466	448	559
巴　　西	959	1378	1266	1606
白俄罗斯	224	197	287	243
保加利亚	233	151	300	185
捷　　克	932	949	1180	1224
法　　国	5419	4959	6132	5522
德　　国	9067	11081	10594	13265
意 大 利	4426	4169	5046	4915
荷　　兰	4168	4636	4906	5506
波　　兰	1270	1108	1608	1376
罗马尼亚	512	325	697	403
俄罗斯联邦	1647	3039	2231	3552
西 班 牙	3287	2137	3736	2420
土 耳 其	1396	855	1700	1072
乌 克 兰	450	384	604	491
英　　国	6012	4487	6172	4356
澳大利亚	1393	1234	1653	1411
新 西 兰	264	224	309	269

附 2-9 国 际 收 支(2007 年)

Balance of Payments (2007)

资料来源:国际货币基金组织数据库。 单位：亿美元

国家和地区	经常帐户								资本帐户收支盈余	金融帐户收支盈余
	商品贸易			服务贸易		要素收入		经常帐户收支盈余		
	出口	进口	差额	贷方	借方	贷方	借方			
中 国①	12200.0	–9046.2	3153.8	1222.1	–1301.1	830.3	–573.4	3718.3	40.0	704.1
孟加拉国	124.5	–166.7	–42.2	16.2	–28.5	2.4	–12.4	8.0	5.7	8.9
印 度②	1236.2	–1667.0	–430.8	753.5	–635.4	78.0	–120.6	–94.2		377.8
印度尼西亚	1180.1	–849.3	330.8	124.3	–235.3	34.5	–193.2	110.1	5.3	–17.8
以 色 列	502.4	–557.6	–55.2	211.8	–180.2	101.9	–101.2	49.9	10.1	–42.9
日 本	6780.9	–5733.4	1047.5	1291.2	–1503.7	1994.6	–609.6	2104.9	–40.3	–1870.9
哈萨克斯坦	483.5	–332.1	151.4	35.5	–115.2	33.6	–155.1	71.8	–0.4	74.2
韩 国	3789.8	–3495.7	294.1	630.3	–836.1	193.3	–185.6	59.5	–23.9	86.2
马来西亚	1764.0	–1390.8	373.3	282.7	–279.9	113.0	–152.9	289.3	–0.3	–108.5
蒙 古②	15.5	–13.6	1.9	4.9	–5.2	0.2	–1.6	1.1		1.8
缅 甸	45.5	–23.4	22.1	2.8	–5.6	1.0	–13.5	8.0		2.5
巴基斯坦	181.2	–287.6	–106.4	37.6	–87.6	13.6	–50.5	–82.5	1.8	101.0
菲 律 宾②	465.3	–533.4	–68.2	64.5	–61.2	43.9	–51.9	59.0	1.4	–6.6
新 加 坡②	2749.8	–2302.3	447.5	590.8	–619.3	303.4	–345.2	363.3	–2.3	–207.5
斯里兰卡②	68.8	–92.3	–23.5	16.3	–23.9	3.1	–7.0	–14.3	2.9	6.9
泰 国②	1279.3	–1139.9	139.4	241.3	–324.2	46.6	–115.0	21.8		56.5
埃 及②	205.5	–289.8	–84.4	161.3	–115.7	25.6	–18.2	26.4	–0.4	–3.0
南 非	761.8	–818.9	–57.1	135.6	–166.1	65.5	–154.7	–206.3	0.3	211.6
加 拿 大	4340.5	–3882.1	458.4	631.5	–812.5	596.0	–743.3	128.2	39.8	–159.5
墨 西 哥②	2500.0	–2561.3	–61.3	163.9	–228.3	64.1	–199.5	–20.1		–21.6
美 国	11532.6	–19645.9	–8113.3	4750.9	–3722.8	7822.3	–7079.2	–7386.4	–23.2	6798.4
阿 根 廷	559.3	–425.9	133.4	99.0	–107.7	63.2	–119.3	72.1	1.1	–4.0
巴 西	1606.5	–1206.2	400.3	238.9	–372.5	114.9	–407.3	14.6	7.6	884.0
委内瑞拉	691.7	–454.6	237.1	16.7	–75.2	101.1	–75.5	200.0		–229.2
白俄罗斯②	198.4	–222.4	–24.0	23.0	–14.9	2.4	–3.5	–15.1	0.7	17.1
保加利亚	185.2	–286.6	–101.4	63.3	–48.2	21.0	–25.3	–85.9	5.0	143.8
捷 克②	951.2	–921.4	29.8	133.3	–118.0	53.8	–135.8	–45.9	3.8	50.7
法 国	5480.3	–6014.1	–533.9	1377.8	–1254.4	2479.1	–2065.1	–305.7	24.7	558.5
德 国②	11313.0	–9340.9	1972.2	1731.2	–2150.2	2360.3	–2072.2	1507.5	–2.6	–1798.4
意 大 利②	4170.5	–4287.4	–116.9	985.8	–1004.1	723.5	–894.7	–473.1	23.9	436.0
荷 兰	4583.9	–4057.1	526.8	898.5	–875.4	1508.7	–1423.7	507.1	–35.3	–133.0
波 兰	1446.1	–1601.6	–155.5	287.1	–246.9	103.7	–231.6	–157.9	47.5	343.2
罗马尼亚	403.5	–646.9	–243.4	104.5	–101.7	32.7	–90.6	–231.4	11.3	284.7
俄罗斯联邦	3554.7	–2234.2	1320.4	393.5	–591.8	468.0	–771.9	783.1	–102.2	944.8
西 班 牙	2566.8	–3802.0	–1235.2	1292.2	–988.5	723.6	–1155.0	–1452.8	62.6	1346.7
土 耳 其②	919.4	–1331.8	–412.4	245.5	–111.9	44.7	–110.6	–327.7		457.9
乌 克 兰	498.4	–604.1	–105.7	141.6	–114.6	21.9	–43.2	–59.3		157.7
英 国	4422.8	–6178.0	–1755.2	2772.1	–2002.2	5664.7	–5554.0	–1152.4	51.0	1268.1
澳大利亚	1421.3	–1600.5	–179.1	404.5	–389.0	295.1	–696.9	–567.8	17.2	201.7
新 西 兰	273.5	–290.6	–17.1	92.9	–90.6	27.3	–119.4	–102.3	–5.6	134.3

注：①来源于《中国统计年鉴》。②2006 年数据。

附 2-10 外汇储备

International reserves

资料来源：联合国数据库。 单位：亿美元

国家和地区	2002	2003	2004	2005	2006	2007
中　　国	2864	4033	6099	8189	10663	15283
孟加拉国	17	26	32	28	38	54
印　　度	670	976	1252	1310	1702	2666
印度尼西亚	308	347	347	329	409	547
以 色 列	237	258	266	278	290	284
日　　本	4515	6528	8243	8288	8749	9484
哈萨克斯坦	26	42	85	61	178	158
韩　　国	1208	1545	1982	2100	2384	2618
马来西亚	324	428	649	694	817	1006
蒙　　古	4	2	2	4	9	12
缅　　甸	5	6	7	8	12	
巴基斯坦	81	107	96	98	113	138
菲 律 宾	132	135	130	158	199	301
斯里兰卡	16	22	21	26	28	34
新 加 坡	816	955	1118	1157	1358	1625
泰　　国	380	410	485	505	651	851
越　　南	41	62	70	91	134	
埃　　及	132	134	141	205	243	301
尼日利亚	73	71	170	283	423	513
南　　非	56	62	128	183	227	292
加 拿 大	327	315	302	307	332	393
墨 西 哥	499	577	628	730	754	863
美　　国	338	397	427	378	409	458
阿 根 廷	104	131	180	227	304	442
巴　　西	372	488	525	532	851	1794
委内瑞拉	80	155	179	235	289	237
白俄罗斯	6	6	7	11	12	43
保加利亚	44	62	87	80	109	164
捷　　克	233	263	278	291	311	344
法　　国	220	231	291	240	403	436
德　　国	425	411	399	398	377	408
意 大 利	246	261	240	235	244	273
荷　　兰	60	73	72	71	93	87
波　　兰	280	317	346	405	461	627
罗马尼亚	61	80	146	199	281	372
俄罗斯联邦	441	732	1208	1757	2953	4640
西 班 牙	326	175	105	86	101	108
土 耳 其	269	338	355	504	607	732
乌 克 兰	42	67	95	190	218	318
英　　国	310	286	341	359	389	475
澳大利亚	186	300	339	410	528	242
新 西 兰	45	54	64	87	139	171

中国统计出版社最新图书简目

(仅供参考,以最后出书为准)

统计资料

中国统计年鉴-2009
中国统计摘要-2009
国际统计年鉴-2009
2009 中国发展报告
中国第三产业统计年鉴-2009
中国区域经济统计年鉴-2009
长江和珠江三角洲及港澳特别行政区统计年鉴-2009
中国社会统计年鉴-2009
中国城市统计年鉴-2008
中国劳动统计年鉴-2009
中国人口和就业统计年鉴-2009
中国工业经济统计年鉴-2009
中国建筑业统计年鉴-2009
中国房地产统计年鉴-2009
中国能源统计年鉴-2009
中国商品交易市场统计年鉴-2009
中国贸易外经统计年鉴-2009
中国基本单位统计年鉴-2009
中国民政统计年鉴-2009
中国农村统计年鉴-2009
中国农产品价格调查年鉴-2009
中国建制镇统计资料-2009
中国教育经费统计年鉴-2008
中国农村贫困监测报告-2009
中国高技术产业统计年鉴-2009
中国科学技术协会统计年鉴-2009
工业企业科技活动资料-2009
全国农产品成本收益资料汇编-2009
中国棉花年鉴-2007/2008
中国城市(镇)生活与价格年鉴-2009
中国县(市)社会经济调查年鉴-2009
中国农村住户调查年鉴-2009(中、英文)
中国农村全面建设小康监测报告-2009
中国国内生产总值核算历史资料(1952-2004)
中国季度国内生产总值核算历史资料(1992-2005)
中国零售和餐饮业连锁企业统计年鉴-2009
大中型批发零售和住宿餐饮企业统计年鉴-2009
2005 年中国 1%人口抽样调查系列资料
第二次全国残疾人抽样调查资料系列

2009 年省级综合统计年鉴系列

北京 天津 河北 山西 内蒙古 辽宁 吉林 黑龙江 上海 江苏 浙江 安徽 福建 江西 山东
河南 湖北 湖南 广东 广西 海南 重庆 四川 贵州 云南 西藏 陕西 甘肃 青海 宁夏
新疆 新疆生产建设兵团

2009 年市(县)级综合统计年鉴系列

石家庄 唐山 邯郸 太原 大同 长治 阳泉 晋城 朔州 晋中 运城 忻州 临汾 呼和浩特
包头 沈阳 大连 长春 吉林市 四平 延吉 哈尔滨 齐齐哈尔 黑龙江垦区 上海浦东新区
苏州 无锡 常州 徐州 南通 盐城 镇江 江阴 丹阳 杭州 宁波 绍兴 台州 舟山 温州
金华 嘉兴 衢州 安庆 福州 福州经济技术开发区 厦门经济特区 南昌 上饶
济南 青岛 潍坊 东营 郑州 洛阳 三门峡 南阳 武汉 宜昌 十堰 荆州 黄冈 长沙 广州
东莞 惠州 深圳 桂林 南宁 柳州 来宾 河池 海口 成都 贵阳 昆明 西安 庆阳 银川
乌鲁木齐 吐鲁番

"十一五"规划教材

非参数统计　医学统计学　概率论与数理统计　统计学　现代金融投资统计分析
多元统计分析　经济计量学教程　应用时间序列分析　统计指数理论及应用
统计数据处理概论　质量管理统计方法　社会统计学　多元统计分析实验
企业经营管理统计　市场调查与预测　统计学原理(非统计专业使用)
统计学:从数据到结论　国民经济核算教程(国民经济统计学)　概率论与数理统计(经济、管理类专业使用)

重点图书

新中国六十年　挑大学选专业 2010—高考志愿填报指南　挑大学选专业 2010—考研择校指南